Léon Bloy, la littérature et la Bible

Pierre Glaudes

Léon Bloy, la littérature et la Bible

LES BELLES LETTRES / *essais*

www.lesbelleslettres.com
Retrouvez les Belles Lettres sur Facebook et Twitter

ISBN : 978-2-251-44668-4

Avertissement

Les abréviations utilisées dans les références données entre parenthèses dans le texte et suivies du numéro de page renvoient aux éditions indiquées ci-après :

I-XV = *Œuvres*, éd. Joseph Bollery et Jacques Petit, 15 vol., Paris, Mercure de France, 1956-1975 :

I : *Le Révélateur du Globe – Christophe Colomb devant les taureaux.*

II : *Propos d'un entrepreneur de démolitions – Belluaires et Porchers.*

III : *Le Désespéré.*

IV : *La Méduse-Astruc – Un brelan d'excommuniés – Léon Bloy devant les Cochons – Je m'accuse... – Sur la tombe de Huysmans – La Résurrection de Villiers de l'Isle-Adam – Les Dernières Colonnes de l'Église.*

V : *La Chevalière de la Mort – Le Fils de Louis XVI – L'Âme de Napoléon – Constantinople et Byzance – Jeanne d'Arc et l'Allemagne.*

VI : *Sueur de Sang – Histoires désobligeantes.*

VII : *La Femme pauvre.*

VIII : *Exégèse des lieux communs.*

IX : *Le Salut par les Juifs – Le Sang du Pauvre – Celle qui pleure – Vie de Mélanie – Méditations d'un solitaire en 1916 – Dans les Ténèbres.*

XV : Inédits.

J, I-II = *Journal*, éd. Pierre Glaudes, 2 vol., Paris, Robert Laffont, coll. « Bouquins », 1999.

JI, I-IV = *Journal inédit*, éd. Michel Malicet, Pierre Glaudes et Joseph Royer, 4 vol. parus, Lausanne, L'Âge d'Homme, 1996-2013.

Bo, 1-3 = BOLLERY (Joseph), *Léon Bloy. Essai de biographie*, 3 vol., Paris, Albin Michel, 1947-1954.

1 : *Origines, jeunesse et formation (1846-1882)* ;

2 : *Ses débuts littéraires, du* Chat Noir *au* Mendiant Ingrat *(1882-1892)* ;

3 : *Sa maturité, sa mort, du* Mendiant Ingrat *à* La Porte des Humbles *(1892-1917).*

H = *Cahier de l'Herne*, n° 55 : *Léon Bloy*, Michel Arveiller et Pierre Glaudes (dir.), Paris, Éditions de L'Herne, 1988.

*LB*1... = Livraisons de la série *Léon Bloy* de la Revue des lettres modernes, sous la dir. de Pierre Glaudes, 8 vol. parus, Paris-Caen, Minard, 1989-2008.

Lire Bloy :
le trouble herméneutique

> « Plus je comprends, plus je m'enfonce dans les ténèbres. »
>
> *Le Mendiant ingrat* (*J*, I, 61 [25 juin 1893]).

Lorsqu'on entreprend de lire un texte littéraire, on découvre souvent, parmi les éléments de l'ensemble qu'on considère, le protocole de lecture que l'écrivain a défini pour son lecteur idéal, celui dont il rêve. Si, dans le grand jeu des interprétations, la liberté imaginative est de mise en littérature, chacun s'accorde aujourd'hui à reconnaître qu'elle n'est pas sans limites. « Le texte "ordonne" ses lectures » [1] : il en expose les modalités sinon les règles et, ce faisant, tente de nous accoutumer à la manière dont celui qui l'a écrit perçoit la réalité, en nous imposant plus ou moins fermement de mettre nos pas dans les siens. Or, en cette matière, ce qui vaut pour *un* texte pourrait bien s'étendre, dans bien des cas, à l'œuvre tout entière.

Ainsi de Bloy : s'interroger sur le projet de cet écrivain, sur la façon dont il conçoit la littérature, c'est, en même temps, découvrir les pièges et les difficultés auxquels se trouve nécessairement confronté son lecteur. En raison de l'indétermination qui résulte de son statut particulier – fictionnel et/ou poétique –, le texte littéraire, à défaut d'autoriser toutes

1. Michel Charles, *Rhétorique de la lecture*, Paris, Seuil, 1977, p. 9.

les lectures, est caractérisé, dit-on souvent, par « une essentielle précarité » [2]. S'il ouvre un espace de jeu où l'élaboration du sens tolère, de la part du lecteur, des projections multiples, la conception de la littérature qui est celle de Bloy – c'est du moins notre hypothèse – accentue cette tendance, qui aboutit à la désorientation maximale du destinataire. La saveur de l'œuvre de cet écrivain tient en grande partie à sa capacité d'attiser notre désir de lire par la résistance qu'elle nous oppose et par le trouble inhabituel dans lequel elle nous jette, au cours de notre activité herméneutique.

*
* *

Pour Bloy, il n'y a d'œuvre littéraire qui vaille si elle ne vise la vérité. C'est en vertu de cette idée qu'il dénonce « les improbes en littérature » : « L'avilissement volontaire de la Parole est, sans contredit, un des attentats le plus bas qu'on puisse rêver » (II, 184). Aussi revendique-t-il l'absolu d'un langage vrai, dont il mesure l'authenticité à sa capacité de répercuter le Verbe.

L'expression littéraire, au regard de cette ambition, lui paraît bien débile et indigne de son objet. « L'Esprit Saint – constate-t-il abruptement – ne fait pas de littérature [3]. » D'où la piètre estime dans laquelle il affecte de tenir les lettres : il sera écrivain faute de mieux, ne pouvant être un saint, ou un « pèlerin du Saint Tombeau » (VII, 161). Assurément, la gloire littéraire, loin d'être le but de son existence, lui apparaît comme « un instrument quelconque de [son] supplice » (*J*, I, 130 [16 janv. 1895]). « L'écrivain – nous prévient-il – est l'accident de ma substance : [...] j'ai quelque chose de plus » (*J*, I, 61 [26 juin 1893]).

À vrai dire, Bloy est partagé entre son mépris pour les littérateurs et l'attraction qu'exerce une vocation qu'il ne peut totalement étouffer en lui. S'il se résout à écrire, la littérature reste à ses yeux une solution provisoire, qu'il adopte à l'issue d'une sorte de négociation avec lui-même. Puisqu'elle est « dans [son] bagage », il lui faudra user d'un « expédient », et « mettre au service de la Vérité ce qui [lui] a été donné par

2. *Ibid.*
3. Lettre du 12 mars 1890 à Henry Carton de Wiart (cité dans Bo, 2, 340).

le MENSONGE » (VII, 161). Mais ce compromis, auquel il consent sans trop de peine, est assorti d'un certain nombre de refus : Bloy n'a que mépris pour les fadaises de l'École du bon sens, dont les « inusables formules » plient la réalité aux exigences de la « société correcte » (III, 248), sans jamais heurter les âmes sentimentales ; il rejette l'esthétique réaliste, où la motivation des actions humaines est ramenée à l'« ignoble substrat » (IV, 109) des déterminations naturelles et sociales ; il réprouve la religion de l'Art, cette tentation autotélique de la littérature, qui prétend « se suffire à elle-même comme un Dieu » (II, 269).

Est-ce à dire que Bloy, en quête d'une autre voie, se définit comme un écrivain catholique ? En réalité, il abhorre ce label et ne se prive pas de brocarder ceux qu'il appelle ironiquement « les Dernières Colonnes de l'Église ». On ne saurait le situer du côté de cette littérature sulpicienne, édifiante ou apologétique, qui emprisonne la pensée « dans la geôle obscure des petites convenances et des solennelles rengaines du grand siècle » (III, 185) ; ni du côté de ce « catholicisme de bibelot » (IV, 252), illustré selon lui par Huysmans, dont le « dilettantisme religieux » fond la spiritualité dans la jouissance esthétique et prive la littérature de son « substrat métaphysique » (IV, 352-353) ; ni du côté du prosélytisme traditionaliste, cette impasse où se sont engagés, dans des styles différents, Veuillot, Hello ou Blanc de Saint-Bonnet : vouées à la polémique ou aux exposés doctrinaires, leurs œuvres s'épuisent vainement à l'« ingrate besogne » de convertir à leur idéal les foules modernes, comme si l'on pouvait « aboucher ensemble [...] les litanies de l'extase et le meuglement des bestiaux » (IV, 268)...

Bloy, lorsqu'il consent à caractériser sa démarche, se situe « dans l'absolu » (*J*, I, 127 [11 déc. 1894]) : « La vérité bien nette et qui éclate dans tous mes livres, c'est que *je n'écris que pour Dieu* » (*J*, I, p. 207 [16 juillet 1897]). Position radicale qu'on ne peut comprendre qu'à la lumière du « symbolisme universel » (III, 131) que l'écrivain a placé au centre de son monde spirituel.

Pour Bloy, en effet, tout ce qui arrive n'est jamais que la manifestation dans le sensible, la projection dans l'étendue du temps humain de la Volonté divine. Ce qu'il est convenu d'appeler la réalité se comprend, pense-t-il, à la lumière de la grande tradition exégétique des Pères de l'Église, avec laquelle il a le mérite de renouer à une époque de conservatisme théologique, même s'il lui adjoint des spéculations hétérodoxes, qui restent tributaires de la religion romantique ou ne sont pas totalement dégagées de l'ésotérisme « fin de siècle ».

Bloy s'inscrit dans ce courant antimoderne qui, à l'époque de la sécularisation, continue de postuler la dimension transcendante de l'histoire humaine et persiste à y déceler la trace d'une révélation divine. Tout événement lui apparaît comme une figure, véritable cryptogramme par lequel Dieu s'exprime dans la réalité. À ses yeux, les faits historiques constituent le lexique d'un Texte divin qui n'est jamais qu'un prolongement de la Bible. Ainsi, Marchenoir, le héros du *Désespéré*, prétend-il être « le Champollion des événements historiques » (*ibid.*) : dans ces signes énigmatiques, il aperçoit « une révélation par les symboles, corroborative de l'autre Révélation » (*ibid.*). Persuadé que derrière la combinaison hasardeuse des circonstances, Dieu fait entendre sa Parole, il célèbre les noces de l'histoire et de la poésie, dans la dynamique de l'imagination créatrice.

Cette vision historique trahit une nette tendance de l'écrivain à investir le réel d'intuitions, qu'il se plaît parfois à rapporter à une inspiration prophétique qui s'empare de lui plus qu'il ne la maîtrise. Les relations symboliques qui s'établissent entre le devenir des sociétés humaines, le cours de son existence individuelle et l'histoire même de Dieu transforment l'écriture en une sorte de rêverie intempestive, dans laquelle l'écrivain heurte volontiers le sens commun. Dans son *Journal*, il n'hésite pas, par exemple, à créer un lien entre la vente de *Léon Bloy devant les Cochons* et la disparition tragique de Sadi Carnot, déplorant que la mauvaise fortune s'acharne contre lui et ne recule pas « devant l'assassinat d'un Président de la république » pour « le priver d'un succès possible » (*J*, I, 89 [25 juin 1894]).

Le goût de la provocation et l'humour noir entrent, pour une bonne part, dans de tels propos, qui ne révèlent pas moins une spiritualité où le réel, pourvu de significations inattendues, est soudain réenchanté. Ainsi Bloy donne-t-il un relief inhabituel à l'idée maistrienne de réversibilité des mérites [4], en établissant des « concordances mystérieuses » entre la

4. Voir dans la quatrième partie, le chap. I.

première communion de sa fille aînée et le cataclysme qui frappe, en mai 1902, Saint-Pierre de la Martinique :

> Trente mille morts en quelques secondes, *à l'heure précise de la première communion de Véronique !* Le hasard n'existant pas, cette extermination était indispensable pour que fût contrebalancé, dans l'infaillible Main, l'acte prodigieux de notre enfant. (*J*, I, 411 [10 mai 1902])

Ces rapprochements incongrus, qui donnent au quotidien la profondeur surnaturelle de la merveille, font de l'histoire une sorte de fiction transcendante et l'apparentent à un roman divin. Elle devient le pré carré où l'écrivain peut mesurer son existence à l'aune du sacré et se métamorphoser en un héros, dont la place parmi les hommes a été réservée. Cette fascination de Bloy pour les destinées d'exception déborde, du reste, les limites de sa propre biographie : s'étendant à d'autres personnages plus connus – Christophe Colomb, Jeanne d'Arc, Marie-Antoinette, Napoléon –, elle tire l'histoire du côté du « grand récit » mythique. Pour Bloy, « tout homme », qu'il soit obscur ou célèbre, « est symbolique » (III, 133). Mais la situation de l'humanité depuis la Chute l'a privée de cette forme d'intelligence qui permettrait à chacun de saisir ce dont, dans l'ordre surnaturel, il est la figure : si c'est « dans la mesure de son symbole » que tout homme « est vivant », bien présomptueux serait celui qui pourrait prétendre dire aisément ce qu'est cette mesure, qui lui « est inconnue » (*ibid.*).

* * *

Dans ce monde « ignoblement futile et contingent » (II, 170), la littérature aura donc une fonction d'éveil à un autre ordre de réalité. Pour Bloy, tout écrivain digne de ce nom est un belluaire dans l'arène, c'est-à-dire un « dompteur de monstres » (II, 172) : Thésée affrontant le Minotaure, ou Œdipe le Sphinx. « C'est un danger terrible de toucher aux symboles » (V, 306) : quand ils ne dévorent pas l'auteur incapable de les deviner, c'est un public féroce, fermé à l'Infini, que celui-ci doit affronter.

La littérature n'est pas moins nécessaire quand elle se propose de faire résonner, dans l'histoire humaine, la Parole de Dieu, d'en montrer inlassablement la présence réitérée au sein du moindre événement dans des formes susceptibles de varier à l'infini. Car tout signifie ici-bas, tout est pris dans cette tension fondamentale entre unité et diversité, qui fait la fécondité du symbolique. L'écrivain digne de ce nom est celui qui non seulement répercute ce Verbe qui le dépasse, mais qui, ce faisant, retisse la trame du grand Texte qui, par-delà le chaos des apparences, ordonne en profondeur la réalité. Ce patient retissage, qui consiste à renouer des liens entre des aspects du réel habituellement disjoints, n'est pas sans rapport avec l'activité poétique donnant à voir ce qui existe sous un jour nouveau :

> Tel mouvement de la Grâce qui me sauve d'un péril grave a pu être déterminé par tel acte d'amour accompli ce matin ou il y a cinq cents ans par un homme très obscur de qui l'âme correspondait mystérieusement à la mienne et qui reçoit ainsi son salaire.
> Le temps n'existant pas pour Dieu, l'inexplicable victoire de la Marne a pu être décidée par la prière très humble d'une petite fille qui ne naîtra pas avant deux siècles. (IX, 240-241)

C'est peu dire que Bloy tire parti dans son œuvre d'une esthétique de la surprise : rien n'est étranger à Dieu, même ce qui paraît le plus éloigné de lui, le plus contraire à son essence. L'écrivain n'oublie pas que, dans le christianisme, Dieu, par suite de l'Incarnation, a poussé son infinie miséricorde jusqu'à prendre sur soi le péché. Il est partout, même là où, à hauteur d'homme, on l'attend le moins : dans le monde, où la Chute a tout dérangé, il est capable de se manifester sous les apparences les plus improbables. Dire que le Verbe s'est fait chair ou que l'Esprit de Dieu est Amour n'est pas un vain mot pour Bloy, qui en tire toutes les conséquences : le style de Dieu, ici-bas, ne saurait se limiter au sublime. La présence divine peut se manifester, fût-ce énigmatiquement, en style bas, voire dans le registre du grotesque.

Bloy, se penchant sur toute chose pour en révéler, autant qu'il le peut, la profondeur cachée, opère sans cesse une réévaluation de son appréhension commune ou immédiate. Le bourgeois le plus insignifiant, la propriétaire la plus odieuse, le boutiquier le plus avide de profit dans son négoce ne sont pas seulement des figures du mal moderne, ils sont aussi susceptibles d'être l'image même de Dieu, l'expression symbolique de sa Volonté, au même titre que ce vagabond, ce mendiant, cet étranger que son dénuement, sa souffrance, sa misère apparentent aux humbles des Béatitudes.

Il en résulte pour le lecteur une impression d'ironie généralisée : Bloy n'a pas son pareil pour dépasser le sens immédiat au nom d'un sens second, plus profond spirituellement, qui implique à son tour un renversement des valeurs. « Quand on est, comme moi, installé dans l'Absolu – remarque-t-il –, il devient à peu près impossible d'affirmer ou de nier quoi que ce soit sans avoir l'air ironique » (*J*, I, 148 [8 juin 1895]). Tout en concédant que « l'ironie est, à coup sûr, l'arme la plus dangereuse qui soit dans les mains d'un homme » (III, 192), il n'en multiplie pas moins les associations incongrues qui font naître des disparates au sein de la figure ou y provoquent la rencontre inattendue des contraires.

Christophe Colomb, si l'on en croit *Le Révélateur du Globe*, est le fondateur d'un monde nouveau, à l'image des plus illustres personnages de la Bible et, en même temps, ce héros évincé par les médiocres et les spéculateurs semble annoncer, dans son échec même, des prolongements inouïs dans l'histoire du salut. Concentrant, dans son aventure, toute grandeur, mais aussi toute misère, cette figure christique porte sur ses épaules l'innocence et l'ignominie du monde entier. Mais le Colomb de Bloy est aussi un peu plus que cela : il est le « Caïn de l'innocence » (I, 76), c'est-à-dire une figure étrange, qui conjoint inexplicablement des valeurs opposées.

De la même manière, l'anecdote, sans aucun doute fantaisiste, de ce professeur de rhétorique capturé, pendant la guerre de 1870, par les dragons de Rheinbaben, qui leur jette inlassablement le mot de Cambronne à la face, avant de succomber, répercute le cri d'un pauvre homme, fou de « honte » et de « désespoir » (VI, 176), qui résume l'abattement de la France. L'histoire de ce héros anonyme prend ainsi une « profondeur symbolique » (VI, 177) : elle ne relate plus seulement, à travers un exemple, la débâcle d'une nation qui fut jadis la Fille aînée de l'Église, elle figure « la définitive débâcle de Dieu lui-même » (*ibid.*). Mais au plus profond de l'abattement se trouve peut-être le salut. Car dans le « Mot suprême » (*ibid.*), que le prisonnier a lancé aux Allemands par défi, le narrateur de *Sueur de Sang* entend un vocable « indomptable », dont « *l'anagramme est une promesse de Rédemption* » (*ibid.*).

Ces jeux de langage, en vérité, sont assez périlleux. Ne doit-on pas redouter d'associer ainsi les « réalités absolues » (II, 170) aux choses ordurières ? Fait-on impunément communiquer, sur un plan symbolique, scatologie et eschatologie, ou ne risque-t-on pas, à ce jeu, une irréparable contamination du haut par le bas et une confusion qui donne le vertige ? Tel est pourtant le parti pris de Bloy, qui ne tremble pas devant les ponts qu'il tente de jeter sur l'abîme, alors que son lecteur, suspendu au-dessus du gouffre, est livré aux incertitudes d'une herméneutique piégée. Il est bien difficile pour ce lecteur d'interpréter des « antiphrases chargées de mystère » (VIII, 92), qui sont, selon leur intrépide exégète, la véritable langue de Dieu, celle du moins qu'il parle aux hommes dans leurs ténèbres.

*
* *

Cette difficulté est d'autant plus grande que d'autres obstacles surgissent au cours de la lecture. Ainsi de cet effacement des limites que l'on trace habituellement entre fiction et vérité. La littérature, pour Bloy, n'est en effet qu'une des modalités de l'exégèse. C'est pourquoi *Le Salut par les Juifs*, qui commente un passage de l'Évangile de saint Jean [5], est le livre dont il est « le plus fier » (*J*, I, 168 [6 nov. 1895]). Dès lors, les distinctions génériques – fictionnel *vs* factuel ; narratif *vs* enthymématique... – sont, à ses yeux, secondaires : conte, roman, historiographie ou pamphlet lui permettent, sous divers habillages, de tenir le même discours, visant à déchiffrer les figures et à en montrer les combinaisons mystérieuses.

Du reste, Bloy se plaît à s'affranchir des esthétiques dominantes et de leur cahier des charges : il prend le contre-pied des formes consacrées (il récuse, par exemple, le modèle de l'historiographie positiviste) ; il élargit considérablement le cadre de certains genres (ses romans intègrent des méditations spirituelles, des pamphlets, des poèmes en prose...) ; il entretient le flou autour des indices paratextuels – les indications d'identité générique – qui pourraient mettre le lecteur à l'abri de toute méprise : *Sueur de Sang* hésite entre apologue, anecdote et légende [6] ; les *Histoires désobligeantes* sont « à peine des contes » (VI, 206)...

Nul doute que les préférences de l'écrivain vont à des genres souples, ouverts, non codifiés par les poétiques : ainsi du journal, de la méditation (*Dans les Ténèbres*) ou de l'essai (*Le Sang du Pauvre*). Son œuvre tend

5. Joan., IV, 22.
6. Voir, dans la deuxième partie, le chap. II.

vers une forme unique, capable de rassembler tous les discours et tous les styles, afin de parvenir, dans la saisie des figures, à une sorte de synthèse organique, qui n'en réduise pas la complexité mais permette, au contraire, de tisser le plus grand nombre de liens possibles. Car il s'agit toujours de reconstituer le « texte symbolique » de l'histoire, de renouer, autant que possible, les fils de ce « tissu si garanti » qu'« aucun faussaire » n'est en mesure de le « démarquer d'une manière plausible » (III, 137).

Bloy modifie donc la ligne de partage qui permet d'ordinaire de distinguer, entre les textes littéraires, ceux qui se présentent comme des fictions et ceux qui prétendent dire vrai. Selon Gérard Genette, le discours de la littérature non fictionnelle, qu'il soit narratif (histoire, autobiographie, journal) ou non (essai, pamphlet), consiste en des énoncés de réalité, illocutions sérieuses au statut pragmatique « sans mystère » [7]. Le mystère, pour lui, réside du côté de l'énoncé de fiction : assertion feinte recouvrant une déclaration sérieuse qui est un acte illocutoire (une position ou imposition d'événement imaginaire). C'est ainsi que la fiction, dont le champ d'application est en général celui du vraisemblable, neutralise la distinction du vrai et du faux : on peut à bon droit soutenir qu'elle n'est ni l'un ni l'autre (ou qu'elle est les deux à la fois). Le contrat tacite qu'elle noue entre l'auteur et le lecteur est un « pacte de mauvaise foi » en vertu duquel chacun « fait semblant » [8]. Ce type d'énoncé ne répond pas aux conditions pragmatiques d'une véritable assertion, dont il a pourtant toutes les apparences : l'auteur de fiction n'est pas sincère, il ne garantit pas la vérité de ses propos, il « feint d'accomplir une série d'actes illocutoires, normalement du type assertif » [9].

Or la posture énonciative retenue par Bloy, quel que soit le genre choisi, unit conviction et suspension, révélation et mystère. Fiction et histoire ont, à ses yeux, le même degré de réalité : Clotilde Maréchal est une figure aussi « vraie », mais aussi énigmatique, que Marie-Antoinette ou que Jeanne d'Arc. Car *La Femme Pauvre*, au même titre que *La Chevalière de la Mort* ou *Jeanne d'Arc et l'Allemagne*, est « quelque chose comme le Nouveau Testament continué » (V, 95) : c'est « une *parabole* » (*ibid.*)

7. Gérard Genette, *Fiction et diction*, Paris, Seuil, 1991, p. 62.
8. Georges Blin, *Stendhal et les problèmes du roman*, Paris, José Corti, 1954, p. 6.
9. John Searle, *Sens et expression*, Paris, Minuit, 1979, p. 108.

que « l'inconscience prophétique », cette « estampille de l'Esprit Saint », a en quelque sorte inspirée (II, 191).

L'écrivain, dans les régimes fictionnel et factuel, prétend avancer des « vérités », qu'à chaque fois, il module cependant par un coefficient d'indécision, et ce de deux manières. Soit son discours se donne pour une assertion feinte (supposant un pacte fictionnel, un « faire comme si »), qui recouvre une profonde vérité dans l'ordre spirituel. À ses yeux, les *Histoires désobligeantes* ne sont pas seulement des contes, mais des « allégories », qui lui ont parfois été données dans la prière : « On n'est pas parfait » n'est-il pas sorti, dit-il, d'une « communion fervente », où il avait « demandé la Lumière, au nom de la Couronne douloureuse de Jésus-Christ » (*J*, I, 78 [16 févr. 1894]) ? Soit son discours procède d'une assertion sérieuse (supposant la pleine adhésion de l'auteur à son propos), mais qui est mitigée par une déclaration d'incertitude. Reportons-nous ici à l'Introduction de *L'Âme de Napoléon* :

> *Que Celui qui peut comprendre comprenne*, a dit Jésus qui ne parlait qu'en paraboles, et cette Injonction mystérieuse ne *pouvait* s'adresser qu'au seul Paraclet à venir par qui seront dévoilés tous les arcanes.
> N'étant pas le mandataire accrédité de ce Consolateur, je n'ai donc rien à expliquer. D'ailleurs, depuis la déchéance et l'abjection procurées par la Chute originelle, qui donc est capable d'expliquer ou de comprendre profondément quoi que ce soit ? C'est déjà bien beau et passablement surhumain de montrer qu'il y a partout du mystère ou de le donner à pressentir. (V, 284)

La fiction est ainsi lestée d'un poids de réalité inhabituel : elle devient une forme de la Similitude (*parabolê*, en grec, signifie « comparaison »), elle tire l'esprit du visible vers l'Invisible, elle le fait participer à ce que Bernanos appellera « la logique de Dieu » [10]. En même temps, la réalité prend des allures de roman divin. Dans *Celle qui pleure*, Bloy, sous prétexte d'en déchiffrer le symbolisme, métamorphose l'histoire de l'apparition de La Salette. De même, sa vision du procès de Marie-Antoinette, ou celle de la mort de Jeanne d'Arc, comporte un haut degré de fictionnalisation. Faut-il conclure au délire paranoïaque, à l'inspiration prophétique, à la fantaisie du rêve ?

10. Georges Bernanos, *Dialogues des carmélites*, dans *Œuvres romanesques*, éd. Albert Béguin, Paris, Gallimard, coll. « Bibliothèque de la Pléiade », 1961, p. 1613.

Mieux vaut sans doute conserver au texte de Bloy son indécision. Car celui-ci est pris dans un balancement perpétuel entre une conviction fondatrice et une hésitation régulatrice, une « conscience d'être faillible et provisoire [11] » : « La foi – dit-il – c'est la connaissance de notre limite » (*J*, I, 78 [18 févr. 1894]). Le déchiffrement symbolique est donc, par essence, élan et inaboutissement : une tentation de voir et savoir, inspirée par l'impatience, voire une tentation prométhéenne, qui tourne court ou se suspecte d'orgueil et, par un retour à l'humilité chrétienne, se révoque en doute. Bloy l'a souvent déclaré, son but est seulement de mesurer la profondeur impénétrable des figures, « au scandale des imbéciles et des théologiens pédants qui prétendent que tout est éclairci » (*J*, I, 528 [3 avril 1904]) :

> Pénétré, hanté, possédé de la certitude que tout est mystérieux, hommes et choses, parce que tout est symbolique et figuratif, j'ai voulu montrer partout le mystère, toujours évident pour moi, et le faire sentir avec une violence extrême, jusqu'à produire la constriction ou la délectation des cœurs. (*J*, II, 319 [15 nov. 1912])

Sans prétendre épuiser la question, on retiendra donc deux facteurs décisifs dans le trouble herméneutique produit par les textes bloyens : la *logique ironique des figures* et la *fictionnalité (ou véridicité) conditionnelle*, invariablement postulée par l'écrivain. On en conclura que l'œuvre de Bloy trouve ainsi sa place dans la tradition de la littérature paradoxale. Le paradoxe, on le sait, est une forme discursive qui a pour loi de heurter le destinataire et de le diviser, non seulement en s'inscrivant en faux contre son expérience et l'opinion courante, mais aussi en introduisant un point de vue renversant, parce qu'inattendu et contraire aux préjugés.

Aussi ne peut-on se contenter de définir le paradoxe comme la simple expression d'une idée hardie. Il faut le considérer, au contraire, comme une formulation complexe qui, tout en contestant explicitement la *doxa*, n'en est point totalement dissociée. Car la *doxa* reste présente au sein du discours paradoxal : toujours prête à faire valoir les droits du bon sens et des usages, elle fournit au lecteur un repère qui lui permet d'apprécier l'écart de ce discours par rapport à la norme.

11. Theodor W. Adorno, « L'Essai comme forme » [1954-1958], dans *Notes sur la littérature*, trad. fr. Sybille Müller, Paris, Flammarion, 1984, p. 21.

Par son usage du paradoxe – ce « blasphème *par amour* » (III, 226) –, le discours bloyen inclut dans son agencement logique des perspectives conflictuelles qui faussent les repères [12]. Il manifeste ainsi son caractère ludique et, en même temps, conserve une part de sérieux. C'est un mixte de malice et de ferveur religieuse, de mystique et de mystification, qui entraîne le lecteur dans les méandres d'une ironie transcendante. Il combine vérité et erreur, déréglant le mécanisme du langage pour conduire à une déroute de la raison touchée dans sa prétention à ordonner le savoir et l'expérience.

*
* *

« J'ai fait mes plus beaux voyages sur des routes mal éclairées » (*J*, I, 583 [24 oct. 1905]), note Bloy dans son *Journal*. Quelle que soit la destination, il emporte en général, dans ses bagages, les mêmes viatiques : qu'il aborde le vaste continent de l'histoire universelle, qu'il arpente le territoire plus familier de la fiction autobiographique ou qu'il risque une incursion du côté des formes brèves, l'anecdote militaire et le conte cruel, il conçoit la création littéraire comme un ressassement. Écrire, c'est toujours se répéter de mille manières, reprendre un unique Texte originel, qui contient tous les autres et fournit la trame de toute réalité.

Tout, chez Bloy, part de la Bible et y revient sous une forme ou sous une autre. Les Saintes Écritures sont un inépuisable palimpseste, où il n'efface jamais que pour récrire la même chose sur un autre mode, entre pastiche et parodie. D'où la puissante unité de son œuvre, même si elle se monnaie sous des formes qui s'affranchissent du carcan des genres pour inventer un langage neuf. Bloy, sur les routes mal éclairées qu'il n'a cessé d'emprunter, a fait maintes rencontres inattendues. Rien d'étonnant, par exemple, à ce que le souvenir de la Vulgate le dispute, dans son œuvre, à celui de Barbey d'Aurevilly, d'Émile Goudeau ou de Lautréamont. Dans leur éclectisme, ces rencontres, qu'il s'agisse des hommes ou de leurs ouvrages, l'ont fait tel qu'il est, au croisement de courants de pensée et de traditions littéraires disparates : trop artiste, trop anticlérical pour plaire

12. Qu'on songe, par exemple, à la coexistence du sublime et du grotesque, étudiée un peu plus loin, à propos du *Désespéré*. Voir, dans la deuxième partie, le chap. II.

à la plupart de ses coreligionnaires, et trop intransigeant dans sa foi, trop intégralement catholique pour se concilier les faveurs des bourgeois modernes.

C'est de ce voyageur solitaire qu'on se propose de suivre le cheminement spirituel et littéraire dans ce livre. Chacun pourra ainsi mettre ses pas dans ceux de l'écrivain sur ces routes où, en dépit de la boussole de la foi, il a été maintes fois contraint d'avancer à tâtons. Composés au fil des années, les travaux qu'on a réunis de la sorte sont autant de jalons dans un périple qui, à l'image de la quête de Bloy lui-même, est en grande partie voué à l'inachèvement. On sera satisfait si, à défaut d'être éclairés d'une vive lumière, les paysages traversés chemin faisant échappent à cette « pénombre claustrale » (VII, 175) dont les lecteurs de Bloy se croient trop souvent condamnés à rester prisonniers.

Première partie

Bloy, la Bible et l'Histoire

Chapitre I

Bloy et la Bible

Bloy, à partir de sa conversion en 1869, devient un lecteur assidu de la Bible. Il acquiert alors un *Liber Psalmorum* publié chez Hachette l'année précédente et une édition de la Vulgate datant du XVIIIe siècle [1]. Sa bibliothèque, qui s'enrichit en 1885 d'un *Novum Testamentum* édité par Gaume [2], comporte aussi de nombreux ouvrages liturgiques, notamment un bréviaire, un missel et un rituel romains [3]. Le journal que l'écrivain tient avec exactitude à partir de 1892 révèle une utilisation quotidienne de ces livres : pour pouvoir les lire, Bloy, dès l'époque où il s'est converti, a réappris seul le latin dont il avait interrompu l'apprentissage en 1860, à la fin de la classe de quatrième [4].

Cette langue liturgique est, selon lui, l'idiome universel que la Sainte-Trinité a utilisé pour s'adresser aux hommes. Saint Jérôme, affirme-t-il, s'est fait le fidèle interprète de l'Esprit de Dieu dans sa traduction inspirée

1. *Bibla Sacra vulgatae editionis, Sixti V et Clementis VIII, Pont. Max. jussu recognita atque edita. Editio nova versiculis distincta*, Avenione, apud Joannem Aubert, typog. et bibliop. Massiliae, apud Sube et Laporte, bibliop. Via Canebiere, 1774. Voir *Cahiers Léon Bloy*, numéro exceptionnel et unique pour servir de catalogue à l'exposition Léon Bloy, Galerie Jean Loize (47, rue Bonaparte, Paris VIe), mars-avril 1952, p. 19.

2. *Novum Testamentum*, Paris, Gaume frères, 1837. L'acquisition peut être datée, avec vraisemblance, de 1885 car Bloy a noté sur la page de garde, à la suite de sa signature, tous ses domiciles, de cette année à 1895 (voir *Cahiers Léon Bloy*, mars-avril 1952, p. 20).

3. Bloy reçoit un exemplaire de chacun de ces ouvrages du père Lainé le 10 octobre 1895. Voir *JI*, I, 1450.

4. Voir Gaëlle Guyot, *Latin et latinité dans l'œuvre de Léon Bloy*, Paris, Honoré Champion, 2003, p. 23 *sq*.

des Livres Saints. Ainsi, la Vulgate, en comparaison des autres versions de la Parole, propose-t-elle « l'unique *à peu près* de restitution divine » (II, 313) : elle seule fait autorité aux yeux de l'écrivain qui se situe aux antipodes de l'abbé Loisy et de l'école exégétique moderne [5].

La lecture de la Vulgate alimente d'abord sa vie spirituelle. Ce croyant fervent se repaît de la Parole de Dieu à l'office où il se rend fidèlement tous les matins. Il la médite au cours de la journée, en repassant dans son esprit les lectures, les hymnes, les prières du calendrier chrétien. La liturgie l'accompagne au fil des heures, elle le soutient, elle le remplit d'une « sensation divine », elle est pour lui cette « *nourriture invisible* et puissante » (*J*, I, 147 [5 juin 1895]) qui entretient son espérance et donne à sa foi sa pleine vitalité. En octobre 1889, lorsqu'il offre son exemplaire de la Bible à sa fiancée, peu après leur rencontre, il lui fait don – précise-t-il dans la dédicace – de « ce précieux Livre, où [son] âme triste a si souvent et si amoureusement cherché l'Esprit du Seigneur » [6]. Pour Bloy, la lecture de la Bible, comme la prière, est l'occasion d'un contact vivifiant avec une présence aimée, qui sature l'âme de ses bienfaits, à la manière de l'eucharistie : « Je ne puis ouvrir le Saint Livre sans que m'arrive une douceur infinie, une suavité merveilleuse, une ivresse qui me cogne contre les étoiles » (*J*, I, 56), note-t-il dans son *Journal*, le 24 mars 1893.

Mais la méditation de l'Écriture ne comble pas seulement le cœur du croyant, elle ouvre aussi son intelligence, à laquelle elle offre un vaste champ d'étude. Bloy s'est très tôt essayé à l'interprétation de la Bible, remplissant d'annotations les marges de ses exemplaires du Livre Saint [7]. La rencontre de l'abbé Tardif de Moidrey en 1877 a joué, de ce point de vue, un rôle décisif [8]. Cet assomptionniste, qui se partage à cette époque entre la prédication de pèlerinages et l'enseignement de l'Écriture Sainte, l'initie à l'exégèse symbolique, qu'il a lui-même pratiquée dans un

5. Bloy prend la défense de saint Jérôme dans la guerre que font à la Vulgate les partisans d'une traduction « plus près du Texte » : « En présence de l'école exégétique moderne, écrit-il dans son *Journal*, je me sens pour saint Jérôme et sa Vulgate l'amour le plus tendre » (*J*, I, 498 [30 sept. 1903]).

6. Voir *Cahiers Léon Bloy*, mars-avril 1952, p. 19.

7. Voir les analyses de ces annotations proposées par Bernard Sarrazin dans *La Bible en éclats. L'imagination scripturaire de Léon Bloy*, Paris, Desclée, coll. « Théorème », 1977, p. 23 *sq*.

8. Voir la thèse de François Gadeyne, « Symbolisme de l'Apparition de Léon Bloy, confluent littéraire, historique et spirituel », soutenue en Sorbonne le 12 mars 2016.

commentaire du Livre de Ruth paru en 1872 [9]. Bloy, ébloui, découvre tout un monde de figures et de correspondances qui lui permettent de lire autrement le texte sacré, sans se limiter à une interprétation historique ou morale. Lorsque Marchenoir, son double romanesque, fait une expérience similaire, celle-ci est considérée comme le véritable « point de départ de sa vie intellectuelle » (III, 131) par le narrateur du *Désespéré.*

De fait, Bloy, à la suite de cette découverte qui libère son imagination, prend l'habitude de s'exercer au déchiffrement du texte biblique, sans que retombe sa curiosité passionnée pour les énigmes qu'il recèle. « Plus je comprends, plus je m'enfonce dans les ténèbres » (*J*, I, 61 [25 juin 1893]), remarque-t-il dans son *Journal*, en juin 1892. Il n'exagère donc pas lorsqu'il affirme : « Je suis nourri de l'Écriture Sainte et de l'exégèse biblique. C'est mon fonds. J'ai passé dix années de ma vie à étudier le symbolisme scripturaire » (*J*, I, 591 [2 janv. 1906]). Sans parler des innombrables commentaires de versets bibliques qui émaillent son *Journal*, plusieurs de ses livres partent d'une formule de l'Écriture, dont ils proposent une interprétation d'une ampleur et d'une liberté vertigineuses. C'est le cas du *Salut par les Juifs* qui donne une signification eschatologique aux paroles du Christ à la samaritaine rapportées dans l'Évangile de saint Jean : « *Salus ex Judaeis* » [10] ; le cas encore du *Sang du Pauvre* qui exploite, dans le sens d'une métaphysique de la pauvreté, l'analogie entre le mot « argent » et le Verbe divin suggérée par les Psaumes : « *Eloquia Domini, eloquia casta : argentum igne examinatum* [11]. »

Bloy cependant ne se contente pas de sortir ainsi des sentiers balisés par les gardiens de l'orthodoxie ; il pousse plus loin l'audace de sa méthode, en donnant une extension inaccoutumée au principe de l'exégèse. Contrairement à l'abbé Tardif de Moidrey, son maître, qui a pour toute ambition de déchiffrer, beaucoup plus prudemment que lui, le sens symbolique de l'Écriture, il considère que ce mode d'interprétation, loin de devoir être limité au texte de la Bible, peut également être employé pour lire l'histoire humaine comme un équivalent du Livre sacré. C'est ainsi que l'auteur du

9. *Le Livre de Ruth*, Bruxelles, Haenen, 1872. Claudel estimera assez cet ouvrage pour le rééditer en 1937 chez Desclée de Brouwer.

10. Joan., IV, 22.

11. Ps., XI, 7 : « Les paroles de Dieu sont des paroles pures : c'est un argent éprouvé au feu ».

Désespéré passe du symbolisme scripturaire à ce qu'il appelle le « symbolisme universel » (III, 131).

En effet, tout est symbolique pour Bloy dans la mesure où tout ce qui arrive sur terre n'est jamais, selon lui, que la projection dans l'étendue du temps humain de la Volonté divine. L'histoire, en d'autres termes, est un « immense Texte liturgique » (V, 273) où les événements, quelle qu'en soit l'importance, sont « le Style de la Parole de Dieu » (V, 283). À cet égard, les faits historiques sont, en figures, une initiation à la Révélation, avec laquelle ils entretiennent d'étroites correspondances. L'écrivain les considère comme des « hiéroglyphes divins » (III, 131), puissamment organisés en un vaste « ensemble symbolique » (III, 133), où se manifestent et s'expriment les desseins de la Providence.

Le symbolisme universel est donc une radicalisation de l'interprétation figurative de la Bible qui « établit, entre deux événements ou deux personnages, une relation dans laquelle l'un des deux ne signifie pas seulement ce qu'il est, mais est aussi le signe annonciateur de l'autre, qui l'englobe ou l'accomplit » [12]. Une telle relation implique un rapport très particulier au temps : les deux pôles de la figure sont « temporellement disjoints », mais « appartiennent l'un et l'autre à la temporalité » [13]. Ils sont pris dans le flux ininterrompu du devenir historique, de sorte qu'une intuition spirituelle est seule capable d'en saisir les correspondances. Un épisode de l'Ancien Testament, le sacrifice d'Isaac par exemple, peut ainsi être compris comme une préfiguration symbolique des événements du Nouveau Testament : la Passion du Christ, dans ce cas précis.

L'interprétation figurative, on le voit, est une construction de sens complexe, dans laquelle un premier événement en annonce un second, lequel réalise pleinement le premier, alors que ces deux événements sont sans lien temporel ou causal. Cela implique une conception de la temporalité où « le *hic et nunc* n'est plus un simple élément d'un processus terrestre, mais en même temps quelque chose qui a toujours été et qui s'accomplit dans le futur » [14] : quelque chose d'éternel sous le regard de Dieu, qui a commencé à se réaliser fragmentairement dans les événements

12. Erich Auerbach, *Figura*, trad. fr. Diane Meur, Paris, Macula, 2003, p. 63-64.

13. *Ibid.*, p. 64.

14. Erich Auerbach, *Mimésis. La représentation de la réalité dans la littérature occidentale* [1946], trad. fr. Cornélius Helm, Paris, Gallimard, 1968, p. 84.

terrestres. Le symbolisme universel de Bloy étend au maximum cette logique figurative, en faisant de tout ce qui se produit ici-bas un signe composant avec d'autres un unique Texte sacré.

Ainsi, pourrait-on soutenir à bon droit que toute réalité est textuelle sous le regard de Bloy. Le réel est essentiellement sémiotique pour lui, puisqu'il est, dans ses structures profondes, un langage : c'est le Verbe divin qui se fait écriture dans l'événement même le plus infime. Le symbolisme scripturaire peut donc être étendu à l'histoire tout entière selon un principe d'équivalence absolu en vertu duquel toute chose est dans la Bible et la Bible résume toute chose. De la réalité, ce tissu verbal « extrêmement lié, vertébré, ossaturé, dialectiqué » (III, 132), se dégage une profonde cohérence interne. Car les figures ne cessent d'annoncer la même chose : ce sont « les flots d'un identique Océan », qui « ne peuvent rompre les digues de l'Unité absolue » (IX, 37). L'homme, dans tout ce qu'il entreprend, participe symboliquement à « l'Ordre divin » (V, 273), que les figures réitèrent sans trêve. Mais les infirmités de sa nature l'empêchant d'apercevoir ce « plan infaillible » (III, 133), il est condamné à ignorer la place qu'il occupe dans « le tissu des combinaisons infinies de la Solidarité universelle » (*ibid.*). Le principe de répétition qui caractérise l'histoire dans le symbolisme universel est en effet tempéré par la modulation incessante des figures, qui varient *ad libitum* : leurs combinaisons sont « innombrables comme la poussière, compliquées à l'infini, tramées, tressées, imbriquées, repliées les unes dans les autres, entrelacées et embrouillées à toutes les profondeurs » (III, 134). L'« ondoyance perpétuelle de leurs aspects » déconcerte l'homme condamné à n'obtenir jamais, sur les vérités qu'elles expriment, que d'« intermittents éclairs » (IX, 37).

La tension qui se manifeste ici entre unité et multiplicité ou entre répétition et variation est inhérente au statut des figures, lesquelles, d'un point de vue humain, disent contradictoirement la présence et l'absence de Dieu. Leur accomplissement, dont le Christ rédempteur a apporté la promesse, reste un horizon que seule la fin des temps permettra d'atteindre. Cela fait dire à Bloy que « nous sommes des dormants pleins des images à demi effacées de l'Éden perdu, des mendiants aveugles au seuil d'un palais dont la porte est close » (IX, 293). L'histoire, à mesure qu'elle se déroule, « devient aussitôt le secret de Dieu » (IX, 207). Touchant à l'ineffable et nimbées de mystère, les figures passent l'entendement du croyant ; en un siècle sceptique et positif, elles échappent *a fortiori* à la multitude qui leur substitue commodément les coups de dés du Hasard.

C'est ici qu'intervient la littérature, qui est une « chose vitale et sainte » (II, 176) quand elle permet à un poète de « proférer par-dessus les hommes et les temps, des paroles inouïes dont il ignore la portée » (II, 191). Car sa vocation profonde est bien de récrire le grand livre de l'histoire, c'est-à-dire, au fond, la Bible, ces deux textes, au plan symbolique, n'en faisant qu'un. Par nature de « seconde main », la littérature, si elle veut éviter d'être une infâme adultération de la Parole, doit être le lieu d'une « inconscience prophétique » (*ibid.*), grâce à laquelle elle peut non seulement faire écho aux figures divines mais en éclairer le sens par une sorte de commentaire. En effet, en recomposant ces figures historiques ou scripturaires en un nouveau texte continu et cohérent, elle en révèle la portée. Sa nature hybride – elle est à la fois lecture et écriture – lui permet d'associer, mieux que d'autres discours, la citation du Verbe à son exégèse. Elle doit donc être l'espace où le jeu des figures est partiellement arraché à son illisibilité, où celles-ci sont manifestées avec éclat et, en même temps, perçues dans leur obscurité temporaire, conséquence de leur inachèvement.

Cette opération à haut risque, par nature épiphanique, ne manque pas de provoquer l'étonnement du lecteur. Les difficultés d'interprétation auxquelles celui-ci est confronté tiennent d'abord à l'association d'éléments disparates, voire opposés, au sein de la figure. S'appuyant sur l'enseignement de saint Paul – « *Videmus nunc per speculum in ænigmate*[15] » – Bloy est persuadé que, dans l'univers de la Chute où « rien n'est à sa place » (*J*, I, 122 [3 déc. 1894]), Dieu se manifeste en général sous un jour énigmatique et peut prendre l'aspect le plus surprenant : dans ce monde à l'envers, il est fréquent qu'il apparaisse sous un « travestissement inimaginable » (IX, 58).

Soucieux de ramener l'histoire à « un acte *unique*, indéfiniment réfracté » (III, 136) dans l'univers, l'écrivain s'efforce de tout intégrer à cet ordre surnaturel, même les faits les moins susceptibles, en apparence, d'y prendre place. Il excelle dans l'art de mettre en relation des personnes, des paroles, des objets ou des événements dont rien ne laisse présager

15. I Cor., XIII, 12.

a priori qu'ils puissent avoir un rapport symbolique. Bref, il creuse l'écart maximum entre les éléments constitutifs de la figure, ne craignant point de provoquer la surprise et même le scandale. C'est l'effet que produisent ses spéculations sur l'argent, figure du Pauvre d'entre les pauvres, principe de notre salut comme de notre damnation, qui entretient avec le Christ, avec sa Parole et son Sang, un mystérieux rapport d'équivalence :

> Le Sang du Pauvre, c'est l'argent. On en vit et on en meurt depuis des siècles. Il résume expressément toute souffrance. Il est la Gloire, il est la Puissance. Il est la Justice, et l'Injustice. Il est la torture, et la Volupté. Il est exécrable et adorable, symbole flagrant et ruisselant du Christ Sauveur, *in quo omnia constant.* (IX, 87)

Rien n'est étranger à l'Ordre divin, pas même le Péché. C'est pourquoi, dans cette intertextualité généralisée qu'est le symbolisme bloyen, il ne faut pas craindre de s'aventurer du côté du négatif – quelles qu'en soient les variantes : l'insignifiant, le laid, le maléfique – pour suivre « l'itinéraire complet de la Volonté divine » (IX, 56), de l'hypotexte biblique à l'infinie variété de ses transformations hypertextuelles. L'exégèse du meurtre d'Abel est, de ce point de vue, emblématique. Dieu, qui « ne peut parler que de Lui-même » (IX, 47), puisque « toutes choses subsistent en lui » [16], est figuré en même temps par « l'innocent Abel » et par « le fratricide Caïn » : Lui, qui a tout assumé de notre condition dans l'Incarnation, est « nécessairement représenté [...] par l'un et par l'autre » (IX, 56-57). Le meurtrier comme la victime sont des figures du Dieu rédempteur, lequel est « à la fois l'Innocence même et le Péché même » (IX, 57).

Bloy s'autorise ici d'un passage de la seconde épître aux Corinthiens [17] pour voir dans cette association paradoxale le cœur mystérieux de l'histoire symbolique du salut. Le conflit de Caïn et d'Abel, comme celui d'Isaac et d'Ismaël, de Jacob et d'Ésaü, de Moïse et de Pharaon, de Saül et de David, dans l'Ancien Testament, met en scène deux figures du même Dieu, étrangement opposées et pourtant promises *in fine* à une réconciliation glorieuse. De même, à travers l'histoire, le conflit des peuples juif et chrétien, ou des Français et des Allemands en 1870, fait l'objet d'une

16. Col., I, 17.

17. « Celui qui n'a point connu le péché, il l'a fait devenir péché pour nous, afin que nous devenions en lui justice de Dieu » (II Cor., V, 21).

interprétation similaire. Au nom d'un tel principe, Bloy peut soutenir qu'à une certaine profondeur, la destinée de Napoléon, en dépit de l'immensité de ses fautes et de la multitude de ses crimes, permet d'apercevoir « la Face de Dieu dans les ténèbres » (V, 271). Ce personnage d'exception est à la fois, figurativement, Lucifer et le Saint-Esprit : il révèle entre eux une solidarité énigmatique.

Ce mode de lecture des événements peut s'appliquer à d'autres domaines, comme la langue. Ainsi, au plan linguistique, les « clichés centenaires » du Bourgeois – le « redoutable et définitif idiot » des temps modernes, « qui ne fait aucun usage de la faculté de penser » – correspondent mystérieusement à « quelque Réalité divine » (VIII, 19). Les lieux communs dont cet acéphale se sert sans relâche, loin de trahir l'insignifiance d'un langage démonétisé, expriment à son insu « des choses absolument excessives » (VIII, 20). Dérobés « à la Toute-Puissance créatrice » (*ibid.*), ils sont secrètement dotés de la puissance du Verbe. Loin d'être un néant verbal et intellectuel comme chez Flaubert, ils constituent une sorte de Bible en creux. Ainsi la locution « faire travailler l'argent » peut-elle être rapportée au drame du Golgotha :

> Travailler, dans le sens du latin *laborare*, c'est souffrir. On fait donc souffrir l'Argent qui est Dieu. On le fait souffrir, naturellement, avec la plus abondante ignominie. À l'exception des crachats, – car le Bourgeois « ne crache pas sur l'argent », – aucun opprobre ne lui est épargné. On le fait même *suer*. On lui fait suer le sang des pauvres dans l'agonie des labeurs de la mort. Il y a des peuples qui crèvent dans les usines ou les catacombes noires pour velouter la gueule des vierges engendrées par des capitalistes surfins, et aussi pour que « le mystérieux sourire de la Joconde » ne leur soit pas refusé. C'est ce qui s'appelle *faire travailler l'argent !*
>
> ... Et la Face PÂLE du Christ est plus pâle au fond des puits et dans les fournaises. (VIII, 33)

Passer de l'homme à sa figure (Napoléon) ou du signe au symbole (les lieux communs) consiste donc, en général, en un changement de niveau, une permutation de rapports ou un retournement du négatif au positif, qui n'est pas sans faire penser aux mécanismes de l'ironie. Celle-ci procède souvent d'« un jeu sémantique sur les contraires » qu'elle met en relation : on pourrait la définir comme « le "contresens" volontaire d'un énonciateur parlant "contre" un sens appartenant à autrui »[18]. Plus largement, elle permet de tenir un « discours "double", saturé d'évaluation »[19], qui instaure un mode de communication précaire, en multipliant à l'intérieur du langage les champs de tension, les décalages et les degrés. Or c'est bien de la sorte que Bloy opère lorsque, s'efforçant d'atteindre « les abîmes de la Lumière » dans « les gouffres de [la] Sottise » (VIII, 20), il se penche sur l'histoire ou le langage pour en révéler, autant qu'il le peut, les secrets, à la lumière de la Bible.

Tout le problème – et il est de taille – réside dans l'ambiguïté de ces manipulations du sens, à la faveur desquelles l'exégèse pratiquée par Bloy prend souvent l'aspect d'une énorme blague. Car Dieu y est curieusement rapproché de ce qui lui est étranger, voire antipathique : même si, dans les travestissements les plus scabreux, l'écrivain trouve la perle d'une révélation théologique, il n'est pas sans danger de tisser systématiquement des liens analogiques entre le Verbe divin manifesté dans la Bible et la syntaxe boiteuse des expériences humaines. Confronté à ces disconvenances, le lecteur, même familier de la Vulgate, y perd son latin. Car il est bien difficile pour lui d'interpréter ces propositions aberrantes, qui frisent souvent le gouffre du non-sens.

Non seulement il lui faut accepter le pansémiotisme de Bloy, en vertu duquel toute réalité est un signe hypertextuel dont le référent est la Bible, mais il doit aussi s'habituer à ce que le texte littéraire soit déchargé de sa fonction mimétique traditionnelle, pour devenir essentiellement signe de signe et réécriture, à un niveau supérieur d'hypertextualité. Une des conséquences de cette conception de la littérature est la neutralisation des distinctions que l'on opère habituellement entre le fictionnel et le factuel, le narratif et l'argumentatif. Quels que soient leur type d'énonciation ou leur nature générique, le roman, l'historiographie, le pamphlet et le journal sont tous des discours seconds et figuratifs. Ce sont des hypertextes qui, selon des conventions et des codes différents, ont tous la Bible pour matrice : ils disent la même chose dans des formes verbales justiciables de la même méthode exégétique.

Ainsi, les anecdotes militaires sur la guerre de 1870, que Bloy recueille dans *Sueur de Sang*, sont placées, comme le suggère ce titre, sous le signe

18. Philippe Hamon, *L'Ironie littéraire*, Paris, Hachette, 1996, p. 21.
19. *Ibid.*, p. 34.

de Gethsémani [20]. Dans « L'Aumône du Pauvre », par exemple, la rencontre de Bismarck et de Napoléon III à Donchery, au lendemain de la prise de Sedan, nous ramène à cette heure de la Passion où le Christ souffrant « agonise pour toute la terre » (VI, 17) : le chancelier allemand est le prototype du Bourgeois diabolique – « une combinaison de goinfre, de goujat et de sanguinaire cafard » (VI, 117) –, tandis que l'empereur est un homme abandonné, déchu, humilié. « Je suis un fantôme qui souffre !, s'exclame-t-il, pauvre et humilié parmi les pauvres et les humiliés » (VI, 144). Autant dire une figure du Christ, au même titre que le soldat mort dans les bras de sa mère en pleurs qui, dans « L'Obstacle », est jeté symboliquement en travers du chemin de la déroute, « ainsi qu'un rocher qui partage les eaux d'un fleuve » (VI, 38). Cette victime, dont la mort offre la saisissante image d'un pays vaincu, représente en même temps Jésus, dont le sacrifice salvateur scinde l'histoire humaine : l'image du fleuve dont les eaux se séparent évoque le passage décisif de l'état de péché à la rédemption, qui s'est accompli sur le Golgotha.

La même économie symbolique est à l'œuvre dans *Le Désespéré* où Marchenoir est aussi une figure christique. Élu de la Douleur, depuis la prime enfance, il est mystérieusement configuré sur ce type divin : « Cette vocation de sauver les autres, malgré votre misère, cette soif de justice qui vous dévore, cette haine que vous inspirez à tout le monde et qui fait de vous un proscrit, tout cela ne vous dit-il rien, à vous qui lisez dans les songes de l'histoire et dans les figures de la vie ? » (III, 287), lui demande Véronique, sa compagne visionnaire. De fait, la vie pèse lourdement sur les épaules de « ce porte-croix » (III, 276) en lutte contre son temps et destiné pour cela à mourir, comme le Christ, « sous les soufflets et les crachats de l'univers » (III, 132). C'est du reste ce qui arrive : sa « pire souffrance », sur son lit de mort, est « une soif épouvantable, la soif de Jésus dans son Agonie » (III, 313).

Cependant, c'est surtout avec les filles publiques, ces épaves sans cesse recueillies par Marchenoir, qu'éclatent au grand jour « ses fonctions de releveur » (III, 106) : comme le Christ avec Marie-Madeleine, il est pour elles un Sauveur. À l'échelle de sa vie d'homme, il répercute donc, dans

20. Luc., XXII, 43-44.

l'ordre symbolique, le geste du Rédempteur. C'est ce que suggère en particulier la métamorphose de Véronique, cette transfiguration qui, d'une pécheresse décrite en termes orduriers fait une figure mariale, d'une pureté irréprochable. Certes, le « diabolisme de la passion » (III, 279) enraye l'assomption glorieuse de l'Amour divin, qui devait être le terme de cette aventure symbolique. Véronique, œuvre de Marchenoir, est profanée par son créateur, dont les appétits charnels et la jalousie renaissent de leurs cendres. Elle sombre dans la folie et le héros, au désespoir, semble maudit comme Caïn (c'est l'un de ses prénoms avec Marie-Joseph). Mais, lorsqu'il meurt après être allé au bout du dénuement, de l'impuissance et de la douleur, il déclare : « Je ne suis plus le *Désespéré* » (III, 313). Dans sa mort apparemment tragique s'est accompli quelque chose qui le sauve et qui le fait apparaître rétrospectivement comme un Job moderne : un juste éprouvé par la souffrance, forcé de chercher le sens de son épreuve et de lutter pour retrouver son Dieu qui semble se dérober.

On se tromperait cependant en croyant que Bloy s'en tient à des variations sur des figures et des trames narratives empruntées à la Bible, sur le mode élémentaire de la réécriture. Car l'histoire humaine, marquée depuis l'origine par le péché originel, porte un sens en devenir, que la bonne nouvelle de la Rédemption annoncée par les Évangiles n'a pas immobilisé. Tout n'est pas éclairci dans l'histoire : son déroulement providentiel, loin d'être la révélation d'un plan immuable, fait place à une réserve eschatologique, le salut étant donné aux hommes comme une promesse, dont l'accomplissement dépend du devenir du christianisme. Pour Bloy qui se prévaut ici de saint Paul[21], l'« Éternité bienheureuse » n'existe pour les hommes qu'« en espérance » (III, 58 et 148), de manière toute conditionnelle. Rien n'est encore accompli de ce que Dieu a promis, et nul ne sait s'il sera sauvé. L'histoire, ce « livre insoupçonné et plein de mystères », ne se contente pas de répéter la Bible, de la récrire sans cesse : elle vient aussi en supplément des Saintes Écritures. Ainsi, l'écrivain pourra-t-il dire dans *Le Fils de Louis XVI*, à propos de l'histoire de France, qu'elle est « quelque chose comme le Nouveau Testament continué, comme une parabole immense, omise par les quatre Évangélistes » (V, 94-95).

21. Rom., VIII, 22-24.

De tels propos prennent tout leur sens à la lumière de l'apparition de La Salette, dont le rôle est capital dans la théologie de Bloy. La Vierge en pleurs a parlé sur la Sainte Montagne, elle a ajouté quelque chose aux « six Paroles de Marie qui nous sont révélées dans les Évangiles de saint Luc et de saint Jean » (X, 31). Le Verbe, par sa bouche, s'est à nouveau manifesté. La Bible peut donc avoir des prolongements : c'est un texte inachevé, dont la composition sérielle – une succession de livres – laisse ouverte la possibilité d'un nouvel Évangile qui serait celui des temps eschatologiques. La littérature n'est pas seulement un commentaire, la répétition de ce qui est. Avec ses moyens propres, elle tente aussi de saisir cette nouvelle Parole en gestation dans l'histoire du dernier âge de l'humanité.

Cela signifie bien souvent, sous la plume de Bloy, qu'elle réinvente la Bible, en renouvelant le texte et son interprétation. « Propos digestifs », l'une des *Histoires désobligeantes*, propose ainsi une version revue et corrigée de la parabole de l'enfant prodigue. Au cours d'un dîner mondain, un certain Apemantus, double fictif de l'auteur, raconte une histoire qui reprend cette parabole, à ceci près que le dénouement déjoue les attentes du lecteur :

> – Ah ! ça, s'écria impétueusement la petite baronne du Carcan d'Amour, par qui la mode fut inventée de se décolleter un peu au-dessous du nombril, mais c'est la parabole de l'Enfant prodigue qu'il nous débite, ce monsieur. Il va nous apprendre que son héros fut réduit à garder les porcs, en mourant de faim et qu'un beau jour, las du métier, il revint à la maison de son père, qui se sentit tout ému, le voyant arriver de loin.
> – Hélas ! non, madame, répondit Apemantus d'une voix très grave, *ce furent les cochons qui arrivèrent...* (VI, 312)

Les cochons, ces figures démoniaques, surviennent donc là où les lecteurs, à l'image de la baronne, attendaient le retour du fils dissipateur dans la demeure de son père. Dans sa version biblique, cette parabole illustre l'enseignement du Christ sur la miséricorde divine et sur la rédemption : le cadet était comme mort pour son père, son retour sous le toit paternel et son pardon le rendent à la vie. La réécriture de Bloy, en substituant de vils pourceaux au fils prodigue, suggère la faillite de la rédemption opérée par le Christ dans un monde où le mal a tout envahi.

Dans « Propos digestifs » cependant, la parabole est enchâssée dans un premier récit qui s'achève aussitôt qu'Apemantus a fini de raconter son histoire. Ce récit-cadre constitue en quelque sorte une seconde parabole à interpréter. Les derniers mots d'Apemantus coïncident en effet avec l'arrivée d'un personnage mystérieux qui complique l'exégèse : « La conversation en était là, lorsque Quelqu'un qui ne sentait pas bon fit son entrée dans l'appartement » (*ibid.*). Cet inconnu malodorant est-il le fils prodigue devenu méconnaissable ? Dans l'œuvre de Bloy, le personnage de l'Inconnu, du Vagabond, de l'Étranger ne pouvant être désigné que par l'indéfini – « Quelqu'un » – représente le Saint-Esprit qui doit se manifester à la fin des fins. Mais qui est-il ? un justicier que Dieu a envoyé pour accomplir un geste de destruction cosmique ? un frère miséricordieux dont le règne renouvelle celui du Christ avant la Parousie ? Le conte laisse le lecteur dans l'incertitude : « Que celui qui peut comprendre comprenne », dirait Jésus [22].

À n'en pas douter, l'exégèse scripturaire est une entreprise à haut risque dans l'œuvre de Bloy. Les aléas de l'interprétation atteignent leur comble lorsque le palimpseste biblique semble s'être effacé complètement. Or ce cas de figure est de loin le plus fréquent. Même si Bloy parsème son texte d'indices, la réécriture de la Bible à laquelle il s'adonne augmente les périls du déchiffrement. Quel rapport, en effet, entre la Trinité et les vieilles demoiselles décrites dans « Deux fantômes », cette autre « histoire désobligeante » ?

Miss Pénélope est une âme charitable qui vit « exclusivement pour assurer le bonheur d'autrui » (VI, 230) : on la rencontre « sans cesse par les rues, allant porter des consolations aux uns et aux autres » (*ibid.*). Dévouée à ses œuvres, elle considère que « le mariage est une ignominie et que la prétendue nécessité de coucher avec un homme est une insoutenable abomination » (VI, 231). Cet ange de miséricorde fait un singulier contraste avec son amie Mlle Cléopâtre : « toujours habillée de noir » (VI, 229), cette femme de tête consacre son existence aux travaux de l'esprit ; on lui doit une vingtaine de volumes d'histoire et de sociologie. Pourtant, elle est obsédée par la chair : son jeu favori consiste à marier les malheureuses qui ne connaissent pas encore la « double vie » (VI, 231).

22. Matth., XIX, 12.

Un jour, sous un nom d'emprunt, Cléopâtre fonde discrètement une agence matrimoniale, à laquelle Pénélope finit par se présenter, pour réclamer « l'époux idéal » (VI, 232) :

> Quelle rencontre et quelle scène ! Cléopâtre enragée de son anonyme dévoilé et Pénélope furieuse d'être prise en flagrant délit de concupiscence, tout à coup sortirent leurs âmes, leurs véritables âmes de mégères, mille fois plus puantes et plus odieuses que leurs carcasses, et réciproquement se les retournèrent sur la tête comme des pots de chambre. (VI, 233)

Malgré les apparences, l'enjeu de ce conte dont le dénouement porte l'« éruption de crotte » (*J*, I, 44 [23 oct. 1892]) à son paroxysme, est moins scatologique qu'eschatologique. Il n'est certes pas facile de lire en filigrane du récit le « conflit adorablement énigmatique de Jésus et de l'Esprit Saint » (IX, 58), que Bloy, interprétant, comme on l'a vu, l'histoire de Caïn et Abel, place au cœur de sa théologie... Pourtant Pénélope, cette vierge sage et charitable, est sans nul doute une figure du Christ miséricordieux, tandis que « la dévorante Cléopâtre », « bas bleu invendable et sans pardon » (VI, 229), qui n'a que l'amour en tête, représente le Paraclet. Le conte, dans cette perspective, reprend, dans une tonalité burlesque, les spéculations spirituelles du *Salut par les Juifs* sur l'« impuissance divine *provisoirement* concertée entre la Miséricorde et la Justice » (IX, 60) :

> S'il existe au monde un fait notoire vérifié par l'expérience la plus rectiligne, c'est l'impossibilité d'assortir et d'atteler efficacement l'Amour avec la Sagesse. Les deux incompatibles chevaux de ton char s'entre-dévorèrent depuis toujours, ô identique Humanité ! [...] Assurément, c'est là que se cache le Secret de Dieu. (IX, 60-61)

Bloy, récrivant les Textes sacrés, ne recule donc pas devant les dangers de l'adaptation parodique. Il ne craint pas de méduser ses lecteurs, qui ont bien du mal à reconnaître la Bible ainsi décapée. Les *Histoires désobligeantes*, à cet égard, sont inégalables, car elles proposent du Dieu biblique les images les plus inattendues : trafiquant de valeurs boursières « dans l'espérance de gagner une fortune » (VI, 253), étranger « recherché par toutes les polices de l'Europe » (VI, 283), incendiaire « *rafraîchi* du vin délectable de la haine et de la vengeance » (VI, 294). On le voit, Dieu chez Bloy « fait mieux qu'Arsène Lupin » [23] : il stupéfie sans trêve par l'extravagance de ses déguisements. Mais la variété déconcertante des signes chargés de le figurer consacre la fécondité inépuisable de la littérature, ce métalangage inspiré.

23. Bernard Sarrazin, « Rire et mort de Dieu : le jeu théologique de Léon Bloy », dans Pierre Glaudes (dir.), *Léon Bloy au tournant du siècle*, Toulouse, PUM, coll. « Cribles », 1992, p. 167.

Chapitre II

Le Moyen Âge

Le nom de Bloy appelle la référence médiévale. Dès ses débuts littéraires, au *Chat Noir*, une caricature d'Uzès le représente en moine soldat, comme au temps des Croisades, portant un chapelet au flanc et tenant un pal à la main. Dans son *Journal*, il retrouve ses inquiétudes apocalyptiques dans celles des témoins de la fin du premier millénaire : « J'ai quelque chose du découragement plus ou moins historique des gens de l'An Mil, qui leur faisait dire : "À quoi bon ?", pensant que le monde allait finir » (*J*, II, 119 [25 janv. 1910]). Marchenoir, son double romanesque, a le sentiment d'être beaucoup plus le « contemporain des derniers hommes du Bas-Empire » (VII, 131) ou celui « des Croisades » (III, 131) que de « la racaille démocratique » (*ibid.*). Dans *La Femme pauvre*, au cours d'une conversation littéraire qui l'oppose à son ami Bohémond de l'Isle de France, il se définit non pas comme un artiste, mais comme un « Pèlerin du Saint Tombeau » (VII, 161).

Bloy, en tant que lecteur, aime à se plonger dans une atmosphère médiévale. On ne sera pas surpris que sa bibliothèque compte de nombreuses hagiographies, dont beaucoup célèbrent les saints du Moyen Âge : *Vie de saint Antoine de Padoue* par le Père de Chérancé, *Vie de saint Bernard* par Ratisbonne, *Vie de saint François d'Assise*... Non content de lire régulièrement la Vulgate, grand œuvre de saint Jérôme, et de célébrer « l'intelligence de la Parole divine » (*J*, II, 351 [14 juin 1913]) chez saint Augustin, il aime à se plonger dans la littérature mystique du Moyen Âge : Tauler fait partie de ses favoris, avec Angèle de Foligno et Rusbrock l'Admirable, qu'il lit dans la traduction de son ami Ernest Hello. Bloy est en outre grand consommateur d'ouvrages historiques qui le documentent sur cette période : *Histoire des Croisades* de Michaud, *Histoire du Bas-Empire* de Lebeau, *Histoire de Charles VII* par Vallet de Viriville, *Histoire de Louis XI* par Legeay…

Par ailleurs, Bloy, depuis l'enfance, affectionne les récits de chevalerie dont la Bibliothèque bleue a conservé le souvenir. C'est le cas notamment de l'*Histoire des quatre fils Aymon*, parangon de cette « littérature héroïque et naïve », qu'il croit bien supérieure à la littérature naturaliste du « putride quartier du XIXe siècle » (II, 134) dont il est le contemporain :

> Ces personnages rudimentaires qui font des choses impossibles avec la plus touchante conviction ; ces chevaliers pleins de bravoure pour qui ce n'est rien de renverser des armées et des forteresses ; cette absence infinie de toute analyse, de tout repli philosophique, de tout artifice littéraire ; ces anachronismes gros comme des montagnes et, enfin, cette admirable ignorance de toute géographie et de toute science exacte : telles sont les choses que mépriserait infiniment ce charcutier de Zola, s'il daignait en prendre connaissance, et auprès desquelles ses photographies soi-disant exactes de la bassesse humaine ressemblent à de la balayure de crottin sur la plus délicieuse des mosaïques. (II, 134)

Bloy est lui-même l'auteur de plusieurs ouvrages consacrés au Moyen Âge. La lecture de *L'Épopée byzantine* de Gustave Schlumberger lui inspire *Constantinople et Byzance* (1906-1917). Au contact de Roselly de Lorgues, qui lui communique sa passion pour Christophe Colomb, il écrit *Le Révélateur du Globe* (1884). Sa fascination pour la Pucelle d'Orléans le conduit enfin à composer *Jeanne d'Arc et l'Allemagne* (1915).

*
* *

Ces affinités de Bloy avec le Moyen Âge s'expliquent d'abord par son aversion pour le monde moderne. L'auteur du *Pèlerin de l'Absolu,* au même titre que Joseph de Maistre, Blanc de Saint-Bonnet ou Barbey d'Aurevilly, s'inscrit dans la filiation de la pensée contre-révolutionnaire pour qui le Moyen Âge est l'autre de la modernité, laquelle trouve précisément son origine dans la Réforme et s'accomplit dans la Révolution française. Ainsi, toute son œuvre condamne-t-elle, au nom des valeurs médiévales, les bouleversements politiques, sociaux et culturels provoqués par les émules de Rousseau et de Condorcet.

Le premier de tous les maux est assurément la démocratisation de la société : voulue par une bourgeoisie insolente, l'abolition de la monarchie, qui a consacré la souveraineté de l'ignoble, a révoqué toutes les formes de distinction. Devenus rares, les hommes supérieurs sont presque déplacés dans ce monde où la médiocrité est de règle : ils « choquent par le fait de leur puissance même – dit Barbey d'Aurevilly – et tombent sous cette moquerie légère qui est la sanction de l'égalité » [1]. Tel est le cas de Marchenoir, figure de l'artiste pauvre, qui refuse de déshonorer sa plume et qui agonise, pour cette raison, dans une société sans Dieu. L'évocation de ce personnage, dans *Le Désespéré*, appelle la comparaison avec l'une des figures marquantes de la première Croisade, le gentilhomme bourguignon Gauthier *Sans Avoir* :

> La Misère, l'Aristocratie de l'esprit et l'Indépendance du cœur, – ces trois fées épouvantables qui l'avaient baisé dans son berceau, – avaient marqué, pour lui, la prédilection de leurs entrailles de bronze, par un luxe peu ordinaire de tous les dons de naissance qu'elles prodiguent à leurs favoris. Le pauvre Marchenoir était de ces hommes dont toute la politique est d'offrir leur vie, et que leur fringale d'Absolu, dans une société sans héroïsme, condamne, d'avance, à être perpétuellement vaincus. Le courage le plus divin n'y peut rien faire. Le sublime Gauthier *Sans Avoir* serait aujourd'hui prestement coffré, et c'était déjà fièrement beau que l'inséductible pamphlétaire n'eût pas été, jusqu'alors, incarcéré dans un cabanon ! (III, 256)

Ce tragique bannissement de toute grandeur a été aggravé par la déchristianisation, autre plaie du monde moderne. Loin de libérer les énergies, le rationalisme, en dénonçant la vanité des anciennes croyances, a fait apparaître la réalité sous un jour vide et désespérant : sur les décombres du sacré a prospéré le mal de vivre. Les philosophes présomptueux du siècle des Lumières, qui croyaient tirer les consciences captives des ténèbres de la superstition, ont remplacé les traditions religieuses par le culte de la

1. Jules Barbey d'Aurevilly, *Premier Mémorandum*, 30 décembre 1836, dans *Œuvres romanesques complètes*, éd. Jacques Petit, Paris, Gallimard, coll. « Bibliothèque de la Pléiade », 1966, t. 2, p. 804.

Science, sans que les hommes y aient gagné au change. Encombrés de vains savoirs, à peine ceux-ci ont-ils la force de vivre, faute de cet appétit d'absolu qui les dévorait jadis, en ces siècles où la foi les élevait souvent vers les cimes.

À défaut de viser haut, les contemporains de la civilisation industrielle ont appris, il est vrai, à aller de l'avant, à la recherche du progrès, seul horizon de ce siècle aux mœurs utilitaires. En son nom, on a inventé des machines, toujours plus rapides et plus performantes, qui ont modifié les relations de l'homme à son environnement et l'ont plié aux exigences de la rentabilité. Piètre résultat, en vérité : asservie aux idées de profit et de rentabilité, la société marchande, dans son incrédulité foncière, est devenue insensible à toute grandeur surnaturelle.

Ces arguments éclairent le procès que l'écrivain instruit contre son époque et permettent de mieux comprendre par où elle *pèche* à ses yeux : le monde bourgeois nivelle les valeurs, ignore la beauté, désarme les énergies. Il aliène la pensée au sens commun, accélère le déclin spirituel, chasse partout où elles subsistent les supériorités du cœur et de l'esprit... Loin d'assurer, comme il le prétend, l'épanouissement de l'homme, il accentue sa profonde misère. Il assujettit toutes choses à la Quantité, alors que le Moyen Âge privilégiait en toutes choses la Qualité :

> Autrefois, il y a longtemps, quand les hommes avaient leur tête entre les deux épaules, on savait que la notion abstraite du Nombre ne devait pas être confondue avec la notion de Quantité. Il n'était pas permis, même aux enfants, d'ignorer que la Quantité, c'est le corps matériel, la tendance inférieure du Nombre, et que sa tendance supérieure, son esprit, sa part de lumière, c'est la *Qualité*.
>
> [...] S'il est une époque où les hommes négligèrent la Quantité pour se tourner exclusivement vers la Qualité, c'est incontestablement le Moyen Âge et cette époque peut nous offrir le spectacle ou du moins un avant-goût du spectacle qu'aurait pu donner au monde le plein épanouissement de cette tendance, mais il fut traversé brusquement et fauché par la Renaissance. Tendance verticale des lignes, élancement des ogives, amincissement et dégagement des clochers, des flèches. L'époque des donjons, des beffrois, des cathédrales, symbolisait ses tendances par des œuvres en hauteur...
>
> L'époque moderne, au contraire, allonge dans le sens horizontal ses ateliers, ses usines, ses tunnels, ses chemins de fer. L'effort de l'homme

> rampe à la surface de la planète. Aucune de ses œuvres ne peut être appréciée autrement qu'en longueur. L'ordonnance, la proportion, ce *qui qualifiait* l'œuvre n'existe plus. C'est au kilomètre et l'homme ne manque pas de proclamer magnifiques les voies ferrées les plus longues. Un tunnel de 10 kilomètres est dix fois plus beau qu'un tunnel d'un kilomètre. C'est que la Quantité est essentiellement destructive de la Qualité, si elle ne lui est soumise. Égaliser, niveler est pour elle d'une importance vitale et elle exige l'anéantissement de tout ce qui la dépasse. C'est une succession indéfinie de quantités perpétuellement égales.
> Canaux, voies ferrées, lignes télégraphiques ou téléphoniques, paquebots express allant transmettre partout les oracles du nombre quantitatif : de la Bourse, quantité de l'argent ; de la Loi démocratique, quantité de l'opinion ; et cherchant à violer, jusque dans le dernier recoin du globe, la magnifique liberté de ceux qui rejettent le nombre – c'est-à-dire le chiffre, le numéro – par amour de l'Unité. (*J*, II, 149-150 [20 mai 1910])

Pour Bloy, le Moyen Âge semble être, à bien des égards, cet ailleurs poétique qui le dédommage de l'abjection moderne. Il y retrouve une simplicité, une élévation, une ferveur auxquelles il se sent parfaitement accordé. Nourrie par une imagerie de livres d'heures, mais aussi par les *topoï* de l'histoire légendaire et des romans de chevalerie, son évocation de cet âge héroïque y distingue en priorité de belles âmes – les saints, les chevaliers... – livrées à de grands desseins tels que les Croisades, l'édification des cathédrales, l'évangélisation du Nouveau Monde.

*
* *

Pour autant, l'écrivain ne donne pas dans la mythologie du Bon Vieux Temps et l'image qu'il propose de cette période n'alimente nullement l'utopie régressive d'une civilisation pleinement accomplie, sans faille ni conflit, immobilisée dans sa plénitude, sous le regard de Dieu. Nul passéisme politique chez Bloy, qui le conduirait à caresser le rêve d'un retour aux valeurs ancestrales, chrétiennes et féodales, gage du rétablissement d'un monde meilleur et unique possibilité de régénération du corps social affaibli par les maux de la modernité. Non seulement il perçoit bien l'irréparable éloignement de ce Moyen Âge – « Toutes ces choses sont loin »

(IX, 167), écrit-il à son propos dans *Jeanne d'Arc et l'Allemagne* – mais encore il ne lui prête jamais la perfection idéale d'un nouveau paradis. Lorsqu'il évoque cette période, il ne dessine jamais les contours d'un monde plein, transparent, sans faille. Au contraire, sa vision en demi-teinte souligne la brutalité des mœurs médiévales, faisant la part trop belle aux dévastations et aux massacres pour qu'on voie advenir la Cité de Dieu en ces temps barbares :

> Enfin, la grande charpente féodale s'installait dans le gâchis des égorgements.
> On crut que c'était l'étançon d'une Jérusalem quasi céleste qu'on allait construire, et il se trouva que c'était encore un échafaud. Même la Chevalerie, la plus noble chose que les hommes aient inventée, ne fut pas souvent miséricordieuse aux membres souffrants du Seigneur, qu'elle avait mission de protéger. Même les Croisades, sans lesquelles le passé de l'Europe serait un peu moins qu'un amas d'immondices, ne furent pas sans l'horrible traînée de toutes les purulences de l'animal responsable. Pourtant, c'était l'adolescence au cœur brûlant, c'était le temps de l'amour et de l'enthousiasme pour le christianisme ! Les Saints, il y en eut alors, comme aujourd'hui, une demi-douzaine par chaque cent millions d'âmes médiocres ou abjectes, – à peu près, – et l'odieux bétail qui les vénérait, après leur mort, fut quelquefois obligé d'emprunter de la boue et de la salive pour les conspuer à son plaisir, quand il avait l'honneur de les tenir vivants sous ses sales pieds. (III, 138-139)

Aussi ne faut-il pas se méprendre sur la portée politique de la célébration du Moyen Âge à laquelle Bloy se livre parfois. Certes, on trouve sous la plume de l'écrivain des déclarations enflammées en faveur du régime monarchique – le seul qui vaille à ses yeux – et plus encore de la théocratie romaine. Ces deux acquis du Moyen Âge – « l'indéfectible prééminence de la Papauté et l'inaliénable suzeraineté de la France » (III, 139) – suscitent invariablement son admiration. C'est ainsi qu'après Maistre [2], il rend grâce à Boniface VIII d'avoir affirmé la prééminence sur tout pouvoir de l'autorité spirituelle du pape :

> Boniface VIII est précisément le plus haut des Papes. Il n'est pas devenu un Saint, je le reconnais ou plutôt je reconnais que l'Église ne l'a pas

2. Voir Joseph de Maistre, lettre au roi Victor-Emmanuel de 1811, dans *Œuvres complètes*, Lyon, Vitte, 1884-1886, t. XII, p. 40-41.

> mis au nombre des saints, mais il est l'auteur de la Bulle *Unam Sanctam*, – la plus grandiose parole qui ait été écrite depuis saint Jean – où il est affirmé que le Pape est le Chef, le Maître spirituel et temporel de toute la terre, acte le plus grand et le plus digne de la Papauté qui ait été accompli depuis saint Pierre. (*J*, I, 304 [28 déc. 1899])

Dans le même esprit, Bloy, qui prend à rebours tout un courant de l'historiographie moderne, souligne la grandeur du règne de Louis XI, en qui il voit « le bâtisseur de la France monarchique » (IX, 160), ce « royaume de Marie » (IX, 92), soutien de l'Église, qu'un autre roi – Louis XIII, dans son vœu solennel – consacrera à la Vierge pour l'éternité :

> Ce que fut exactement le successeur de Charles VII, il n'est pas facile de le dire aujourd'hui. C'est d'autant moins facile qu'on ne comprend plus du tout ce qu'était, il y a cinq siècles, la monarchie de droit divin et la force mystérieuse de ce préjugé sublime. Les ennemis de Louis XI, les domestiques des grands abattus par lui, ont voulu passionnément qu'il fût un parricide, un fratricide, un tyran perfide et cruel, un hypocrite, un bourreau. Les historiens modernes l'ont voulu aussi et la légende est puissamment accréditée.
>
> Mais il fut donné à ce grand homme de parachever l'œuvre de Jeanne qui n'était pas seulement de mettre les Anglais « hors de toute France », mais de réaliser vraiment le Royaume de Jésus-Christ, la Lieutenance, ainsi qu'elle disait, une France une et compacte, des Pyrénées aux Flandres et de l'Océan aux Alpes et au Rhin. (IX, 160-161)

Admirateur d'une Chrétienté fondée sur le pouvoir pontifical et la monarchie française de droit divin, Bloy appartient donc, par sa sensibilité, son histoire, sa culture, au courant du traditionalisme catholique. Mais son horizon, sa visée ne sont point politiques, et il ne se soucie pas de défendre, en cette matière, une quelconque doctrine. À une époque qui voit naître l'Action française, phare de la droite nationaliste, Bloy place sa réflexion historique sur un autre plan. Sans parler du « nationalisme intégral » des amis de Maurras – nationalisme de défense et de repli –, rien n'est plus étranger à l'auteur du *Salut par les Juifs* que le positivisme maurrassien agnostique : le penseur martégal, on le sait, ne croit pas à la monarchie de droit divin mais à la « politique expérimentale », qui permet de déduire de l'observation de l'histoire les lois de la société politique, lesquelles permettent, selon lui, de fonder sur la raison la légitimité monarchique.

Bloy ne relève pas davantage de cette autre tradition de la droite française qui survit à travers l'henriquinquisme et emprunte aux ultras de la Restauration leur doctrine, fondée sur la contre-révolution et la tradition érigée en référence absolue. Le Moyen Âge ne lui fournit aucun modèle, qui lui permettrait de fonder sur un socle mythique une alternative politique à la IIIe République. Essentiellement eschatologique, sa conception de l'histoire le conduit à souligner la vanité de tout pouvoir humain, fût-il monarchique, et sa fragilité essentielle, comme en témoigne le résumé de quinze siècles d'histoire qu'il ose dans *Jeanne d'Arc et l'Allemagne* :

> Au résumé : De Clovis à Charlemagne, le chaos barbare au seuil de l'étable où naissait l'Église du Fils de Dieu, et rien ; de Charlemagne à Hugues Capet, la charpente féodale au chant lugubre des litanies de la même Église invoquant le Christ et tous ses saints contre la fureur des païens normands déchaînés, et rien de plus ; de Hugues Capet à Louis XI, les famines enragées, la conquête de l'Angleterre, les Croisades, l'Interdit de Philippe-Auguste, la prière de Saint Louis, l'énorme grandeur du Treizième Siècle, la peste noire, la guerre de Cent ans et la Pucelle pour en finir ; de Louis XI à Napoléon, l'ignominie des derniers Valois, la puanteur inexprimable des Bourbons et la Guillotine. (IX, 161)

Bloy cependant ne se résout pas à croire qu'une entropie absurde conduit le monde à sa perte. Il place l'histoire du Moyen Âge dans une perspective théologique, en vertu de laquelle il affirme que « le *temps* n'existe pas » (*J*, I, 491 [29 juin 1903]), que les événements, en vérité, « ne sont pas successifs mais *contemporains*, d'une manière absolue », c'est-à-dire « simultanés », et qu'ils « se déroulent sous nos yeux, comme une toile immense », « notre vision seule » étant « successive » (*J*, I, 98 [8 août 1894]). Tout a donc été écrit, de toute éternité, par « le Saint-Esprit, sans passé ni futur » (*J*, I, 491 [29 juin 1903]). En ce sens, le temps est bien une illusion, à laquelle une foi robuste commande de ne pas céder. Extrêmement synthétique, la conception bloyenne de l'histoire ramène tout événement à l'Unité :

> Puisque c'est toujours Dieu qui opère, *ad nutum*, sur toute la terre, il fallait, de toute nécessité, préjuger un acte *unique*, indéfiniment réfracté dans ses créatures. Qu'on employât le mot de Paternité ou celui d'Amour, ou tout autre vocable suggestif, la méditation ramenait toujours cette simple vue d'un *seul* GESTE infini, produit par un Être absolu [...]

> En quelque point des temps que s'enfonçât la pointe du compas, que ce fût la prise de Jérusalem ou la Défenestration de Prague, l'angle avait beau s'ouvrir dans de giratoires investigations, ce point quelconque devenait le centre de l'univers. Le passé et l'avenir irradiaient lumineusement de ce foyer et convergeaient, en frémissant, vers cet ombilic. Une identité surnaturelle éclatait partout à la fois. L'homme se dénonçait pour avoir toujours fait la même chose, dans une circulaire translation de circonstances perpétuellement analogues [...]. (III, 136-137)

Si l'homme, au fond, fait toujours « la même chose », c'est qu'en toute circonstance il parle de Dieu ou, pour mieux dire, Dieu, à travers l'homme, ne parle jamais « que de Lui-même » (IX, 47). Ainsi, l'histoire donne-t-elle sans cesse à entendre, même confusément, la Parole divine, au même titre que les Saintes Écritures. À sa manière, elle constitue aussi, selon Marchenoir, un Texte sacré, où Dieu s'adresse aux hommes en figures et se manifeste comme dans un « miroir énigmatique » [3] :

> Appuyé sur l'affirmation souveraine de saint Paul : que nous voyons tout « en énigmes », cet esprit absolu [...] était arrivé à se persuader que tous les actes humains, de quelque nature qu'ils soient, concourent à la syntaxe infinie d'un livre insoupçonné et plein de mystères qu'on pourrait nommer les *Paralipomènes* de l'Évangile. De ce point de vue, – fort différent de celui de Bossuet, par exemple, qui pensait, au mépris de saint Paul, que tout est éclairci, – l'histoire universelle lui apparaissait comme un texte homogène, [...] qu'il s'agissait de transcrire en une grammaire d'un possible accès. (III, 131-132)

Cette transcription, cependant, n'est pas si aisée. Sa difficulté tient à ce que la vision synthétique à laquelle aspire Marchenoir se heurte au principe de variation infinie qui affecte l'histoire : Dieu, tout en répétant toujours « la même chose », la formule « de mille manières » (X, 153), qui sont autant de cryptogrammes pour nos pauvres esprits. Il n'est pas facile d'en maîtriser les combinaisons innombrables. Cela est vrai en particulier de l'histoire médiévale, dont la longueur et la diversité accroissent singulièrement la difficulté de l'exégèse symbolique. S'essayant à cette tâche dans *La Femme pauvre*, Marchenoir est saisi de vertige devant l'ample matière qu'il lui faut embrasser :

3. I Cor., XIII, 12.

> – On oublie toujours que le Moyen Âge a duré mille ans. De Clovis et d'Anastase jusqu'au Christophore, en passant par Jeanne d'Arc et le dernier Constantin, la mesure est pleine. Mille ans ! N'est-ce pas inintelligible ? Quand on nous dit que le soleil est quatorze cent mille fois plus gros que la terre et qu'un gouffre de trente-huit millions de lieues nous en sépare, ces chiffres nous paraissent absolument dénués de sens. Même observation pour la durée de telle ou telle période historique. L'homme est si surnaturel que ce qu'il réalise le moins, ce sont les notions de temps et d'espace.
> Dix siècles ! cent soixante papes, six cents rois ou empereurs, sans compter les princes barbares, trente ou quarante dynasties et à peu près autant de révolutions qu'il y eut de batailles ! Allez donc vous y reconnaître, fussiez-vous un archange ! (VII, 130-131)

Pour restituer au Moyen Âge son ordre transcendant, Bloy adopte une méthode qui s'écarte des voies suivies par la plupart des historiens modernes. Il condamne le fétichisme du document qui prévaut dans le positivisme, ne croyant guère à l'infaillibilité de la science historique fondée sur l'exploitation rationnelle des sources. L'interprétation de l'histoire relève selon lui d'une poétique, où le Moyen Âge – ce « Bréviaire dont les Matines ont trois nocturnes » (IX, 161) : Mérovingiens, Carolingiens et Capétiens – n'est plus exactement l'autre de la modernité, mais, d'une manière assez inattendue, le même, dût-on voir un profond mystère dans cette identité.

*
* *

Le fait est là, pourtant : la Parole de Dieu étant susceptible de se faire entendre, selon sa logique itérative, dans l'histoire médiévale comme dans l'histoire moderne, il faut bien qu'elle soit identique à elle-même, malgré l'apparente disparité des figures qu'elle emploie pour s'exprimer. S'il existe une différence entre les deux périodes, il faut donc la chercher dans leur mode de figuration, Dieu pouvant user de registres opposés pour graver son immuable Volonté dans le grand Texte de l'histoire. Ainsi, l'« humble et grand Moyen Âge », avec ses « mille ans de pleurs, de folies sanglantes et d'extases » (IX, 39-40), est l'expression du Verbe en figures sublimes, alors que le grotesque est son mode privilégié dans la modernité. À chaque époque Dieu tient un langage adéquat, le style bas, aux modernes, dont la déchéance n'a cessé de s'approfondir depuis le XVIe siècle, le style élevé, aux âmes médiévales, en connivence immédiate avec le surnaturel :

> C'était alors l'adolescence. À défaut de joies terrestres, il y avait les délices de l'intimité avec Dieu que ne connaissent plus les peuples modernes qui ont greffé sur l'arbre de la Science le sauvageon de la Mort. Mais le souvenir de ce printemps n'est pas complètement effacé, et quand un poète l'exprime, les larmes de l'ancien amour jaillissent encore de quelques cœurs solitaires... (IX, 167)

Si le grotesque moderne, par ses « travestissements inimaginables » (IX, 58), fait courir à la Parole divine le risque d'une tragique défiguration, le sublime médiéval est au contraire un éclair de lumière, où se perçoit fugitivement la présence de Dieu dans la nuit humaine. Ce sublime s'exprime d'abord dans la douleur. Pour Bloy, en effet, le Moyen Âge est surtout une période d'active participation aux souffrances du Rédempteur. L'histoire médiévale, où le zèle chrétien a atteint une ampleur sans égale, rejoue sans relâche le drame du Calvaire, les hommes de ce temps se joignant au Christ par leur ferveur pénitentielle :

> – Le Moyen Âge, mon enfant, c'était [...] l'agenouillement universel dans l'adoration ou dans la terreur. Les blasphémateurs eux-mêmes et les sanguinaires étaient à genoux, parce qu'il n'y avait pas d'autre attitude en la présence du Crucifié redoutable qui devait juger tous les hommes... Au-dehors, il n'y avait que les ténèbres pleines de dragons et de cérémonies infernales. On était toujours à la Mort du Christ et le soleil ne se montrait pas. Les pauvres gens des campagnes labouraient le sol en tremblant, comme s'ils avaient craint d'éveiller les trépassés avant l'heure. Les chevaliers et leurs serviteurs de guerre chevauchaient silencieusement au loin, sur les horizons, dans le crépuscule. Tout le monde demandait grâce. Quelquefois une rafale subite ouvrait les portes, poussant les sombres figures de l'extérieur jusqu'au fond du sanctuaire, dont tous les flambeaux s'éteignaient, et on n'entendait plus qu'un très long cri d'épouvante répercuté dans les deux mondes angéliques, en attendant que le Vicaire du Rédempteur eût élevé ses terribles Mains conjuratrices... Les mille ans du Moyen Âge ont été la durée du grand deuil chrétien [...]. (VII, 118)

Par analogie avec le temps liturgique, auquel le temps historique, dans l'absolu, correspond étroitement, le Moyen Âge est donc un « Carême sans exemple dont la durée, plus encore que la rigueur, met en désarroi la faculté de penser » (VII, 131) : « Massacres, dévastations, villes en feu, villes en prière, [...] carillons et tocsins, pestes et famines » (*ibid.*), l'homme médiéval a connu toutes les sortes d'épouvante. Uni à ses frères dans la Communion des saints, il a pu ainsi « compléter ce qui manque à la Passion » [4], selon la formule de saint Paul aux Colossiens.

Bloy manifeste cependant un certain trouble devant l'inutilité de sacrifices aussi exorbitants, et il est pris d'impatience devant le cours inexplicable de l'histoire, où il voit un perpétuel ajournement de la délivrance promise par la Rédemption : « On conçoit que certains désespérés demandent à Dieu si cette pénitence incomparable était simplement pour aboutir aux alléluias dérisoires de la Renaissance et à la vacherie chrétienne de ce dernier siècle ! » (*ibid.*). L'idée, sinon d'un échec du Christ, du moins d'une impuissance temporaire à tenir sa promesse, conduit ainsi l'écrivain à mettre l'accent sur le rôle eschatologique du Saint-Esprit dans l'histoire humaine.

Bloy attend tout de cette figure de l'Amour impatient, qui doit accomplir l'œuvre divine lors de la Parousie, et c'est sa présence symbolique qu'il tente de déceler dans l'histoire médiévale. « Formée de chevaliers et de goujats », l'armée des Croisés, dans cette perspective, préfigure « cette universelle et définitive coalition » que « le Saint-Esprit recrute continuellement *pour la délivrance de Jésus en croix* » (*J*, I, 57 [19 mars 1893]). C'est ainsi que s'explique, de même, le destin de Jeanne d'Arc. Cette figure mariale a excité « la concupiscence divine », et l'Esprit Saint, « qui est l'Amour même » (IX, 162), n'a pu résister à sa ferveur. De leur rencontre surnaturelle est née la France, ce beau royaume auquel Dieu réserve un rôle de premier plan dans l'accomplissement des fins dernières :

> ... c'est toute l'histoire de la mystérieuse Jeanne d'Arc donnant à Dieu un royaume qui n'existait pas visiblement avant elle et qui, sans elle, n'aurait pas pu naître. Dès le commencement tout est promis à la Femme et c'est par la Femme que tout doit être accompli. Entre elle et le Saint-Esprit il y a une telle affinité qu'on peut humainement les confondre et qu'il est difficile de ne pas imaginer, avec certains mystiques, le Troisième Règne, c'est-à-dire le triomphe du Paraclet, procuré par Celle dont il est dit qu'« elle rira au Dernier Jour ». (*ibid.*)

4. Col., I, 24.

D'autres personnages historiques, comme Christophe Colomb – « la douce Colombe du XVe siècle » (*J*, I, 478 [28 avril 1903]), qui a donné à Dieu le Nouveau Monde, en y propageant sa foi ardente –, ont une signification symbolique assez proche. Mais c'est l'épopée byzantine qui, dans l'imaginaire bloyen, figure le plus intensément la présence de cet Esprit vagabond qui souffle où il veut [5]. Byzance, avec ses orgies et ses intrigues, ses atrocités et ses splendeurs, déroule une geste scandaleuse, qui défie l'entendement. « Élevant les humbles, abaissant les puissants, sanctifiant la canaille, aguerrissant les eunuques ou les moribonds, amourachant les vieillards » [6], son histoire, au plus épais de la nuit médiévale, figure les Béatitudes.

Doués d'une énergie admirable, que Bloy retrouvera seulement chez Napoléon, Nicéphore II Phocas, Jean Ier Tzimiscès et Basile II, ivres de conquêtes et de massacres, répandent sur leur passage une terreur sacrée, anticipant sur les inversions de la Fin. Leur cruauté, dans son paroxysme exterminateur, doit se comprendre dans un sens apocalyptique : la violence, sous les apparences du Mal sans limite, est, selon Bloy, l'expression sublime, et temporairement obscure, de l'Amour divin.

*
* *

Un dernier point retient l'attention dans la lecture de l'histoire médiévale proposée par l'écrivain : les artistes y occupent peu de place. Si le Moyen Âge est l'âge poétique par excellence, sa poésie réside dans la vie même, c'est-à-dire dans l'héroïsme ou la sainteté. Le vrai poète, au Moyen Âge, est celui qui s'efforce de faire de sa vie un chef-d'œuvre, en la mettant, sans retenue, au service de Dieu. Fondée sur une foi intégrale en la Parole divine, l'existence des hommes les plus remarquables de ce temps se plie tout entière à cet absolu dévorant, qui les conduit souvent au martyre. C'est en suivant cette voie que les contemporains des Croisades montent au sublime, en s'efforçant d'imiter le Christ :

> Le Moyen Âge [...] fut, après les Temps Apostoliques, la plus belle époque du monde, une époque où on croyait, où on aimait jusqu'à

5. Voir Gaëlle Guyot-Rouge, « Byzance, la gloire et la boue », *Revue d'histoire littéraire de la France*, n° 102, 2002/6, p. 957-976.
6. Gaëlle Guyot, *Latin et latinité dans l'œuvre de Léon Bloy*, *op. cit.*, p. 346.

> mourir, où on était fidèle jusque dans les supplices, où on se sacrifiait complètement, où le Corps et le Sang du Christ passaient avant toutes choses. (*J*, I, 207 [16 juillet 1897])

Sur le plan esthétique, la référence médiévale permet ainsi à Bloy de prendre ses distances avec l'art moderne et de préciser, en même temps, les conditions de possibilité de sa propre parole. En comparaison des saints et des chevaliers, l'artiste moderne lui paraît animé d'ambitions assez piètres : persuadé que la vie est dans la poésie, celui-ci fait de son art un absolu, qui trouve sa fin en lui-même. Tout à cette illusion narcissique, il se prend pour un dieu, aspirant à inventer un verbe total, différent des autres formes de langage, qu'il voudrait élever au sacré.

Bloy, qui refuse cette idolâtrie esthétique, trouve dans l'art médiéval un modèle, dès lors qu'il ne cherche pas à supplanter le Verbe, mais accepte avec humilité de « mettre au service de la Vérité *ce qui [lui] a été donné par le* MENSONGE » (VII, 161). Au Moyen Âge, les sculpteurs, s'ils violent la pierre ou le métal, n'ont d'autre but que d'en tirer des « effigies célestes » (II, 269), les musiciens inventent des hymnes, dont toute la Beauté consiste à magnifier le Verbe, et les bâtisseurs de cathédrales exfolient les montagnes, dans l'espoir de faire résonner « les gémissements de l'Esprit Saint » (*ibid.*) sous des voûtes majestueuses.

Quant aux enlumineurs, dont Léopold perpétue la tradition dans *La Femme pauvre*, leur art est pour Bloy la métaphore de sa propre écriture. Cet art, tel qu'il le comprend, rejoint en effet la visée de l'exégèse symbolique : par le supplément que ses entrelacs, ses spirales et ses rinceaux apportent à un texte, il l'élargit aux dimensions d'un nouveau texte, qui joue le rôle de révélateur, à mi-chemin de la citation et du commentaire. Car les arabesques et les violentes couleurs dont l'artiste surcharge le texte premier, en amplifient le sens littéral au point de le transmuer : loin d'être une simple technique ornementale, l'enluminure permet de dégager d'un texte la signification symbolique, en mettant au jour les variations infinies de ses figures. Sur ce modèle médiéval, la littérature se définit selon Bloy comme cette réécriture des textes sacrés, qui en est en même temps la splendide exégèse.

Le Moyen Âge est donc bien davantage qu'un moment de l'histoire avec lequel Bloy se sentirait en affinité. Dans son intérêt passionné pour cette période, l'écrivain ne prétend pas faire œuvre d'historien, mais se présente modestement, dans une lettre à son ami Jean de La Laurencie, comme « une sorte de rêveur, de visionnaire [...] mais rien d'autre » (*J*, II, 361 [31 août 1913). Ne nous y trompons pas, cependant : le Moyen Âge est pour lui un véritable espace mental où, non content de lire en raccourci le destin providentiel de l'humanité, il peut aussi projeter son idéal spirituel et esthétique.

Chapitre III

La Révolution française

« Épouvantable salope dont la France moderne fut engendrée », « trésor commun de la stupidité universelle », « royauté du Voyou » (III, 292)... telles sont quelques-unes des expressions suggestives dont Bloy se sert pour désigner la Révolution française. Ces invectives témoignent d'une véhémence qui passe souvent la mesure. De tels « écarts », peu appréciés même dans les milieux conservateurs, expliquent en grande partie que Bloy ait constamment été en délicatesse avec sa prétendue « famille de pensée » [1].

Certes, ses ouvrages suivent la voie tracée par Joseph de Maistre. L'auteur de *La Chevalière de la Mort* et du *Fils de Louis XVI* appartient sans équivoque au courant néo-maistrien qui voit dans les événements de 1789 la main de Satan. Mais l'infléchissement qu'il opère à l'intérieur de cette tradition le rend suspect à ses amis politiques supposés et étranger à ses coreligionnaires. Ainsi, son œuvre historique fait-elle figure d'hapax. Échantillon inclassable d'une catégorie d'études que leur identité d'inspiration, contre-révolutionnaire et apocalyptique, rend pourtant faciles à identifier, elle se distingue de deux manières.

La première concerne son rapport à l'historiographie. Bloy tire cette discipline du savoir du côté de la fiction symbolique à une époque où les recherches des historiens positivistes consacrent « l'idolâtrie du document » (III, 127). Alors que la soumission aux faits l'emporte chez les

1. Voir Pierre Glaudes, *L'Œuvre romanesque de Léon Bloy*, Toulouse, PUM, 2006, p. 85 *sq.*

autres, Bloy traite l'histoire révolutionnaire comme un roman. Largement ouverte au surnaturel par l'effet d'un symbolisme débridé, cette histoire romancée est tirée par Bloy du côté du mythe, au sens platonicien du terme : c'est un récit allégorique ou symbolique, qui engage l'esprit dans une expérience de pensée.

L'autre caractère distinctif des œuvres que l'écrivain consacre à la Révolution tient au rapport qu'elles établissent avec la politique. Si l'écriture de l'histoire y devient une sorte d'exégèse, où le symbolisme scripturaire l'emporte sur la soumission aveugle à l'apparente réalité des faits, l'obsession de l'expiation, du Jugement dernier, et le rejet intransigeant de l'enfer moderne s'y manifestent de telle sorte qu'il faut envisager ses implications idéologiques, révélatrices de certaines tensions qui traverseront la IIIe République jusqu'au déclenchement de la Grande Guerre.

En particulier, l'intrication du politique et du religieux, caractéristique des polémistes catholiques contre-révolutionnaires, en portant à leur plus haut point d'incandescence les thèmes du châtiment divin et de la régénération par le sang, installe la violence au cœur de l'histoire. Aussi peut-on se demander si la place ainsi faite à la violence est le signe d'un extrémisme politique, voire de penchants totalitaires.

Un mal nécessaire

À première vue, la vision de la Révolution française que dessine l'œuvre de Bloy s'inscrit dans la tradition maistrienne. Dans les *Considérations sur la France*, Joseph de Maistre tient soigneusement la balance entre la tradition et l'avenir. Sa pensée, dialectique, sait équilibrer ordre et mouvement. Pour lui, la Révolution est satanique : elle voit le triomphe d'un principe mauvais et constitue une faute nationale contre la souveraineté, dont l'essence est divine. Aussi expose-t-elle la France à une expiation sanglante :

> Tout attentat commis contre la souveraineté, *au nom de la nation*, est toujours plus ou moins un crime national [...]. Or tous les crimes nationaux contre la souveraineté sont punis sans délai et d'une manière terrible. C'est une loi qui n'a jamais souffert d'exception [2].

2. Joseph de Maistre, *Considérations sur la France*, chap. II, dans *Œuvres complètes*, éd. cit., p. 204-205.

Mais, en même temps, la Révolution favorise une purification salutaire. Satanique dans son principe, elle est divine par ses suites, autant que par l'action de la Providence qui s'y manifeste tout particulièrement. Persuadé qu'il n'y a point de désordre que « l'AMOUR ÉTERNEL ne tourne contre le principe du mal » [3], Joseph de Maistre assimile ce dernier à une maladie, qui est à la fois l'origine des maux et leur vertu purificatrice. Il est donc des catastrophes politiques qui trempent les peuples dans la souffrance et sont pour eux un moyen de perfectionnement :

> Il fallait que la grande épuration s'accomplît, et que les yeux fussent frappés ; il fallait que le métal français, dégagé de ses scories aigres et impures, parvînt plus net et plus malléable entre les mains du Roi futur [4].

Ainsi la chute des Bourbon est-elle « tout à la fois un châtiment épouvantable pour les Français et le seul moyen de sauver la France » [5]. Les crimes de la Terreur, en dépit de leur gravité, ne marquent pas le triomphe définitif et sans contrepartie du mal. Le cataclysme révolutionnaire n'aura été qu'une forme accentuée de sacrifice, préludant à un prodigieux retournement de situation. Le sang que la terre aura bu en cette circonstance aura permis d'acquitter le tribut d'un monde en quête de rachat. C'est dans le sang, en effet, que s'incarne la force vitale corrompue par le péché, de sorte que son effusion est comme le signe d'une expropriation du mal. Il y a là une « grande loi du monde spirituel » [6], dont la signification profonde passe l'humain.

Cette spiritualité victimaire repose sur l'idée de réversibilité qui permet au coupable de bénéficier, pour son rachat, des souffrances et des mérites du juste. En se faisant péché pour les hommes, le Christ a ouvert la voie de la rédemption. Tous les justes, à sa suite, unissent leurs souffrances aux siennes pour purger la terre de ses maux, en sorte que la loi de colère se transforme en loi de miséricorde. C'est pourquoi la Révolution est vouée à se retourner contre ses promoteurs. Il ne s'agit que d'une épreuve, qu'ont attirée sur la France ses fautes passées et la dégénérescence de ses élites.

3. *Ibid.*, p. 218 (chap. III).
4. *Ibid.*, p. 206 (chap. II).
5. *Ibid.*, p. 208.
6. Joseph de Maistre, *Les Soirées de Saint-Pétersbourg*, septième entretien, dans *Œuvres complètes*, éd. cit., p. 659.

C'est un profond bouleversement, condition d'une mue féconde, qu'il ne faut pas confondre avec une simple restauration : « Si la Providence *efface*, sans doute c'est pour *écrire*[7]. »

Un rêve de palingénésie, emprunté à l'illuminisme maçonnique, hante l'auteur des *Considérations* : la Révolution, en faisant table rase du passé et des corruptions qui l'ont elle-même suscitée, va préparer la venue d'une autre révolution, spirituelle celle-là, qui sera marquée par une rénovation permettant la réconciliation des antagonismes et le retour de l'homme à l'unité en Dieu. C'est ce qu'annonce ce célèbre passage des *Soirées de Saint-Pétersbourg* :

> La Providence ne tâtonne jamais, et ce n'est pas en vain qu'elle agite le monde. Tout annonce que nous marchons vers une grande unité que nous devons *saluer de loin*, pour me servir d'une tournure religieuse. Nous sommes douloureusement et bien justement broyés ; mais, si de misérables yeux tels que les miens sont dignes d'entrevoir les secrets divins, nous ne sommes *broyés* que pour être *mêlés*[8].

La vision maistrienne s'achève donc en assurance prophétique. Bloy, quant à lui, revendique – on l'a vu – une « vision spéculaire », « infiniment actuelle et précise » (VI, 186), de toute l'histoire, ordonnée par les Écritures. La Révolution française lui apparaît également comme une faute collective. Car la France est la nation élue, le berceau du peuple dont Dieu attend tout, le bras armé de son Église, de qui dépend historiquement le salut :

> L'Histoire de France est quelque chose comme le Nouveau Testament continué, comme une parabole immense, omise par les quatre Évangélistes. (V, 94-95)

Or, depuis la fin de l'Ancien Régime, la France a failli à sa mission terrestre ; elle s'est détournée de l'alliance qui l'unissait à Dieu, en mettant à mort son représentant temporel. Pour faire comprendre ce reniement sacrilège, Bloy rapproche la mystérieuse destinée de la France et celle d'Israël :

> L'essence française, malgré tout, est une chose tellement à part ; tellement réservée qu'on ne trouve à lui comparer que l'essence juive.

7. Joseph de Maistre, *Considérations sur la France*, chap. II, éd. cit., p. 210.
8. Joseph de Maistre, *Les Soirées de Saint-Pétersbourg*, deuxième entretien, éd. cit., p. 517.

> L'estampille de l'une et de l'autre Race paraît être la NÉCESSITÉ divine, l'ineffaçable et irréfragable Décret qui les associe pour jamais aux vicissitudes providentielles. Celle-ci crucifie son Dieu parce qu'il est le fils de ses Rois, celle-là fait mourir le fils de ses rois, parce qu'il est la plus claire image du Fils de son Dieu, et le dénouement du drame de l'Homme est à leur merci. (VI, 96-97)

En faisant le lit de la Révolution, la France est donc devenue la nation prostituée, qui a refusé la tâche sacrée qui lui était promise et a tenté d'échapper à son destin. « Il n'appartient qu'à Dieu de briser les Dynasties et de rejeter les Races » (V, 42). En transgressant cette loi intangible, les Français ont commis une faute irréparable, qui a fait d'eux des parjures :

> On sait comment, et dans quel cloaque de charognes est descendu le glorieux miroir où la Splendeur incréée prenait ses délices. Il ne lui reste plus même de quoi refléter les pourceaux abominables qui s'y complaisent depuis cinquante ans, pour ne rien dire des hippopotames ou des tapirs qui ont précédé. (V, 96)

Dès lors, le châtiment est destiné à la France comme son juste salaire. Celui-ci sera d'autant plus sévère que le temps écoulé a donné le loisir de mesurer l'aggravation des maux qui a suivi 1789. L'écrivain, parce qu'il parle de l'autre bout du siècle, a une vision de l'histoire beaucoup plus sombre et désenchantée que son prédécesseur. Des desseins qui étaient en germe à la fin du XVIIIe siècle, il voit les conséquences, à ses yeux funestes. Aussi s'en prend-il d'abord à la philosophie des Lumières d'où les révolutionnaires tirent leur inspiration. Il ironise, par exemple, sur ses idéaux de bonheur terrestre et de solidarité fraternelle, en les présentant comme « une félicité parfaite qui rate perpétuellement et [...] une conciliation universelle qui aboutit toujours aux égorgements » (V, 43).

Plus généralement, il dénonce toutes les valeurs révolutionnaires et s'emploie à les démystifier, les ramenant à de vains discours sans relation avec les faits. « Sous le masque sanglant d'une rhétorique transcendante poussée [...] jusqu'à la terreur suprême », il discerne « l'homme immuable, le misérable homme de la Chute [...] dans son éternelle lamentation » (V, 32). La liberté est à ses yeux une illusion que dément chaque jour passé dans le monde censé l'instaurer : elle lui inspire avant tout de la condescendance, tel « un vieux thème banal à quatre pattes bourré de solécismes et voué à de prochaines indigestions » (V, 55). L'égalité ne résiste pas davantage, notamment lorsqu'elle est confrontée au scandale d'une société où la plupart des hommes continuent de manquer de tout, tandis que quelques-uns vivent dans l'opulence :

> La foi est partie avec l'espérance de ne pas crever de faim sous une République dont l'affamante ignominie décourage jusqu'aux souteneurs austères qui lui ont livré le plus bel empire du monde. (III, 292)

La fraternité enfin est traitée par la dérision. Bloy relève l'écart existant entre l'intention généreuse affichée au fronton des édifices républicains et la violence radicale des moyens mis en œuvre pour l'atteindre. Cédant la parole à un avocat imaginaire, il lui fait défendre, sur le mode parodique, l'idée caricaturale d'une fraternité imposée à tous par la force :

> Qu'il s'avance, le criminel suppôt de la tyrannie qui ose prétendre que le sentiment fraternel n'existe parmi nous qu'à l'état de vain concept, et ne flambe pas dans nos entrailles ! [...]
> De tous les points du territoire, les tyrans qui nous guettent voient monter vers le ciel la sanglante fumée de nos holocaustes fraternels ! Quiconque refuse d'être un de nos frères est assuré de mourir, car nous n'entendons pas qu'on puisse être autre chose et nous avons exterminé la clémence pour épouvanter les rois qui voudraient abolir la fraternité [9] ! (V, 58)

L'histoire du XIXe siècle est donc marquée par la formidable banqueroute des grands principes révolutionnaires, démonétisés par l'évolution de la société née de la sanglante rupture de 1793. Or, c'est sur la ruine de ces illusions que prend racine le désespoir, cet authentique monstre des temps modernes. Pour Bloy, les fausses valeurs ayant remplacé les vraies, l'époque contemporaine est confrontée à ce vide inquiétant qui engendre l'instabilité sociale, la révolte contre un ordre sans légitimité durable et la tentation finale du néant. Sa prosopopée des gueux, qu'on trouve dans *La Chevalière de la Mort*, fait écho au célèbre *Stabat des désespérés* (III, 311-312), morceau de bravoure de son premier roman :

> Nous sommes plusieurs millions de misérables venus du fin fond de l'abîme social. Pendant des siècles, nous n'étions rien, nous n'existions

9. Voir aussi ces autres paroles prêtées par Bloy à ce personnage : « Je sais que tout doit céder au besoin qui nous consume d'assurer sur la terre le règne universel de la fraternité et qu'en vue d'obtenir cet inestimable résultat, notre devoir de républicains incorruptibles nous prescrit d'être inexorables, fallût-il guillotiner le genre humain ! » (V, 60).

> sur la terre que pour l'arroser de nos sueurs et pour la creuser de nos os. Tant qu'une espérance chrétienne nous fut enseignée, nous nous résignâmes silencieusement à la perpétuelle pénitence.
> Depuis que les philosophes et les ruffians ont détruit cette espérance, nous avons cessé de nous résigner. Voilà tout.
> Nous ne voulons plus obéir qu'à ce qui mérita le mépris et nous prétendons commander à tout ce qui fut jugé digne de nous fouler aux pieds. (V, 46)

Le propos tend au constat sans nuance de la faillite globale de la modernité. C'est pourquoi Bloy réprouve « les historiens ou les dramaturges imbéciles » qui parlent avec émotion des « géants de Quatre-vingt-treize » (V, 32). Selon lui, « ces Adamastors de la tempête se sont évaporés dans leurs propres songes » ; ils se sont « si complètement évanouis dans l'espace qu'ils n'ont plus rien de grand aujourd'hui que l'énorme silence de la Pitié sommeillante sur leur cercueil » (*ibid.*).

Le crépuscule des héros

À l'évidence, la grandeur n'est pas du côté de ceux qui ont fait la Révolution : les véritables héros de cette épopée à rebours sont crépusculaires : ce sont d'abord les victimes de la fureur jacobine. D'où la prédilection de l'écrivain pour Marie-Antoinette et son fils, l'énigmatique Louis XVII.

Bloy s'intéresse à ces personnages, que le « Moloch » (V, 26) révolutionnaire a brisés, pour alimenter un discours sacrificiel emprunté à l'auteur des *Considérations sur la France*, mais singulièrement assombri. Souscrivant à l'idée que la Révolution ne peut être comprise qu'en avançant « le postulatum d'une providentielle expiation » (V, 39), il insiste sur la nécessité de contrebalancer par l'immolation des innocents le « véritable génie révolutionnaire que de Maistre a déclaré *satanique* » (V, 52). En outre, il amplifie le principe de la réversibilité, en le considérant comme le principal ressort de l'histoire humaine :

> L'histoire de chaque siècle est creusée à son centre, ainsi qu'un ravin, par le torrent du sang des innocences égorgées pour la rançon des coupables. (V, 25)

Exploitant le symbolisme de la guillotine – « L'ignoble couperet apparaît comme un *labarum* et change l'histoire. Tu vaincras par ce signe, ô XIXe siècle ! » (V, 24) –, il célèbre la fonction rédemptrice de la souffrance. Il oppose « la Poésie du sang et des larmes » (V, 65), qui caractérise la Passion du Sauveur, à « la rhétorique du couperet » (V, 33), dont ont abusé les conventionnels. Ainsi, c'est l'ampleur de son infortune qui fait de Marie-Antoinette une héroïne sublime :

> Elle sait qu'elle est la Reine émissaire de tous les péchés de la race de Saint Louis et que sur la bascule infâme, elle enfante à la gloire du Paradis les ancêtres de son époux. (V, 48)

Bloy identifie les peines du personnage aux plus grandes larmes qui aient été pleurées depuis Madeleine ; la souveraine privée de son trône lui apparaît comme une « Véronique découronnée qui n'aurait pas eu un mouchoir pour essuyer le visage sanglant de son Maître » (V, 51). Elle évoque Marie, la mère humiliée présente sur le Golgotha, dans le cœur de qui sont enfoncés « les sept couteaux » (*ibid.*) de la souffrance. C'est en ce sens qu'elle est véritablement reine car « la couronne de douleur est un signe de royauté et convient beaucoup mieux à la vraie grandeur que toute autre couronne qui se ramasse sur la terre » (V, 65).

Dans l'absolu, elle est donc une figure de médiatrice qui lutte, par l'offrande de son supplice, contre la progression du péché. Bloy le suggère par la confrontation symbolique qu'il imagine entre Marie-Antoinette et Fouquier-Tinville, lors de son procès. Il y voit « le combat de la Reine et de la Mort ! de la Reine plus forte que l'extrême infortune et de la Mort plus faible que l'Amour » (V, 47). Cependant, il s'interroge sur cette intercession dont l'issue lui paraît incertaine. Se souvenant du message marial recueilli à La Salette, il redoute que la miséricorde soit impuissante devant l'ampleur excessive du mal :

> De quelle catastrophe sans nom votre mort ne va-t-elle pas être accompagnée si notre effroyable misère n'a pas le droit de compter sur l'intercession de votre supplice ! (V, 65)

En ce point, l'écrivain semble hésiter entre deux hypothèses : celle du châtiment sans merci et celle de l'ultime réconciliation. On les trouve l'une et l'autre formulées à nouveau dans *Le Fils de Louis XVI*, à propos du prisonnier du Temple. Celui-ci apparaît comme une saisissante incarnation de l'infortune, à l'instar de Jésus qui a connu, comme lui, l'exacerbation de la solitude et de l'abandon. L'évocation de la lamentable destinée de ce pauvre roi sans couronne est l'occasion de suggérer l'éventualité d'un échec de la rédemption et de laisser pressentir qu'un anéantissement sans contrepartie guette peut-être l'humanité :

> La catastrophe est si énorme que ce qui ne peut absolument pas souffrir souffre néanmoins, et pleure. La Béatitude sanglote et supplie. La Toute-Puissance déclare qu'elle n'en peut plus et demande grâce... Que s'est-il donc passé, sinon que Quelqu'un est mort qui ne devait pas mourir ? (V, 94)

Mais l'espérance d'un renversement de la logique du pire n'en subsiste pas moins. Car la méditation eschatologique de Bloy sur l'histoire fait aussi le pari d'une synthèse, à l'intérieur de la Trinité, entre les exigences de la Justice et celles de la Miséricorde. L'écrivain postule la résolution de l'antagonisme de la Sagesse et de l'Amour, dans l'accession à la Gloire divine. Le personnage de Louis XVII lui permet de préciser ce scénario, par opposition au précédent. En effet, cet apatride est aussi une figure sacrificielle : un fils de roi en qui s'amplifie la déchéance de son père. Cependant, au plus profond de son abandon et de sa misère réside une espérance : son destin lamentable annonce sans doute la venue de « QUELQU'UN » qui, comme lui, « doit, aux temps révolus, se cacher sous l'affreuse guenille des hommes, au ras de leur fange », jusqu'à l'heure irrévélable où « il fera palpiter les cœurs des morts en criant son NOM » (V, 91). Entre les deux hypothèses, l'exégète de l'histoire ne peut suspendre son hésitation :

> Quand ce siècle bronchera, le dernier porteur des grands Lys pâles de la France bronchera de même dans l'oubli profond, c'est infiniment probable, – à moins que le Dieu de tous les miracles ne ramasse la goutte de sang que le Prince lugubre laissa sur la terre, pour en faire un Globe dans sa Main... Mais cela c'est le secret du Maître et du Père, et les plus grands des Anges l'ignorent [10]. (V, 86)

10. Voir aussi le chapitre consacré, à la fin de *La Chevalière de la Mort*, à la disparition du « Prince noir », Louis-Napoléon Bonaparte, où la même locution – « à moins que... » – signale l'hésitation indépassable de l'écrivain : « J'eus alors la sensation très profonde, très particulière, que la Providence venait d'accomplir un geste inouï et que la France vidée, cette fois, de son suprême expédient, – puisque les Bourbons actuels ne comptaient pas plus que des fantômes, – était humainement, raisonnablement défunte, condamnée, damnée comme une sorcière de joie qui aurait séduit l'univers et qui ne mériterait aucun pardon ; – à moins,

Le plus déconcertant ici est que Bloy étend la liste de ces héros que la Révolution a révélés à Napoléon, rompant ainsi la cohérence initiale du paradigme qui semblait ne devoir contenir que des figures de la légitimité. Attitude sacrilège aux yeux des traditionalistes, ce dont Bloy ne se soucie guère. Son Napoléon est un personnage symbolique, qui associe les traits du Christ et de l'Antéchrist. Il est tout à la fois le « Mendiant de l'Infini » qui prépare la venue du Paraclet et le digne héritier de la Révolution, le tyrannique instrument de la mort qui a voulu prendre la place du Tout-Puissant. Bloy brosse le portrait d'un « Raté grandiose », d'un « Infirme colossal » (*J*, I, 421 [10 juillet 1902]), d'« un imbécile du plus foudroyant génie » (*J*, I, 455 [11 janv. 1903]), qui préfigure le Bourgeois contemporain, lequel n'est lui-même qu'une ténébreuse image de Dieu, présentée à l'envers. Bloy ne peut cependant s'empêcher de l'admirer et d'être ému par son destin, comme s'il voyait passer une ombre divine :

> Il fut, au seuil de son âme [...] le Mendiant extraordinaire et colossal demandant à qui passait le petit sou de l'empire du monde, la faveur insigne de contempler en lui-même le Paradis terrestre de sa propre gloire et qui mourut, au bout de la terre, les mains vides et le cœur brisé, avec le poids de plusieurs millions d'agonies. (V, 297)

Napoléon est donc une figure ambivalente de désir et de mort, secrètement investie d'une mission surnaturelle, que l'écrivain n'ose désigner clairement : la Passion du Saint-Esprit. Quels que soient les personnages historiques dont son imagination s'empare, la même structure de pensée se répète, faisant bon marché des contingences politiques. Les héros légendaires qui captivent Bloy représentent tous une tradition élargie, fondée sur l'alliance historique de la France et de Dieu, pour l'accomplissement des desseins de la Providence. Ce sont les figures d'un drame eschatologique, plutôt que des souverains rivaux, dont les partisans se disputent la légitimité.

Marie-Antoinette est à la fois une mère humiliée et une victime émissaire ; Louis XVII est quant à lui une figure christique, portant à son comble la souffrance et le sacrifice, mais aussi une mystérieuse préfiguration de l'Inconnu qui doit venir et dont personne ne connaît l'identité ;

pourtant, que l'excès de son opprobre n'ait été précisément calculé pour la souterraine germination de quelque sauveur INCONNU dont l'avènement ne serait possible qu'en l'absence absolue des compétitions » (V, 76).

Napoléon, en tant qu'enfant de la Révolution, participe de son essence diabolique ; il est une sorte d'Antéchrist ; mais la grandeur de son dessein, qui fait de lui un poète en action, préfigure l'avènement du Paraclet.

Troublée par ce jeu de figures hétérogènes, l'histoire de la Révolution ne peut guère donner naissance à une politique conséquente, ayant pour but la restauration monarchique. Aucune dévotion pour le comte de Chambord chez Bloy, qui prend ses distances par rapport à la Vulgate légitimiste en dénonçant « l'imbécillité presque fatidique des gens vertueux qui représentent aujourd'hui le catholicisme et le royalisme » (V, 71). Car c'est le refus intransigeant du monde bourgeois et de ses valeurs qui l'intéresse au premier chef dans la pensée contre-révolutionnaire. Mais il est gêné par le passéisme exclusif des traditionalistes :

> Ce qui est tout de même confondant, c'est l'impossibilité absolue de rencontrer dans le compartiment catholique, Naundorffiste ou Philippiste, un seul être capable de respecter assez son Dieu pour lui supposer le pouvoir d'agir à sa volonté, d'en finir avec une Race qui paraît avoir indigné la terre et les cieux, de se passer, une bonne fois, des traditions qui tombent sous le laminoir de l'entendement humain et de créer des choses NOUVELLES, s'il lui plaît. (V, 72)

On perçoit ici tout ce qui le sépare, par exemple, d'un Blanc de Saint-Bonnet. À ses yeux, il n'y a plus de solution humaine, plus d'arrangement politique qui vaille [11]. La Révolution a été cet « énorme trou par lequel les anciennes aristocraties » se sont « évadées comme des ordures » (III, 42). Il ne reste que Dieu. Aussi tourne-t-il ses regards vers le futur, à l'horizon des temps, pour attendre des bouleversements plus substantiels qu'un simple changement de régime politique. C'est le sens des deux derniers chapitres de *La Chevalière de la Mort*, ajoutés en 1891, lors de la parution de l'ouvrage. L'un (« Le fumier des lys ») porte sur Karl-Wilhelm Naundorff, prétendant d'une lignée royale qu'il a traînée « dans les insondables égouts de l'escroquerie et du putanat » (V, 72) ; l'autre

11. Voir l'article de Bloy, « *La Légitimité* par Blanc de Saint-Bonnet » (XV, 21 *sq.*). Le propos général est certes favorable, mais Bloy infléchit la pensée de son aîné dans le sens de ses préoccupations personnelles : « M. de Saint-Bonnet, écrit-il, est surtout un métaphysicien et la nature très élevée de son esprit le porte plus volontiers et d'un bien plus libre essor à la découverte des lois générales de l'être qu'à tout autre genre de contemplation ou de recherche ». Et il poursuit : « La question ne porte pas sur une certaine légitimité mais sur toutes : légitimité de Dieu, légitimité du christianisme... »

(« Le Prince noir ») sur Louis-Napoléon Bonaparte, fils de Napoléon III tué en 1879 au Zoulouland. Dans les deux cas, une mort lamentable dans la déchéance indique clairement que tout espoir de restauration est perdu et qu'il faut être étrangement aveugle pour espérer le contraire :

> Après ceux-là, silence et ténèbres. C'est fini de la Tradition. La table est rase et la place est nette pour Celui qui doit venir à la façon d'un nocturne spoliateur, quand l'ineffable Trinité l'appellera par son nom. (V, 79)

Bloy s'éloigne donc du traditionalisme prudent de Blanc de Saint-Bonnet et du stoïcisme désenchanté de Barbey d'Aurevilly. Il donne à son catastrophisme un tour beaucoup plus sombre et angoissant, qui accentue le caractère tragique et noir de la Révolution. Celle-ci est d'abord une faute monstrueuse : elle a réalisé le sacrilège d'une rupture humainement irréparable entre la France, nation prédestinée, et Dieu ; elle appelle le châtiment, plus sûrement que l'abîme invoque l'abîme. L'autre aspect de la conception maistrienne – la régénération palingénésique – est gommé, renvoyé aux incertitudes d'un jeu de figures contradictoires, qui manifestent à la fois une déchéance irréversible et une fragile espérance de rachat.

En raison de cette ambivalence même, Bloy creuse l'attente de la Parousie, qui constitue la réponse de Dieu au bouleversement de 1789. La proximité du Jugement dernier semble acquise mais elle ne cesse de se faire attendre, excitant l'impatience de ceux que les inexplicables atermoiements de la Providence confrontent à la tentation nihiliste. Car c'est la Parousie elle-même qui a des contours incertains : sera-ce l'occasion de la rédemption attendue, qui conduira à une manifestation lumineuse de la Gloire divine ; ou bien assistera-t-on à la colère sans pardon d'un Dieu sanguinaire, tenté de raturer sa création par un châtiment définitif ? Nul ne peut répondre : « Ce dénouement est inconnu – dit Bloy – et voilà pourquoi les Larmes de La Salette ont coulé » (V, 97).

Un roman familial

Les incertitudes qui affectent le dénouement de l'histoire humaine rejaillissent sur le traitement des principaux personnages de l'époque révolutionnaire, dont s'empare l'imagination de Bloy. Bien que l'écrivain évoque leur destin dans des ouvrages distincts, ces personnages, au plan symbolique, participent à un seul et même drame : leurs vies forment un *véritable roman familial*, dans lequel chaque actant – père, mère, enfant – est solidaire des autres.

Or, chacun est aussi frappé d'un coefficient d'incertitude, qui fait de lui un « personnage énigmatique » (V, 277), dont la caractérisation relève d'une rhétorique de l'oxymore. L'histoire est un profond mystère pour Bloy, car l'homme, dans l'état où l'a plongé le péché originel, est incapable d'atteindre l'essence des choses. Il est condamné à rester dans « l'incertitude sur l'identité des personnes » (*ibid.*), qu'il s'intéresse à son propre rôle au sein de sa famille, à celui des grands hommes dans l'histoire, ou aux relations qui, au sein de la Sainte-Trinité, sont le secret de Dieu.

La première des figures de cet étrange roman familial est assurément celle du Père absent. Certes, la première Personne divine détermine l'histoire en gouvernant la Providence. « Rien n'arrive sans la permission ou l'ordre de Dieu » (V, 124). Lui seul connaît et fixe le cours des événements, la liberté humaine étant mystérieusement accordée à l'ordre providentiel :

> De toute éternité Dieu sait qu'à une certaine minute connue de Lui seul, tel ou tel homme accomplira *librement* un acte *nécessaire*. Incompréhensible accord du Libre Arbitre et de la Prescience. (V, 273-274)

Dieu reste une figure de l'omnipotence, qui doit vouer au châtiment le monde engendré par la Révolution : les procès révolutionnaires apparaissent comme « les simulacres ténébreux d'un Jugement plus redoutable qui viendra, à la fin des fins » (V, 62) et où seront convoqués tous ceux qui ont défié le Père céleste. Mais, en attendant ce retour à l'ordre transcendant, l'histoire est marquée par une crise de la paternité sans précédent [12]. Dieu paraît inexplicablement affaibli, depuis que les hommes

12. Voir Pierre Glaudes, « Léon Bloy et la crise du symbolique (L'Argent, le Père et la Langue dans *Le Désespéré*) », *Revue d'histoire littéraire de la France*, n° 1, 1987, p. 68-82.

de 93 ont mis à mort son représentant terrestre. Le parricide est bien le crime majeur qui fonde la Révolution. Bloy souligne l'importance de « ce jour d'hiver où tomba la tête sans pensée de celui qui représentait la Paternité divine » (V, 87). Le portrait de Louis XVI tracé pour la circonstance est éloquent :

> Adipeux et lymphatique Picrochole d'une autorité perpétuellement taillée en pièces, il attendit, dans une inaltérable sérénité, le retour pronostiqué des *Coquecigrues* de l'obéissance volontaire [...]
> Il fallut à ce Rien royal la sublime procession du 21 janvier et l'éblouissante ignominie de l'échafaud pour émerger à l'existence et dater une bonne fois son avènement. (V, 38-39)

Le thème du parricide est encore amplifié dans *Le Fils de Louis XVI*, où tout un chapitre est consacré à ce que l'auteur lui-même appelle « l'absence de Dieu » (V, 98). En dépit des promesses de restauration de l'autorité du Père éternel, son amuïssement est bien le drame central de la période révolutionnaire. L'effacement de la présence divine marque la modernité de son sceau, ouvrant la porte à tous les désordres du monde bourgeois :

> Cette absence est devenue l'un des Attributs de Dieu. Ainsi se trouve consommé le licenciement d'un Créateur, dont les hommes n'ont plus besoin depuis qu'on a trouvé mieux que le Paradis. (V, 98)

Au père mort est associée, dans la Révolution, sous les traits de Marie-Antoinette, une figure de Mère sans protection, que menacent les outrages de ses enfants, c'est-à-dire du peuple dont elle est la souveraine. Bloy voit dans la reine autrichienne une simple femme devenue une héroïne dans le malheur et l'humiliation. À rebours de l'hagiographie légitimiste, il pense que Marie-Antoinette n'est « si profondément touchante [...] que parce qu'elle n'est pas une sainte » (V, 25). Cela ne l'empêche pas de condamner le lieu commun révolutionnaire qui fait de la reine une scélérate doublée d'une débauchée. S'il cite l'ignoble prose d'Hébert avouant, dans *Le Père Duchêne*, avoir ressenti « la plus grande de toutes ses joies » en voyant de ses propres yeux « la tête du *Veto* femelle séparée de son foutu col de grue » (V, 64), c'est à titre de repoussoir.

L'écrivain, en traitant Marie-Antoinette comme un personnage qu'on ne saurait confondre ni avec une Madone ni avec une « Messaline » (V,

53), se tient à égale distance de la dévotion contre-révolutionnaire et des profanations jacobines. Il préfère insister sur « le sybaritisme de la Douleur » (*ibid.*), qui confère au supplice de la reine une valeur rédemptrice. En montant sur la guillotine, celle-ci ne subit pas une « décapitation morale » (V, 52) destinée à porter à son comble son abaissement, elle rejoint symboliquement le Christ, Sauveur du genre humain, dans « la Folie de la Croix » (V, 53) :

> En somme, le réquisitoire de Fouquier a la valeur exacte d'une antiphrase historique et peut servir à mesurer la grandeur morale de la veuve de Louis XVI par la grandiose inanité de l'effort tenté pour la déshonorer. (V, 53)

Cependant, si Marie-Antoinette fait figure de *mater dolorosa*, cette Chevalière de la Mort est aussi un personnage étonnamment « viril », qui semble sans cesse tenté de se substituer à son mari défaillant. C'est elle surtout qui veut utiliser la force contre ses sujets et qui menace de châtier le peuple en rébellion contre l'autorité royale :

> Elle jugeait que le droit de se faire obéir est solidaire du droit divin de régner, tout aussi bien que le droit de punir est inséparable du droit de faire grâce [...]
> Pensées infiniment éloignées du débile cerveau de Louis XVI qui, pareil aux monarques abdicateurs du XIXe siècle, ne croyait guère à son Droit divin et souffrait très bien qu'on y taillât de petites royautés populacières de quatre jours, comme on taillerait des casaques d'argousins dans la défroque d'un magistrat. (V, 43)

La représentation symbolique de la reine oscille donc entre une figure de Femme forte, qui entend exercer la Justice divine, et une figure de Mère affligée par la révolte et les outrages de ses propres enfants, qui les plaint de leur égarement, sublime de Miséricorde, en subissant son sort cruel.

Contrastées, les figures filiales conjuguent, elles aussi, force et faiblesse, révolte et soumission, défi prométhéen et humilité. Elles trouvent leur origine dans ces personnages de frères ennemis dont la Bible est pleine : Caïn et Abel, l'aîné et le fils prodigue, Jésus et le Saint-Esprit... Ainsi, Louis XVII est-il un autre Ahasvérus, solitaire, errant, révolté, qui semble porter la malédiction de son sang autant que de son peuple. Mais ce réprouvé ressemble aussi comme un frère à l'Amour orphelin, « sans pain, sans toit, sans parenté » (V, 90) : tel l'Esprit vagabond, passant, inconnu, parmi les hommes, cet être « obscur », qui porte la pauvreté à son comble, attend qu'on le reconnaisse et qu'on l'appelle enfin « par son nom » (*ibid.*).

De même, le destin exceptionnel de Napoléon permet à Bloy d'explorer plus avant le mystère de la troisième Personne divine, dont la terrible similitude avec Lucifer est une source d'interrogation constante pour lui. Nul ne sait en effet si l'empereur préfigure « le Diable ou le Saint-Esprit » (V, 313). Ce vivant oxymore semble s'identifier à la fois à « l'antique Ennemi des hommes et [à] leur Sauveur » (V, 314). L'écrivain exploite le double sens du mot « Lucifer », qui désigne littéralement le « porte-lumière » (l'ange du matin, le Paraclet) mais qui renvoie aussi au prince des ténèbres (l'ange du soir, Satan).

Enfant de la Révolution, poussé au faîte du pouvoir par elle, Napoléon, d'un côté, est une sombre figure de Lucifer/Satan, avatar du mauvais fils, ayant poussé le défi de l'homme à Dieu à son stade ultime. D'un autre côté, ce conquérant porte en lui le feu de l'Absolu : il est aussi une incarnation symbolique de Lucifer/Saint-Esprit annonçant la Parousie, dont les retournements lumineux marqueront la réconciliation des hommes avec leur Père.

Malgré l'ambivalence qui unit tous les personnages qu'on vient d'examiner, chacun a son caractère propre. Bloy le suggère lorsqu'il évoque « le Désiré des désirés, Celui dont Louis XVII a été la plus obscure et Napoléon la plus éclatante image » (V, 193). Chez Louis XVII, l'orphelin royal, l'enfant abandonné, le réprouvé solitaire dominent. Le Dauphin, selon le titre même d'un chapitre de l'ouvrage qui lui est consacré, est une *épave*. Désigné pour l'expiation des infamies de tout un monde, il subit un destin infiniment cruel. Le mauvais sort s'acharne sur lui et il ne parvient jamais à se faire reconnaître pour ce qu'il est : un fils de roi. Bloy souligne cet aspect du personnage lorsqu'il s'explique sur le choix de son sujet :

> J'ai parlé de Louis XVII [...] parce que l'infortune de cet homme est telle que les plus célèbres malheureux, comparés à lui, semblent n'avoir pas quitté le Paradis ; mais surtout parce que l'iniquité grandiose, absolument unique, dont il a souffert, fait paraître comme rien les plus épouvantables injustices. (V, 155)

De là sans doute l'intérêt de Bloy pour Naundorff. Cet aventurier, pour les historiens, n'est au fond qu'un imposteur qui, en se faisant passer pour le fils de Louis XVI, a tenté de remplacer ses parents par d'autres d'un rang social plus élevé. Bloy, qui accrédite au contraire ses liens de sang avec la famille royale, voit en lui un orphelin en quête des siens, que la Révolution, cette marâtre, s'est « efforcée d'exclure à jamais de son Héritage et de son Nom » (V, 89). En lisant *Le Fils de Louis XVI*, on est frappé par l'impuissance du personnage, qui ne parvient jamais à imposer, aux autres, la vérité sur son identité présumée. Il semble être la victime d'une conspiration universelle, persécuté par tous, de ses geôliers du Temple qui jouèrent la comédie de ses funérailles à sa sœur, « la duchesse Caïn » (V, 128), en passant par ses oncles, qui le sacrifièrent à la raison d'État :

> C'est à faire chavirer l'imagination de se dire qu'il y eut un homme sans pain, sans toit, sans parenté, sans nom, sans patrie, un individu quelconque perdu dans le fond des foules, que le dernier des goujats pouvait insulter et qui était, cependant, le Roi de France ! (V, 90)

Démuni de tout moyen d'action, Naundorff est une figure ultime du Pauvre en qui l'image de Dieu même semble s'effacer. Vivant dans un univers imaginaire, il adopte des manières royales qui jurent avec sa bassesse. Bloy, qui parle de lui comme d'une « âme assise » (V, 125), ne peut ignorer l'hiatus qui existe entre cet horloger prussien, qui passa bourgeoisement sa vie au fond de l'Allemagne, et le roi qu'il prétendit être. Cela est encore plus net avec son fils, l'hypothétique Charles XI, que l'écrivain dit avoir rencontré, un soir, dans une auberge, à Courbevoie :

> Bon Dieu ! c'était donc là que le dernier descendant de Louis XIV était venu traîner son allégorique soleil ! C'était dans ce taudion vénéneux et mal famé que le survivant héritier des anciens Lys d'or, enfanté dans l'amertume des exils, tenait ses assises royales et donnait audience à ses serviteurs fidèles !
> Car il paraît que ce va-nu-pieds [...] régnait authentiquement dans ce mauvais lieu. On l'y traitait de sire ou de majesté entre l'absinthe et l'amer picon, et le fils de saint Louis distribuait volontiers ses grâces et rendait la justice de son bon plaisir sous le chêne problématique de ce comptoir de banlieue. (V, 70)

Autant le fils de Louis XVI est un personnage passif, sans prise sur le réel, un Fils offrant de son Père une image méconnaissable, autant

Napoléon manifeste la force quasi surnaturelle de sa volonté par un appétit de conquête hors du commun. Cette figure de l'énergie est ainsi capable de réconcilier la Révolution, dont il est issu, et la tradition, avec laquelle il a renoué en montant sur le trône impérial [13]. À certains égards, par sa situation entre deux mondes, dont il se réclame à parts égales, il représente symboliquement les limites et les possibilités de la bâtardise. C'est un grand capitaine, qui porte en lui le pouvoir de changer la face de l'univers, en se faisant l'instrument de l'Esprit Saint et, en même temps, un bourgeois stupide, qui cède à l'illusion de sa toute-puissance, en voulant étendre sa souveraineté au monde entier, quitte à usurper la place de Dieu :

> Se sentant confusément appelé à préfigurer Celui qui doit renouveler la face de la terre, il se crut désigné pour opérer lui-même ce renouvellement. (V, 316).

Présenté par Bloy comme le rival du Créateur, Napoléon est un autre Prométhée. Tel un « Dieu jaloux qui ne veut pas de partage » (V, 278), ce nouvel Alexandre conçoit des rêves dont la démesure le conduit à « combattre la nature des choses », comme s'il était en son pouvoir de « terrasser l'Ange formidable » (V, 279) qui barre son chemin. De même, en amour, Napoléon, tel le fils prodigue de l'Évangile, est attiré par des femmes faciles ou vénales, qui l'éloignent de ses devoirs. L'écrivain insiste sur ce point, en comparant l'empereur à Assuérus répudiant une favorite pour en prendre une autre. Il apparaît ainsi comme Celui qui a dilapidé le trésor de l'Amour divin : après l'échec de ses prétentions, la mort, tel un châtiment, lui vient d'Autriche, de ce « beau-père infâme », que Bloy appelle « l'homme aux "entrailles d'État" » (*ibid.*) et qui est peut-être, sans le savoir, l'instrument d'une Justice transcendante.

* * *

De ces analyses, retenons d'abord une certitude : la spiritualité victimaire et le symbolisme scripturaire engendrent chez Bloy une constellation

13. Voir *L'Âme de Napoléon* : « Il fallait surtout et avant tout que, par lui, fût consommée la Révolution française, l'irréparable ruine de l'Ancien monde. Fils de la Révolution, Napoléon a pourtant restauré un pouvoir fort, d'inspiration monarchique » (V, 275).

imaginaire, où figurent en bonne place le Père renié, attaqué dans son autorité, dont on attend qu'il manifeste sa Justice ; la Mère humiliée, reine découronnée qui, dans les épreuves, se révèle une Femme forte, méritant son nom de Chevalière de la Mort ; le Fils dont la représentation se diffracte en plusieurs figures : l'orphelin, pauvre et abandonné, l'étranger qu'on ne reconnaît pas, le bâtard de la tradition et de la modernité, le conquérant que sa démesure mène à sa perte.

Ce roman familial, à travers lequel s'expriment les attentes et les inquiétudes eschatologiques de Bloy, est aussi une méditation sur l'histoire, où la réflexion politique s'ouvre largement à l'imagination symbolique. L'écrivain, en ressuscitant quelques figures historiques majeures, multiplie les variations autour d'un énigmatique héros providentiel, qui pourrait balayer la société postrévolutionnaire et préparer l'avènement d'une nouvelle ère. Pour autant, il ne se reconnaît pas dans le nihilisme des « démons » de Dostoïevski, qui prêchent « la Bonne Nouvelle de la Mort » (III, 49) dans l'espoir de créer un ordre nouveau sur des décombres. Mais que penser d'une mystique exaltant un royaume de Dieu établi dans la violence [14] ? Ne doit-on pas craindre l'indétermination qui entoure cet inconnu – « Quelqu'un » – qui doit tout accomplir, la femme, sous diverses figures, jouant le rôle d'intercesseur destiné à adoucir sa justice sanglante ?

En se faisant l'annonciateur de ce mystérieux personnage, que Louis XVII et Napoléon préfigurent, Bloy se contente-t-il de délivrer un message prophétique qui le dépasse ? Se laisse-t-il fasciner par la mort ou séduire par l'espérance que porte cette figure énigmatique ? Son écriture, dans son excès même, lui évite de tenir un discours factuel, délibératif, « sincère » au sens pragmatique du terme, tel que doit être le discours politique. Les exégèses de l'histoire auxquelles il s'essaie sont avant tout des fictions poétiques, qui tiennent l'esprit en éveil par leurs apories.

À aucun moment, elles ne prétendent résoudre, sinon par des aperçus fugitifs et nécessairement lacunaires, des difficultés ultimes, que le *logos* lui-même n'est pas parvenu à surmonter. Ce faisant, elles se séparent des idéologies totalitaires qui, au nom de leurs convictions inébranlables,

14. Bloy aime à citer ce verset de la Bible : « *Regnum cælorum vim patitur et violenti rapiunt illud* » (Matth., XI, 12).

feront, au XXe siècle, de l'exercice du pouvoir une sorte d'apocalypse à échelle humaine. Non seulement le roman historico-familial conçu par Bloy s'en éloigne radicalement, mais il en dénonce par avance les illusions et les travers – ceux qu'engendre la défiguration du Verbe : la monstrueuse contrefaçon d'un passage à l'acte, qui doit rester, jusqu'à la fin des temps, la prérogative de Dieu.

Chapitre IV

Les temps modernes au miroir de la presse

« Dieu ne peut être banal. »
Au seuil de l'Apocalypse (*J*, II, 421 [10 sept. 1914]).

« Quand je veux savoir les dernières nouvelles, je lis saint Paul » (*J*, I, 610). On prend souvent cette formule pour exemple de « l'absolu mépris » (Ill, 127) que Bloy affecte à l'égard des journaux, ce miroir des temps modernes : elle illustre bien l'attitude parfaitement dédaigneuse qu'adopte l'écrivain lorsqu'il prétend rejeter dans le néant des choses humaines des publications qui scrutent les fourmillements de l'abîme, à travers les ténèbres du quotidien, au tournant des XIXe et XXe siècles.

Bloy, il est vrai, n'a cessé d'entretenir des relations conflictuelles avec la grande presse. Dès ses débuts, celle-ci ne lui sourit guère, quelles que soient ses orientations politiques ou religieuses. Renvoyé de *L'Univers* en 1874, après quelques mois de collaboration, il est tenu à bonne distance de *La Croix* et du *Pèlerin* par les Assomptionnistes. Le directeur du *Figaro* le remercie précipitamment en 1884, à la suite d'un éreintement du père Didon. Dix ans plus tard, il est chassé par les administrateurs du *Gil Blas*, à l'occasion de l'affaire Tailhade. Cet écrivain incontrôlable, qui devient la cible de la conspiration du silence lorsqu'il crée *Le Pal*, finit toujours par s'aliéner la bienveillance des magnats de la presse [1]. Quand il ne les décourage pas lui-même en rejetant leurs offres de service [2], tous sont dans les dispositions d'esprit de Fernand Xau, le directeur du *Journal*, déclarant à son sujet n'avoir « pas besoin de *chiens enragés* » (*J*, I, 38 [28 août 1892]) au sein de sa rédaction. Même les publications plus modestes, où les avant-gardes littéraires peuvent s'exprimer en toute liberté, ne conviennent jamais bien longtemps à ce franc-tireur. Lassé par l'esprit de cabaret, Bloy quitte le *Chat Noir* en 1884, après y avoir exercé pendant deux ans son entreprise de démolition. Il interrompt brutalement sa collaboration à *La Plume* en 1892, à la suite de démêlés financiers avec Léon Deschamps (*J*, I, 10-11 [23 avril 1892]). Il coupe les ponts avec *La Phalange*, lors de la parution dans cette revue, en mai 1907, d'un « immonde » poème d'André Spire sur la Vierge (*J*, I, 645 [21 mai 1907]) [3]. En 1909, sollicité par les fondateurs d'une « feuille nouvelle » (*J*, II, 107 [26 nov. 1909]), *Les Loups*, il leur oppose un refus catégorique, au vu de la liste des collaborateurs, où figure Anatole France [4].

On le voit, Bloy ne perd pas une occasion de marquer ses divergences avec la presse, tout en attirant l'attention sur le sort injuste qu'elle lui réserve : « Le journalisme qui devrait me faire vivre – écrit-il à Mme Hayem – m'est strictement fermé par cette raison forte que je ne puis écrire quatre lignes sans compromettre l'équilibre de la planète. » (1er sept. 1883 ; Bo, 2, 65). Il est vrai que la rupture avec le « système médiatique » est au principe de sa vocation d'écrivain. Tardive, son œuvre littéraire fait suite à ses vaines tentatives pour s'imposer en tant que journaliste : elle lui permet de retourner contre les « cochons de plume » (*J*, I, 82 [7 avril 1894]) une

1. . Voir Michèle Fontana, *Léon Bloy, journalisme et subversion (1874-1917)*, Paris, Honoré Champion, 1998.

2. C'est ce qui arrive à Bunau-Varilla lorsqu'il propose à Bloy d'entrer au *Matin* : l'écrivain consent à le rencontrer « avec répugnance et le désir secret que cela ne réussisse pas » (*J*, I, 599 [10 avril 1906]).

3. « Je ne pense pas – écrit-il à Jean Royère, le directeur de *La Phalange* – qu'il soit possible d'être plus bête et plus immonde. Je vous prie donc de m'épargner à l'avenir cet imprimé [...] que je suis honteux de recevoir. Vous me combleriez en m'effaçant de la liste de vos collaborateurs [...] » (*J*, I, 645).

4. « Messieurs, sans perdre une heure, je tiens à vous faire savoir que je m'oppose absolument à la mention de mon nom sur une manchette où se lira celui de ce venimeux crétin [...] » (*J*, II, 107).

violence dont il estime avoir été préalablement la victime [5]. Aussi cette œuvre se fonde-t-elle en grande partie sur la quête d'une vérité à laquelle il prétend se dévouer avec l'ardeur d'un belluaire, sans se soucier des pratiques symboliques d'une profession dont il n'a pu se faire reconnaître.

L'écrivain solitaire éprouve *a fortiori* le besoin de distinguer son œuvre de l'écriture journalistique lorsque cette œuvre prend la forme d'un texte « livré au hasard de l'éphéméride » [6], qui semble condamné, selon la loi du genre, à « éparpiller en poussière, au jour le jour, les traces d'une époque » [7]. C'est donc l'impression d'une profonde incompatibilité avec les codes de la presse que l'on retire d'abord de la lecture de son *Journal*, où s'affiche à chaque page le mépris des us et coutumes du temps.

« Le cul et la galette »

L'hostilité de Bloy à l'égard de la presse joue un rôle capital dans sa décision de publier les registres intimes qu'il noircit quotidiennement depuis le 27 janvier 1892. Lorsqu'il se détermine enfin à livrer au public *Le Mendiant ingrat*, l'écrivain voit dans cette décision un moyen de revenir sur le devant de la scène littéraire pour y prendre sa revanche, après son renvoi du *Gil Blas* et la mort, au début de 1895, de son fils André, âgé de quelques mois à peine.

Rappelons les faits. Le 14 juin 1895, Bloy confie une « idée amusante » (*JI*, I, 1304) à son ami Dasconaguerre : il envisage d'« écrire un livre de suavité divine sous ce titre : *Méditations d'un voyou* ». Deux jours plus tard, au cours d'une conversation avec Jeanne et sa fille aînée Véronique, il prend conscience, l'idée ayant fait son chemin, que ce nouveau projet est déjà presque réalisé : « C'est bien simple. Le texte des Pensées ou méditations d'un homme abject, je le puiserai dans [mon] journal. Voilà une œuvre toute faite et d'un intérêt surprenant. Occasion aussi de régler

5. Voir Pascal Durand, « L'Effraction critique », (H, 301-313).

6. Jean Rousset, « Le Journal intime, texte sans destinataire », *Poétique*, n° 56, novembre 1983, p. 435.

7. Roland Barthes, *Le Bruissement de la langue*, Paris, Seuil, 1984, p. 400.

définitivement de vieux comptes [...] » (*JI*, I, 1307). Le 4 juillet 1895, une lettre à Henry de Groux confirme la destination de l'ouvrage, qui en est encore au stade du projet :

> ... voici pour vous amuser. Quand [...] je serai tout à fait en paix, comme je l'espère, je prendrai mon journal, mon mystérieux et redoutable journal que j'écris, heure par heure, depuis plus de trois ans – et de ce journal j'enlèverai des tranches toutes vives en assez grand nombre pour former un volume de quatre cents pages destinées à produire des effets analogues aux brûlures noires du vitriol. Le titre est à chercher, mais le sous-titre sera : Extraits du journal de Léon Bloy. Tailhade et cinquante autres passeront, croyez-moi, de gracieux moments. (*JI*, I, 1334)

Destinée à réaliser une action de justice, cette œuvre vengeresse reste fidèle à sa vocation originelle. Bloy y reprend le jeu de massacre auquel il s'est déjà livré dans *Le Pal* et dans *Le Désespéré*, en s'attaquant à la « Grande Vermine » (IV, 39), l'expression désignant sous sa plume « le Journalisme moderne ». De fait, les rebonds de l'actualité lui permettent d'épingler régulièrement quelques figures de la presse parisienne : de célèbres publicistes, tels que Francis Magnard [8], Arthur Meyer [9] ou Villemessant [10] ; des chroniqueurs de différents calibres, comme Francisque Sarcey [11], Aurélien Scholl [12], Ernest La Jeunesse [13], Francis Chevassu [14] ou

8. « La phalange macédonienne du *Figaro* fut dans sa main, et il est mort sans avoir RIEN fait pour la Justice. Il se glorifiait d'être le plus haut sceptique de son siècle » (*J*, I, 120 [19 nov. 1894]).

9. « Honte indicible. Le mariage de l'ignoble vieillard Arthur Meyer épousant une Turenne adolescente, sans qu'un journal ait protesté contre cette abomination ! » (*J*, I, 551 [31 oct. 1904]), « ... Arthur Meyer, héritier approximatif du grand Turenne, par les urinoirs » (*J*, II, 83 [3 mai 1909]), etc.

10. « Ce Villemessant, autrefois célèbre et maintenant inconnu, était un de ces hommes en viande comme on en rencontre en allant aux abattoirs. Il fut pour quelque chose dans les massacres piaculaires de l'année affreuse, ayant exalté, comme pas un, la frivolité française » (*J*, I, 472 [21 avril 1903]).

11. « Pourquoi Sarcey n'est-il plus de ce monde ? Thermomètre flatulent, mais infaillible, de la gloire, il nous eût donné le chiffre des recettes [des représentations de *La Barricade*, la pièce de Paul Bourget]. Il eût posé une couronne de pièces de cent sous sur le front du jeune Dieu. » (*J*, II, 139 [20 avril 1910]).

12. « Lu, ce matin, dans *L'Écho de Paris*, un long article de Scholl sur le "dîner" de *La Plume*. Le vieux ruffian protège les jeunes. » (*J*, I, 11 [24 mars 1892]).

13. À plusieurs reprises, Bloy épingle les articles de cet « incroyable idiot du *Journal* » (*J*, I, 643 [13 mai 1907]), qu'il surnomme « Ernest la Vieillesse » (*J*, II, 41 [24 mai 1908]).

14. . « Un critique, sans doute important, dont le nom peu convenable ressemble à un *ablatif* [...]. » (*J*, I, 474 [21 avril 1903]).

Henri Fouquier [15]. À l'évidence, la veine pamphlétaire innerve encore le *Journal*, Bloy utilisant volontiers l'argument *ad hominem* pour mettre au jour l'ignominie des folliculaires.

Fidèle à l'enseignement de Barbey d'Aurevilly [16], l'écrivain refuse en effet de séparer la parole de l'être qui la profère. En conséquence, les œuvres et les hommes sont, à ses yeux, « immédiatement solidaires sous peine de néant » : « ... quand l'œuvre mérite la trique, c'est sur les omoplates de l'homme que la trique doit tomber et infatigablement ressauter » (II, 77). Il en va de la justice, que Bloy, comme son maître, prétend servir avec toute la rigueur d'un Torquemada, sans se laisser arrêter par « la lâcheté d'esprit » [17] de son temps.

Cette justice, si elle commence par les vivants, ne saurait épargner les morts. Dans son *Journal*, Bloy est maintes fois en situation de l'exercer. La disparition de personnalités, souvent issues du monde des lettres et du journalisme, lui donne l'occasion de troubler le concert des louanges, en rompant avec les conventions du genre épidictique, pour aller à rebours des prétendues valeurs autour desquelles se rassemblent ses contemporains. Le 18 mai 1899, le diariste, ayant appris la mort de Francisque Sarcey, note laconiquement : « Médiocre nouvelle. Enfin, cela fait toujours une charogne de plus » (*J*, I, 291). Dans l'espoir d'« exaspérer les imbéciles » (*J*, I, 199 [9 mai 1897]), il multiplie ces saillies irrespectueuses. Il se réjouit, par exemple, à l'annonce de cette autre « bonne nouvelle » : la « mort subite » de Curie, « l'inventeur diabolique du radium », qui a eu « la *tête* écrasée par un camion », « sa cervelle précieuse ayant ainsi pris contact avec une moindre ordure » (*J*, I, 600 [20 avril 1906]). De même, lorsqu'on lui apprend la disparition accidentelle de Zola, il laisse bruyamment paraître sa satisfaction : « Le sacrilège goujat n'a pu torcher son quatrième évangile. QUELQU'UN en avait assez » (*J*, I, 432 [29 sept. 1902]).

15. « Henri Fouquier, un de ceux du *Désespéré* (Nestor de Tinville), vient de rendre sa belle âme : "Il est mort, dit *Le Figaro*, avec un fin sourire." – C'est tellement ignoble que ce doit être vrai, me disait un jour Barbey d'Aurevilly à propos d'une autre saleté » (*J*, I, 398).

16. . Voir Jacques Petit, *Barbey d'Aurevilly, critique*, Paris, Les Belles Lettres, 1963, p. 203-204.

17. Jules Barbey d'Aurevilly, « *Quatre chapitres inédits sur la Russie*, par le comte Joseph de Maistre », *Le Pays*, 28 juin 1859 ; recueilli dans *Les Philosophes et les écrivains religieux*, deuxième série (*Les Œuvres et les Hommes*, t. IX), chap. III. Voir *Œuvre critique*, éd. Pierre Glaudes et Catherine Mayaux, Paris, Les Belles Lettres, 2008, t. 3, p. 77.

Bloy se garde donc de céder à l'attendrissement – si souvent hypocrite – des « crocodiles de la presse » (*J*, I, 555 [17 janv. 1905]). Peu sensible aux rites républicains qui consacrent les grands hommes défunts – érection de monuments à leur effigie [18], translation de leur dépouille au Panthéon [19], commémoration de leur anniversaire [20]... –, il aime à rappeler que les morts, même les plus indignes, peuvent se défendre, contrairement à ce que prétend le lieu commun : « ... ils se défendent précisément par le respect qui leur est dû et qui ne permet pas qu'on les touche » (VIII, 86). Aussi refuse-t-il d'être la dupe des nécrologies larmoyantes, dont l'éloquence laïque est prodigue, lorsqu'elle honore, par la voix des journalistes, ces héros de la modernité – savants, penseurs, hommes politiques... – qui font la gloire de la IIIe République. Il préfère renouer, à sa manière, avec l'inspiration des prédicateurs du Grand Siècle, en opposant la Justice divine à ces éloges convenus [21]. Ainsi, ayant appris la disparition de François Coppée, il relève dans la presse les clichés d'usage, dont les mensonges aggravent selon lui la misère de cette « pauvre âme », à l'heure où elle paraît devant Dieu :

> Que de sottises vont être dites ! Ce matin, dans *L'Écho de Paris*, c'est Jules Lemaitre qui commence ainsi : « François Coppée a cessé de souffrir. Il se convertit, oh ! sans revenir de bien loin. Sa maladie fut vraiment le martyre. Il nous a donné l'impression de la plus haute

18. Le 12 septembre 1903, Bloy remarque, par exemple, que « tous les journaux sont remplis de Renan et de la fête d'inauguration de sa statue à Tréguier » (*J*, I, 498 [19 sept. 1903]) ; ce qui lui inspire ce commentaire sarcastique : « Le très bas domestique des Loges, le sale renégat persécuteur Émile Combes, le père du million des Chartreux, ira demain prononcer un discours en l'honneur du célèbre jean-foutre, *contempteur de la démocratie.* »

19. Ainsi, après la mort de Zola, range-t-il au nombre des « saletés » qu'elle inspire à la presse, la proposition de *L'Aurore*, qui « réclame le Panthéon » (*J*, I, 433 [1er oct. 1902]).

20. Voir ce qu'il écrit, le 27 février 1902, à propos du centième anniversaire de la naissance de Hugo, occasion d'un discours de Gabriel Hanotaux au Panthéon : « Ô les saletés des journaux, ce matin ! [...] Quel ridicule, et quelle honte de penser qu'il n'y avait sans doute pas un seul auditeur de cet imbécile qui crût aux "vertus civiques" de Hugo et qu'il n'eût pas été possible d'en trouver une douzaine capables de citer un vers de *La Légende des Siècles* ! » (*J*, I, 403 [27 févr. 1902]).

21. Bloy ne se livre pas toujours à une exécution posthume ; il lui arrive de prier, avec compassion, pour l'âme des défunts. C'est ce qui se produit lorsqu'il apprend la « mort subite d'Alphonse Allais » : « Tout mon passé croule et disparaît. Je ne l'avais pas revu depuis environ vingt ans. La nouvelle m'a été pénible. Le malheureux doit avoir un terrible besoin de prières. Un des derniers actes de sa vie de journaliste amuseur a été un article amical pour moi. *Propitiare, Domine...* » (*J*, I, 583 [29 oct. 1905]).

beauté morale. (Que pourrait-on dire de plus que ce dernier mot, s'il s'agissait de saint François d'Assise ou de saint Philippe de Néry, ou même de saint Paul ?) Honorons le poète (!) et vénérons le martyr (?). » C'est épouvantable de penser à ce que de tels lieux communs peuvent ajouter aux souffrances d'une pauvre âme ! (*J*, II, 41 [24 mai 1908])

D'une manière générale, Bloy n'a pas son pareil pour montrer sous leur jour le plus cru les travers de la presse, alors qu'elle entre peu à peu dans l'ère des médias. Attentif aux procédés par lesquels les publicistes tentent de s'attacher un public toujours plus vaste – l'exploitation des concours [22] et de la réclame [23], le parti pris de « sensationnalisme » [24], l'espace « interactif » réservé au courrier des lecteurs [25]... – il observe avec lucidité les dérives d'une profession soucieuse de flatter les pulsions les plus élémentaires plutôt que de s'employer à former les esprits. Il en résume les principales tendances d'une formule lapidaire : « ... le cul et la galette, tel est le diptyque du journalisme contemporain » (*J*, I, 473 [21 août 1903]).

22. « ... article inconcevable intitulé : "Concours Humbert-Daurignac", contenant un questionnaire complet sur ces escrocs, jusqu'à ce jour introuvables. Il y a 200 prix pour ceux qui répondront plus ou moins juste. C'est une invitation universelle à l'espionnage et à la délation. Mais le fin du fin, c'est la somme de 50 centimes devant accompagner l'envoi de chaque concurrent, sous peine de n'être pas admis au concours. Le total sera versé au Comité national du ministère des Colonies pour venir en aide aux sinistrés de La Martinique. Je n'ai jamais rien vu de plus beau » (*J*, I, 414 [26 mai1909]).

23. « L'infamie universelle, déchaînée depuis une semaine par *Le Journal*, est inouïe. Cette ignoble feuille a imaginé de distribuer dans la rue des cadeaux à tout lecteur. Ces cadeaux illusoires, je pense, et même tout à fait fictifs, tels que billets de banque de 500 francs sous enveloppe, etc., sont des *réclames* pour des maisons de commerce innombrables. Coup de filet audacieux qui pourrait être cru génial s'il ne donnait pas un irrésistible besoin de vomir. Et l'avidité bête du public entretenue, chaque matin, par des promesses et des mensonges effrénés ! Jamais la France ne pourra être plus avilie » (*J*, I, 427 [12 août 1902]).

24. Le mot « sensationnalisme » apparaît en 1909. Bloy, dès 1903, dénonce les effets de la chose lorsqu'il remarque que, dans les journaux modernes, « le texte même disparaît pour faire place à l'illustration des viandes » : « On n'ose pas tout à fait encore l'obscénité précise tirant l'œil avec des vermillons et des carmins, mais il s'en faut d'un si petit poil qu'on peut bien dire que la chose est accomplie » (*J*, I, 473 [21 août 1903]).

25. « Au surplus, le brûlant lycéen ou le petit employé privés de femmes peuvent se soulager, moyennant un sou, à la 6e ou 8e page des grands journaux. À ce point de vue, les rubriques Mariages et Petite correspondance laissent peu à désirer [...]. Il y a aussi le proxénétisme à peine voilé des offres de location et des ventes de toute espèce. Enfin, c'est une *illécébration* de tout repos, quasi chaste, économique et sans avaries » (*J*, I, 473).

Pour instruire le procès de la presse moderne, Bloy, qui voit dans sa faillite morale et intellectuelle le symptôme d'une décadence sans remède, emprunte volontiers ses thèmes et ses images à la tradition satirique [26], celle de Juvénal et de Tertullien, mais aussi aux prophètes bibliques. L'« énorme vacarme procuré par la mort plus que bizarre du député Syveton » (*J*, I, 553 [14 déc. 1904]) lui permet, par exemple, de montrer *in vivo* la confusion délétère des pratiques commerciales et de l'information. Celle-ci tend alors à se réduire à ses aspects les plus spectaculaires, au détriment de la recherche de la vérité. Le reportage et l'enquête qui livrent le fait brut, mais aussi l'interview qui joue sur les émotions, l'emportent sur la réflexion, de sorte que plus personne ne se soucie de rapporter l'événement à une idée générale et, moins encore, d'en dégager le sens transcendant :

> Suite du prodigieux roman Syveton. On n'a jamais rien vu de pareil. La réclame se mêlant à une enquête de ce genre. Des industriels se faisant interviewer sous le prétexte qu'ils ont rencontré, çà et là, le mort ou les parents du mort, et profitant de l'occasion pour vanter leur industrie... Une tireuse de cartes infaillible qui avait lu la mort prochaine de Syveton dans la main de sa femme, par exemple, et cet étonnant professeur de boxe que le malheureux serait venu voir, faisant insérer son prospectus sur le drap mortuaire des feuilles publiques [...]
> Seul, Dreyfus avait déchaîné une telle rage, une aussi furieuse folie de mensonges. Tout le monde ment et on voit des femmes, mères ou épouses, comme on n'en avait pas vu depuis les tragiques. On en est, dans certaines feuilles, à calomnier le défunt en grec et même en caractères grecs, et on met à profit cette occasion de copieuse réclame à un bordel nationaliste situé non loin de la gare Saint-Lazare [27]. Dernier soupir de la République athénienne. (*J*, I, 553-554 [16 et 24 déc. 1904])

26. Bloy utilise volontiers des métaphores animales – vermine, charogne... – et des images empruntées au domaine de la pathologie, pour suggérer la corruption, la prostitution, la dégénérescence de l'intelligence française, dont est responsable le journalisme moderne. Voir, par exemple, dans *Le Pal*, les passages du premier numéro, qu'il reprend dans « L'Aristocratie des maquereaux », article recueilli dans *Quatre ans de captivité à Cochons-sur-Marne* : « "L'esprit français, écrivais-je en 85 [...], l'esprit français, en cette fin de siècle, rappelle invinciblement l'effroyable *Charogne* de Baudelaire et les journalistes sont sa vermine. Ils se pressent, innombrables, sur ce cadavre sans sépulture et précipitent sa putréfaction qui est à empoisonner l'univers." Cette image d'une exactitude à faire gueuler, je l'ai ressassée vingt ans, avec une fidélité plus grande chaque jour, et une amertume qui n'a pas cessé d'augmenter jusqu'à devenir quelque chose qui est sans nom » (*J*, 1, 472 [21 août 1903]).

27. Allusion aux « révélations » scandaleuses sur les causes du suicide de Gabriel Syveton, que venait de publier *Le Gaulois*.

Bloy le vérifie sans cesse : face aux étonnants faits divers qui surviennent au jour le jour, aucun journaliste n'est inspiré « d'une idée quelconque » (*J*, I, 166 [23 oct. 1895]). Ni l'extraordinaire ni le merveilleux ne font recette, dès lors qu'il s'agit de s'élever au-dessus des idées reçues pour tenter, selon la formule aurevillienne, d'apercevoir dans ce qui arrive « quelque chose qu'on ne voyait pas »[28]. Cette faillite de l'intuition métaphysique – qualité sans laquelle on ne saurait atteindre, selon Bloy, à la profondeur de l'aperçu – met en lumière l'insondable médiocrité de la presse moderne. Elle dévoile également son pouvoir de nuisance, car le journaliste qui mésuse de la parole, comme l'écrivain « sans principe ou sans art » (XV, 154), n'est rien d'autre qu'un « empoisonneur ».

Il ne faut pas s'y tromper cependant : la sévérité de ce jugement est à la mesure de la déception d'un écrivain qui a compris très tôt l'immense pouvoir des journaux dans les sociétés gouvernées par l'opinion. À l'école de Barbey d'Aurevilly, Bloy s'est fait une haute idée de la magistrature intellectuelle que les journalistes pouvaient exercer sur les foules, pour peu qu'ils fussent dignes d'une telle mission. Tout au long de sa vie, il regrettera que les médias de son temps ne mettent pas leur toute-puissance au service de la Gloire divine, en propageant sur toute la terre une parole inspirée, semblable à la sienne, qui allie la somptuosité du style à la force des convictions.

Ainsi, son *Journal* témoigne-t-il d'un intérêt constant pour la presse, avec laquelle il entretient des relations contradictoires, mêlant fascination et répulsion. Bloy, quelle que soit son aversion pour ce milieu, ne se tient jamais trop éloigné des salles de rédaction, restant à l'écoute de leurs intrigues et des signaux qu'elles lui adressent. En dépit de ses récriminations, il se plie aux modes de communication du journalisme, fût-ce pour les tourner en dérision : tout au long de sa carrière d'écrivain, il accepte

28. Jules Barbey d'Aurevilly, « Joseph de Maistre. *Correspondance diplomatique*, publiée par Albert Blanc », *Le Pays*, 12 décembre 1860 ; recueilli dans *À côté de la grande histoire* (*Les Œuvres et les Hommes*, t. XXI), chap. XVI. Voir *Œuvre critique*, éd. Pierre Glaudes et Catherine Mayaux, Paris, Les Belles Lettres, 2013, t. 5, p. 1084.

des interviews [29], répond à des enquêtes [30], mendie, lorsque c'est nécessaire, les comptes rendus indispensables, selon lui, à la promotion de ses œuvres [31]. Persuadé que « tous les journaux se valent » (*J*, I, 40 [26 sept. 1892]), il accepte sans rechigner de collaborer aux feuilles les plus diverses – *Les On-dit* aussi bien que *La Flamme* ou que *L'Assiette au beurre* –, se justifiant par avance de toute compromission en invoquant son indigence, car les pauvres, affirme-t-il, « n'ont pas le droit d'être dégoûtés ».

Du reste, sa réputation d'intransigeance ne lui aliène pas toujours la sympathie des journalistes. Bloy compte dans leurs rangs de fidèles soutiens, tels Alfred Pouthier ou Auguste Marguillier. Alfred Vallette lui est favorable au *Mercure de France* : si l'écrivain ne fait pas partie des collaborateurs réguliers de la revue, il en reçoit les livraisons et peut compter sur la Société du Mercure pour éditer ses œuvres. Valentine et André Dupont sont des amis sûrs et des intermédiaires efficaces, qui lui permettent de traiter à distance avec la presse : à la fin de sa vie, ils l'aident à trouver une tribune en plaçant ponctuellement ses articles dans des journaux tels que *L'Œuvre* et *L'Intransigeant*, où ils ont leurs entrées. Il

29. C'est le cas le 18 août 1904 : « Interview très imprévue d'un enquêteur du *Matin*, Louis Vauxcelles. Je me laisse faire. » (*J*, I, 546). Voir aussi le 2 janvier 1906 : « On m'apporte *La Littérature contemporaine. Opinions des écrivains de ce temps*, par Georges Le Cardonnel et Charles Vellay, jeunes gens qui vinrent ensemble m'interviewer, il y a quinze ou seize mois. » (*J*, I, 589).

30. Ne serait-ce que pour faire une réponse scandaleuse, en prenant ostensiblement l'opinion à rebours. Ainsi, le 1er janvier 1897 : « Enquête du *Mercure* sur Dumas fils qui vient de crever. Ma réponse : Voici mon "opinion" pour le temps et pour l'éternité : Le fils Dumas fut un sot et un hypocrite. Les pleurs ignobles de la presse ou les lamentations de quelques gâteux, tels que Coppée, n'autorisent pas à supposer que la nouvelle génération littéraire puisse être assez basse pour accorder une importance quelconque à la disparition de ce mulâtre » (*J*, I, 181). De même, le 19 mai 1897 : « Encore une enquête. On ne me rate jamais. Une revue veut savoir ce que je pense du cléricalisme : "Cléricalisme" est un mot vague et lâche, une pourriture de mot que je rejette avec dégoût. Si on veut entendre par là le Catholicisme romain, voici ma réponse bien nette [...] » (*J*, I, 201). Voir également : le 13 mars 1897, où l'écrivain répond à diverses questions du *Spectateur catholique* d'Anvers (*J*, I, 194) ; le 5 octobre 1904, où il cite sa réponse à une enquête de la revue lilloise *Le Beffroi* sur « les poètes et la poésie » (*J*, I, 549) ; le 26 décembre 1906, où il reproduit, sans autre commentaire, un texte intitulé « À propos du prix Goncourt. Enquête de *Gil Blas*. Léon Bloy » (*J*, I, 627) ; le 22 novembre 1910, où il mentionne une « lettre circulaire de *L'Intransigeant* », dans laquelle lui est posée cette question : « Quelles sont les trois Françaises qui vous semblent se recommander plus particulièrement au choix de nos Immortels ? » (*J*, II, 196).

31. Le 4 octobre 1900, par exemple, il écrit à Paul Adam pour qu'il lui fasse « un peu de publicité au *Journal* » (*J*, I, 356) : « Je le prie de me faire l'aumône d'un article, moi qui n'en demande jamais à personne. »

se trouve en outre des critiques, tels que Rachilde ou Edmond Barthélemy, pour saluer assez souvent ses œuvres par des articles clairvoyants [32]. Bloy connaît même la satisfaction de voir paraître, de son vivant, un numéro de revue consacré tout entier à sa gloire [33].

L'écrivain, malgré sa répugnance, ne cesse donc d'entretenir de nombreux contacts avec la presse, dont il est surtout un lecteur assidu. Il a beau prétendre que son ami Henry de Groux est « beaucoup plus liseur de journaux que [lui] » (*J*, I, 82 [7 avril 1894]), un rapide examen de ses registres intimes témoigne de la régularité de cette activité, dont il tire une grande partie des renseignements qui alimentent, jour après jour, ses commentaires sur son époque. Au cours de ses fréquentes stations dans les cafés, il ne se contente pas de boire de l'absinthe, de jouer au billard ou aux échecs : il passe son temps à lire les quotidiens, sans exclusive. De surcroît, de nombreuses feuilles lui sont envoyées par des amis, des confrères ou des admirateurs, ce qui ne lui suffit pas toujours : pour connaître les propos que la critique tient sur ses œuvres, il se procure aussi *L'Argus de la presse* [34].

Vivant en solitaire, Bloy est trop attentif aux développements de l'histoire contemporaine pour n'avoir pas besoin des journaux. Lorsqu'il part en voyage au Danemark en 1899, il obtient d'un de ses amis qu'il l'abonne à *L'Aurore*, afin qu'il ne soit pas privé, pendant l'affaire Dreyfus, de cette précieuse source d'information [35]. De même, au cours de ses villégiatures estivales, il ne manque pas de s'enquérir, dans les bourgades où il séjourne, des journaux qu'on peut mettre à sa disposition (*J*, I, 610 [18 août 1906]). Cette boulimie de lecture redouble sur ses vieux jours : pendant la Grande

32. Voir *Mon journal*, 3 juillet 1897 (*J*, I, 205-206) ; *Le Vieux de la Montagne*, 16 décembre 1908 (*J*, II, 69) ; *Le Pèlerin de l'Absolu*, 30 novembre 1912 (*J*, II, 323) ; *Au seuil de l'Apocalypse*, 5 avril 1914 (*J*, II, 389), etc.

33. Voir les articles tirés des *Marches de Provence*, que Bloy reproduit dans *Le Pèlerin de l'Absolu*, le 24 octobre 1912 (*J*, II, 301-213).

34. Voir la lettre à Eugène Demolder du 27 avril 1895, citée dans *Le Mendiant ingrat* : « Cher Monsieur, *L'Argus de la Presse* m'informe, par le communiqué d'un sommaire, que *Durendal* (!), sorte de revue catholique publiée à Bruxelles, vient d'offrir à son public une tartine intitulée "Léon Bloy le misérable" par Pol Demade. » (*J*, I, 140).

35. « Sur ma demande quelqu'un [Auguste Marguillier] me fait cadeau d'un abonnement à *L'Aurore*. À cause de l'affaire Dreyfus qui met en ébullition toutes les fanges, il m'a paru expédient de lire, chaque matin, le plus immonde journal de Paris » (*J*, I, 233-234 [24 janv. 1899]).

Guerre [36], alors qu'il mène une existence retirée, la presse qu'il reçoit à domicile envahit ses registres intimes sous forme de coupures soigneusement collées, parfois sur plusieurs pages, à côté de ses propres notes.

Car la presse lui fournit une matière inépuisable, qui soutient son imagination et alimente son œuvre. Ses démêlés avec les journalistes lors de l'affaire Tailhade lui offrent la matière de *Léon Bloy devant les Cochons*. Dans son *Journal*, l'un de ses morceaux de bravoure, lorsque vient à paraître une œuvre de Zola, de Huysmans ou de Bourget, consiste à en proposer une lecture moqueuse, en contrepoint des recensions louangeuses dont elle est en général gratifiée. Pendant l'été 1911, Bloy prend ainsi des notes sur un roman de Bourget – *La Grande Sœur*, publié en feuilleton par *Paris-Journal* (*J*, II, 236-242 [31 juillet-22 août 1911]). Au Danemark, il avait fait de même avec *Fécondité* (*J*, I, 262-263 [17 mai 1899]), ses notes étant finalement rassemblées dans *Je m'accuse...* [37]. L'écriture du diariste elle-même est profondément marquée par sa lecture de la presse. Après la date, les notes du *Journal* commencent souvent par des formules stéréotypées comme « lu dans » – de loin la plus fréquente [38] – ou encore « vu dans », « trouvé dans » [39], que Bloy fait suivre du titre d'une publication précise ou d'un syntagme nominal plus vague, tel que « un article »,

36. Voir le chapitre suivant.

37. Une troisième tentative de cette nature échoue en octobre-novembre 1900. Le 26 octobre, Bloy note dans son *Journal* : « J'entreprends, comme pour Zola, des notes quotidiennes sur le roman de Bourget, *Un homme d'affaires*, publié par *Le Journal*. Lu les trois premiers feuilletons » (*J*, I, 360). Mais le 5 novembre, il renonce : « Bourget continue son feuilleton. J'ai dû renoncer à l'analyse quotidienne. Comment suivre un icoglan dont toute l'ambition consiste à descendre chaque jour dans le cœur des jeunes filles du monde, comme le contremaître vidangeur descend dans la fosse à l'heure décisive du gratin ? » (*J*, I, 361).

38. Les exemples seraient innombrables. En voici quelques-uns : « Lu article de l'immonde Lepelletier sur Barbey d'Aurevilly [...] » (*J*, I, 40 [12 sept. 1892]) ; « Lu, dans les journaux, l'ignoble guerre de Clemenceau à Jeanne d'Arc » (*J*, I, 640 [15 avril 1907]) ; « Lu un article de d'Esparbès sur Jeanne d'Arc (!), de la plus exacte infamie » (*J*, I, 144 [12 mai 1895]) ; « Lu, dans *Le Figaro*, un long article sur Naundorff [...] » (*J*, I, 155 [6 juillet 1895]) ; « Lu, dans *Le Journal*, une chronique de Coppée, du crétinisme le plus châtié » (*J*, I, 161 [19 sept. 1895]) ; etc.

39. Par exemple : « Vu le premier numéro de la *Revue hebdomadaire* publiée par ce crétin de Plon. Toujours la même chose, toujours les mêmes grands hommes : Zola, Daudet, Bourget, Loti, etc. » (*J*, I, 19 [27 mai 1892]) ; « Trouvé dans un article de journal, à propos de la dépopulation [...] » (*J*, I, 211 [18 sept. 1897]). Parmi la série des participes passés, on trouve aussi « reçu » : « Reçu *Durendal*, revue belge d'une sottise excellente [...]. » (*J*, I, 209 [19 août 1897]) ; « Reçu un fragment de feuille où se trouve une phrase injurieuse et horriblement écrite de Tailhade sur *Sueur de Sang*, à propos de je ne sais quoi. » (*J*, I, 385 [26 juin 1901]) ;

« une feuille », « un journal ». D'autres formules, introduites par le pronom indéfini « on », suivi d'un verbe de communication, servent encore à introduire des textes empruntés à la presse : c'est le cas, par exemple, d'« on m'envoie », « on m'apporte », « on me communique », ou, tout simplement, d'« on annonce » [40].

La variété et l'abondance de ces tournures mettent en évidence, malgré les dénégations de l'écrivain, une habitude aussi enracinée dans sa vie que la fréquentation quotidienne des églises. Loin d'être un passe-temps insignifiant ou négligeable, la lecture des journaux mobilise des désirs intenses, qui s'investissent puissamment dans cette activité : « Depuis longtemps – remarque Bloy dans *Le Vieux de la Montagne* – j'examine avec attention tous les événements de quelque importance, espérant toujours en voir sortir Dieu et sa foudre » (*J*, II, 20 [16 déc. 1907]). Autant dire que la presse, dont il aurait aimé pouvoir faire l'instrument de ses imprécations, est aussi un intermédiaire irremplaçable, dont il attend de recevoir enfin une nouvelle capable de changer l'univers.

Les journaux modernes, qui ont « une prédilection marquée pour [...] les nouvelles infinitésimales », semblent bien incapables, pourtant, de recueillir et de répercuter cette « grande nouvelle » (X, 53) :

> Notre siècle est fort avide de nouvelles. À la vérité, il ne leur demande pas d'être grandes. [...] Un assassinat bien conditionné, un scandale de mœurs bien ignoble, l'apparition d'un feuilleton crapuleux dans un journal de fange, déterminent le délire et la bousculade universelle. Pour ce qui est de la vraie Nouvelle, de la nouvelle *in æternum*, c'est-à-dire l'Évangile, le siècle ne s'en soucie guère. Cette nouvelle est à ses yeux une vieillerie archéologique, une belle ruine croulante de caducité. (X, 53)

« Reçu *L'Art Moderne* de Bruxelles. Article d'un Georges Rency, publiée dans *Le Figaro*. » (*J*, I, 150).

40. Par exemple : « On m'envoie une revue catholique belge. Un des Messieurs de ce papier informe les intelligences d'élite, pour lesquelles il travaille exclusivement, de ma déchéance profonde. » (*J*, I, 87 [2 juin 1894]) ; « On m'apporte une étonnante ordure : *Le Fraterniste*, revue générale de psychosie [...] » (*J*, II, 352 [27 juin 1913]), etc. ; « On me communique un article de *La Tribune de Chicago* [...] » (*J*, I, 81 [3 avril 1894]) ; « On annonce qu'une flotte immense, une Armada infiniment redoutable part aujourd'hui d'un des ports atlantiques des États-Unis pour aller à San Francisco en doublant le cap Horn » (*J*, II, 20 [16 déc. 1907]) ; parfois le nom du pourvoyeur d'informations est cité : « Alfred Pouthier m'a apporté *Les Droits de l'Homme*, feuille immonde rédigée par le fils merdeux de feu Hyacinthe Loyson [...] » (*J*, II, 349 [8 juin 1913]).

Il n'importe : malgré les journalistes indignes qui en sont les maîtres, la presse moderne, Bloy en est convaincu, ne peut étouffer complètement la vérité. Elle qui semble vérifier chaque jour l'avènement parmi les hommes de leur « propre animalité triomphante », est susceptible d'enregistrer, sans que le sachent ses chroniqueurs, « le tonnant *Venturus est* » (*ibid.*) promis à la fin des temps. Le diariste, dans la perspective eschatologique où il se place, attend donc des journaux qu'ils lui apportent le signal de la délivrance universelle. Au même titre que le courrier [41], la presse est pour lui l'un des moyens par lesquels sera manifestée la Bonne Nouvelle.

La dérision universelle

Dans la presse, Bloy trouve un réservoir de thèmes qui corroborent sous tous ses aspects – sociaux, intellectuels, spirituels... – la faillite des temps modernes, ces temps imbéciles et vains, où l'homme s'étourdit de sa prétendue grandeur, parce qu'il « chasse Dieu de toute la terre » (*J*, II, 111 [23 déc. 1909]). Car cette « épouvantable dérision » (*J*, II, 71 [23 déc. 1908]), dont se glorifient les enfants du siècle, appelle de la part de Dieu une « dérision en retour » (IX, 117), autrement plus terrible que leurs ridicules défis et qui préfigure le Jour de Colère. Bloy lit les journaux en visionnaire : il y guette, jour après jour, des prodromes apocalyptiques.

Il est d'abord soucieux d'accumuler les preuves de la dérision universelle. C'est un des agréments de son *Journal* que cette abondance de réflexions cocasses et de jugements à l'emporte-pièce suscités, presque chaque jour, par la lecture de la presse : on y voit s'exprimer une contre-sagesse, qui fait pièce aux clichés des « inanes bourgeois » (VIII, 20). Car Bloy, prenant sans cesse le contre-pied de l'opinion dominante, affiche des vues « hérétiques » au regard de la doxa. Ainsi, alors que les journalistes, volontiers lyriques, s'émerveillent devant les progrès de la science et les innovations technologiques, il s'ingénie à montrer la malfaisance et le ridicule des « nouveautés ».

41. Voir Albert Rombeaut, « Poste mortem » (H, 121-136).

En adversaire acharné, le diariste affiche son dédain pour les inventions qui suscitent les louanges de la presse contemporaine. Ni le phonographe ni le téléphone, cet « irresponsable véhicule des turpitudes ou des sottises contemporaines » (VI, 279), ne trouvent grâce à ses yeux. Il exècre la bicyclette, et dans l'automobile il ne voit qu'une « hideuse machine [...] qui pue et qui écrase » (*J*, I, 544 [15 juin 1904]). La course Paris-Madrid, que suivent des reporters enthousiastes, lui donne l'occasion, en mai 1903, de s'insurger contre les accidents mortels qui l'accompagnent [42]. Cultivant sa différence, il proclame que « tout automobiliste ambitieux est un assassin avec préméditation » (*J*, I, 484 [2juin 1903]) :

> Il y eut autrefois [...] l'aristocratie des vertus. Il y a, aujourd'hui, la sélection de l'argent qui produit naturellement l'aristocratie des imbéciles et des assassins, représentée par les 255 automobilistes de Paris-Madrid. (*Ibid.*)

Bloy est exaspéré, de même, par les louanges des journalistes, qui célèbrent les aviateurs comme des demi-dieux. On honorait jadis les saints et les chevaliers, ces natures d'exception chargées d'établir un lien entre l'homme et le sacré ; les années 1900 sont si dénuées de surnaturel, qu'elles idolâtrent des figures « médiatiques », les premières « stars » du sport, du music-hall ou du cinéma. L'écrivain se désole de cette sécularisation du culte des héros, dans laquelle il voit une irréparable dégradation. Elle lui paraît de surcroît sacrilège, l'aviation n'étant, selon lui, qu'un défi lancé contre les cieux. En août 1910, il raille le projet, annoncé par les journaux, d'une « course d'aviateurs » (*J*, II, 183 [22 août 1910]) passant par les principales capitales européennes, projet que l'on se plaît à présenter comme une œuvre de paix. La conquête des airs, fût-elle fraternelle, ne lui inspire que de sombres pressentiments, que les successeurs d'Icare – il

42. Selon son habitude, Bloy, à partir des informations qu'il glane dans les journaux, réécrit le récit de l'événement. C'est ainsi qu'il le transforme en une parabole moderne : « Folie furieuse de l'automobilisme. On avait organisé une course de Paris à Madrid et c'était un délire depuis plusieurs jours. De Paris donc à l'extrémité du territoire français, la route d'Espagne était gardée par des régiments. La vie nationale était interrompue pour l'amusement des millionnaires. On leur avait fabriqué des machines allant à des vitesses inouïes, très supérieures à celles des trains les plus rapides. Le résultat facile à prévoir a été l'écrasement, l'assassinat pur et simple d'une dizaine de personnes. Quelques-uns des malfaiteurs eux-mêmes ont été blessés, en trop petit nombre, hélas ! » (*J*, I, 482 [25 mai 1903]).

en est persuadé – vérifieront fatalement à leurs dépens. Car Dieu, contrairement à ce qu'affirment d'imprudents chroniqueurs, « n'a pas fait l'homme pour voler » (*J*, II, 183 [20 août 1910]) :

> Sous ce titre idiot : « Engin de paix », *Le Journal* a donné un article d'une sottise tout à fait exceptionnelle où il est parlé de nos champions qui « *tracent dans l'azur* l'histoire de l'œuvre de concorde et de paix ». « Nos rois de l'air », « une chevauchée d'espace », « 205 000 francs de prix... Sport héroïque... En vain on chercherait le *ténor de l'air* qui manque à l'appel. C'est, entre beaucoup d'autres illustres, Legagneux, le titi, le Gavroche de l'atmosphère, celui que les organisateurs de meetings affectionnent entre tous, parce qu'il se rit du *grand souffleur*... C'est Latham dont la sérénité est olympienne... C'est un troisième qui s'est révélé avec la rapidité prodigieuse d'un homme *né par les airs*... Celui-là est le virtuose de l'air, *qui joue de son appareil comme d'un violon*... Livre d'or de l'aviation... Prodigieuse phalange... Inoubliable manifestation de beauté et une des plus grandioses qui se soient jamais offertes à l'œil humain... Et maintenant au rideau et pour le triomphe. »
> Tout commentaire serait ridicule. Prenez exactement le contre-pied de ce lyrisme de bazar et vous aurez la prose des journaux de demain ou d'après-demain.
> Surtout qu'on se hâte de préparer des cercueils. (*J*, II, 184 [22 août 1910])

Parmi les sujets en vogue, Bloy prend aussi pour cible l'obsession toute moderne de l'hygiène et de la santé, qui occupe tant les journalistes. Il s'amuse du succès de la gymnastique, qui remporte leurs suffrages en ces temps de disette spirituelle. Alors que les jeux olympiques ont repris sous l'impulsion du baron de Coubertin, il va à l'encontre de l'opinion des chroniqueurs en affirmant que le sport est « le moyen le plus sûr de produire une génération d'infirmes et de crétins malfaisants » (*J*, I, 650 [9 août 1907]). À ses yeux en effet, les adeptes de la culture physique et les maniaques de la propreté préfigurent l'homme de demain, qui s'épanouira dans un monde où l'américanisation des mœurs sera achevée. L'écrivain, qui n'éprouve aucune sympathie pour la patrie des Pierpont Morgan et des Carnegie, se révolte contre cette « Religion du Corps » à laquelle *Le Journal*, en avril 1913, consacre un long article.

L'auteur de cette chronique y développe l'idée que « le corps tient, dans la vie moderne, la place qu'y tenait l'âme autrefois » (*J*, II, 344 [3 avril

1913]) : après avoir affirmé, sur un ton humoristique, que les « grands sportsmen » sont les « grands saints » de cette société où « la gymnastique » a désormais « l'importance » qu'avait jadis « la théologie », il conclut en avertissant ses lecteurs que « la chair dogmatisante ne sera pas moins absolue que l'esprit » (*J*, II, 730, n. 39). Bloy, tout en brocardant l'indigence intellectuelle du journaliste – un certain Émile de Saint-Auban –, lui reconnaît un don prophétique, fût-il inconscient :

> Assurément, l'auteur de ce démarquage sacrilège du christianisme est d'une sottise peu ordinaire. Mais, tout de même, sans le savoir, il prophétise. L'âme congédiée, le droit du plus fort deviendra immédiatement l'unique loi, comme chez les brutes. C'est peut-être l'avenir de demain ou d'après-demain entrevu par cet imbécile. (*J*, II, 345).

Dans le même esprit, Bloy pourfend également le progrès médical, dont la presse est prompte à encenser les héros – à l'image de Pasteur – et leurs bienfaisantes découvertes. Celles-ci, loin de mériter des éloges, lui semblent entretenir en l'homme l'illusion d'un vieux rêve prométhéen : échapper à toute souffrance, ne plus connaître ni la maladie ni la vieillesse, se défaire de sa condition mortelle. L'écrivain associe la considération dont ses contemporains entourent le médecin des corps au discrédit dans lequel est tombé le médecin des âmes. Le bourgeois, dans sa sagesse, est persuadé qu'« il est plus agréable de payer la cuisinière que le pharmacien » (VIII, 145) : les prêtres ont beau lui « parler de la vie éternelle », il veut avant tout « ménager sa viande » et la faire « durer le plus possible, en jouissant de [son] mieux » (*ibid.*). Ces lieux communs dont Bloy se régale lui paraissent le comble de la dérision. À quoi bon traquer les microbes ou se protéger des virus, comme le suggèrent les journalistes, quand les âmes sont déjà en putréfaction ?

On pourrait multiplier les exemples de ces sujets de société que le diariste aborde en renversant les idées reçues dont la presse est pleine. Ils lui permettent d'illustrer l'avilissement inouï de ses contemporains et la « scélératesse imbécile » (VII, 219) des journalistes qui procurent à ce public sa maigre pâture intellectuelle. Les journaux, du fait de leur tropisme narratif, offrent à cet égard bien d'autres ressources, dont Bloy tire excellemment parti. Il s'intéresse, en particulier, aux faits divers, ces embryons de récit, à partir desquels il peut transformer des gens ordinaires en véritables personnages, héros involontaires de ses anecdotes sarcastiques. La presse, qui donne parfois à ces faits divers l'ampleur d'un feuilleton extraordinaire, semble inviter elle-même à cette reconfiguration de la réalité selon les modèles du roman populaire.

Le *Journal* fourmille de ces esquisses narratives qui présentent en miniature un aspect du monde et sollicitent, à la manière des paraboles, le jugement du lecteur. Ce sont souvent des « histoires désobligeantes » *in statu nascendi*, où la noire ironie de l'écrivain peut se donner libre cours. Ce que les faits divers enseignent – à condition, naturellement, de ne pas « mentir effrontément aux autres et à soi-même » comme « tout ce qui tient une plume » (*J*, I, 200 [9 mai 1897]) –, c'est d'abord la persistance, dans une société qui élève des autels au Progrès, d'appétits sauvages, d'une entropie ravageuse, portant la marque du péché.

Ainsi mise à nu, l'âme humaine paraît « dans les avanies et les retroussements de sa Chute » (II, 260). En offrant chaque jour à Bloy une réalité feuilletonnesque dont elle ignore la portée, la presse lui permet donc d'en dégager les enjeux eschatologiques, en chroniqueur des derniers temps :

> Lu l'assassinat d'un père par ses deux jeunes enfants, la fille l'assommant et le garçon le saignant comme un porc. Justes fruits d'une bonne éducation républicaine. De pareils faits se multiplieront. Il y a dans l'air comme un souffle de possession diabolique. (*J*, I, 628 [5 janv. 1907])

De la même manière, l'exécution, à Laval, de l'abbé Bruneau, « prêtre voleur et libertin, condamné pour meurtre, après un scandale énorme » (*J*, I, 104 [30 août 1894]) ; la réhabilitation, après vingt-cinq ans de bagne, du pharmacien Danval, jadis « condamné comme empoisonneur » [43] ; la grâce accordée par « l'ignoble et grotesque Président Fallières » à Soleilland, « l'assassin exécrable d'une petite fille, préalablement violée » (*J*, II, 13 [15 sept. 1907]) ; la mort de Gaston Calmette, le directeur du

43. Bloy s'irrite en particulier du bruit dont la presse, toujours pleine de scrupules « humanitaires », entoure ce « galérien réhabilité » (*J*, I, 427 [12 août 1902]) – « On croirait que c'est Bonaparte revenant de l'Égypte ou de Marengo », s'insurge-t-il –, alors que les journalistes ne se mobilisent guère pour protester contre la décision prise par Émile Combes, quelques semaines auparavant, de « priver d'instruction religieuse des dizaines de milliers d'enfants » (*J*, I, 424 [20 juillet 1902]) : « *Le Journal* prépare à grands frais une manifestation grandiose ou plutôt énorme, pour ce soir, à la gare de Lyon. Nous nous demandons ce que signifie cette nouvelle farce où il est gueulé de *justice* et de LUMIÈRE, au moment où des centaines de milliers d'âmes d'enfants sont condamnées à périr dans les ténèbres » (*J*, I, 427 [12 août 1902]).

Figaro, sous les balles de Mme Caillaux, « femme du trop célèbre ministre des Finances » (*J*, II, 387 [17 mars 1914]) ; tous ces événements confirment, pour l'écrivain, le « ridicule » et l'« ignominie hors de mesure » (*J*, I, 427 [12 août 1902]) de son époque.

Là ne s'arrête pas cependant la fonction des faits divers dans le *Journal* de Bloy. Certains de ces récits, qui retrouvent l'univers de Guignol, permettent aussi au diariste, qui les rapporte avec une satisfaction délibérément « bête et méchante », de prendre une éclatante revanche sur ces « honnêtes gens » – propriétaires, bigotes, magistrats, épiciers... – par lesquels il s'estime persécuté. Les journaux sont en effet remplis de ces accidents, de ces larcins, de ces rixes, de ces affaires, qui constituent les drames quotidiens d'une société. Bloy, qui y voit en général « la marque bien indéniable d'un châtiment » (*J*, I, 200 [9 mai 1897]), les interprète dans le sens de la Justice, Dieu sachant ce qu'il fait.

On le voit ainsi transposer dans son *Journal* un article de presse intitulé « Lâche agression dans une église » : « Aux environs du Mans, une propriétaire dévote priait après la messe, comme peuvent prier les propriétaires. Un homme s'approche et l'assomme à coups de trique pour lui avoir donné congé » (*J*, II, 97 [15 août 1909]). À l'évidence, cette « petite histoire », qui bafoue la sacro-sainte propriété, « ne [lui] déplaît pas ». De même, il prend un certain plaisir à rapporter, à la suite de *L'Action française*, les forfanteries libertaires d'un certain François Dramb, « pauvre hère » arrêté « en état répréhensible de vagabondage », et qui, pour toute explication, s'est adressé en ces termes au juge devant lequel il comparaissait : « Mon président, par respect pour la société, je vous dis : M... ! » (*J*, II, 397 [5 mai 1914]). Nul doute enfin qu'il ne se délecte à raconter, à partir d'une brève parue dans la presse, les mésaventures de cet homme d'affaires américain, qui lui donne l'occasion de satisfaire sa hargne contre les capitalistes du Nouveau Monde et leurs automobiles meurtrières :

> Un William Vanderbilt, milliardaire automobiliste à figure de garçon de bains, a été copieusement rossé dans un village de Toscane. Ce crétin d'or ayant failli tuer un petit garçon de cinq ans, dont les blessures, dit naïvement un journal, « ne sont pas mortelles », la foule entreprit de le lyncher, ce qui serait certainement arrivé sans l'intervention malheureuse des carabiniers. Naturellement, tous les magistrats seront pour

> cet assassin, mais il gardera les coups de poing et les coups de trique. Rafraîchissement ineffable pour nous, malheureusement trop incomplet. » (*J*, I, 596 [25 févr. 1906])

Bloy atteint un degré supplémentaire dans la dérision, lorsqu'il étend son diagnostic aux chrétiens eux-mêmes et à leurs journaux. La lecture de la « Bonne Presse » lui fournit maints exemples de l'indigence spirituelle du monde catholique, pour lequel – si incroyable que cela puisse paraître – il est « incontestable que Dieu n'existe plus » (IX, 258). Foi routinière, refus de la douleur et du sacrifice, ignorance des préceptes évangéliques, perméabilité aux ignobles séductions de l'époque, scandaleuse appropriation de valeurs incompatibles avec l'esprit du christianisme, tels sont, en effet, les maux qui sévissent parmi les chrétiens à l'aube du XXe siècle. Le *Journal* reproduit fidèlement toutes sortes d'informations tirées des feuilles catholiques, qui en disent long sur l'ignominie où est tombé le peuple de Dieu.

Ainsi, pendant un Carême, Bloy note-t-il, sans le moindre commentaire, cette « réclame commerciale » trouvée dans *La Semaine religieuse* : « Pourquoi SOUFFRIR, quand on a sous la main le R... qui guérit infailliblement les maux d'estomac ? » (*J*, II, 124 [2 mars 1910]). Une autre fois, il trouve dans la même feuille l'annonce de la « *réunion mensuelle des propriétaires chrétiens* », au Sacré-Cœur, le jour de la « Prière de Notre Seigneur au Jardin des Oliviers » (*J*, I, 595 [11 févr. 1906]), preuve incontestable – ajoute-t-il ironiquement – qu'« il n'y a que les catholiques pour bien souffleter Jésus-Christ ». Quelques mois plus tard, citant encore *La Semaine religieuse*, il mentionne un document intitulé « Apparitions et vues ANIMÉES de Lourdes », qu'il a conservé pour servir à « l'histoire de la sottise et de la vilenie infernales des catholiques modernes » :

> Je manque de courage pour copier ce programme ignominieux de « l'Œuvre des Vues cinématographiques religieuses », œuvre inventée et propagée par le journal *La Croix*. Une vue animée de l'Immaculée Conception ! C'est déjà énorme, mais il y a mieux.
> « À chaque séance on donnera alternativement soit la Vie de N.-S. Jésus-Christ, soit la Passion et un grand choix de scènes amusantes composées spécialement pour nos spectacles recommandés aux Écoles chrétiennes, Patronages et aux personnes bien-pensantes. »
> Ces gens sont à faire peur. (*J*, I, 626 [22 déc. 1906])

Si sévère soit-il avec ses coreligionnaires, Bloy réserve ses coups les plus durs aux misérables pasteurs qui n'ont pas su empêcher cette dérive spirituelle, et qui l'ont même aggravée. Il aime à rappeler le mot de Blanc de Saint-Bonnet : « Le clergé saint fait le peuple vertueux ; le clergé vertueux fait le peuple honnête ; le clergé honnête fait le peuple impie » (*J*, I, 410-411 [9 mai 1902]). Or le clergé contemporain manque singulièrement de sainteté. Les prêtres semblent ne plus croire à ce qu'ils font, ni même le comprendre. Bloy, dans son *Journal*, malmène ces curés qui chassent les pauvres des églises, refusent de pratiquer l'aumône et montrent une infinie complaisance à l'égard des riches. De telles négligences sont le signe d'un renoncement spirituel que confirme la « Bonne Presse », dans sa « crue extraordinaire de bêtise » (*J*, II, 127 [20 mars 1910]).

La lecture des journaux catholiques le conforte dans le sentiment que le clergé a failli. Elle lui permet de fonder sur une multitude d'observations ce constat que rien ne distingue les prêtres modernes, avec leur moralisme cafard et leur sentimentalité bête, du premier bourgeois venu, car ils sont aussi coupables que lui d'avoir oublié ou trahi la Parole de Dieu. Ainsi, pendant la Grande Guerre, est-il particulièrement affecté par la « monstruosité » sans nom des « prêtres-soldats » (IX, 244), lesquels, par choix ou par contrainte, sont conduits, en s'enrôlant, à « mentir à leur vocation, qui leur interdit de verser le sang » (*ibid.*).

Le 27 janvier 1915, par exemple, Bloy, atterré, relève dans la presse les propos du curé de Pontault-Combault, qui déclare avoir été « versé, à sa grande joie, dans le service armé » (*J*, II, 454). Quelques jours plus tard, le 14 février, il note ces nouvelles « paroles de prêtre citées avec admiration par *Le Journal* » : « Oui, moi, ministre du Dieu de paix, je me félicite chaque jour d'avoir fait la guerre comme tout le monde... Je m'en serais voulu de rester à prier (!!!) pendant que les autres combattaient » (*J*, II, 458). Le 10 mars, il reprend encore un « article publié incroyablement par *La Croix*, pour l'édification de ses lecteurs » (*J*, II, 462). Celui-ci raconte l'histoire d'« un grand diable de capitaine » qui, après avoir commandé le feu de l'artillerie sur deux batteries allemandes, se change pour dire la messe, car « ce capitaine est un curé » (*ibid.*). Bloy cite de larges passages de cet article, à propos duquel il se contente de relever sarcastiquement que « le mot curé y est employé à la place du mot prêtre, qui eût été gênant, même pour les lecteurs de *La Croix* » (*ibid.*) :

> Il s'habille en cinq sec, et il a une drôle de touche, ce curé... Et rien n'y manque, à la messe. Il y a un sermon et quel sermon ! Ce n'est pas un « curé » qui parle, c'est un « poilu » qui parle à d'autres « poilus »... Vous dire l'impression de cette messe... la vue de ce curé qui bénit, alors qu'une demi-heure auparavant, sur son ordre, sous la mitraille de ses canons, plus d'une centaine d'artilleurs ennemis sont partis *ad patres*, ça, je ne peux pas... (*J*, II, 462)

Pour l'écrivain, de tels propos sont le signe de l'irrémédiable déclin de la foi : celle-ci est « tellement morte que l'énormité sacrilège de cette violence » (IX, 244) n'est remarquée par personne. Au contraire, « le concours matériel et dérisoire de quelques milliers d'hommes » paraît « préférable au service de Dieu et plus expédient pour la défense de la patrie » (IX, 245), sans que nul ne proteste, à commencer par les intéressés eux-mêmes et par leurs supérieurs. Devant cette débâcle spirituelle, Bloy ne peut que s'exclamer, consterné : « On demande des prêtres ! » (*J*, I, 443 [5 nov. 1902])[44].

Le prophétisme au quotidien

Fidèle messagère de l'esprit du siècle, la presse, que Bloy considère comme un texte prophétique, dans la mesure où elle est, à ses yeux,

44. De nombreux évêques, archevêques et cardinaux – et les papes eux-mêmes, de Léon XIII à Benoît XV – ne sont pas épargnés par le diariste, qui rend ces « hauts pasteurs » responsables au premier chef d'un « désastre des âmes [...] si complet » (IX, 245). Là encore, la presse fournit de nombreuses preuves de leur iniquité. En septembre 1894, Bloy lit un récit de la mort du comte de Paris, par Mgr d'Hulst, où ce prélat, « étonné de la grandeur d'âme de son prince, n'hésite pas à le comparer aux plus grands saints et affirme sacrilègement que la Comtesse, au lit de mort de son admirable époux, ressemblait à la Vierge au pied de la Croix ! » (*J*, I, 112 [25 sept. 1894]). L'écrivain ne manque pas de souligner cette comparaison impie, qui donne à son mépris pour les dignitaires de l'Église « les ailes du condor » (*ibid.*). Une autre fois, c'est la conception du « vrai martyre de demain » (*J*, I, 618 [22 sept. 1906]), présentée par l'archevêque d'Auch dans *La Semaine religieuse* – « Une bonté que rien ne lasse, la persuasion et la douceur inaltérables. Voilà le martyre [...] » (*ibid.*) –, qui lui paraît d'une révoltante tiédeur et appelle, en retour, ce cinglant commentaire : « Pas un mot du martyre d'après-demain, c'est-à-dire des holocaustes d'argent, de la *pauvreté épousée* dont cet archevêque ne veut pas plus que des tourments corporels. Que diraient les dames ? "Faire son salut", en gardant sa peau et sa galette. Tout est là. Oh ! les troupeaux gardés par de tels pasteurs ! » (*J*, I, 618 [22 sept. 1906]).

profondément révélatrice d'une impardonnable iniquité collective, lui inspire, en même temps, un invincible dégoût : l'épluchage des journaux est une tâche ingrate, que l'écrivain présente volontiers comme une épreuve. Ce ne sont qu'« ordures » (*J*, II, 188 et 352), « saletés » (*J*, II, 403 et 433), « admirables sottises » (*J*, I, 198 [5 mai 1897]), « déluge d'immondices » (*J*, II, 387 [17 mars 1914]), qui confirment l'« atrophie universelle des intelligences » et l'« avachissement inouï des caractères » (*J*, II, 390 [9 avril 1914]). L'écrivain s'impatiente devant le pénible ressassement par la presse des sujets, ignobles ou inquiétants, qui font l'actualité. Ainsi, en janvier 1906 :

> Lecture fastidieuse des journaux. Toujours la compétition des canailles pour la Présidence de la République infâme que Dieu confonde ! Toujours cette affaire ignoble et inextricable du Maroc d'où peut sortir la guerre universelle. Horreur de vivre un temps si sale et si bête. (*J*, I, 593 [15 janvier 1906])

Quelques mois plus tard, les nouvelles de la vie politique lui inspirent la même aversion : « Lecture dégoûtante des journaux. Le résultat des élections est digne du Suffrage universel et plus odieux encore qu'on ne pensait » (*J*, I, 601 [8 mai 1906]). Ces mouvements d'humeur embrassent souvent dans une même réprobation les mœurs démocratiques et les journaux qui se font l'écho de leur évolution. On trouve ainsi dans son *Journal* une multitude de formules carrées – véritable florilège de la pensée antimoderne – qui font coïncider le naufrage spirituel de la société française avec l'avènement de la IIIe République, régime où la presse, diversifiée dans ses tendances, bénéficie d'une législation extrêmement libérale et connaît un prodigieux essor. En dénonçant sans cesse « la très parfaite infamie » (IV, 40) de ce quatrième pouvoir, Bloy, qui a lu les « prophètes du passé » – Maistre, Bonald, Donoso Cortés... –, emprunte l'un de ses thèmes au discours de la droite française, qui vit dans la nostalgie de l'ancienne France.

Pourtant, l'hostilité de Bloy au régime républicain ne débouche sur aucune adhésion politique au sens classique du terme. Au moment de l'affaire Dreyfus, alors que la presse d'opinion se prononce pour ou contre le capitaine, il se situe dans une sorte de neutralité qui consacre, en réalité, son opposition à toutes les factions, et qui l'engage... du côté de l'Écriture : « Je ne suis et ne veux être ni dreyfusard, ni antidreyfusard, ni antisémite.

Je suis anticochon, simplement, et, à ce titre, l'ennemi, le vomisseur de tout le monde, à peu près. Je suis, si on veut, l'homme impossible de la Genèse [...] » (*J*, I, 288 [29 août 1899]). On s'aperçoit ici de la complexité d'une attitude dont Bloy se réjouit qu'elle puisse mécontenter presque tout le monde : laïques et cléricaux, réactionnaires et progressistes. Inclassable, déroutant, exaspérant : l'écrivain ne se laisse ranger sous aucune bannière.

Car, en dépit des apparences, sa critique de la presse est plus théologique que politique. Lorsqu'il accuse le journalisme d'être « naturellement bas et d'arroser avec exactitude la fleur brillante du goujatisme contemporain » (IV, 42), il lui reproche avant tout de mal employer son ascendant sur les foules en avilissant la Parole, ce « qui est, sans contredit un des attentats le plus bas qu'on puisse rêver » (II, 184). À ses yeux, les journalistes modernes – qu'ils fixent leur attention sur les sujets insignifiants auxquels vont leur préférence ou qu'ils abordent les questions essentielles : « question juive » (*J*, I, 24 [12 juin 1892]), « question d'Orient » (*J*, I, 502 [23 oct. 1903]) – ont renoncé à comprendre la portée des événements qu'ils relatent dans leurs feuilles : ils n'y voient qu'une « bonne occasion de copie » (*J*, II, 387 [17 mars 1814]), sans jamais en mesurer la portée *sub specie æternitatis*. Tout bruissants des misérables agitations de cette terre, leurs articles ne se détachent jamais du circonstanciel, du contingent, du relatif : avec une intuition infaillible, ils captent, en toutes choses, l'inessentiel.

Cependant la presse moderne n'en est pas moins, aux yeux de Bloy, un vaste corpus de textes qui appellent la même lecture symbolique que la Bible : les nouvelles qu'elle rapporte sont aussi « le Style de la Parole de Dieu » (V, 283). Malgré ses turpitudes, elle est ce miroir aux énigmes, dans lequel se réfléchit, horriblement déformée quoique inaltérable, la vie surnaturelle. Pleine de ces « clichés centenaires » qui constituent toute la langue du bourgeois, elle correspond, comme eux, « à quelque Réalité divine » (VIII, 19) : elle a « le pouvoir de faire osciller les mondes et de déchaîner des catastrophes sans merci » (*ibid.*). Dieu ne pouvant parler que « de Lui-même », il faut en effet chercher jusque dans les journaux ce message immuable, qu'il n'a cessé de répéter « de mille manières », depuis « la Révélation par l'Écriture » (VIII, 20).

À leur insu, les journalistes sont donc d'« étonnants prophètes » qui « ne peuvent ouvrir la bouche sans secouer les étoiles » : « ... les abîmes de la Lumière sont invoqués par les gouffres de leur Sottise » (*ibid.*). Pour obtenir le prodige de cette illumination, il suffit de faire l'exégèse de la presse, d'éclairer le sens de ses diverses productions par un commentaire, ou pour mieux dire une réécriture qui en propose la transposition dans l'absolu. C'est justement l'une des tâches que Bloy s'assigne dans son *Journal* : le texte journalistique y est arraché à son insignifiance, et les « sentences moisies », qu'il offre à « des centaines de millions d'acéphales », sont ainsi rendues aux potentialités symboliques par lesquelles il leur est permis de révéler les « arcanes de la vie éternelle » (*ibid.*).

Le *Journal* s'efforce de suppléer les défaillances de la presse, en se présentant lui-même comme un anti-journal, qui rend compte de l'actualité d'une autre façon. Bloy, sur « l'aride chemin de l'information quotidienne » (IV, 40), entend d'abord redonner tout son lustre au magistère de l'Esprit, que les journalistes de son temps ont renoncé à assumer dans toute sa plénitude, parce qu'il impliquait un refus, trop héroïque pour eux, de la tutelle des puissances politiques ou financières. Pour exercer cette sorte de vicariat spirituel, le « Mendiant ingrat » se prévaut de sa pauvreté, dont il tire toute sa légitimité. Car la misère, non pas subie mais « épousée par amour » (*J*, II, 598 [6 mars 1917]), est la condition sans laquelle il ne pourrait « rendre témoignage » (*J*, I, 585 [10 nov. 1905]), en un temps où ses confrères installés dilapident la Parole, ce bien inappréciable dont Dieu les a dotés.

Cette misère, qui fait de Bloy « un chrétien complet » acceptant « toutes les conséquences du christianisme, [...] jusqu'au martyre inclusivement » (*J*, II, 101 [2 oct. 1909]), est le gage de son « inconscience prophétique » (II, 191). C'est elle aussi qui distingue son anticonformisme d'une vaine excentricité : refusant de souscrire d'emblée aux valeurs accréditées par une opinion toute-puissante, Bloy observe les choses « du pinacle de l'Absolu » (*J*, II, 400 [3 juin 1914]), point de vue inouï d'où il s'efforce de leur rendre leur véritable portée. Il ne craint pas, de surcroît, de « manquer de modération » (IV, 38) : inflexible lorsqu'il s'agit de dénoncer, parmi ses contemporains, ceux qui manquent à l'esprit de l'Évangile, il n'a que faire des lisières de la convenance. Car l'Évangile lui-même, rappelle-t-il volontiers, contient « des menaces et des conclusions terribles » (III, 224) :

> Jésus, en vingt endroits, lance l'anathème, non sur des choses, mais sur des hommes qu'il désigne avec une effrayante précision. Il n'en donne pas moins sa vie pour tous, mais après nous avoir laissé la consigne de parler « sur les toits », comme il a parlé lui-même. C'est l'unique modèle et les chrétiens n'ont pas mieux à faire que de pratiquer ses exemples. Que penseriez-vous de la charité d'un homme qui laisserait empoisonner ses frères, de peur de ruiner, en les avertissant, la considération de l'empoisonneur ? Moi, je dis qu'à ce point de vue la charité consiste à vociférer et que le véritable amour doit être implacable. Mais cela suppose une virilité, si défunte aujourd'hui, qu'on ne peut même plus prononcer son nom sans attenter à la pudeur… (III, 224-225)

Fidèle aux valeurs évangéliques, ce « fils obéissant de l'Église » (III, 148), qui, de son propre aveu, se « fou[t] de la politique » (*J*, I, 300 [18 déc. 1899]), reste donc « en communion d'impatience » (III, 148) avec tous les damnés de la terre. Ce sont bien ces valeurs qui justifient, à ses propres yeux, ses vitupérations contre l'antisémitisme moderne[45], les massacres d'Arménie[46] ou la colonisation française en Orient. Se faisant un devoir d'être intempestif, il sait alors composer avec une presse qu'il juge imbécile et scélérate, pour y exercer ses talents d'imprécateur. C'est ainsi qu'il écrit, par exemple, « Jésus-Christ aux colonies » pour *L'Assiette au beurre* – boutique ignominieuse, « où ne se voient que des physionomies abjectes » (*J*, I, 500 [13 oct. 1903]) –, avant d'intégrer cet article courageux dans *Quatre ans de captivité à Cochons-sur-Marne* :

> Pour ne parler que des colonies françaises, quelle clameur, si les victimes pouvaient crier ! Quels rugissements, venus d'Algérie et de Tunisie, favorisées, à cette heure, de la carcasse du Président de notre aimable République ! Quels sanglots de Madagascar et de la Nouvelle-Calédonie, de la Cochinchine et du Tonkin ! Pour si peu qu'on soit dans la tradition apostolique de Christophe Colomb, où est le moyen d'offrir

45. *Le Salut par les Juifs*, on le sait, est dirigé contre les élucubrations antisémites de *La Libre Parole*, Bloy voulant dire « des choses définitives » sur une question capitale, « si bassement agitée par Drumont » (*J*, I, 24 [12 juin 1892]). En outre, son *Journal* s'insurge maintes fois contre l'antisémitisme. Citons, à titre d'exemple, ce passage tiré de l'une de ces lettres : « L'antisémitisme, chose toute moderne, est le soufflet le plus horrible que Notre-Seigneur ait reçu dans sa Passion, qui dure toujours : c'est le plus sanglant et le plus impardonnable […] » (*J*, II, 114 [2 janv. 1910]).

46. Voir « Trente ans d'assassinats », article paru dans *L'Assiette au beurre* le 31 octobre 1903 et repris dans *Quatre ans de captivité à Cochons-sur-Marne* (*J*, I, 501-503 [23 oct. 1903]).

> autre chose qu'une volée de mitraille aux équarrisseurs d'indigènes, incapables, en France, de saigner le moindre cochon, mais qui, devenus magistrats ou sergents-majors dans les districts fort lointains, écartèlent tranquillement des hommes, les dépècent, les grillent vivants, les donnent en pâture aux fourmis rouges, leur infligent des tourments qui n'ont pas de nom, pour les punir d'avoir hésité à livrer leurs femmes et leurs derniers sous ! [...]
> L'histoire de nos colonies, surtout dans l'Extrême-Orient, n'est que douleur, férocité sans mesure et indicible turpitude. (*J*, I, 477-478 [28 avril 1903])

Cependant, il ne s'agit pas seulement pour Bloy de faire preuve de courage en dénonçant l'intolérable, là où la presse de son temps se montre, selon lui, trop souvent prudente ou complice. Sa mission spirituelle trouve son aboutissement dans le patient repérage des indices susceptibles d'annoncer « la Bataille infinie [...] qui doit précéder le Consolateur » (*J*, I, 416 [8 juin 1902]). Que Dieu se montre « d'une manière sensible, indiscutable », « c'est cela que j'attends depuis un grand nombre d'années », confie-t-il en septembre 1914 à Jeanne Boussac-Termier(*J*, II, 420 [10 sept. 1914]). Pour apercevoir, dans les nouvelles que la presse lui apporte, l'action de la Providence sur le monde au seuil de l'apocalypse, il pratique systématiquement une contre-lecture de l'événement.

Tout un imaginaire de la catastrophe traverse le *Journal* qui, sur ce point, se sépare radicalement de la presse, dans sa manière de traiter les accidents de l'histoire contemporaine. Le tremblement de terre de Messine y est présenté, par exemple, comme un effet de la Colère divine [47]. C'est aussi le cas du tremblement de terre de San Francisco, où Bloy voit un Signe [48], et de l'éruption de la montagne Pelée : rien ne sert d'incriminer les « caprices de la planète » (*J*, I, 412 [13 mai 1902]), comme le font bêtement les journaux [49], quand « le Seigneur des volcans manifeste sa

47. « Catastrophe inouïe de Messine entièrement détruite, il y a deux jours, fête des Saints Innocents, par un tremblement de terre, en même temps que Reggio et quelques autres villes ou villages. On évalue à *deux cent mille* le nombre des morts. Cela commence » (*J*, II, 71 [30 déc. 1908]).

48. « Suite de Signes. L'énorme ville de San Francisco vient d'être détruite par un tremblement de terre aggravé d'un monstrueux incendie... Le Dieu Dollar ne protège pas ses fidèles » (*J*, I, 599-600 [19 avril 1906]).

49. « Toujours Saint-Pierre. [...] les doléances typographiques des journaux sont d'une abjection tout à fait normale et satisfaisante » (*J*, I, 412 [13 mai 1902]).

colère » (*J*, I, 414 [24 mai 1902]). De même, lorsqu'il apprend l'incendie du Bazar de la Charité, le diariste affecte un ravissement ironique, qui détonne dans le concert des lamentations :

> À la lecture des premières nouvelles de cet événement épouvantable j'ai eu la sensation nette et délicieuse d'un poids immense dont on aurait délivré mon cœur. Le petit nombre des victimes, il est vrai, limitait ma joie. Enfin, me disais-je tout de même, ENFIN ! voilà donc un commencement de justice. (*J*, I, 199 [9 mai 1897])

Les émeutes et les massacres retiennent aussi son attention et réveillent en lui de vieux réflexes millénaristes, comme au printemps 1909 : « Tout est sombre. Les grèves sont partout. Révolte universelle, en attendant le désespoir et les fureurs. Les saisons semblent *changées*. Il faut faire du feu, en plein mai. Le dénouement ne doit plus être bien éloigné » (*J*, II, 86 [15 mai 1909]). Mais ce sont surtout les conflits armés qui éveillent son intérêt. Quelques mois après le commencement de la guerre russo-japonaise, la « nouvelle foudroyante [...] de l'anéantissement de la flotte russe dans la mer du Japon » ranime son impatience eschatologique :

> Dieu, assurément, n'est pas avec les Russes. Le tour de l'Angleterre viendra. Le monde finira bien par s'allumer, selon le « vœu » de Jésus (Luc, XII, 49), quand on sera assez loin du Déluge. Le moment doit être peu éloigné.
> Cette puissance, désormais irrésistible, du Japon, paraît une manifestation surnaturelle, en ce sens que rien n'était moins prévu. Marque de Dieu. On peut maintenant espérer ou craindre tous les déchaînements. » (*J*, I, 562 [30 mai 1905])

On imagine le parti que Bloy peut tirer des événements de l'été 1914 : « Il ne s'agit pas d'une guerre ordinaire – écrit-il à Pierre Van der Meer – mais d'une guerre d'*extermination* » (*J*, II, 416 [27 août 1914]), qui ne peut se comprendre qu'au plan théologique. En dépit d'un mouvement spontané d'inquiétude et de tristesse, il invoque les plus hauts motifs spirituels pour se réjouir de ce cataclysme :

> Ma conception des choses est telle que je me réjouis des pires malheurs dont le spectacle ou la prévision me torture, parce que je les sais nécessaires, c'est-à-dire voulus de Dieu, et par conséquent adorables ; parce qu'il est mille fois clair pour moi que les cataclysmes annoncés sont les prodromes indispensables du Règne de Dieu *in terra* que nous avons le devoir de demander sans cesse. (*J*, II, 490 [28 juillet 1915])

Par ces positions radicales, Bloy invalide les habituels débats sur la guerre, entretenus par les journaux, qui opposent notamment les tenants du pacifisme internationaliste aux nationalistes revanchards. En se situant sur un « pic intellectuel d'où le grouillement contemporain est à peine discernable » (*J*, I, 300 [18 déc. 1899]), l'écrivain entend opérer un saut qualitatif, du relatif à l'absolu. Persuadé que « tous les faits correspondent », il rêve d'« envelopper d'un regard unique la multitude infinie des gestes concomitants de la Providence » (*J*, I, 399 [5 janv. 1902]). Dans cet espoir, son *Journal* scrute les étonnantes concordances manifestées, dans l'actualité, entre les réalités humaines, auxquelles s'en tient la presse et la Réalité divine, qu'il place à l'horizon de sa quête spirituelle.

Parfois, ces concordances sont assez faciles à apercevoir, la liturgie ou l'actualité religieuse, miroirs de la vie divine, servant à mesurer des oppositions ou des coïncidences. Le naufrage du Titanic, à l'annonce duquel Bloy confesse « la plus douce consolation » (*J*, II, 276 [17 avril 1912]), s'associe dans son esprit à un passage du Livre de la Sagesse [50] sur la vengeance du Seigneur contre les méchants : « *Excandescet in illos aqua maris.* » De même, l'incendie qui se déclare dans le métro de la capitale, en août 1903, lui semble un « commencement d'exécution de Paris » (*J*, I, 496 [11 sept. 1903]), qu'il met aussitôt en relation avec « le début du pontificat de *Ignis Ardens* », devise attribuée, selon une prophétie de saint Malachie, à Pie X, le 255ᵉ pape, récemment élu.

Cependant, de telles correspondances sont le plus souvent établies au prix d'audacieuses considérations exégétiques. Ainsi, lorsqu'il apprend la nouvelle de « l'immense catastrophe de la Martinique », Bloy est-il frappé par la coïncidence de cet événement avec « la première communion de Véronique », sa fille aînée – « Le hasard n'existant pas, cette extermination était indispensable pour que fût contrebalancé, dans l'infaillible Main, l'acte prodigieux de notre enfant » –, et par la présence, « en rade de Saint-Pierre », d'un navire italien « portant ce nom extraordinaire : *Sacro-Cuore di Pompéi* » ; tous ces signes le confirmant, une fois encore, dans l'idée que « Dieu sait ce qu'il fait » (*J*, I, 411 [11 mai 1902]).

De la même façon, le bombardement de la cathédrale de Reims par les Allemands le 19 septembre 1914, jour anniversaire de l'apparition de

50. Sap., V, 23.

La Salette, est pour Bloy un autre « signe » indubitable. Le cardinal-archevêque du diocèse n'est-il pas un « ennemi déclaré » (*J*, II, 424) de Mélanie Calvat, la bergère qui a recueilli les paroles de la Vierge ?

> Les Allemands ne sont pas si coupables qu'on pourrait croire [...]. Ils ont obéi comme des brutes à leur empereur, sans doute, mais surtout à Mgr Luçon [...] qui avait tout fait pour attirer la foudre sur son église. Il convenait que le bombardement eût lieu précisément le 19 septembre [51]. (*J*, II, 424)

À l'affût de tels « éclairs » (*J*, I, 494 [2 août 1903]), Bloy ne prétend pas rendre un compte exact de l'histoire contemporaine, et il se défie de cette funeste myopie qui prive les journalistes modernes de toute clairvoyance, en leur ôtant l'intelligence du symbolique. Aussi, le temps, dans le *Journal*, s'élargit-il aux dimensions de l'imaginaire : « les garde-fous qu'élève normalement l'instance de réalité » (*LB*3, 70) y cèdent sous la pression du merveilleux. Les correspondances que Bloy se plaît à établir, si elles témoignent d'une extrême liberté d'imagination, ne sont cependant « ni aléatoires ni gratuites », mais « assez proches », au fond, de celles qu'on voit se nouer dans ce mixte de hasard et de motivation qu'on appelle le « monde romanesque » (*LB*3, 71). C'est pourquoi l'univers du diariste n'a jamais été aussi éloigné de l'universel reportage qu'en ce point, où il communique avec les mondes du poète et du romancier.

Poétique de la citation

La presse a enfin une incidence sur la poétique du *Journal*. Elle contribue d'abord à donner à celui-ci l'allure d'une marqueterie de textes. Souvent remarquée, la discontinuité inhérente au genre est accusée par l'hétérogénéité des matériaux employés par Bloy, parmi lesquels on compte

51. Le même jour, Bloy relève d'autres coïncidences admirables, lors la réception de Véronique chez les Récollets, comme tertiaire de saint François : « Par une Volonté mystérieuse, le père qui l'a reçue a écrit non la date de ce jour, mais celle de demain, 24, fête de Notre-Dame de la Merci, anniversaire de la naissance de notre petit Pierre dont elle est la marraine. En outre, cette entrée dans le tiers-ordre a lieu le jour de la belle fête franciscaine de l'Invention des Reliques de sainte Claire » (*J*, II, 424 [23 sept. 1914]).

de nombreux textes journalistiques. L'œuvre prend ainsi l'aspect d'une mosaïque où alternent les fragments d'exégèse scripturaire, de satire sociale, de critique d'humeur et de méditation historique, mais aussi divers documents qui n'étaient pas destinés *a priori* à y figurer – des lettres, des poèmes en prose et, bien entendu, des articles de journaux [52].

Le *Journal* s'enrichit encore d'une multitude de mots et d'anecdotes, Bloy s'amusant à colliger, à côté des « perles » de la conversation bourgeoise, ce qu'il appelle les « sécrétions du journalisme » (*J*, I, 640 [21 mai 1907]). Tout lui est bon pour montrer, dans leur « uniformité désespérante », la « platitude » et l'« ordure » d'une époque « dénuée d'intérêt ». Au fil des ans, certains de ses amis – Raoul Gilbert, Alfred Pouthier... – se feront du reste un plaisir de l'approvisionner en coupures de presse, curieuses, choquantes ou drolatiques, dans l'espoir de les voir figurer dans son œuvre.

L'incidence des textes journalistiques sur l'écriture du *Journal* se mesure donc à de subtiles pratiques citationnelles. Il s'agit souvent de citations avouées, de simples « documents » – le mot revient fréquemment (*J*, I, 414, 562, 626 ; J, II, 146, etc.) – que Bloy retranscrit parfois « sans retouche de style » (*J*, II, 324) – comme tel article de *La Croix* du 16 décembre 1912. Les exemples abondent de ces textes parlant d'eux-mêmes, que l'écrivain cite pour mémoire [53], afin de rassembler dans son *Journal* tous les éléments d'un « précis de l'histoire contemporaine » (*J*, II, 1). Ainsi de cette brève, trouvée « dans une feuille » le 8 février 1914, qui témoigne de l'impuissance devant la mort – et devant la Justice divine ? – des « diaboliques » inventions de la médecine moderne, vainement employées pour arracher à son destin un « millionnaire américain » (*J*, II, 381), au prix de dépenses somptuaires :

52. Penchant tantôt du côté du pamphlet, tantôt de la revue d'art et de littérature, le *Journal* reproduit tel texte polémique publié par l'écrivain dans *Par le scandale*, au même titre que son évocation de saint Edmond, patron de la *Schola Cantorum*, ou que sa recension du *Beethoven* de Vincent d'Indy.

53. Bloy insiste sur la fonction mémorielle du découpage et du collage, qui justifie l'emploi, pour désigner son œuvre, des termes récurrents de « memorandum » (*J*, I, 373, 512), « memoranda » (*J*, I, 171 ; *J*, II, S87), « Mémoires » (*J*, II, 3). Recueil de souvenirs ou réservoir d'idées pour des œuvres en puissance, le *Journal*, à l'évidence, sert « à garder » (*J*, I, 562), « à conserver » (*J*, I, 589) des documents et, en même temps, à leur donner une valeur exemplaire, conforme à la logique bloyenne du témoignage.

> « La mort du millionnaire. New York. – Le précieux tube contenant 500 000 francs de radium qu'on avait inséré dans son épaule n'a pu sauver de la mort le millionnaire américain, M. G. Brenner. C'était pour le guérir du cancer ou tout au moins pour retarder l'issue fatale que les médecins avaient décidé de tenter le moyen suprême : placer dans les incisions faites sous la peau du malade un tube contenant pour un demi-million du précieux métal. Après quatre semaines de souffrances, le malade est mort avec son trésor sous la peau. » (*J*, II, 380)

Dans cet usage de la citation, le contexte modifie la portée du document, qui prend un sens nouveau, en s'intégrant au réseau thématique de l'œuvre. Les faits divers, en particulier, deviennent ainsi de véritables fables modernes. Ils sortent de la logique du signe, qui est celle des journaux, pour entrer dans celle du symbole. C'est le cas, par exemple, de l'histoire de François Dramb, déjà mentionnée, que l'écrivain cueille telle quelle dans *L'Action française* : ce mendiant, que cette feuille peint au tribunal, serrant « contre un paletot verdi une boule de son entamée » (*J*, II, 397 [5 mai 1914]), alors qu'il va être jugé et condamné pour vagabondage comme « un délinquant », se métamorphose, aussitôt devenu un personnage du *Journal*, en une figure du Saint-Esprit – lequel, dans l'eschatologie bloyenne, est souvent représenté comme un Vagabond, « un Étranger parmi tous les étrangers », « un Inconnu solitaire qui n'attend personne et que personne n'attend » (*J*, I, 80 [8 mars 1894]). Dès lors, le mot de Cambronne qu'il lance au président du tribunal – aussi médusé, en la circonstance, que « les soldats de Wellington » (*J*, II, 397 [5 mai 1914]) – sonne tout autrement qu'une simple facétie carnavalesque : pour peu qu'on se souvienne de l'exégèse de ce « Mot fatidique » (VI, 174) proposée dans *Sueur de Sang*, on peut y entendre, horriblement travestie, une promesse de Rédemption [54].

Le document cité se réduit parfois à un seul terme, que Bloy signale alors en italique. Un jour, par exemple, il relève dans la presse un discours de Zola, où « cet idiot remplace Dieu par le *travail* » (*J*, I, 60 [19 juin 1893]). Une autre fois, au comble de la stupéfaction, il apprend des journaux que « le roi de Portugal, en visite à Paris, [...] a fait l'ignoble Combes

54. Bloy, dans le conte intitulé « Le Mot », évoque en effet ce « Mot indomptable, œcuménique et solitaire, dont l'anagramme est une promesse de Rédemption » (VI, 177). Voir, dans la troisième partie, le chap. I.

grand-croix de l'Ordre du *Christ* ! » (*J*, I, 439 [31 oct. 1902]). Une autre fois encore, il découvre dans *L'Aurore* un discours où Clemenceau « nomme Dreyfus hérétique (forme de louange, bien entendu) » (*J*, I, 256 [14 avril 1899]) : il s'empare aussitôt de cette erreur de vocabulaire – « Le savant Clemenceau croit que les Juifs sont des *hérétiques* » – pour y déceler un saisissant raccourci de « toute l'histoire contemporaine » (*ibid.*).

Ces brèves citations, comme des fusées, ont une fonction d'éveil : elles renvoient le lecteur à son propre usage de la langue, en le confrontant au discours dominant, profondément marqué par l'idéologie de la sécularisation. Ce discours, que les journaux reproduisent sans en interroger les valeurs implicites, et qu'ils reprennent le plus souvent à leur compte, en l'imposant comme une évidence, le *Journal* s'efforce, au contraire, d'en mettre au jour le fonctionnement. Il détache des fragments de ce discours qu'il met ainsi à distance par une sorte d'effet de surexposition, qui permet à chacun de se situer par rapport à lui.

C'est pourquoi les citations bloyennes ont, en général, pour fonction de dévoiler des écarts de langage : dans les formules de tous les jours que charrie la presse, elles attirent l'attention sur une adultération de la Parole contre laquelle se dresse l'exégète des lieux communs. Il arrive fréquemment que le document, qui conserve encore les marques d'une citation explicite – texte entre guillemets ou détaché dans un corps inférieur – soit suivi ou plus rarement précédé d'un commentaire, voire qu'il soit enchâssé dans ce dernier [55]. Ce commentaire, lorsqu'il vise à produire un effet comique ou burlesque, a souvent une fonction adversative. Il peut alors se réduire à un jugement de valeur exprimé sommairement, Bloy ne résistant pas au plaisir de souligner la bêtise ou la médiocrité des journalistes. Lorsqu'il apprend la mort de Francis Magnard, l'écrivain se contente ainsi de mentionner cette « bonne sottise » du chroniqueur chargé de la nécrologie : « Jusqu'au dernier jour, il a tenu à remplir ses devoirs de rédacteur en chef » (*J*, I, 120 [19 déc. 1894]).

55. On trouve aussi le cas contraire, quand c'est le commentaire qui est inclus dans la citation, dont il a pour effet de modifier radicalement le sens de l'intérieur : « Lu dans une feuille à deux ou trois cent mille : "La fête de Noël n'a été célébrée nulle part avec plus d'entrain que dans le Palais de glace [du Démon], aux Champs-Élysées." » (*J*, I, 554 [28 déc. 1904]).

Le commentaire peut aussi prendre la forme d'une simple paraphrase, dont Bloy outre la platitude jusqu'à l'absurde pour mieux faire ressortir le ridicule des informations rapportées avec le plus grand sérieux par les journalistes. C'est le traitement qu'il réserve, par exemple, au discours prononcé par Jean Richepin, le 5 juin 1910, à l'occasion de l'inauguration d'un monument à François Coppée. À dessein prosaïque, sa reformulation, qui ramène les métaphores de son confrère à un salmigondis de formules creuses, met en évidence la vacuité de ce morceau d'éloquence, dont il a lu des extraits dans la presse du jour :

> Je n'ai pas vu, mais j'ai lu le discours de Richepin : « ... Coppée, dit-il, a su recueillir les rais du soleil qui luisent dans les flaques du ruisseau et en composer un reliquaire dans lequel il a enchâssé les larmes des déshérités ainsi que les siennes. » Des larmes enchâssées dans un reliquaire fabriqué avec des rais de soleil recueillis dans les flaques du ruisseau !!! (*J*, II, 157)

Bloy se plaît en outre à marquer violemment le contraste entre son propre commentaire d'un événement et les banalités proposées par la presse. C'est le cas lorsque se produit, en mai 1897, l'incendie du Bazar de la Charité. Aux fadaises sentimentales de Coppée, dont une chronique s'apitoie sur le sort des belles dames dévorées par les flammes, alors qu'« elles s'étaient réunies pour faire le bien » (*J*, I, 198 [5 mai 1897]), il oppose une phrase de l'Évangile de saint Jean – « *Non pro mundo rogo* » – qui rappelle, non sans rudesse, la vanité des biens de cette terre aux riches et aux puissants.

Dans la même perspective, le commentaire peut aussi prendre la forme d'un apologue dont la juxtaposition ruine ironiquement les propos d'un journaliste. Ainsi, après avoir mentionné un article d'Henri Harduin, où ce collaborateur du *Matin*, sous prétexte de dire la vérité aux enfants, préconise de leur enseigner que l'argent est « *la seule chose qui vaut la peine d'être acquise* » (*J*, II, 27 [20 févr. 1908]), Bloy fait suivre la citation d'une « petite histoire » dont il a eu connaissance par son ami Henri Barbot. Celle-ci illustre malicieusement les conséquences d'un tel enseignement lorsque les enfants le mettent en pratique :

> Un instituteur de Rœux, commune voisine d'Arras, avait, l'autre jour, apporté en classe une somme de 520 fr. en billets, en or et en argent,

> dans le but d'expliquer à ses élèves la valeur des billets et l'alliage des pièces.
> Les écoliers, vivement intéressés, furent très attentifs aux démonstrations du maître. Le cours terminé, celui-ci plaça l'argent dans son bureau, et, le soir, il oublia de le reprendre. Cette distraction n'avait pas échappé à trois élèves qui, durant la leçon, avaient montré une application particulièrement soutenue. Peut-être n'avaient-ils pas très bien compris et voulaient-ils se donner à eux-mêmes un supplément de démonstration. D'un commun accord, ces citoyens de onze ans revinrent à l'école pendant la nuit, pénétrèrent dans la classe par une fenêtre, et firent main basse sur les 520 francs de l'instituteur qu'ils se partagèrent, d'ailleurs, avec loyauté.
> L'esprit de M. Harduin planait sur eux. (*J*, II, 27 [20 févr. 1908])

Certains commentaires n'ont cependant qu'une valeur explicative. Il ne s'agit plus, pour Bloy, de dénoncer les ridicules du temps ou de donner libre cours à sa colère, mais d'exercer ses talents herméneutiques en suggérant, dans des informations apparemment anodines, la présence d'un sens inattendu, en général sublime, qui conduit le lecteur au seuil de la « Vision béatifique » (X, 340). Ainsi de cet article sur la crise démographique, où l'écrivain a lu que la France était devenue « un pays de *fils uniques* » et qu'un tel pays était « destiné à périr » (*J*, I, 211 [18 sept. 1897]). Loin de lui inspirer la moindre inquiétude, cette nouvelle, que Bloy, dans son algèbre symbolique, rapproche du début du Credo – « *Credo in unum Deum...* » – lui donne les plus vives espérances, fondées sur la mystérieuse identité de Dieu et de la France, la disparition de notre pays étant dès lors interprétée, dans une perspective eschatologique, comme le nécessaire prélude de la Parousie : « En lisant cela, [...] il nous est venu pour la France un magnifique espoir » (*ibid.*).

Bloy atteint un nouveau degré dans la pratique de la citation, lorsque les textes journalistiques qu'il utilise comme document font l'objet d'une véritable réécriture. Dans ce recyclage, la source peut être indiquée avec précision, rester dans le vague ou être passée sous silence, selon le degré d'assimilation. Dans tous les cas, la réécriture a pour effet de littérariser un texte à visée informative ou argumentative : les connotations, dont le travail sur le signifiant sature le texte, l'emportent alors sur sa valeur strictement référentielle. Pour Bloy, un tel travail consiste la plupart du temps à reprendre les nouvelles sous une forme condensée. En favorisant la sélection, la simplification et l'exagération des informations, le resserrement de l'expression, tout en produisant de savoureux effets satiriques, permet de manifester la dimension surnaturelle de tout événement. Le 11 mars 1906, par exemple, l'écrivain apprend l'« énorme malheur de Courrières », où plus d'un millier de mineurs ont été « écrasés ou brûlés » (*J*, I, 596 [11 mars 1906]) : son compte rendu de la catastrophe, qui exploite les ressorts de l'antithèse – « Torrent de sang et de larmes pour couler avec le champagne ou le chambertin des capitalistes bien-pensants » (*ibid.*) – rappelle, en ce deuxième dimanche de Carême, la réversibilité des souffrances, ce qui lui permet de suggérer la portée d'un tel drame dans l'absolu.

Il arrive cependant que la catastrophe attendue ne se produise pas. Bloy, interrogeant l'absence de tout événement notable dans les journaux, s'efforce alors de donner une valeur symbolique à un tel « fiasco » (*J*, I, 358 [18 oct. 1900]). C'est le cas, entre autres, de l'inauguration de la statue de Renan à Tréguier, en septembre 1903 : après avoir vainement espéré que le discours prononcé par Combes, en cette occasion, soit accompagné de protestations violentes – des « gifles », voire de « torrents de merde » (*J*, I, 498 [12 sept. 1903]) –, l'écrivain voit dans la placidité des Bretons une preuve supplémentaire de « la Déliquescence du Christianisme » (*J*, II, 146 [8 mai 1910]), dans un monde perdu où « tout est usé, fini, *rejeté* » (*J*, II, 294 [27 sept. 1912]). Dès lors, le mauvais temps qui, à en croire la presse, a seul troublé la cérémonie, se charge de significations secondes, dont le commentaire, en glissant de la pluie à la fange, tire le meilleur parti :

> J'espérais que l'inauguration de la statue de Judas aurait été l'occasion de quelque conflit sanglant. Tout au moins les Bretons auraient dû fermer hermétiquement leurs maisons et leurs boutiques, et ne vendre ni un morceau de pain, ni un verre de vin. Interdit absolu, deuil complet. Mais nous sommes au XXe siècle. Tout devait être et a été médiocre. Tout le déplaisir du bandit et de ses compagnons leur est venu du ciel. Il a plu sans interruption. Fange sous les pieds et dans les cœurs. (*J*, I, 498 [14 sept. 1903])

Le réemploi des textes journalistiques atteint son degré ultime lorsque les citations passent dans le *Journal* sans que le diariste éprouve en aucune manière le besoin de garder quelque distance par rapport à sa source, ne serait-ce qu'en la signalant. Cette appropriation, que l'on constate surtout pendant la Grande Guerre, est-elle alors l'indice d'une identité de vue assez inhabituelle entre Bloy et les journaux ? Sans doute, l'écrivain trouve-t-il à cette époque, dans la presse, de nombreuses invectives, semblables en apparence à celles qu'il dirige lui-même contre l'Allemagne, ce qui facilite peut-être leur intégration dans son œuvre. Le 21 février 1915, il introduit, par exemple, une longue citation d'Ernest Hasse, le théoricien du mouvement colonial allemand, par une formule à l'emporte-pièce – « Quatre-vingt-six millions d'Allemands et cent trente millions d'esclaves » (*J*, II, 460) – qu'il emprunte sans le dire au chapeau d'un article paru dans *Le Matin*. De même, le 28 mars 1916, il cite les « impressions d'un combattant », qu'il introduit par cette formule : « Et l'officier me dit [...] » (*J*, II, 530). On pourrait croire qu'il s'agit de propos tirés de sa correspondance ou d'un entretien avec l'un de ses visiteurs ; en réalité, il reprend ici, sans la moindre modification, un témoignage publié dans *Le Petit Parisien*.

Bloy, pour autant, se laisse-t-il abuser par les outrances de la presse de propagande ? Rien n'est moins sûr. Lorsque le diariste, sans le faire savoir, fait sienne la matière des journaux, il n'en modifie pas moins radicalement la valeur des textes qu'il s'approprie. En toutes circonstances, en effet, le *Journal*, à partir d'indications ramassées çà et là, y compris dans la propagande de guerre, tisse une immense trame symbolique, où les citations, même inavouées, sont dépouillées de leur signification contingente. Un dernier exemple permettra de le montrer. Le 19 avril 1915, après une longue série de dédicaces, Bloy rapporte une conversation qui s'est engagée « dans un immeuble voisin de Saint-Sulpice » entre trois personnes. Une dame, venue rendre visite à des réfugiés belges dans cet hôpital de fortune, a remarqué « une petite fille d'une dizaine d'années, dont les mains restaient obstinément cachées, malgré la température élevée de la salle, dans un misérable petit manchon » (*J*, II, 472) :

> – Mouche-moi, maman, dit tout à coup la petite fille à sa mère.
> – Comment ! fit la dame, une aussi grande fille qui ne peut pas se moucher toute seule ?
> – Elle n'a plus ses mains, répondit tout doucement la mère, comme pour excuser sa fille.
> La visiteuse resta un instant sans comprendre.

– Est-ce que... les Allemands ?... Non, ça n'est pas possible !
La mère baissa les yeux et éclata en sanglots. (*J*, II, 472-473)

Cette conversation est empruntée presque mot pour mot à la presse, Bloy ayant seulement substitué le mot « mains » au mot « bras ». Cependant cette modification n'est pas sans conséquence, car elle permet d'insérer cette anecdote dans un réseau analogique, qui associe sous le signe des « mains coupées » les enfants victimes des exactions allemandes, les habitants du Congo mutilés par les colons, les souffrances infligées au Christ à l'occasion de sa Passion et un célèbre passage du Lévitique sur la vengeance, que l'écrivain adapte pour la circonstance [56]. C'est du moins ce que suggère un autre passage du *Journal*, auquel cette anecdote fait écho :

> On parle beaucoup de petits enfants belges aux mains coupées, abomination teutonne qu'on a peine à comprendre et qui fait venir aux plus braves la sueur de la mort. Je viens de lire dans *Le Journal* une sorte de poème : le Kaiser rencontrant, la nuit de Noël, le petit Jésus aux mains coupées, et je me rappelle tout à coup ces photographies épouvantables venues du Congo belge, où se voyaient, il y a quelques années, de malheureux nègres à qui les colons avaient coupé les deux mains !... *Fracturam pro fractura. oculum pro oculo*, MANUM PRO MANU... (*J*, II, 447 [26 déc. 1914])

On le voit, les emprunts de Bloy aux journaux, quelque forme qu'ils prennent, relèvent toujours du détournement. Celui-ci atteint son comble avec la fabrication de faux. C'est ce qui arrive au printemps 1893, lorsque l'écrivain, avec la complicité de Louis Montchal, adresse aux administrateurs du *Gil Blas* de prétendues lettres de protestation de lecteurs allemands scandalisés par la publication, dans la revue, des anecdotes militaires recueillies, par la suite, dans *Sueur de Sang* (*J*, I, 56-58 [30 mars-20 avril 1893]). Ou encore lorsqu'il rédige, avec le concours de Frédéric Brou, une « interview drolatique » (*J*, II, 222 [3 mai 1911]), destinée à mystifier un journaliste de *L'Intransigeant*, interview dans laquelle le « cliché Léon Bloy » (IV, 142) est exaspéré par une surenchère narquoise.

Le diariste n'a donc pas son pareil pour utiliser la presse à son profit. De la sorte, le *Journal* tend à se constituer en une sorte de double des

56. Il modifie le texte biblique « Fracture pour fracture, œil pour œil... » (Lev., XXIV, 20), en ajoutant de son propre chef « main pour main » à la place de « dent pour dent ».

journaux, qui leur dame le pion sur leur propre terrain, celui de l'actualité, en proposant de tout événement une lecture résolument intempestive. On a déjà relevé le goût de l'écrivain pour telle ou telle forme journalistique, du fait divers à la nécrologie. On pourrait également mettre l'accent sur le traitement de certains épisodes à la manière du feuilleton – la conversion du docteur Amieux, les démarches infructueuses auprès de la Mère Mercédès, la tentative d'approche de Sully Prudhomme après son prix Nobel... –, dont l'écrivain retrace de loin en loin les péripéties, à grand renfort de rebondissements, en campant volontiers des personnages d'infâmes scélérats et d'ignobles traîtres, et en se présentant lui-même sous les traits de la victime, puis du justicier. On pourrait de même souligner la fréquence, dans son œuvre, des revues de presse, genre métatextuel où il peut tout à loisir parodier la manière des journaux et tourner leurs travers en ridicule [57].

Bloy, qui a toujours regretté de ne pouvoir disposer d'une tribune où il serait le maître [58], exploite la forme ouverte du *Journal* pour composer son œuvre non plus seulement contre la presse – qui, comme tout ce qui est moderne, « est du démon » (*J*, II, 180 [7 août 1910]) – mais sur son modèle, après l'avoir détournée de sa finalité. Il lui donne alors l'aspect d'une feuille parallèle, dont les rubriques font place à tous les sujets, tous les genres et tous les styles, dans l'espoir de parvenir à une saisie synthétique de l'Œuvre divine, en faisant fond sur les principes – parfaitement inactuels – de son symbolisme universel.

Car telle est sa façon de retourner finalement contre la presse elle-même, en lui apportant un démenti ironique, le célèbre mot de Buloz, ce prince des journalistes : « Dieu, ça manque d'actualité ! » (XV, 52).

57. Voir, entre autres, *Quatre ans de captivité à Cochons-sur-Marne*, le 30 septembre 1902 (*J*, I, 433), *Le Vieux de la Montagne*, le 24 mai 1908 (*J*, II, 41) et, dans ce même volume, l'« Histoire du cochon qui voulait mourir de vieillesse » (*J*, II, 138-143).

58. Voir, par exemple, sa réaction à l'annonce de la mort de la mère du Président Loubet : « Nouvelle bien indifférente, mais [...] quel article à faire si j'avais un journal ! Supposer ce qui aurait pu se passer si cette vieille avait été une chrétienne d'autrefois, voyant son indigne fils devenu le complice et le protecteur des renégats » (*J*, I, 555 [17 janv. 1905]).

Chapitre V

La Grande Guerre, guerre apocalyptique

« J'attends les cosaques et le Saint-Esprit » (*J*, II, 497 [« Conclusion »]). C'est par ce mot célèbre que s'achève l'avant-dernier volume du journal de Léon Bloy, intitulé *Au seuil de l'Apocalypse*, qui couvre les premières années de la Grande Guerre (1914-1915). L'espoir tout humain d'un secours venu du front oriental (« les Cosaques ») y est étrangement associé à des espérances eschatologiques (« le Saint-Esprit »).

C'est que la guerre, pour Bloy, ne saurait se comprendre que « dans l'Absolu » (V, 301), c'est-à-dire au plan théologique. À une époque où les représentations traditionnelles – guerre sainte, guerre chevaleresque, guerre nationale... – sont remises en question par l'ampleur de la catastrophe, cet écrivain, en dépit d'un mouvement spontané d'inquiétude et de tristesse, allègue des raisons spirituelles d'ordre supérieur pour se réjouir de ce premier conflit mondial :

> ... je me réjouis des pires malheurs dont le spectacle ou la prévision me torture, parce que je les sais nécessaires, c'est-à-dire voulus de Dieu, et par conséquent adorables. (*J*, II, 490 [28 juillet 1915])

Bloy, qui a maintes fois pris la guerre pour sujet de ses œuvres – dans *L'Épopée Byzantine*, *L'Âme de Napoléon*, *Sueur de Sang*... – refuse de s'arrêter aux lieux communs de la philanthropie, de la sentimentalité et de l'humanitarisme bourgeois, lesquels voient dans la guerre une calamité, ou ne l'admettent qu'à condition qu'elle soit en quelque sorte « bonne fille » : morale, propre et cantonnée dans des limites supportables pour des consciences délicates. « Nous voyons les choses à travers notre sensibilité – écrit-il, en novembre 1914, à son ami Pierre Termier. Dieu les voit autrement et nous entrons dans sa profondeur éternelle quand nous le bénissons en pleurant et sans chercher à comprendre » (*J*, II, 435 [3 nov. 1914]).

Ainsi, aux yeux de Bloy, la guerre est « dénuée de sens, quand elle n'est pas exterminatrice » (*J*, II, 120 [2 févr. 1910]). Sur ce plan, l'écrivain entend se montrer plus radical que Napoléon, dont les campagnes furent pourtant l'occasion de maints carnages :

> Pour qui voit dans l'Absolu, la guerre n'a de sens que si elle est *exterminatrice*, et l'avenir très prochain nous le montrera. C'est une sottise ou une hypocrisie de faire des prisonniers. Assurément Napoléon ne fut ni un sot ni un hypocrite, mais ce prétendu bourreau était un *sentimental* toujours prêt à pardonner, un magnanime, croyant quand même à la magnanimité des autres, et on sait ce que lui coûta cette illusion incompréhensible. [...] Il n'était donc pas le monstre qu'il aurait fallu pour la guerre intégrale, apocalyptique, avec toutes ses conséquences, l'abîme de guerre invoqué par l'abîme de turpitude [...]. (V, 301)

La guerre, la « vraie » si l'on peut dire, doit donc être totale. C'est alors un excès diabolique qui appelle, par contrecoup, une manifestation divine, où « tout nous dépasse » : face à un tel événement, « aucune explication purement humaine ne peut suffire » (*J*, II, 444 [15 déc. 1914]).

Cette « guerre du Saint-Esprit » (*J*, II, 292 [11 sept. 1912]) trouve sa lointaine origine dans la mystique maistrienne du « SALUT PAR LE SANG » [1]. Pour l'auteur des *Soirées de Saint-Pétersbourg*, le salut de l'homme ne se gagne, en effet, qu'au prix du sang versé. Le sang représente le principe vital, source de tout péché. Il est cette « âme de la chair » dont parle Origène [2]. Toute œuvre rédemptrice n'est donc possible qu'à cette condition : « Le sang humain doit couler sans interruption sur le globe, ici ou là [3]. » C'est ce que Maistre appelle « la grande loi de la destruction violente des êtres vivants » :

1. Joseph de Maistre, *Éclaircissement sur les sacrifices*, chap. III, dans *Œuvres*, éd. cit., p. 839.
2. *Ibid.*, p. 808 (chap. I).
3. Joseph de Maistre, *Considérations sur la France*, chap. III, éd. cit., p. 213.

> La terre entière, continuellement imbibée de sang, n'est qu'un autel immense où tout ce qui vit doit être immolé sans fin, sans mesure, sans relâche, jusqu'à la consommation des choses, jusqu'à l'extinction du mal, jusqu'à la mort de la mort [4].

D'où la fonction sacrée de la guerre chez Maistre, que celui-ci rappelle longuement : elle est « l'état habituel du genre humain » [5] et ne représente point « un aussi grand mal qu'on le croit » [6]. Non seulement elle est propice au développement des arts, des sciences et des vertus mâles, mais c'est aussi « un de ces maux qui entrent dans un ordre où tout est violent et contre-nature, et qui produisent des compensations » [7]. Symptôme d'un monde peccamineux, elle remplit une fonction réparatrice, essentielle à l'économie divine.

Cependant Bloy va plus loin. La guerre n'est pas seulement une forme d'expiation sacrificielle qui assure épisodiquement une sorte de régulation de l'histoire humaine. Elle est toujours, à ses yeux, un prodrome apocalyptique, dans un monde au bord du gouffre, que rien ne peut plus sauver. Toute sa vie, on le sait, l'écrivain a été l'observateur impavide des plus grands désastres. Non sans esprit de provocation, il n'a jamais perdu une occasion de se délecter ostensiblement de ces drames où il décelait un avertissement du Ciel : l'incendie ravageur du Bazar de la Charité, l'éruption meurtrière de la montagne Pelée, le naufrage du Titanic, le tremblement de terre de Messine... Les débuts sanglants de la Première Guerre mondiale, avec leur terrifiant cortège de massacres et de destructions, lui donnent l'impression qu'un pas décisif a été franchi, qui rapproche un peu plus l'humanité du Jour de Colère.

Bloy s'inscrit en effet dans la tradition du paraclétisme, auquel le nom de Joachim de Flore est attaché depuis le XIIe siècle. Dans son *Exposition sur l'Apocalypse*, ce moine calabrais creuse la différence entre les trois Personnes divines, comme s'il existait entre elles un conflit de pouvoir. En vertu d'un trithéisme qui hiérarchise les séquences de l'histoire divine et distribue les acteurs sur l'axe diachronique, il distingue trois règnes successifs, correspondant chacun à une Personne de la Trinité : les deux premiers

4. Joseph de Maistre, *Les Soirées de Saint-Pétersbourg*, cinquième entretien, éd. cit., p. 661.
5. Joseph de Maistre, *Considérations sur la France*, chap. III, éd. cit., p. 213.
6. *Ibid.*, p. 216.
7. *Ibid.*

règnes – celui du Père, relaté par l'Ancien Testament, et celui du Fils, narré dans le Nouveau – sont subordonnés au troisième, celui du Saint-Esprit, dont l'Évangile reste à écrire.

Or, dans la tradition chrétienne – qui se sépare sur ce point du judaïsme – la réconciliation définitive de l'homme avec Dieu ne se situe pas dans l'avenir, mais a été pleinement réalisée lors de la Rédemption : la prédication du Christ sur la terre a manifesté les espérances eschatologiques, faisant coïncider l'édification de l'Église vivante avec l'ère du salut. L'apocalypse, si elle est toujours la réalisation cosmique et universelle de la Fin des fins, n'est que la confirmation d'une promesse déjà effective dans le temps de l'Incarnation. L'originalité de la démarche de Joachim de Flore par rapport à l'orthodoxie catholique consiste donc en la dissociation du Christ avec le Saint-Esprit. D'où l'instauration d'une spiritualité prophétique exacerbée, qui dramatise l'histoire humaine en la pliant à une temporalité ouverte, dont l'issue, si certaine soit-elle, n'est pas encore réalisée.

Car, pour les joachimites, l'humanité n'est toujours pas sortie du règne du Fils : tout, dans l'histoire, n'est pas dit ou fait. Si le Saint-Esprit est présent au monde, il n'y est encore que virtuellement, en figure : donné en promesse, le salut ne semble pas totalement accompli. Il faut donc attendre de Dieu un signe, qui pourra prendre la forme d'une initiative, semblable à l'Incarnation. Cette conception de l'histoire alimente, au XIXe siècle, maintes spéculations : chez des maçons mystiques tels que Maistre, chez des prophètes romantiques comme Ballanche et, plus tard dans le siècle, chez un Vintras [8].

Bloy, suivant en spectateur les péripéties de la Grande Guerre, élabore son propre scénario apocalyptique, en se tenant lui-même aux marges de l'orthodoxie. Pour ce faire, il se fonde sur l'un des événements majeurs, à ses yeux, de l'histoire du siècle : les révélations de la Vierge lors de l'apparition de La Salette, à deux jeunes bergers, Mélanie Calvat et Maximin Giraud. Le discours menaçant de Marie sur la montagne de l'Isère rompt des siècles de silence après ses dernières paroles aux noces de Cana.

8. Le visionnaire Eugène Vintras (1807-1875) fonda une secte, l'*Œuvre de la miséricorde*. Ses thèses sur l'instauration du *millenium*, ce troisième règne où la manifestation du Saint-Esprit devait coïncider avec le triomphe apparent de l'Antéchrist, furent jugées hérétiques par l'Église.

« Je suis ici – dit la Vierge à La Salette – pour vous conter une grande nouvelle... Si mon Peuple ne veut pas se soumettre, je serai forcée de laisser aller le bras de mon Fils » (X, 126 et 132).

L'imagination de Bloy est enflammée par ces paroles, alors que, de son propre aveu, il ne s'intéresse guère à l'apparition de Lourdes : « Je ne sens pas d'attrait vers une Immaculée Conception couronnée de roses, blanche et bleue, dans les musiques suaves et dans les parfums » (X, 172). Du reste, dans son *Journal*, il ironisera sur les miracles de Lourdes : « Je demande deux choses, écrira-t-il, 1) un chrétien bien portant allant à Lourdes pour y obtenir le bienfait de la maladie ; 2) un autre chrétien riche, guéri à Lourdes par le plus indubitable miracle et revenant distribuer tout son bien aux pauvres » (*J*, I, 316 [17 févr. 1900]).

En outre, Bloy prête la plus grande attention au Secret communiqué à Mélanie par la Vierge, lequel annonce l'imminence d'une série de catastrophes, parmi lesquelles des guerres, en son paragraphe 23 : « La terre sera frappée de toutes sortes de plaies [...] ; il y aura des guerres jusqu'à la dernière guerre » (X, 229). L'écrivain est d'autant plus porté à s'intéresser à ce Secret que les prélats français n'ont cessé de freiner sa diffusion et qu'ils ont empêché la Bergère de réaliser sa « mission » par mille vexations.

Mélanie Calvat prétendait en effet que la Vierge lui avait commandé de créer, à des fins pénitentielles, l'Ordre des Apôtres des Derniers Temps, annoncé à la fin du XVIIe siècle par saint Louis-Marie Grignion de Montfort dans son *Traité de la dévotion à la Sainte Vierge*. Ce reniement de l'Église elle-même, restée sourde aux appels de la Mère de Dieu, passe aux yeux de Bloy pour une ultime prévarication : il est convaincu qu'une trahison aussi épouvantable précipite l'humanité au seuil de l'apocalypse. Sa ferveur salettine et mélaniste lui permet ainsi de sortir de « la spéculation stérile d'un christianisme exclusivement évangélique » (X, 109) pour inscrire sa réflexion dans la perspective de la Fin des temps.

Le déroulement de la Grande Guerre, on s'en doute, le confirme dans ces sentiments : il lui montre partout les marques de la parfaite dérision, qui appelle le dernier châtiment. De l'événement, il a une vision toute symbolique. La guerre apocalyptique qu'il croit imminente – voire déjà commencée – constitue, pour lui, la dernière séquence d'un *métarécit*, sorte de « biographie de Dieu », qu'il utilise pour déchiffrer toute histoire : la sienne, celle de son pays, et jusqu'à l'histoire universelle, qu'il aborde à travers quelques figures de prédilection, des empereurs byzantins à Christophe Colomb [9].

Tout ce qui arrive dans l'histoire, même l'événement le plus infime, est justiciable de cette fiction fondatrice, dont Bloy s'efforce de déchiffrer le symbolisme. Maintes fois exposé dans son œuvre, le principe analogique d'une prodigieuse fécondité sur lequel elle repose est lui-même fondé sur trois présupposés : 1) L'histoire se répète, elle est toujours la même, ou plutôt, elle dit toujours la même chose, Dieu ne pouvant parler « que de Lui-même » (IX, 47) à travers elle ; 2) Elle est inépuisable, car Dieu, pour s'y exprimer, emploie le langage des figures : tout en répétant toujours la même chose, il la formule « de mille manières » (X, 153), qui prennent parfois la forme d'un « travestissement inimaginable » (VIII, 20), si bien que l'on n'en a jamais fini de la déchiffrer ; 3) Elle a pour « fond » un « principe d'antinomie trop inaperçu » (*J*, II, 516 [27 déc. 1915]), qui paralyse la Trinité : pour expliquer les « atermoiements » de Dieu à travers les siècles, alors que l'œuvre de Rédemption a été accomplie, l'écrivain suppose un conflit inexplicable, qui oppose temporairement le Christ au Saint-Esprit, lequel a pris l'apparence de Lucifer. De ce profond mystère découle l'impuissance du Père, dont le temps humain, dans son étirement désespérant, est l'effet ô combien funeste.

Lorsque survient une guerre, Bloy y voit une figure de ce conflit originel, dont il espère, en même temps, qu'elle marquera la résolution. Ainsi de la Grande Guerre. L'écrivain, en apparence, sacrifie aux poncifs du discours patriotique, pour vouer l'ennemi allemand aux gémonies. S'il ne peut servir au front [10], le pamphlétaire qui sommeille en lui reprend du service pour dénoncer les turpitudes de Guillaume II : « Celui-là [...] n'est qu'un imbécile, épouvantable tant qu'on voudra, mais un imbécile, un de ces mimes secrets allaités par la Fortune dont a parlé Juvénal, un "lépreux de la cervelle" selon la forte expression de d'Aubigné. Cela et probablement rien de plus » (IX, 242).

9. Voir Daniel Fabre, « Christophe Colomb, l'impossible héros », *Terrain*, n° 30, mars 1998, p. 125-138.

10. Ses 68 ans le lui interdisent.

Ces invectives ne doivent pas faire oublier cependant que l'événement, pour Bloy, a une signification théologique, qui excède les clichés du patriotisme. Derrière les principaux acteurs du conflit, il faut apercevoir la Syntaxe divine, c'est-à-dire le jeu des figures. Cette nouvelle guerre oppose, en effet, l'Allemagne luthérienne, figure luciférienne, à la France catholique, Fille aînée de l'Église, qui représente le Christ par ses souffrances :

> L'Allemagne prussianisée, l'Allemagne de l'apostasie, du mensonge, de la trahison, de l'espionnage, du pillage, de la goinfrerie et de l'ordure, l'Allemagne fabriquée à coups de bâton, parlant ainsi à la France de Saint Louis, de Jeanne d'Arc, de Napoléon ! Il fallait cela sans doute, pour que la Passion du Sauveur pût être évoquée. (IX, 252)

Cependant, la Grande Guerre ne se réduit pas chez Bloy à une lutte religieuse et nationale, où les forces du Bien et du Mal seraient clairement distribuées de part et d'autre du Rhin. Le jeu des figures est si complexe, la grammaire céleste si difficile à déchiffrer qu'il n'est jamais de lecture univoque de l'événement. L'antinomie des figures du Christ et de Lucifer-Paraclet permet de rendre compte de certaines divisions qui se font jour parmi les Français eux-mêmes. Bloy n'a aucun mal à opposer, suivant cette logique, les diaboliques profiteurs de l'arrière aux héroïques soldats, qui font chaque jour le sacrifice de leur vie dans les tranchées. Si l'Allemagne doit être, selon son pronostic, inéluctablement écrasée, la France, par bien des aspects, ne saurait être considérée comme une simple victime. Elle est elle-même coupable et sera châtiée :

> Quelqu'un l'a voulue [...] cette guerre diabolique, et puisqu'on parle de régler les comptes, je pense qu'il serait intéressant de chercher le coupable. Je crains seulement qu'il n'y en ait un grand nombre et, pour tout dire, je crains surtout de les trouver en France. (X, 243)

L'odieux, la bêtise, l'abjection ne sont donc pas l'exclusivité du peuple allemand. Les Français ont aussi une part de responsabilité dans cet oubli de Dieu, caractéristique de la dérision moderne. Cependant, il existe bien des degrés dans cette dérision, que la Grande Guerre fait ressortir dramatiquement.

Le conflit permet d'abord de mesurer les effets funestes de la déchristianisation. Bloy le reconnaît : pour la plupart de ses contemporains, « il est incontestable que Dieu n'existe plus » (IX, 258). Les âmes semblent mortes et pendent bien bas. Tels des fantômes errants, les hommes vivent les uns à côté des autres, sans douceur pour leurs semblables. Au plan spirituel, les désordres engendrés par la guerre, la libération d'énergies destructrices qu'elle a suscitée, les a conduits à se dépouiller, un peu plus encore, de leur véritable humanité – celle d'enfants de Dieu – pour mener une existence assujettie aux appétits les plus vulgaires. Désormais, ils sont comme des cadavres, qui répandent autour d'eux une insoutenable odeur de putréfaction :

> Il est certain que cette guerre interminable procurée par les démons a tellement abaissé les caractères qu'on peut dire que tous les cœurs traînent par terre. Pendant que les uns se font massacrer pour sauver autant qu'il se peut du patrimoine des siècles, les autres, en nombre infini, se bâtissent de confortables demeures avec les caillots desséchés du sang des victimes. L'avarice la plus féroce, la cupidité la plus insolente ont si complètement pris la place de tout ce qui faisait l'honneur du peuple, qu'on en est à se glorifier de faire fortune en assassinant la patrie déjà mutilée. Tout ce qui est matériellement *profitable* est respecté. La trahison même, avantageusement pratiquée par les habiles, est une auréole, et la guillotine pleure. Il faudrait être privé de raison autant que de flair pour ne pas sentir que le corps social tout entier est une charogne semblable à celle de Baudelaire [...]. (IX, 315-316)

Bloy atteint un degré supplémentaire dans la dérision, lorsqu'il constate que cet avilissement universel, que la guerre accélère, touche aussi des hommes qui se disent catholiques. Il concerne en particulier des religieux, lesquels semblent ne plus croire à ce qu'ils font, ni même le comprendre. Bloy s'insurge contre les « prêtres-soldats », heureux, pour la plupart, « de mentir à leur vocation qui leur interdit l'effusion du sang » (IX, 244). Par ailleurs, il renvoie dos à dos les prélats « ralliés » qui, à l'instar de Mgr Amette, le cardinal archevêque de Paris, prônent avec candeur l'« Union Sacrée » – il leur prédit qu'une fois la guerre gagnée, la République ne sera pas clémente pour leur naïveté – et les catholiques monarchistes, « qui croient possible de conjoindre le cadavre du passé avec la charogne du temps présent et qui rêvent de je ne sais quelle restauration de la vieille bâtisse royale où une niche à chien de garde serait offerte à Notre Seigneur Jésus-Christ » (IX, 284). Enfin, il traite par l'ironie ces évêques qui croient la foi florissante et qui, après avoir ignoré ou combattu l'avertissement salettin, ne songent même pas à invoquer une action de la Providence lors des commémorations de la victoire de la Marne :

> L'occasion pourtant était unique. Les généraux les moins faciles à étonner – parmi ceux, bien entendu, qui ne croient pas à l'urgence patriotique de la démolition intégrale du christianisme – ne peuvent s'empêcher de devenir graves quand il est parlé de cette victoire inespérée que personne encore n'a pu expliquer. Napoléon lui-même en aurait eu la respiration coupée et aurait peut-être fait un geste amical à l'adresse de la providence. Nous aimons mieux tout expliquer par l'excellence de notre figure dans le monde, ce qui ne serait pas trop bête si nous étions les amis de Dieu sous les étrivières de son châtiment. Mais, précisément, il n'est pas permis de parler de châtiment. Tout le monde sait que nous ne méritons que des louanges et des récompenses, que la religion est florissante plus que jamais, – nos évêques le disent assez – que ce qui nous arrive depuis deux ans n'est qu'une épreuve pour faire éclater notre vertu et que, par conséquent, l'idée d'un châtiment est une gratuite et inadmissible injure. (IX, 260)

Mais la dérision suprême, c'est celle qui semble affecter les trois Personnes divines elles-mêmes. Car il existe, aux yeux de Bloy, une dérision incompréhensible, désespérante à bien des égards, dont la Trinité semble mystérieusement responsable. S'agissant du Père, cette dérision consiste dans le silence de Dieu. Malgré les appels impatients des derniers chrétiens qui s'interrogent sur la guerre, le message divin ne passe pas. Dieu se cache, Dieu se tait :

> Aujourd'hui, au seuil de l'Apocalypse où nous voici parvenus, sur le bord extrême d'un abîme dont la profondeur nous est inconnue, alors qu'il ne s'agit même plus de la révoltante médiocrité du monde chrétien, mais seulement de savoir [...] si on peut compter sur un Dieu vivant ; – il est affolant de penser que nul n'en sait rien et que personne, à l'exception de quelques êtres douloureux déjà marqués par la mort, n'en veut entendre parler. [...]
> Mais quand donc se manifestera-t-il enfin, le Dieu vivant, le Dieu adorable de la Crèche et du Calvaire, le Dieu des pauvres soldats qui agonisent dans les tortures et que personne ne cherche plus ? (IX, 259-260)

Ce mutisme divin, qui semble trahir une forme d'impuissance, est un motif récurrent dans l'œuvre de Bloy, où il entretient l'hypothèse, absurde pour la foi, d'une possible « faillite de la Rédemption » (*J*, I, 647 [16 juin 1907]). Car le silence du Père a pour conséquence l'éternelle Agonie de son Fils. C'est là une autre forme de dérision, qu'on pourrait appeler la dérision de la kénose [11]. Une nouvelle fois, la Grande Guerre permet à Bloy de constater que la « deuxième personne de la Sainte-Trinité, désertée par les deux autres » (X, 92), semble réduite à presque rien. La France, dont le sol est « transformé en charnier ou en dépotoir par les pourceaux allemands » (IX, 251), est une figure christique, dont le martyre, en se prolongeant indéfiniment, semble éterniser les souffrances du Rédempteur. L'écrivain, devant un tel déni de Justice, se laisse gagner par un rire grinçant, où affleure une sourde angoisse :

> L'Allemagne opprimant la France, menaçant de crever cet œil du monde, l'inondant de son ordure, en attendant de l'assassiner tout à fait par le canon ou par le poison, si le dégoût ne suffisait pas ; j'ai beau savoir que cela est impossible, je n'arrive pas à prendre mon parti de l'apparence d'une telle monstruosité et surtout de la durée de cette apparence. (IX, 251)

Mais il arrive aussi que Bloy prenne le parti de se lamenter de cette interminable Passion de la France humiliée. C'est le cas lorsqu'il tente d'imaginer, à propos de la fête de Notre Dame des Sept Douleurs, ce que peut être, au plan figural, « une larme de Marie » (X, 263) :

> Quelqu'un sait-il que c'est aujourd'hui, troisième dimanche de septembre, la fête de N. D. des Sept Douleurs ? Et se trouvera-t-il sur le front quelqu'un, prêtre ou laïque, pour le rappeler à ceux qui combattent ? [...] Ce serait peut-être une force pour plusieurs de savoir cela, de se dire que la Mère de Dieu les a vus, longtemps avant leur naissance, à la place même où les voilà maintenant et qu'elle a pleuré sur chacun d'eux, en suppliant leurs parents de se convertir, lorsqu'il en était temps encore [...] Une larme de Marie, c'est quelque chose vraiment ! [...] Une larme de la Rose Mystique pour moi tout seul, dans la puanteur de cette fosse où je pourris en attendant une mort qui sera peut-être profitable ! Car enfin Elle n'a pu pleurer que comme son Fils a versé son Sang [...].

11. C'est l'un des aspects les plus révélateurs de la spiritualité bloyenne que cet abaissement de Jésus qui ne conserve plus, en apparence, les traits de la gloire divine.

> « Voici ton fils », lui dit Jésus, nous désignant du haut de sa Croix. Quelque irrité qu'il soit, il le lui dit encore et toujours. Il le dit tellement que l'effrayant *Consummatum* n'a pas encore eu le temps de venir depuis bientôt deux mille ans, et que cette Parole suprême du Christ expirant ressemble, dans l'Évangile, à une prophétie des psaumes qui ne serait pas encore accomplie. (X, 263)

Au fond des choses, comme Bloy le remarque lui-même, les mots lui manquent pour donner une juste expression de cet indicible – « un Rédempteur épouvanté de son sacrifice et surtout des suites de son sacrifice, inutile pour un si grand nombre » (IX, 298). Toutefois, la dérision atteint son comble avec l'humiliation de la troisième Personne divine, condamnée à une sorte d'attente interminable, et comme retenue prisonnière : « L'Esprit de Dieu [...] est captif. [...] Il est captif, inconcevablement, jusqu'à l'heure où il régnera tout à coup. Heure sublime qui étonnera toutes les horloges et que l'univers attend depuis des milliers d'années » (IX, 317).

Faute de voir venir ce moment, Bloy, devant cette dérision généralisée qui gagne Dieu lui-même, exprime un sentiment de tristesse, que la guerre ne cesse d'accentuer [12]. Un vide ontologique semble s'être établi au cœur de l'univers :

> Une tristesse énorme est sur le monde. À l'exception des scélérats innombrables industriels ou commerçants qui s'enrichissent de la guerre et qui craignent de la voir finir, à l'exception des prostitués de tous les étages qui se soûlent du sang des victimes, on n'entend partout que des lamentations ou des sanglots [...]
>
> Mais la grande tristesse, la tristesse qui écrase le cœur, n'est pas faite seulement de compassion pour les victimes et d'horreur pour les bourreaux. Elle est le privilège redoutable de l'aristocratie des âmes. Âmes d'artistes ou de poètes, âmes surtout de hauts chrétiens qui ont besoin de la Grandeur et de la Beauté et qui les cherchent ou les chercheront en vain désormais.
>
> Eux-mêmes représentaient l'une et l'autre, et leur nombre diminue effroyablement chaque jour. C'est surtout ceux-là que le Démon du Nord veut exterminer. Place aux goujats et aux imbéciles malpropres à qui la société future appartient !
>
> Et la Tristesse infinie menace la terre comme les eaux du grand Déluge. (IX, 246-247)

12. Voir Pierre Glaudes, Introduction générale du *Journal* (*J*, I, LX-LXI).

En guise de remède à cette Tristesse majuscule sur le clavier des sentiments, Bloy, soumis à l'épreuve de l'attente, espère cependant connaître la scène ultime dont la guerre n'est que le « lever de rideau » : la venue du Paraclet, le retentissement universel du Rire de la Fin des temps. L'écrivain se souvient en effet de deux passages des Proverbes : « *Ridebit in die novissimo* » [13] et « *Ego in interitu vestro, ridebo et subsannabo, cum vobis id quod timebatis, advenerit* » [14], qui corroborent l'idée d'un Rire apocalyptique [15]. Il les superpose et les applique à la Vierge, qu'il identifie à la Femme de l'Apocalypse, cette « nouvelle Ève » selon la tradition chrétienne, dont l'apparition, dans le texte de saint Jean, coïncide avec la défaite de « l'antique Serpent, le Diable, comme on l'appelle, le Séducteur du monde » [16].

Ainsi prend corps la notion de « Subsannation » divine, mot que Bloy forge à partir du latin de la Vulgate [17]. Le sens de cette Subsannation par laquelle Dieu semble se moquer des hommes s'éclaire dans la perspective de la Justice céleste, mise en œuvre lors du Jugement dernier. Seule cette Justice légitime la colère et la vengeance divines. La Subsannation n'est qu'une « dérision en retour » (X, 117), une riposte qui « remet toutes choses » à l'endroit « et achemine vers une eschatologie conforme à l'esprit évangélique » (*LB*2, 164) : le moment venu, ceux qui ont été humiliés avec Dieu connaîtront la béatitude et ceux qui se sont moqués de Lui, les affres d'une inexprimable douleur. C'est le châtiment que Bloy promet ainsi au haut-clergé, coupable d'avoir daubé sur les larmes de la Vierge à La Salette, un haut-clergé dont les responsabilités dans la guerre sont, de ce fait, accablantes :

> Comment accuser le seul Guillaume ? [...] Le compte de ce maudit est déjà réglé [...] équitablement. Ne regardez pas de ce côté-là, si vous ne voulez pas mourir de peur. Bon conseil à donner aux gens timides.

13. Prov., XXXI, 25.
14. Prov., I, 26.
15. Bloy les cite fréquemment. Voir également *Quatre ans de captivité à Cochons-sur-Marne* (*J*, I, 346 [14 août 1900]), *Le Vieux de la Montagne* (*J*, I, 111 [22 déc. 1909]), etc. Le premier de ces textes met en scène la Sagesse divine maudissant les insensés : « J'éclaterai de rire – leur dit-elle – et je me moquerai de vous, quand vous serez dans les affres de la mort » ; le second, évoquant la gloire de la « Femme forte », prophétise qu'« Elle rira au dernier jour ».
16. Apoc., XII, 9.
17. En latin le verbe *subsannare* signifie « grimacer à », puis « se moquer », « tourner en dérision », D'où le sens du substantif : « moquerie insultante. »

> Mais qu'adviendra-t-il de nos évêques, de nos archevêques, de nos cardinaux ? ceux-là ne sont pas nécessairement des imbéciles. Ils ont dû savoir ce qu'ils faisaient quand ils outrageaient Marie et qu'ils poussaient la France vers la mort. Il ne faut pas non plus regarder par là. C'est peut-être plus effrayant encore. *In interitu vestro ridebo et subsannabo*, dit l'Épouse terrible du Saint-Esprit. (IX, 243)

La guerre exaspère cette Ironie suprême, qui confine à l'horreur sans nom. Violente, indécidable, elle inspire à Bloy, qui s'efforce de s'en faire l'écho, des associations d'idées apparemment incongrues et des renversements inattendus. Ainsi peut-on lire sous sa plume, en 1916 – « après deux ans de massacres et d'atrocités » (IX, 230) –, cette apologie jubilatoire de la Haine, laquelle rejoint la Charité, selon la logique de ce rire ambigu, qui fait mystérieusement coïncider les contraires :

> Ah ! sainte Haine des enfants de la Lumière contre les enfants des Ténèbres, quel refuge n'es-tu pas ! Quelle consolation ! Quel réconfort ! La haine infinie, sans pardon possible, sans autre assouvissement espérable que l'extermination à jamais de la race vouée à Satan qui voulut nous annexer à son enfer !
> Que je veille ou que je dorme, je vois toujours ce monstre né de la plus basse, de la plus infâme apostasie [...]. Je sens alors une haine sans limite, une haine absolue, une haine vierge et immaculée qui m'avertit de la présence de Dieu et sans laquelle je vois clairement que je ne pourrais pas être un chrétien. C'est la haine recommandée par l'Esprit-Saint, la haine eucharistique, la haine fervente de l'Amour contre un grouillement de soixante millions de maudits agités par les démons ! (IX, 231-232)

Dans ce surprenant jeu de bascule, dans ce débordement d'excès caractéristique des « inversions de la fin » (X, 41) s'exprime une inquiétante négativité, dont le déploiement catastrophique, ultime paradoxe, laisse présager la mort de Dieu. D'un Dieu qui crève de son propre rire, à l'image de cet Exterminateur imaginé par Bloy, dont on ne sait si c'est un vivant ou un mort : « On ne sait pas ce que peut contenir cet interminable champ de mort qui est devenu notre frontière. Toujours est-il que les barbares ne parviennent pas à le franchir. Dieu voudra peut-être que du milieu de tous ces guerriers immobiles surgisse tout à coup l'Exterminateur dont nul ne peut dire si c'est un vivant ou si c'est un mort » (IX, 320). Bloy, comme l'a montré Joseph Royer, croise ici quelques autres

« orphelins de Dieu » – Lautréamont, Nietzsche ou Bataille – dont « l'ironie lucide et l'éclat de rire ne sont pas loin du cri d'horreur » (*LB*2, 172).

Mais il ne les suit pas au bout de leur logique désenchantée. Il s'arrête pour ainsi dire sur le seuil d'une négativité sans retour. Sa fiction apocalyptique, lorsqu'elle s'efforce d'intégrer la Grande Guerre, se suspend dans une sorte d'entre-deux : elle s'interrompt à mi-chemin du scénario-catastrophe et du *happy end*. D'un côté, tout indique, en apparence, que l'accélération de la Chute précipite l'humanité dans le néant : la guerre semble annoncer un embrasement généralisé du monde, qui n'a d'autre issue qu'un tragique retour au chaos originel. De l'autre, Bloy continue d'espérer, envers et contre tout, une fin paisible, qui scellerait les épousailles éternelles de l'homme et de son Créateur, enfin réconciliés. C'est pourquoi dans son dernier ouvrage, *Dans les Ténèbres*, il oppose la logique du canon à la prière d'un petit enfant :

> Avant le canon, c'était un labeur énorme d'exterminer une armée. Le pain du massacre se mangeait à la sueur du front des mercenaires. Maintenant on peut détruire cinquante mille hommes en quelques heures et recommencer le lendemain. Ce n'est qu'un émiettement, un grignotement de conséquence presque nulle, à considérer la masse infinie des combattants de toute la terre armés ensemble contre une nation exécrée.
>
> L'extermination viendra quand même, elle viendra comme la Volonté divine sur les flots de la mer ou sur le dos des montagnes qui se déplaceront, s'il le faut, à l'instar des plus dociles éléphants ; mais, jusqu'à nouvel ordre, la parole sera au canon. Je dis jusqu'à nouvel ordre, parce qu'il y a le Miracle que Dieu se réserve pour le mettre en la main de Celui qu'il veut envoyer au moment précis. Jusque-là le canon réduira en poussière hommes et choses, au point de n'en laisser que l'apparence dans la mémoire des survivants, n'étant lui-même, l'effrayant canon, qu'une apparence plus monstrueuse que toutes les autres, et devant, un jour, être dissipée à la prière balbutiée d'un petit enfant. (IX, 309-310)

Le récit de la guerre apocalyptique conduit ainsi l'écrivain à une aporie. L'expérience des limites qu'il relate, faute de pouvoir prévoir une issue certaine, rencontre une figure énigmatique, celle de l'Inconnu qui doit venir et dont personne ne sait exactement qui il est. Cet Étranger, ce Vagabond est au cœur de l'eschatologie bloyenne. L'écrivain l'a maintes fois évoqué, à propos de quelques personnages historiques qui le préfigurent mystérieusement : Jeanne d'Arc, Louis XVII, Napoléon... La Grande Guerre donne une nouvelle fois l'occasion à l'écrivain d'annoncer sa venue :

> Aujourd'hui, après le fiasco de tant d'expériences imbéciles ou criminelles et l'impossibilité devenue si claire d'espérer un équilibre, il s'est formé comme un calus d'insensibilité chez les uns, de stupidité chez les autres. Après les premières convulsions de l'horreur et le consentement inévitable aux plus énormes sacrifices, la volonté s'est détendue. On accepte un avenir incertain. Complètement aveugle déjà, on ferme les yeux par clairvoyance, par sagesse. On se dit que le mal, si grand qu'il soit, aura une fin que nul ne précise. On espère une paix quelconque, résigné d'avance aux humiliations les plus effroyables.
> Et pourtant, Quelqu'un doit venir, Quelqu'un d'inouï que j'entends galoper au fond des abîmes. [...] Quand Il paraîtra enfin, quand Il frappera à la porte des cœurs avec le pommeau de l'Épée divine, le réveil de tous les aveugles sera prodigieux. (IX, 303)

Énigmatique et neutre [18], ce personnage est un signifiant en souffrance de signifié, par lequel le récit s'exténue en vain à circonscrire la figure de cet Autre, dont on ne sait jamais ce qui doit résulter exactement de sa venue. La Grande Guerre, pour Bloy, excède donc la possibilité de tout récit. À l'origine d'infinies combinaisons verbales, elle apparaît pour ce qu'elle est : une expérience des limites de l'écriture, qui n'est pas sans jouissance esthétique et pulsionnelle.

Une expérience sans fin, jusqu'à ce que la mort vienne, qui installe l'écrivain en position de surplomb solitaire et inexpugnable, lui assurant d'avance la possibilité – face à cette fin insondable – d'avoir le plus longtemps possible le dernier mot.

18. Sur cette catégorie, voir Pierre Glaudes, Introduction générale du *Journal* (*J*, I, LXII).

Deuxième partie

Bloy et la fiction : le roman

Chapitre I

Bloy et la littérature du désespoir

Quand il publie *Le Désespéré* en 1887, Bloy s'empare d'un sujet, le désespoir de la dernière génération du siècle, qui intéresse depuis longtemps les romanciers et qui, au début des années 1880, a déjà retenu l'attention des plus fins analystes. Le 21 novembre 1880, Maupassant a publié dans *Le Gaulois* une chronique sur Tourgueniev où le romancier russe est présenté comme « l'inventeur du mot "nihiliste" » [1]. Trois ans plus tard, Bourget a réuni en un premier volume ses *Essais de psychologie contemporaine*, dans lesquels il étudie les symptômes de l'« esprit de négation de la vie qui, chaque jour, obscurcit davantage la civilisation occidentale » [2], de Paris à Saint-Pétersbourg. L'année suivante, Huysmans a livré dans *À rebours* le bréviaire schopenhauerien d'un temps de décadence. À la fin de l'année 1885 ont paru les *Nouveaux Essais de psychologie contemporaine*, dans lesquels Bourget approfondit son analyse du pessimisme. Enfin, en 1886, Eugène-Melchior de Vogüé a publié le recueil de ses articles sur le roman russe, parus dans la *Revue des Deux Mondes* du 15 octobre 1883 au 15 mai 1886, faisant ainsi connaître à un large public diverses nuances du nihilisme.

1. Guy de Maupassant, « L'inventeur du mot "nihiliste" », *Le Gaulois*, 21 novembre 1880 ; recueilli dans *Chroniques*, Paris, UGE, coll. « 10/18 », 1980, t. I, p. 101.
2. Paul Bourget, *Essais de psychologie contemporaine*, éd. André Guyaux, Paris, Gallimard, coll. « Tel », 1993, p. 9-10.

Le roman de Bloy, dans ce contexte, ne se contente pas de camper, selon les lois du récit exemplaire, un type humain illustrant une posture fondamentale face à l'existence – en l'occurrence, l'attitude paradoxale d'un chrétien intégral en lutte contre « le roi des monstres : le Désespoir » (III, 145). Il a aussi une dimension polémique, puisqu'au milieu d'autres fantoches, il met en scène, sous des pseudonymes grotesques, certains de ces écrivains – Bourget (Alexis Dulaurier), Maupassant (Gilles de Vaudoré) – qui ont précisément marqué les esprits en étudiant les ravages grandissants de la lassitude existentielle. Le narrateur du *Désespéré* propose en outre sa propre analyse de la crise morale qui gagne les esprits en cette fin de siècle. Le chapitre IX du roman, tiré d'un article inédit de Bloy sur « la littérature du désespoir » [3], offre un panorama de ce mal moderne. Enfin, au chapitre LXVIII, le biais de la prosopopée permet au romancier de prêter sa voix aux laissés-pour-compte de la société industrielle, ces naufragés de l'histoire en guerre contre toutes les institutions, qu'anime une rage nihiliste.

Roman dialogique, *Le Désespéré* présente donc diverses expressions du désenchantement collectif qui ouvre les consciences contemporaines à la tentation du néant. Alors que l'ennui de vivre résulte pour certains de l'irrémédiable effondrement de tout socle métaphysique, qu'il est pour d'autres une force destructrice, conséquence de la misère, enracinée dans l'amertume et le ressentiment, il est intégré par Bloy à une quête spirituelle résolument fidèle à l'esprit du christianisme. *Spem contra spem* : cette citation de saint Paul empruntée à l'Épître aux Romains [4], que le romancier avait choisie comme épigraphe dans la première ébauche manuscrite de l'œuvre, place au cœur de la foi chrétienne une espérance contre toute espérance. Ce « désespoir conditionnel » [5] est pour Bloy le seul viatique permettant d'affronter le malaise existentiel de son temps, auquel ni le pessimisme schopenhauerien, ni le nihilisme russe, ni la délectation morose des esthètes décadents en proie à la névrose, n'apportent selon lui de véritable réponse.

3. Cet article composé en octobre 1885 était destiné à l'origine à *La Journée*, mais ne put y être publié.

4. Rom., IV, 18.

5. Lettre à M. Godard, citée par Joseph Bollery dans *« Le Désespéré » de Léon Bloy. Histoire anecdotique, littéraire et bibliographique*, Société française d'éditions littéraires et techniques, 1937, p. 127.

À une époque où de nombreux écrivains affichent volontiers une humeur splénétique, Bloy, pour ne pas galvauder l'aventure d'un héros auquel il a prêté beaucoup de lui-même, est attentif à distinguer divers types de désespoir, qui n'ont pas les mêmes implications philosophiques. Certaines débouchent à ses yeux sur des impasses morales ou spirituelles ; d'autres sont simplement une pose et une imposture. Prêtons-leur attention, avant d'examiner le paradoxe de Marchenoir, ce « croyant désespéré » [6].

*
* *

Il est d'abord des formes d'adhésion au néant que Bloy refuse d'assimiler à un désespoir véritable. Deux personnages, dont l'existence semble procéder tout entière d'un « rien » inaugural, incarnent les principales modalités de ce nihilisme dans lequel Bloy voit, selon les cas, une affectation déshonorante ou une abdication spirituelle, qui fait descendre l'homme au niveau de la brute.

Le premier de ces personnages est Alexis Dulaurier [7]. Auteur de « vers byroniens [...] suffisamment poissés de mélancolie pour donner à certaines âmes liquides le mirage du Saule de Musset sur le tombeau d'Anacréon » (IIII, 32), il se peint lui-même comme « une âme [...] qui a renoncé depuis longtemps à toute illusion » (IIII, 47). « Je sais trop ce que c'est de souffrir – écrit-il à Marchenoir – et personne, peut-être, n'a senti aussi douloureusement que moi, depuis lord Byron, le mal d'exister » (IIII, 46). Héritier du romantisme des illusions perdues, Dulaurier incarne donc ce mixte de mélancolie et de scepticisme qui fonde une vision morose de l'existence conduisant à un « nihilisme spéculatif » [8]. Il déplore volontiers la monotonie des plaisirs, la vanité des savoirs, la tyrannie des idées reçues, les mirages de la création artistique, autant de lieux communs constitutifs d'un type psychologique en vogue à l'époque décadente. Le dilettantisme

6. . Bertrand Vibert, « Ceci n'est pas de la littérature ou l'expérience tragique du *Désespéré* » (*LB*7, 119).

7. Dans une lettre à l'abbé Petit et à l'abbé Roblot, datée du 29 novembre 1902, Bloy écrira : « Le plus célèbre de mes livres, *Le Désespéré*, est surtout contre Paul Bourget » (*J*, I, 446 [3 déc. 1902]).

8. Vladimir Biaggi, *Le Nihilisme*, Paris, GF Flammarion, coll. « Corpus », 1998, p. 63.

et le détachement complètent ce portrait : manifester la plus grande lassitude à l'égard des professions de foi, quelle qu'en soit la nature ; s'abandonner avec délectation au renoncement, en soulignant l'inanité de toute entreprise humaine ; considérer d'un œil désabusé et indolent l'irrémédiable déperdition des énergies vitales, telles sont les tendances fondamentales de cette affection de l'âme que Bloy considère comme une supercherie.

La tristesse incurable dont prétend souffrir Dulaurier et dont il fait volontiers étalage n'est « absolument rien » (IIII, 42) aux yeux du romancier : les élégantes plaintes du personnage, comme les amères maximes de son pessimisme – « Je sais trop ce que c'est que souffrir, déclare-t-il à Marchenoir, la vie est plate, il faut s'y résigner » (III, 47) –, sont démenties par son nom même, qui révèle une irrésistible attirance pour la vaine gloire et les séductions mondaines. Comment peut-on se dire « une âme exaspérée et lasse » (III, 46), « ne jamais s'interrompre de gémir avec lord Byron sur l'aridité des joies humaines » (III, 33), et idolâtrer les grandeurs d'établissement, les honneurs et la richesse ? « Rien de plus grotesque et de plus lamentable » que les airs mélancoliques de ce « gavé du monde » (III, 115), qui marchande chichement son aide à Marchenoir, alors que celui-ci est torturé d'angoisse de ne pouvoir enterrer son père avec décence, faute d'argent.

À l'évidence, Bloy, en brossant un tel portrait, entend marquer ses distances avec Bourget, cet « analyste sans doctrine » [9], dont le pessimisme est l'avatar d'une tradition romantique obsolète, sa résurgence tardive et anémiée. Bloy refuse de reconnaître à Bourget la filiation baudelairienne dont celui-ci se réclame – car Baudelaire est pour Bloy un authentique désespéré [10]. La prétendue maladie de l'âme analysée par Bourget se situerait plutôt, au dire de Bloy, dans la postérité de Byron, Chateaubriand, Lamartine, Musset, ces « postiches lamentateurs qui

9. Paul Bourget, Préface de 1899, *Essais de psychologie contemporaine*, éd. cit., p. 442.

10. C'est Huysmans qui a fait partager à Bloy son admiration pour Baudelaire, en l'aidant à se défaire des réserves de Barbey d'Aurevilly à l'égard du poète (voir la lettre du 15 janvier 1886 à Louis Montchal, dans Léon Bloy, *Correspondance. 1884-1906*, éd. Gaëlle Guyot-Rouge, Paris, Garnier, 2012, p. 204). Bloy, à l'époque du *Désespéré*, voit en Baudelaire un des rares écrivains modernes qui, avec Dostoïevski et Lautréamont, ait fait de la littérature une expérience spirituelle et qui ait exprimé un authentique désespoir dans son œuvre, en manifestant, jusque dans ses blasphèmes, avec « une épouvantable énergie » (III, 50), un désir de transcendance.

trempèrent la soupe de leur gloire avec les incontinentes larmes d'une mélancolie *bonne fille* qui leur partag[e] ses faveurs » (III, 50). Cette fatigue de vivre n'est, en d'autres termes, qu'une attitude littéraire qui manque essentiellement de vérité : elle offre une inépuisable matière aux écrivains de métier, qui peuvent exercer leur imagination sur ce thème, en créant des personnages d'exception, aux aventures poignantes et poétiques. C'est ainsi que ces imposteurs vivent d'honneurs et de richesse en marchandant leurs états d'âme. Oubliant, du point de vue de Bloy, qu'on ne saurait écrire sans « s'autoriser [...] de la transcendance et de l'absolu divin » (*LB7*, 119), ils réduisent l'ennui moderne à un artefact mensonger, un simulacre, sans ancrage existentiel. Voilà pourquoi le pessimisme de Bourget, comme « le *vague passionnel* de l'incestueux René, bâtard de Rousseau, ou la frénésie décorative de Manfred », ne sont rien « auprès de la tétanique bave de quelques réprouvés tels que Baudelaire » (*ibid.*) :

> Ceux-là ne *se souviennent* plus *des cieux*, blague Lamartinienne tant admirée ! Ils ne s'en souviennent plus du tout. Mais ils se souviennent de la tangible terre où ils sont forcés de vivre, au sein de l'ordure humaine, dans une irrémédiable *privation de la vue de Dieu*, – quel que soit leur concept de cette Entité substantielle, – avec un désir enragé de s'en repaître et de s'en soûler à toute heure ! (III, 50)

Gilles de Vaudoré représente quant à lui une autre forme d'imposture. Tout aussi désabusé que Dulaurier, ce nihiliste parisien s'est voué à la pure jouissance du vide. Ne croyant à rien, il a choisi d'abdiquer toute valeur morale, de juguler en lui tout élan spirituel, pour se plonger dans la béatitude du néant. Pour être, malgré tout, « le plus heureux des hommes », il s'est livré à « l'absolu scepticisme » (III, 243) et s'est efforcé de tuer en lui la sensibilité. Dans son pessimisme exaspéré, ce cynique, en qui « la parfaite absence du cœur » (*ibid.*) est manifeste, a voulu s'étourdir de luxe et de richesse, sans craindre de donner à ses appétits le visage prosaïque de l'arrivisme le plus vulgaire :

> Ce n'est pas lui qui s'exténuera jamais pour tenter de faire un beau livre, ou pour écrire seulement une bonne page ! – Je ne tiens qu'à l'argent, dit-il, sans se gêner, parce que l'argent me permet de m'amuser. Les artistes consciencieux sont des imbéciles. (III, 245)

Telles sont les maximes de cet esprit pragmatique, indifférent au bien comme au beau, qui vit selon la pente de sa nature animale. Diogène aboyait, mordait, se masturbait en public. Vaudoré « a simplement imaginé de forniquer, de temps en temps, par-devant experts, pour obtenir un renom d'écrivain viril et subjuguer la curiosité des femmes » (III, 244). Point de défi, dans l'exhibition de ses prouesses sexuelles, qui ferait de ce « romancier ithyphallique » (*ibid.*) l'héritier du marquis de Sade ou de don Juan. Par leurs fantaisies érotiques, l'auteur de Justine, comme le *burlador* de Séville, attentaient « délibérément à quelque loi d'équilibre primordial » (*ibid.*) et risquaient leur liberté ou leur vie en donnant de la publicité à leur inconduite. Dans un monde sans transcendance, Vaudoré a simplement décidé de vivre comme un chien – ce que suggère la désignation même de cynique –, considérant que le néant et le chaos sont une loi cosmique :

> La parfaite stupidité de ce jouisseur est surtout manifestée par des yeux de vache ahurie ou de *chien* qui pisse, à demi noyés sous la paupière supérieure et qui vous regardent avec cette impertinence idiote que ne paierait pas un million de claques. (III, 245 – *je souligne.*)

Bloy, en composant son personnage, ne fait aucune part à l'angoisse existentielle que Jules Renard devine chez Maupassant, après sa disparition, quand il le dépeint comme un écrivain littéralement « mort de peur », que « le néant [...] a affolé et tué » [11]. Le mépris de l'humanité, dont l'auteur de *Bel-Ami* offre une vision sans complaisance, l'esprit de dérision qui menace toute entreprise humaine, fût-elle sienne [12], ne sont pas ici compris comme l'expression d'une déliquescence ontologique aux résonances tragiques. Que Maupassant ait pu éprouver douloureusement « le poids du vide », qu'il ait pu considérer avec une horreur mêlée de fascination l'« immense égarement de tous les êtres » dans le « Rien éternel » [13], Bloy n'en a cure en créant le personnage de Vaudoré.

11. Jules Renard, *Journal 1887-1910*, texte établi par Léon Guichard et Gilbert Sigaux, Paris, Gallimard, coll. « Bibliothèque de la Pléiade », 1986, p. 1090 (2 déc. [1906]).

12. Voir Pierre Glaudes, « Maupassant et le nihilisme », dans *Nihilismes ?*, textes réunis et présentés par Éric Benoît et Dominique Rabaté, *Modernités*, n° 33, Bordeaux, PUB, 2011, p. 155-176.

13. Guy de Maupassant, lettre de janvier 1881 à sa mère, dans *Études, chroniques et correspondance*, Paris, Librairie de France, 1938, p. 293.

Il ne saurait imaginer, de même, un nihilisme qui oserait concevoir « un après à la “mort de Dieu” », un nihilisme du renoncement à tout idéal, qui ne causerait pas la mort de celui qui l'ose, et qui s'accomplirait dans l'acceptation de « l'immanence de l'être », dans « le sentiment dionysiaque de la vie » [14]. Vaudoré n'est nullement ce surhomme capable de se déprendre, dans une ivresse jubilatoire, des lancinantes questions de la Vérité et de l'Être. Ce n'est qu'un pantin mécanique, dénué de sentiments et « incapable d'exprimer un semblant d'idée [...] sur quoi que ce soit, en dehors de son éternelle préoccupation bordelière » (*ibid.*). Il ne saurait être rangé, sinon par imposture, parmi ceux que frappe le terrible « opprobre de la misère » (III, 308), matérielle ou spirituelle : intime des nantis de la haute finance et des affaires, familier de leurs salons, ce n'est point un désespéré, mais un jouisseur sans âme, un « chien sans Dieu » (III, 49), dont le cynisme est trop « inconscient » (III, 245) pour être le fruit amer de la souffrance existentielle.

*
* *

Vaudoré comme son ami Dulaurier font donc partie de ces « colons de l'*heureuse rive* du monde, pour qui la journée qui monte est toujours sans menaces » (III, 37 – *je souligne*). La métaphore, qui tient ces personnages sur d'autres bords que ceux où accostent les désespérés, prend tout son sens quand on la rapporte au titre de l'ouvrage d'Alexandre Herzen, *L'Autre Rive*, dont Bloy s'est servi au chapitre IX de son roman pour analyser le désespoir contemporain – « ce célèbre désespoir qui descend aujourd'hui, comme un dragon d'apocalypse, des plateaux slaves sur le vieil Occident accablé de lassitude » (III, 48).

On ignore les circonstances dans lesquelles l'écrivain a découvert cet ouvrage. Maurice Bardèche, dans la biographie intellectuelle qu'il a consacrée à Bloy, estime, sans avancer de preuve, que cette lecture remonte à l'époque de sa jeunesse où, se décrivant lui-même comme « un communard d'avant la Commune » (lettre à Gobineau du 23 sept. 1880 ; Bo, 1, 447), il fréquentait les milieux républicains extrémistes et tentait vainement de mettre sa plume incendiaire au service de *La Rue*, le journal de

14. Vladimir Biaggi, *Le Nihilisme*, *op. cit.*, p. 33-34.

Jules Vallès [15]. Il est vrai qu'à la fin des années 1860, Herzen, qui avait assisté à la révolution de 1848 et qui avait créé à Londres un journal d'inspiration socialiste, *La Cloche,* était fort populaire en France auprès de la gauche révolutionnaire grâce à son ami le publiciste Auguste Nefftzer [16]. Mais Bloy a pu aussi – ce qui est beaucoup plus vraisemblable – lire *L'Autre Rive* à l'instigation de Huysmans qui, au début des années 1880, manifestait volontiers des sympathies libertaires, l'anarchisme le séduisant surtout par sa vigueur protestataire. Le brouillon d'*À vau-l'eau* – ce petit traité du non-être – révèle que l'auteur connaissait le livre de Herzen [17] : coïncidence troublante, on y découvre la citation désenchantée de Karamzine par laquelle s'ouvre le chapitre IX du *Désespéré* [18], citation tirée d'un opuscule inédit en français, que Huysmans a certainement découverte, comme Bloy, en lisant l'édition de *L'Autre Rive* parue à Genève en 1870 [19].

Quoi qu'il en soit, il importe surtout de comprendre ce que représente Herzen : né en 1812, il est le fils naturel d'un aristocrate russe et d'une servante. Il appartient à cette jeunesse qui admire les Décembristes et qui, dans les années 1830, se rallie avec enthousiasme aux idées libérales venues d'Europe occidentale. Hostile au conservatisme autocratique de Nicolas

15. Maurice Bardèche, *Léon Bloy*, Paris, La Table Ronde, 1989, p. 35-36.

16. C'est ce que suggère Michel Arveiller dans l'étude qu'il a consacrée aux relations de Bloy avec Vallès. Voir « 1867-1868 : La révolte de Léon Bloy », *Cahiers Léon Bloy*, n° 1, nouvelle série, Paris, Nizet, 1991, p. 273-274. Auguste Nefftzer, fondateur de *La Revue Germanique* et du *Temps*, contribua grandement à faire connaître Herzen en France : maints articles du penseur russe furent publiés ou cités dans ses organes de presse, notamment lors de l'insurrection polonaise de 1863.

17. Il l'avait lu en 1880, alors qu'il songeait à créer une revue hebdomadaire et naturaliste, destinée à faire, dans les lettres comme dans la politique, « un joli boucan » : « Et vive Herzen le Russe, père du nihilisme à qui nous tressons des couronnes ! – je suis en train de potasser ses ouvrages », écrit-il le 27 septembre à Théodore Hannon. Voir *Lettres à Théodore Hannon*, édition présentée par Pierre Cogny et Christian Berg, Paris, Christian Pirot, 1985, p. 225.

18. « Un éternel mouvement dans le même cercle, une éternelle répétition, un éternel passage du jour à la nuit et de la nuit au jour ; une goutte de larmes douces et une mer de larmes amères ! Ami, à quoi bon moi, toi, nous tous, vivons-nous ? À quoi bon vécurent nos aïeux ? À quoi bon vivront nos descendants ? Mon âme est épuisée, faible et triste » (III, 48). La citation est tirée d'une épître historico-politique de Karamzine, composée en 1793 : *Mélodore à Philalète*.

19. L'Avis au lecteur de cette édition reproduit le texte de Karamzine avec des coupures qu'on retrouve chez les deux romanciers. Voir Alexandre Herzen, *L'Autre Rive*, présentation par Marc Vuilleumier, Genève, Slatkine-Reprints, 1980, p. 17.

Ier, il milite en faveur de l'abolition du servage, puis, après 1848, évolue vers un socialisme libertaire. Cette radicalisation de son libéralisme, qu'explique une attention toujours plus vive aux questions économiques et sociales, lui vaut d'être mis au ban de l'empire. Condamné au bannissement, il se fait connaître, à partir de cette époque, par ses activités de publiciste révolutionnaire : il collabore à *La Voix du peuple* de Proudhon, devient membre pour la Russie du Comité révolutionnaire européen au côté de Mazzini, Kossuth, Ledru-Rollin, lance de son exil londonien une série de pamphlets dans lesquels il dénonce toutes les inégalités dont le régime russe est responsable.

L'Autre Rive, qu'il compose sous le coup de la désillusion en 1848-1849, peut se lire comme un manifeste du nihilisme politique. On voit s'y exprimer ce désir de « délivrer la pensée de toute espèce de tradition » [20], de lever l'oppression imposée à l'homme par le pouvoir étatique, la société, la religion, pour créer un monde nouveau aux contours indéfinis :

> Vivent le chaos et la destruction !
> Vive la mort !
> Place à l'avenir [21] !

La résolution radicale de faire table rase de l'ordre ancien, de détruire les schémas de pensée et les formes institutionnelles qui, dans les esprits, ont empêché la république de février d'accoucher d'une révolution sociale, traduit une double révolte, « individualiste contre le centralisme de l'État » et « socialiste contre la domination de la bourgeoisie » [22]. C'est bien là une manifestation du nihilisme russe, si l'on entend par cette expression, non pas le principe d'une négation intemporelle, ou d'une finalité pratique visant l'instauration d'un système de la Terreur, mais une arme intellectuelle destinée à se délivrer des fausses autorités [23] : « Le nihilisme ne convertit pas quelque chose en néant – écrit Herzen – mais

20. Sergueï Kravtchinski (Stepniak), « La Russie souterraine », cité par Wanda Bannour, *Les Nihilistes russes*, Paris, Aubier, 1974, p. 86.

21. Alexandre Herzen, *L'Autre Rive*, *op. cit.*, p. 64.

22. Franco Venturi, *Les Intellectuels, le peuple et la révolution : Histoire du populisme russe au XIXe siècle* [1952], trad. de l'italien par Viviana Pâques, Paris, Gallimard, 1972, p. 151.

23. Voir Françoise Genevray, « Malwida von Meysenbug et Alexandre Herzen », *Les Amis de Pierre Leroux*, n° 21, 2013, p. 37-50.

révèle que le néant tenu pour quelque chose n'est en fait qu'une illusion optique[24]. » L'auteur de *L'Autre Rive*, sur ce point, n'est pas très éloigné de Bazarov, le type du nihiliste peint en 1862 par Tourgueniev dans *Pères et Fils*. Nier le vieux monde dans ses formes politiques, religieuses et sociales surannées n'est, pour Herzen, qu'une attitude intellectuelle transitoire, née du désespoir qu'engendre l'absence d'horizon politique ; cet utopiste considère l'action révolutionnaire comme un moyen d'atteindre l'épanouissement de l'individu dans une société harmonieuse, où le servage, la censure et toutes les autres formes d'oppression seraient abolis[25].

Si Bloy s'intéresse donc à l'auteur de *L'Autre Rive*, à une époque où les révolutionnaires russes se sont engagés dans une surenchère de négation et de violence, c'est qu'il a bien compris que le nihilisme de ce penseur avait des racines religieuses. Herzen a certes « renié Dieu, l'esprit, l'âme, les idées, les normes et les valeurs suprêmes », mais son nihilisme, comme le notera bien plus tard Berdiaev, n'en est pas moins « un phénomène religieux [...] sorti du terrain spirituel de l'orthodoxie » : il relève encore, dans l'esprit, de l'« ascèse orthodoxe » ; c'est en quelque sorte une « ascèse déviée »[26], à laquelle manque la grâce. De fait, Herzen et les nihilistes, dont il est « le patriarche » (III, 49), sont des « espérants à rebours », des « excavateurs du néant humain » (III, 48), des mystiques d'une nouvelle espèce, entraînés « vers les lointains inconnus du futur »

24. Alexandre Herzen, *Essais critiques*, trad. Antoine Garcia, Moscou, Éditions du Progrès, 1977, p. 502.

25. Herzen, du reste, montrera maintes réticences devant l'évolution du mouvement nihiliste en Russie. Ainsi, en 1859, il lancera contre Nikolaï Tchernychevski et ses amis un article au titre significatif, « *Very dangerous* », où il se livrera à une critique sans concession de ces enragés qui, à l'aube des années 1860, déterminent en grande partie l'opinion révolutionnaire, soulignant « la joie mauvaise de leur négation et leur terrifiante absence de pitié » (*ibid.*, p. 328). Multipliant les réserves à l'égard de ces « hommes nouveaux » – appellation consacrée des nihilistes russes –, il sera de plus en plus isolé au sein des mouvements insurrectionnels : tout en comprenant ce qui, dans une certaine mesure, justifie leur radicalisme révolutionnaire, il saisira avec une inquiétude grandissante « les conséquences terrifiantes de leurs doctrines » (Isaiah Berlin, « Alexandre Herzen », dans *Les Penseurs russes*, trad. de l'anglais par Daria Olivier, Paris, Albin Michel, 1984, p. 259). Réciproquement, les « démons » décrits en 1871 par Dostoïevski détesteront Herzen, dont la sensibilité humaniste et l'attachement aux libertés individuelles passeront à leurs yeux pour un préjugé passéiste.

26. Nicolas Berdiaev, *Les Sources et le sens du communisme russe*, Paris, Gallimard, coll. « Idées », 1951, p. 141.

par le désir de « procurer à tous les hommes en général la plus grande part de bonheur terrestre »[27]. Ils ont dévoyé l'esprit de l'Évangile en prêchant « la Bonne Nouvelle de la Mort » dans l'espoir de « récupérer l'Éden après l'universelle destruction » (III, 49). Herzen ne s'adresse-t-il pas aux déçus de la révolution de 1848 en ces termes :

> ... montrez aux hommes chaque nouvelle plaie sur la poitrine du vieux monde, chaque progrès de la destruction ; indiquez la décrépitude de ses principes, la superficialité de ses efforts ; montrez qu'il ne peut guérir, qu'il n'a ni soutien, ni foi en lui-même, que personne ne l'aime réellement, qu'il se maintient par des mésentendus ; montrez que chacune de ses victoires est un coup qu'il se porte ; prêchez la Mort comme bonne nouvelle, comme annonce de la prochaine RÉDEMPTION[28].

Bloy, qui cite ce passage de *L'Autre Rive*, y voit certes un raisonnement spécieux – l'« enthymème délateur du néant de la vie par le néant de la mort » – et une tentation luciférienne, où l'esprit de révolte, la « négation absolue de tout bien présent » et le désir d'un cataclysme assez terrible pour hâter la régénération des sociétés occidentales marquent le « dernier acculement de l'Orgueil » (*ibid.*). Mais il perçoit aussi dans cette fureur destructrice un appel confus à la Justice, lancé « au nom de la douleur terrestre », pour que se produise enfin « autre chose que le simulacre d'une rédemption » (*ibid.*). Le désespoir est ici une impatience ravageuse, une « convoitise *de derrière le cœur* » (*ibid.*), une énergique protestation de l'Infini dans des esprits en proie à une intense détresse.

Dans sa lettre à Maurice Rollinat du 8 août 1882, Bloy opère une distinction capitale entre deux affections morales, la mélancolie et le désespoir proprement dit. La première est « un désenchantement profond, tranquille et dormant » (Bo, 2, 20), dont sont atteints ceux qui souffrent de la vie, sans en être les ennemis. Beaucoup plus ténébreuse, la seconde est caractérisée par « une haine essentielle » (Bo, 2, 21) de l'existence, ayant le néant pour horizon. Elle se nourrit de pensées terribles qui, de proche en proche, conduisent l'esprit à vouloir détruire et se détruire en même temps. Le désespoir est une bête avide qui ronge l'homme de son

27. Dimitri Pisarev, *La Parole russe*, cité par Wanda Bannour, *Les Nihilistes russes*, *op. cit.*, p. 85.
28. Alexandre Herzen, *L'Autre Rive*, *op. cit.*, p. 64.

ressentiment, un « démoniaque scarabée noir » reconnaissable « à ses deux antennes dangereuses et magnétiques qui se nomment l'amertume et la cruauté » (Bo, 2, 20).

Quand il prend totalement possession d'un esprit, la folie s'annonce immanquablement. Ainsi s'explique le portrait de « Baudelaire agonisant dans l'indigence et quasi-fou » (III, 294), qu'esquisse Bloy. Cependant, l'écrivain qui incarne surtout, à ses yeux, le dernier stade du désespoir est Lautréamont, qui apparaît ici pour la première fois dans les lettres françaises[29]. Comment les *Chants de Maldoror* sont-ils parvenus entre les mains de Bloy ? Au terme d'une aventure éditoriale dont on rappellera les péripéties. Imprimée en 1869 par Lacroix à Bruxelles, l'édition originale de l'ouvrage n'est pas mise en vente par crainte de poursuites judiciaires ; elle reste dans les caves de l'éditeur jusqu'à ce que la faillite le conduise à solder son fonds à un libraire bruxellois, Jean-Baptiste Rozes. En 1874, ce dernier fait brocher les exemplaires des *Chants* qui se trouvaient dans le stock de Lacroix et les met en vente, sans nom d'éditeur. Mais la diffusion de l'ouvrage, sans doute par la volonté de la famille de l'auteur, reste confidentielle jusqu'en 1885, année où les poètes de *La Jeune Belgique* la font connaître. C'est à cette époque que Max Waller, le directeur de ce journal, fait parvenir l'ouvrage à Bloy, dont la réputation de pamphlétaire s'est répandue au delà des frontières. Profondément remué par ce livre « d'une originalité si démesurée » (II, 191), celui-ci décide de faire sortir de l'anonymat l'extraordinaire poème en prose où se fait entendre comme « l'ultime clameur » (III, 51) de la conscience au seuil de l'apocalypse :

> L'un des signes les moins douteux de cet acculement des âmes modernes à l'extrémité de tout, c'est la récente intrusion en France d'un monstre de livre, presque inconnu encore, quoique publié en Belgique depuis dix ans : les *Chants de Maldoror*, par le comte de Lautréamont (?), œuvre tout à fait sans analogue et probablement appelée à retentir. L'auteur est mort dans un cabanon et c'est tout ce qu'on sait de lui.
> Il est difficile de décider si le mot monstre est ici suffisant. Cela ressemble à quelque effroyable polymorphe sous-marin qu'une tempête

29. Marcelin Pleynet estime qu'« on ne peut pas considérer le mince article publié en 1868, dans le quasi confidentiel numéro 5 de *La Jeunesse* par Épistémon [...] comme une introduction de l'œuvre de Lautréamont auprès du public français ». Voir « Celui qui y croyait et "Lautre". Bloy et Lautréamont » (H, 362). Épistémon est le pseudonyme de Christian Calmeau.

> surprenante aurait lancé sur le rivage, après avoir saboulé le fond de l'Océan.
>
> La gueule même de l'Imprécation demeure béante et silencieuse au conspect de ce visiteur, et les sataniques litanies des *Fleurs du Mal* prennent subitement, par comparaison, comme un certain air d'anodine bondieuserie.
>
> Ce n'est plus la *Bonne Nouvelle de la Mort* du bonhomme Herzen, c'est quelque chose comme la Bonne Nouvelle de la *Damnation*. (III, 51)

Certains admirateurs des *Chants de Maldoror*, à commencer par Léon Genonceaux, son premier éditeur en France [30], reprocheront à Bloy, non sans véhémence, d'avoir fait de Lautréamont un aliéné, sans comprendre que la folie est moins une réalité biographique qu'*une figure*. Au plan symbolique, elle est l'envers ténébreux d'une « inconscience prophétique » qui porte « la mystérieuse estampille de l'Esprit-Saint » (II, 191) : on reconnaît le grand poète à cette « troublante faculté de proférer, par-dessus les hommes et le temps, des paroles inouïes dont il ignore lui-même la portée » (*ibid.*).

Le désespoir qui s'exprime par la bouche de Maldoror – dont le nom rappelle tant celui de Marchenoir – est la fêlure d'un esprit supérieur « aux trois-quarts détruit par l'ouragan de quelque effroyable douleur » (II, 187). La férocité du personnage est la perversion monstrueuse d'un enthousiasme prodigieux et d'un immense amour inassouvi : dans ce poème « d'ironie diabolique et d'imprécations » contre Dieu et contre les hommes, même les invectives les plus atroces, et jusqu'à cette « haine enragée » du Tout-Puissant, « gardent la trace profonde [...] d'une ancienne adoration foudroyée » (II, 192).

Il est certes terrifiant de constater que l'âme du poète est devenue un tel « puits de la Mort » (II, 187). Mais, comme les scandales nécessaires de l'Évangile, le « *pianto* de la haine infiniment désolée » qu'exhalent les *Chants de Maldoror* n'en est pas moins d'une « pédagogie salutaire » (II, 189). Il montre sans supercherie littéraire le vrai visage d'un réprouvé,

30. Voir Léon Genonceaux, Préface de 1890 aux *Chants de Maldoror* : « M. Léon Bloy, dont la mission ici-bas consiste décidément à démolir tout le monde, les morts comme les vivants, [...] a sciemment fait de très mauvaise besogne : en effet, il résulte de l'enquête très approfondie que nous avons faite [...] que l'auteur des *Chants de Maldoror* n'est pas mort fou » (Paris, Corti, 1973, p. 10-11).

avec une telle puissance de suggestion qu'il pourrait bien faire vaciller les tranquilles certitudes de ces « pessimistes [...] de l'indifférence absolue » – on songe évidemment à Bourget et à Maupassant – « qui ne sont tout juste, en fin de compte, que les optimistes du néant » (*ibid.*). Ainsi, selon Marcelin Pleynet, c'est l'impression d'une « étonnante complicité » (H, 365) qui se dégage de la lecture de Lautréamont par Bloy : malgré « le grelot de la folie » qu'il attache à l'œuvre, malgré le « malentendu » [31] fondamental dont procède son interprétation de la rébellion de Maldoror [32], le romancier a trouvé dans cet autre Caïn une sorte de demi-frère, qu'il ne peut s'empêcher de chérir, bien que l'esprit des ténèbres ait eu raison de lui.

* * *

Dans une lettre à Théodore de Banville composée en juin 1886, quelques mois avant la parution de son roman, Bloy s'efforce d'expliquer l'originalité de son propos dans cet ouvrage :

> Ce sera un livre plein de désespoir, comme son auteur, mais d'un désespoir philosophique et non point *théologique*, parce que je ne cesse d'être chrétien. J'ai voulu, en cette horrible fin de siècle, où il me semble que tout soit perdu, pousser *vers Dieu* la définitive clameur de déréliction et d'épouvante pour la multitude orpheline que le Père fait semblant d'abandonner du fond de ses cieux [...] [33].

La distinction opérée dans cette lettre entre un désespoir philosophique consistant à n'attendre rien des hommes [34] et une espérance théologique

31. *Ibid.*

32. Sans parler de ceux qui voient dans les *Chants de Maldoror* « une blague de potache supérieur », la révolte et le mal, qui donnent à l'œuvre sa charge magnétique, sont rarement compris comme l'expression d'un désespoir abyssal basculant dans la folie. Les spécialistes de Lautréamont mettent surtout l'accent sur la fécondité de son « imagination survoltée par des pulsions érotiques et agressives toujours en éveil » : dans la rébellion de son archange du mal, ils retiennent moins le défi prométhéen qu'un principe générateur à partir duquel l'écrivain, avec une « lucidité joueuse » et une constante ironie, peut engager « une réflexion de grande envergure sur la littérature ». Voir Jean-Luc Steinmetz, Préface aux *Chants de Maldoror et autres textes*, Paris, LGF, coll. « Les classiques de Poche », 2001, p. 21-26.

33. Lettre du 12 juin 1886 (H, 315).

34. Voir la lettre à Émile Godefroy du 8 février 1906, où Bloy définit le « désespoir *philosophique* » comme un désespoir qui « consiste à n'attendre Rien des hommes et Tout de Dieu ». « Pour ce qui est de l'autre désespoir, le *théologique*, celui qui n'attend rien de Dieu

toujours intacte, qui persiste à croire en la toute-puissance divine, attire d'emblée l'attention sur un paradoxe : « désespoir » est ici un mot à double sens, traversé de tensions contradictoires, qui relève d'une énonciation ironique tirant parti de la logique du retournement. Bloy, quand il commente le titre du roman ou l'état spirituel de son personnage, parle de l'« *optimisme* à rebours, mais réel et constant, de cet étrange *Désespéré* » (Dédicace à Jeanne Boussac-Termier ; *J*, II, 359 [6 août 1913]). La formule d'un désespoir optimiste relève de l'oxymore. Mais l'écrivain se réfère à une autre figure de pensée : « Je me nomme, dans mon livre, *Le Désespéré* – écrit-il en juin 1886 à Henriette L'Huillier –, et voilà, certes, une antiphrase, car il n'est pas possible qu'il y ait jamais eu un espérant plus incurable [35]. »

En exprimant le contraire de ce qu'elle laisse entendre, l'antiphrase place le roman sous le signe du renversement des apparences. Elle ne peut cependant réduire le paradoxe de ce désespoir chrétien, que souligne davantage, par une alliance de termes antithétiques, la persistance d'un « optimisme déchaîné » [36] au comble de l'accablement moral. On touche ici à la complexité même de Marchenoir, qui incarne cette difficulté logique. Le personnage a ceci de particulier qu'il a traversé tous les degrés du désespoir, de la simple mélancolie au blasphème de l'impatience religieuse, en passant par la rébellion contre la société.

Marchenoir est en effet affecté d'une mélancolie native qui fait d'abord de lui un lointain héritier de René [37]. Richard Griffiths a montré que *Le Désespéré* portait maintes traces, dans l'expression du désespoir, d'un romantisme tardif [38]. Marqué par une destinée implacable, le héros est de « ces êtres miraculeusement formés pour le malheur » (III, 52). Rêveur, taciturne, solitaire, « enragé d'un absolu de sensations ou de sentiments » (III, 56), il paraît exilé dans le monde, incapable de concevoir « une

– poursuit Bloy –, nous l'abandonnerons aux bourgeois qui cherchent la joie de leurs tripes » (*J*, I, 594-595).

35. Lettre de Bloy à Henriette L'Huillier du 16 juin 1886, dans *Correspondance. 1884-1906*, éd. cit., p. 260.

36. Dédicace à Vincent d'Indy, citée par Éric Walbecq, « Les Envois de Léon Bloy », *Histoires littéraires*, n° 1, 2000, p. 48.

37. Voir *infra*, quatrième partie, chap. II.

38. Voir Richard Griffiths, « Désespoir romantique et douleur chrétienne. L'énigme Caïn Marchenoir » (*LB7*, 93-105).

condition terrestre moins atroce » (III, 53) que la sienne. Il est fondamentalement « le déshérité » (III, 102) de toute consolation humaine – on songe, bien sûr, à « El Desdichado » – parce qu'il souffre du mal de l'infini. S'il lui arrive de pleurer sur son sort, il est cependant capable d'une « extraordinaire énergie » (III, 55). C'est un « amoureux de l'action héroïque » (*ibid.*) que révolte la médiocrité des choses humaines, un « désenchanté de la vie » (III, 82) qui, tout en chérissant sa souffrance, refuse la finitude comprimant ses désirs : de ce rêveur impénitent sort parfois un « cannibale » (III, 56), un « lycanthrope » (III, 237), à la manière de Pétrus Borel.

« Hirsute et noir » (III, 55), il peut être féroce, mais sa lutte contre le monde se retourne le plus souvent contre lui. C'est un paria frappé par « l'anathème d'une vocation supérieure » (III, 31), une « âme altissime » qui, pour son malheur, s'est vouée à l'Art – « un art proscrit, [...], méprisé, subalternisé, famélique, fugitif, guenilleux et catacombal » (III, 54). Son infortune est telle, que son mal, de surcroît, est « contagieux » (III, 106) : ce réprouvé dans le genre de Manfred est « funeste à tous ceux qui l'[aiment] » (*ibid.*). Il ne se prénomme pas Caïn par le fruit du hasard : c'est un avatar du Satan romantique, dont le narrateur du *Désespéré* suggère cependant l'outrance parodique [39]. Si Marchenoir est assurément un type littéraire issu du romantisme noir, cet héritage est dépassé par l'évolution même du héros. Ainsi, ce premier désespoir, qu'il serait facile de ramener à un *topos* éculé – celui de la mélancolie, du mal de vivre, du *tædium vitæ* – apparaît comme un premier stade, somme toute superficiel, dans la caractérisation morale et spirituelle de cette « âme tragique » (III, 143) qui a « l'air de marcher dans une gloire de misères » (III, 64).

On rencontre, en ce point, un autre aspect du désespoir dont souffre Marchenoir, plus proche du nihilisme moderne. Le personnage est aussi « un désespéré » au sens politique et social du terme [40] : un homme en

39. Ainsi de cette « origine espagnole », dont Bloy souligne le « ridicule romantique » (III, 55).

40. « Un désespéré » est le titre qui figure sur la première ébauche manuscrite du roman de Bloy. Détail intéressant déjà relevé par Joseph Royer : la dernière nouvelle de Tourgueniev avait été traduite en français sous ce titre, par Durand-Gréville, et était parue en France dans le numéro 2 de la *Revue politique et littéraire*, le 14 janvier 1882, en même temps qu'elle était parue en Russie, dans le *Messager de l'Europe*. Voir Joseph Royer, « Un parricide laborieux. Étude génétique de l'incipit dans *Le Désespéré* » (*LB7*, 45, n. 17).

révolte contre la loi paternelle, qui refuse tout compromis avec la société bourgeoise, ce qu'indique assez clairement le thème capital du parricide sur lequel s'ouvre le roman. Marchenoir, dans une lettre en forme de confession, s'y décrit comme « une âme livrée à son propre néant » (III, 29), qui éprouve le besoin de crier sa détresse. La mort de son père est pour le héros une « œuvre de damné » (*ibid.*) : son œuvre précisément, fruit amer de la désobéissance et du mépris qui l'ont conduit, contre la volonté expresse du vieil homme, à se jeter « aux avanies démoniaques de la vie d'artiste » (III, 31).

Cette « révolte impie » contre l'autorité paternelle est certes présentée dans le roman comme « une intransgressable loi de nature » (*ibid.*). Mais, dans l'une des ébauches manuscrites de l'incipit (*LB7*, 22-24), elle était d'abord rapportée à un conflit de générations, semblable à celui que décrit Tourgueniev dans *Pères et Fils*. Le parricide y avait une signification historique : Marchenoir, renouvelant la *Confession d'un enfant du siècle*, mettait l'accent sur le malaise moral et intellectuel de la jeunesse après 1848. Le désespoir du héros, identique à celui du « grand nombre », y était la conséquence d'une impasse idéologique et d'une irrémédiable défiance à l'égard d'autorités familiales, sociales, politiques, jugées illégitimes et oppressives :

> La génération romantique de 1830 qui nous engendra nous trouvait généralement assez mal venus et aurait voulu nous faire rentrer dans ses génitoires. La réaction psychologique déterminée sous le Second Empire par le coup de refouloir d'une littérature qui semblait, naissant, devoir faire éclater toute tradition, l'étrange délire d'inquiétude qui s'est emparé de la jeunesse d'élite en ces vingt dernières années ; enfin le grandissant décri des rengaines politiques si prodigieusement éculées par d'ambitieux saltimbanques, toutes ces causes avaient entaillé le milieu du siècle à une telle profondeur que les pères et les fils avaient l'air de se promener intellectuellement de chaque côté d'un infranchissable abîme. Conséquence certaine : oppression absurde d'une part, révolte complète de l'autre. Révolte et égorgement. Telle est l'histoire d'un grand nombre.

Même si Bloy n'a pas engagé le récit plus avant dans cette voie, Marchenoir reste, à bien des égards, un réfractaire qui sent, profondément plantée dans sa chair, « l'épine de révolte aux noires fleurs » (III, 72). La rébellion est à ses yeux l'aboutissement de « toute pensée vigoureuse » (III, 50) qui a en vue la justice. À rebours de Bonald et de tous les « gens vertueux » (III, 148) qui expliquent doctement que la différence de condition entre riches et pauvres est un équilibre socialement nécessaire, moralement bienfaisant et théologiquement fondé, il se sent « en communion d'impatience avec tous les révoltés, tous les déçus, tous les inexaucés, tous les damnés de ce monde » (*ibid.*). Nul homme doué de raison ne saurait accepter sans lâcheté ou sottise qu'on le traite comme un criminel « pour avoir perdu sa fortune ou pour être né sans argent » (III, 309), si aucune consolation ne lui est donnée.

De ce point de vue, renchérit le narrateur, « les nihilistes ont cent fois raison » : « Que tout tombe, que tout périsse, que tout s'en aille au tonnerre de Dieu, s'il faut endurer indéfiniment cette abominable farce de souffrir *pour rien* » (*ibid.*). Ce même narrateur, se faisant le porte-parole « des crevants de faim et des porte-loques » (III, 309-310), n'a aucune peine à lancer, à leur place, contre « la surdité des riches » (III, 149), les menaces des « dynamiteurs allemands ou russes » (III, 312) dont il a, comme son héros, la violence et le désespoir en partage :

> Vous garderez l'argent, le pain, le vin, les arbres et les fleurs. Vous garderez toutes les joies de la vie et l'inaltérable sérénité de vos consciences. Nous ne réclamerons plus rien, nous ne désirerons plus rien de toutes ces choses que nous avons désirées et réclamées en vain, pendant tant de siècles. Notre désespoir complet promulgue, dès maintenant, *contre nous-mêmes*, la définitive prescription qui vous les adjuge. Seulement, défiez-vous !... Nous gardons le *feu*, en vous suppliant de n'être pas trop surpris d'une fricassée prochaine. Vos palais et vos hôtels flamberont très bien, quand il nous plaira, car nous avons attentivement écouté les leçons de vos professeurs de chimie et nous avons inventé de petits engins qui vous émerveilleront. (III, 310)

Quelque chose d'essentiel sépare cependant Marchenoir des anarchistes nihilistes : « une nuit de grand'garde », pendant la guerre de 1870, il a eu « l'aperception immédiate, foudroyante, d'une Révélation divine » (III, 57). Contre toute attente, malgré un passé de compagnonnage idéologique avec ces révoltés – « dix ans d'un impur noviciat dans les latrines de l'examen philosophique » –, il ne s'est pas converti à la religion du Rien, et n'a point prononcé « de stercoraires vœux » (*ibid.*). La foi chrétienne a donné un sens à son existence, elle l'a comblé du sentiment de la Présence, elle a affermi son esprit d'« un principe de résurrection, de justice, de triomphe futur » (III, 58). Elle l'a préservé de « l'absolu désespoir » (*ibid.*) des nihilistes, mais elle a en même temps ouvert en lui « un double abîme [...] de désir et de fureur », en le confrontant à « l'inexorable énigme d'un Règne de Dieu [...] qui jamais n'arrive » (*ibid.*). La conversion n'a pas éradiqué son désespoir, elle en a changé la nature. Son « amoureuse foi » lui a appris à se fabriquer « de l'espérance avec le plus noir pessimisme » (*ibid.*) ; elle lui a apporté « le conditionnel désespoir des millénaires » (*ibid.*), cette impatience apocalyptique qui pousse jusqu'au blasphème le désir de voir s'achever sans tarder la « farce tragique de l'Homme » (III, 59) :

> Plus que jamais, il fut un désespéré, mais un de ces désespérés sublimes qui jettent leur cœur dans le ciel, comme un naufragé lancerait toute sa fortune dans l'océan pour ne pas sombrer tout à fait, avant d'avoir au moins entrevu le rivage. (III, 59)

La « dialectique complexe » permettant à Marchenoir de tenir la double postulation du désespoir et de la foi dans la Bonne Nouvelle se fonde sur une théologie « d'essence tragique » (*LB*7, 120), qui appelle quelques éclaircissements. Marquée depuis l'origine par le péché originel et par la Chute, l'histoire humaine est « un livre insoupçonné et plein de mystères » (III, 132), qui vient en supplément des Saintes Écritures : ce « texte homogène » (*ibid.*), dont tous les signes sont solidaires, porte un sens en devenir, que la Rédemption n'a pas immobilisé. Tout n'est donc pas éclairci dans cette histoire : son déroulement providentiel, loin d'être la révélation d'un plan immuable, fait place à une *réserve eschatologique*, le salut étant donné aux hommes comme une promesse, dont l'accomplissement dépend du devenir du christianisme.

Ainsi, selon Bloy – qui se prévaut ici de saint Paul[41] –, l'« Éternité bienheureuse » (III, 58) n'est donnée aux hommes qu'« en espérance » (III, 148), de manière toute conditionnelle. Rien n'est encore accompli de ce que Dieu a promis, et nul ne sait s'il sera sauvé. Or, « les interminables ajournements de la Justice », comme « l'apparente inefficacité de la Rédemption » (III, 140), éprouvent durement la patience de ceux qui attendent la délivrance : « Ce n'est que du Temps qu'il faut au solvable

41. Rom., VIII, 22-24.

Maître de l'Éternité et le temps est fait de la désolation des hommes » (III, 59).

Cette désolation est d'autant plus grande que le mal assaille le monde. Il lui a été donné en même temps que la mort, il semble s'étendre avec les siècles, et fait peser sur l'humanité la menace de « l'enfer *possible*, de la défiguration sans retour, du monstre éternel » (III, 83). Si le christianisme permet de conjurer « l'*irrévocabilité* de la damnation » (III, 84), s'il porte en lui une promesse d'immortalité, ce n'est qu'« un atome d'espérance pour contrepeser un mont de terreurs » (III, 83). Car le sens de l'histoire se brouille, en même temps que la Chute s'accélère et que le « silence de Dieu » (III, 58), son apparente « impuissance » (III, 59), deviennent un gouffre d'une insondable profondeur : le mal paraît « plus universel » et « plus grand » (III, 175) que jamais aux temps modernes.

Jamais, en contrepartie, n'a été plus intense et plus nécessaire la douleur des « grandes âmes » qui attendent la « fin de cet exode » et qui « implorent un dénouement » (III, 149). Marchenoir, qui appelle de ses vœux les plus ardents l'élargissement définitif de l'humanité souffrante, est, selon Bertrand Vibert, « une sorte de Sisyphe chrétien voué à un supplice éternel et toujours recommencé » (*LB7*, 121). Non content de devoir « reprendre et remâcher tous les vieux culots d'une misère sans issue », il lui faut encore « retraîner sempiternellement, avec des épaules en sang, la voiture à bras du déménagement de ses vieilles illusions archi-décrépites, crevassées, poussiéreuses, grelottantes, mais cramponnées encore et inarrachables » (III, 105).

Son désespoir, né de l'impétuosité de son désir de Dieu, n'est jamais, dans un tel contexte théologique, que ce « blasphème *par amour* » qui est « la prière de l'abandonné » (III, 226) : « Moi, le dernier venu, je pense qu'une agonie de mille ans nous donne peut-être le droit d'être impatients, comme on ne le fut jamais, et, puisqu'il faut que nous *élevions nos cœurs*, de les arracher, une bonne fois, de nos poitrines, ces organes désespérés, pour en lapider le ciel ! » (III, 148). Refusant de se résigner, se cabrant toujours contre les infortunes et les iniquités, Marchenoir a cette énergie du désespoir qui est pour lui l'autre nom de l'espérance.

Sa vie, telle que la retrace le roman, est un miroir où semble se réfracter mystérieusement l'histoire du salut. Élu de la Douleur, depuis la prime enfance, il est une sorte de Christ « *per speculum in ænigmate* » [42] : « Cette vocation de sauver les autres, malgré votre misère, cette soif de justice qui vous dévore, cette haine que vous inspirez à tout le monde et qui fait de vous un proscrit, tout cela ne vous dit-il rien, à vous qui lisez dans les songes de l'histoire et dans les figures de la vie ? » (III, 287), lui demande Véronique. De fait, la vie pèse lourdement sur les épaules de « ce porte-croix chargé d'un si dur fardeau » (III, 276), qui semble n'avoir pour toute ambition que de proférer « une grande parole » et de mourir ensuite, comme Jésus, « sous les soufflets et les crachats de l'univers » (III, 312). C'est du reste ce qui arrive. Comme il le confie à Leverdier dans sa dernière lettre, sa « pire souffrance », sur son lit de mort, est « une soif épouvantable, la soif de Jésus dans son Agonie » (III, 303).

Mais c'est surtout avec les filles publiques – ces épaves que Marchenoir ne cesse de recueillir – qu'éclatent « ses fonctions de releveur » (III, 106) : comme le Christ avec Marie-Madeleine, il est pour elles un Sauveur. Dans la poétique romanesque de Bloy, où « l'expression d'une réalité quelconque » doit toujours être « adéquate à la vision de l'esprit » (III, 265), Marchenoir, à l'échelle de sa vie d'homme, répercute symboliquement le geste rédempteur de Jésus. C'est ce que suggère en particulier la métamorphose de Véronique, cette transfiguration qui d'une pécheresse décrite en termes orduriers fait une figure mariale, d'une irréprochable pureté (III, 102-103).

Mais le « diabolisme de la passion » (III, 279) enraye la glorieuse assomption de l'Amour divin, qui devait être le terme de cette aventure symbolique. Véronique est en quelque sorte l'œuvre de Marchenoir – l'équivalent d'un « beau livre qu'il eût écrit », d'un livre « vraiment sublime » (III, 102). Or cette œuvre va être dénaturée et profanée par son créateur, le regain de ses appétits charnels et d'une jalousie indigne entraînant aussitôt un dérèglement de l'économie figurale. Celui-ci se traduit par l'apparition de deux thématiques capitales qui cristallisent l'enjeu spirituel du *Désespéré.* La première est la monstruosité. Marchenoir, dès qu'il prête l'oreille aux « susurrements [...] de la Luxure » (III, 107), est assailli par un monstre qui fait penser aux grylles, ces assemblages

42. I Cor., XIII, 12.

bizarres de figures animales qu'on trouve dans la peinture d'un Bruegel ou d'un Bosch :

> Aujourd'hui, le monstre revenait sur lui et lui broyait doucement les os de sa gueule. [...] l'amour véritable est la plus incompatible des passions inquiètes. C'est un carnassier plein d'insomnie, tacheté d'yeux, avec une paire de télescope sur son arrière-train. (III, 106)

Le récit multiplie ces allégories du mal qu'il associe à une autre thématique, celle de la défiguration :

> L'Amour écume au seul mot de partage et la jalousie est sa maison. C'est un colimaçon sans patrie, qui se repaît, sans convives, dans sa spirale ténébreuse. Il y a des yeux à l'extrémité de ses cornes et, si légèrement qu'on les effleure, il rentre en lui-même pour se dévorer. En même temps, il est ubiquitaire, quant au temps et quant à l'espace, comme le vrai Dieu dont il est la plus effrayante défiguration. (III, 106)

Cette thématique prend un tour particulièrement dramatique avec la mutilation de Véronique. La jeune femme ne se contente pas de tordre sa splendide chevelure – cette « toison sublime » (III, 194) – en « un despotique et monstrueux chignon » (III, 195) ; elle se fait aussi arracher toutes les dents, ce qui provoque son « défigurement bizarre et triste » (III, 193).

Au plan symbolique, la monstruosité et la défiguration représentent dans le récit, à l'échelle d'un individu, ce qui, dans l'histoire de l'humanité, empêche ou retarde « la translation des figures en réalité » (III, 280). De fait, Marchenoir reste déchiré entre ses deux types : Jésus et Caïn, le réprouvé. Alors qu'elle s'était métamorphosée en figure virginale, Véronique, cette « habitante "de l'autre rive" » (III, 287) – la vraie, celle où accostent les mystiques –, se met à « convoiter le fruit savoureux de sa propre mort » (III, 283) : elle devient une figure de « la grande Ève », qui « convoita le fruit de la mort universelle » (*ibid.*). Tous deux apparaissent comme les « singulières victimes d'un Idéal prorogé au delà des temps » (III, 283-284). S'ils sont par leurs amours humaines de possibles figures de l'Amour divin, c'est-à-dire du Saint-Esprit, celui-ci demeure « caché sous un travestissement inimaginable » (III, 280). Le salut reste désespérément inaccessible.

Le désespoir dont il est question dans le roman de Bloy est donc une espérance suspendue et défigurée ; c'est un monstre – et même, on l'a vu,

« le roi des monstres » (III, 145), alliant inexplicablement les contraires, confondant les extrêmes. Il est à l'image de Lucifer, l'ange de lumière retourné en ange des ténèbres. Il est la forme superlative de l'ironie spirituelle propre aux véritables croyants des temps modernes.

Pourtant Marchenoir, sur son lit de mort, déclare : « Je ne suis plus le *Désespéré* » (III, 313). Parole capitale – et paradoxale – qui donne un sens à sa disparition dans l'abandon le plus total. Au comble de la solitude, le héros agonisant a vainement attendu les derniers sacrements et la venue de Leverdier, son seul ami. En pleine crise de tétanie, livré à une concierge imbécile qui a empoisonné ses derniers instants, il est allé au bout du dénuement, de l'impuissance et de la douleur. Il a touché la limite de la privation dans une parfaite déréliction. Une telle mort paraît être le comble du tragique. Pourtant, quelque chose s'y accomplit, qui métamorphose le désespoir de Marchenoir et le renverse en pur amour, le héros accédant enfin à une délivrance bienheureuse [43], au moment même où, dans la soumission, l'abandon et la confiance, il « renonce à toute idée de salut » [44].

Antiphrastique, *Le Désespéré* place le lecteur dans une position herméneutique inconfortable. Le désespoir chrétien dont il tente de tracer la voie est un cheminement sur des escarpements spirituels où l'on finit par ne plus distinguer le précipice de la ligne de crête. Bloy, ce n'est point un hasard, aimait apposer en dédicace de son livre cette citation de Carlyle : « Le désespoir porté assez loin [...] complète le cercle et redevient une espérance ardente et féconde » (*J*, II, 186 [13 sept. 1910]). Il est, à cet égard, le cousin de Dostoïevski et de Kierkegaard.

43. Cette « délivrance bienheureuse » peut-elle se comprendre comme une tranquillité d'âme qui gagne le personnage après que celui-ci a « payé sa dette », selon le principe de la réversibilité ? Bloy, dont la théologie, comme on l'a vu, magnifie la douleur humaine, se réfère plusieurs fois dans le roman au principe maistrien (III, 96, 113). En outre, dans la lettre qu'il adresse à sa fiancée le 27 septembre 1889, il se livre à une confidence qui permet de lire la fin de son roman de cette manière : « Alors même que j'étais aussi près que possible du désespoir, et cela m'est arrivé bien souvent, j'ai toujours pensé que j'avais une énorme dette à payer qu'il fallait que j'acquittasse jusqu'à la dernière obole, après quoi, j'aurais enfin la paix [...]. Cette croyance inébranlable est le fondement de mon espérance et m'a toujours soutenu ». Voir Léon Bloy et Johanne Molbech, *Correspondance (1889-1890)*, éd. Natacha Galpérine, Pierre Glaudes, Joseph Royer et Marie Tichy, Paris, Garnier, 2010, p. 85-86.

44. Lydie Parisse, « *Le Désespéré* de Léon Bloy : le *pur amour* comme modèle herméneutique » (*LB*7, 159).

Chapitre II

Le sublime et le grotesque dans *Le Désespéré*

« Un lépreux de magnificence » (III, 130), « le cloaque d'une apothéose démocratique » (III, 125), « la bienveillance viscérale des digérants » (III, 59) : on n'en finirait pas de relever, dans *Le Désespéré*, ces discordances tonales, ces mélanges disparates, ces combinaisons inattendues de mots nobles et bas qui font brusquement passer le lecteur du sublime au grotesque (ou l'inverse). La surprise ne naît pas seulement des violents contrastes qui résultent de l'alternance des styles opposés ; elle est surtout provoquée par leur alliance paradoxale, que Bloy pousse volontiers jusqu'à l'incongruité. Ce trait de l'écriture bloyenne, maintes fois relevé, a été interprété de diverses manières. Certains, comme Pascal Durand, ont remarqué que le goût de l'écrivain pour les « produits composites » et les « formules bâtardes » (H, 308) était caractéristique d'une époque où la prodigieuse extension des productions paralittéraires du journalisme poussait la grande littérature, en réaction, à rejeter les formes reçues de la communauté langagière, la singularité de Bloy ne consistant alors qu'à donner un tour hyperbolique au style d'une littérature « fin de siècle », dont il serait représentatif « jusqu'à la caricature » [1].

D'autres, telle Mireille Dereu, ont vu dans la répugnance de l'écrivain pour le style moyen – répugnance qui le conduit sans relâche ou presque

1. Hubert Juin, Introduction de l'édition 10/18 du *Désespéré*, Paris, UGE, 1983, p. 7.

à se porter aux extrêmes – l'expression d'un « antiréalisme foncier », lequel permet de « substituer à l'ordre d'un réel méprisé l'ordre d'un langage » où s'affirme, « hors du champ de la vraisemblance », une subjectivité visionnaire aspirant à « la culbute des apparences » (H, 77).

D'autres encore, comme Bernard Sarrazin, ont compris cette discordance stylistique « qui ébranle le sens commun » comme un aspect, parmi d'autres, d'une écriture du non-sens, « lequel n'est pas [...] l'absence de sens, mais le refus du sens figé et imposé par une autorité » (H, 58). En joignant « à la force libératrice du comique [...] quelque chose de sublime et d'élevé » [2], Bloy, ce « maître de l'indécidable » (*ibid.*), creuserait « l'abîme de notre contradiction spirituelle » [3].

Dans le prolongement de ces interprétations, et dans un dialogue avec elles – car elles recèlent toutes une part de vérité –, on voudrait situer la dialectique bloyenne du sublime et du grotesque dans le cadre d'une apologétique moderne qui, pour parler de Dieu dans un monde où s'effacent les repères transcendants, tente un double pari : pari de la constitution d'une langue originale que d'aucuns, à commencer par Bloy lui-même, diraient tératologique [4], puisqu'elle s'efforce de concilier la modernité littéraire avec le style biblique ; et pari de la radicalisation d'une littérature du blasphème qui, dans la postérité de Baudelaire et de Barbey d'Aurevilly, cherche Dieu par la voie négative.

Cette apologétique moderne fait jouer les ressorts du sublime et du grotesque aux trois niveaux de lecture complémentaires que Bloy lui-même décèle dans son roman, quand il y voit « une satire sociale » (Préface de 1913 ; *J*, I, 262 [13 janv. 1912]), « un roman psychologique des plus fouillés » [5] et « une parabole durable » – cette dernière formule s'opposant, dans son esprit, à « un pamphlet d'occasion » (Préface de 1913, *ibid.*).

2. André Breton, Préface de l'*Anthologie de l'humour noir,* Paris, Pauvert, 1966, p. 15.

3. Pierre Emmanuel, préface au *Léon Bloy* de Georges Cattaui, Bruxelles, Éditions Universitaires, coll. « Classiques du XXe siècle », 1954, p. 10.

4. Voir la référence au « monstre de livre » (III, 51) de Lautréamont.

5. Lettre de Bloy à Louis Montchal du 19 janvier 1887, dans *Correspondance. 1884-1906*, éd. cit., p. 342.

La satire sociale

L'alliance aberrante des styles nobles et bas, les « bigarrures tonales », les « décalages de l'héroï-comique et du burlesque » sont des procédés qui, selon Mireille Dereu, « appartiennent à la tradition satirique » (H, 76). Dans *Le Désespéré,* ils permettent d'abord de donner du monde moderne – et, en particulier, de ses élites intellectuelles – une image grotesque. Le grotesque bloyen est une anatomie du réel dont le principe central est celui de l'amplification dans le démembrement et la dislocation de ses matériaux [6]. Il correspond à la définition de « ce principe actif de subversion » [7], que donne Wolfgang Kayser, lorsqu'il relève qu'avec le grotesque, le quotidien et son ordre en apparence solide se laissent envahir par des puissances destructrices, qui mettent en péril sa cohésion. Pour Kayser, le grotesque est un processus d'anéantissement de la réalité familière, qui prive le lecteur de ses repères habituels pour le confronter à un défaut de sens. Ce grotesque-là accomplit son travail de sape au moyen d'un ensemble de procédés de désintégration, dont on trouve aisément la trace dans *Le Désespéré.*

L'un des plus frappants est l'hybridation de l'humain, du végétal et de l'animal. Ainsi, Alfred Wolff a une « face entièrement glabre comme [...] celle d'un singe papion » (III, 299) et une « lippe pendante », qui ne recouvre « rien que le dessous d'entonnoir de son museau de poisson » (III, 300) : rien ne semble pouvoir enlaidir ce visage qui ne serait « pas plus épouvantable » s'il y poussait « des champignons bleus » (III, 299). Inutile d'insister sur l'effet produit par un tel procédé : la monstrueuse difformité qu'il souligne – « Wolff est le monstre pur, le monstre *essentiel* » (III, 299) – tire le grotesque du côté du fantastique : la « monstruosité physiologique » se double d'une monstruosité « morale » (III, 304), dont le grotesque révèle la nature démoniaque.

Autres procédés, la dislocation, la liquéfaction, la décomposition proliférante sont maintes fois utilisées par Bloy. Ainsi, quand Wolff s'anime, sa « carcasse » semble toujours sur le point de « se désassembler comme un

6. Voir Sophie Duval et Marc Martinez, *La Satire,* Paris, Armand Colin, coll. « U », 2000, p. 190 *sq.*

7. Dominique Iehl, *Le Grotesque,* Paris, PUF, coll. « Que sais-je ? », 1977, p. 11.

mauvais meuble vendu à crédit par la maison Crépin » (III, 298) ; ses « immenses jambes [...] ont l'air de vouloir se débarrasser à chaque pas de la dégoûtante boîte à ordures qu'elles ne supportent qu'à regret » (III, 298-299). Wolff, de ce point de vue, n'a rien à envier à Hippolyte Maubec, qui « soutire si puissamment, à lui seul, l'universelle pourriture contemporaine qu'il en devient positivement volatile » (III, 297), comme un composé gazeux. Il est vrai que celui-ci est affublé « d'une espèce de figure syphilitique et foraminée, aux glandes cutanées perpétuellement juteuses » : « Quand l'humeur liquide menace de s'indurer, il presse délicatement les pustules réfractaires au suintement et fait jaillir son ordure » (III, 254). En comparaison, Germain Gâteau paraît moins abominable, lui le « Géronte visqueux et blanchâtre au teint de mastic couperosé » (III, 250). L'intensification et la dynamisation du réel, propres au grotesque, donnent une signification pathologique à ces formes de foisonnement. Celles-ci révèlent la puissance active du mal et de la mort au cœur du vivant : on est proche de ce grotesque de l'effroi qui, selon Kayser, montre le glissement d'un monde vicié et putréfié vers le néant.

Autre procédé encore, l'exaltation des réalités corporelles au détriment de la vie spirituelle s'exprime dans des images obscènes ou scatologiques. « La bucolique dénomination de goret » est « presque honorable » pour Mérovée Beauclerc, « ce locataire de l'Ignominie » (III, 259) ; logiquement, « les bourgeois se complaisent en cette figure symbolique de toutes les bestialités dont leur âme est pleine » (*ibid.*). Hamilcar Lécuyer, quant à lui, est une « cymbale sensuelle » qui ne vibre qu'« aux pulsations venues d'en bas » (III, 241) : ce qui sort de son esprit, « comme d'un abcès monstrueux », n'est qu'un amas de « purulences recuites et granuleuses », d'« inexprimables moisissures coulantes » et d'« excréments calcinés » (III, 242). « Étonnamment dénué d'esprit », Gilles de Vaudoré traduit sa « parfaite stupidité de [...] jouisseur » par « des yeux de vache ahurie ou de chien qui pisse » (III, 245). Scatologie et eschatologie sont étroitement associées chez Bloy, on le sait : les procédés stylistiques du rabaissement, s'ils témoignent d'une prodigieuse invention verbale qui fait jaillir le rire, donnent à l'assomption du corps grotesque la signification d'une tragique chute spirituelle. Ce sont à la fois le Verbe et l'Amour divins qui sont profanés par cette « immondicité des esprits » (III, 177), exclusivement orientés vers les réalités inférieures. « L'apoplexie de l'humanité », dans un monde au seuil de l'apocalypse, est inscrite dans cette prolifération des « âmes de pourceaux » (III, 270).

Le dernier procédé bloyen en matière de grotesque est le carnaval des apparences, ce renversement des hiérarchies, des conventions, des comportements humains, selon la logique du *mundus inversus*. Celui-ci prend parfois la forme du travestissement burlesque : traitées en style vulgaire, les grandeurs d'établissements, les hautes figures de l'histoire ou de la société sont alors tournées en dérision. Ainsi de cette évocation de Mahomet qui permet de ramener la naissance de l'islam aux proportions de Lilliput :

> Du côté de l'Orient, le Chamelier Prophète, accroupi sur la bouse de son troupeau, couvait déjà, dans son sein pouilleux, les sauterelles affamées dont il allait remplir les deux tiers du monde connu. (III, 138)

Ces disconvenances stylistiques prennent aussi la forme de l'héroï-comique quand un personnage essentiellement vil s'exprime dans un style noble, qu'affecte aussitôt une dimension parodique. C'est de cette façon que sont traitées, par exemple, les élégantes plaintes d'un fantoche tel que Dulaurier sur l'ennui de vivre. Elles se réduisent à un entassement de clichés qui en font sentir l'artifice et leur ôte tout poids de réalité :

> «Je sais trop ce que c'est que de souffrir, quoi que vous en pensiez, et personne, peut-être, n'a senti aussi douloureusement que moi, depuis lord Byron, le mal d'exister. Je me suis appelé moi-même dans un poème du plus désolant scepticisme, une âme « à la fois exaspérée et lasse ». Rien de plus vrai, rien de plus triste [...]. La vie est plate, mon cher Marchenoir, il faut s'y résigner. (III, 46-47)

D'emblée contredites par le nom du personnage, ces paroles dolentes, qui pastichent le style byronien relèvent d'une théâtralisation du discours qui en dévoile la facticité [8]. Elles sont à mettre sur le même plan que l'oblation de son oignon par Dulaurier, lors de la rencontre de Leverdier au Palais-Royal : cette générosité de façade est démentie par le retour de l'oignon dans son gousset « comme un pauvre cœur qu'on dédaigne »

8. « Rien de plus grotesque, et, au fond, de plus lamentable que les airs de miséricorde hautaine ou de compassion navrée des gavés du monde pour ces pénitents qui les protègent du fond de leur solitude et sans l'intercession desquels, peut-être, ils n'auraient même pas la sécurité d'une digestion » (III, 115).

(III, 68). Minée par le ton de la parodie, la noblesse des sentiments de Dulaurier apparaît alors comme une affectation « grotesque » (*ibid.*).

Tous ces exemples le montrent : la batterie de procédés mis en œuvre par Bloy dans sa satire du monde moderne en souligne l'inconsistance. Mais ce néant est actif et malfaisant. La réalité grotesque porte en elle un formidable pouvoir de négation : d'où l'ambivalence qui résulte de cette représentation mêlant le comique au tragique et le rire à l'effroi. La seule présence sublime dans ce monde en proie à une interminable agonie est celle des pauvres : les mendiants, les parias, les proscrits, les loqueteux, tous ceux qui, d'un point de vue mondain, incarnent la parfaite abjection sont, en réalité, les seuls à pouvoir se prévaloir d'une grandeur qui découle précisément de leur humiliation. « Toujours vaincu, bafoué, souffleté, violé, maudit, coupé en morceaux », le pauvre a « l'étonnant destin de représenter Dieu même [...] en qui se résumèrent les abominations les plus exquises de la misère et qui fut Lui-même le Balthasar d'un festin de tortures » (III, 138).

Le *topos* satirique du *mundus inversus* prend de la sorte, chez Bloy, une coloration néo-testamentaire. L'écrivain retrouve le style des Évangiles où tel pêcheur, tel publicain, telle femme adultère, chacun pris dans les humbles réalités du quotidien, voient leur existence magnifiée par la rencontre du Christ, lequel ne vient pas parmi eux « en héros et en roi, mais en homme de la basse condition sociale » [9]. En vertu de son enseignement, la plus grande dignité peut coïncider avec la plus profonde misère, les Évangiles étant le lieu d'émergence d'un « nouveau style élevé », qui « assume la réalité concrète avec sa laideur, son indignité, sa bassesse » [10]. Ainsi, Marchenoir est-il décrit comme le parangon d'une ignominie sublime qui renouvelle, dans l'ordre artistique, l'antique tradition des prophètes guenilleux et des pestiférés :

> Toutes les maladies dégoûtantes et monstrueuses qui peuvent justifier, analogiquement l'horreur des chrétiens actuels pour un malheureux artiste : la gale, la teigne, la syphilis, le lupus, la plique, le pian, l'éléphantiasis, il les accumulait à leurs yeux, dans sa forme d'écrivain. (III, 130)

9. Erich Auerbach, *Mimésis*, *op. cit.*, p. 83.
10. *Ibid.*

Bloy, en reprenant à son compte l'idée paulinienne « que nous voyons tout "en énigmes" » [11] (III, 131), donne en outre un fondement théologique au renversement des valeurs du bas au sublime et du sublime au bas. Ce qui, sur cette terre, paraît élevé est petit et vain au regard de Dieu ; à l'inverse, ce qui est misérable ici-bas est grand du point de vue de l'éternité. La satire bloyenne retrouve ainsi l'esprit des Béatitudes. C'est au nom de cet esprit même que Bloy soutient finalement la légitimité des violences de l'imprécation. Si l'on veut bien se rappeler que Siméon dit à Marie que son fils « doit être un signe en butte à la contradiction » [12] et que Jésus lui-même déclare qu'il n'est pas venu sur terre pour « apporter la paix, mais le glaive » [13], on comprend que Marchenoir puisse prétendre que « la charité consiste à vociférer » et que « le véritable amour doit être implacable » (III, 225). Bienheureux les « assoiffés de justice » (*ibid.*), telle pourrait être sa devise :

> Que penseriez-vous de la *charité* d'un homme qui laisserait empoisonner ses frères, de peur de ruiner, en les avertissant, la considération de l'empoisonneur ? [...] Qui donc parlera pour les muets, pour les opprimés et les faibles, si ceux-là se taisent qui furent investis de la Parole ? L'écrivain qui n'a pas en vue la Justice est un détrousseur des pauvres aussi cruel que le riche à qui Dieu ferme son Paradis. (III, 225)

En un premier sens, le refus de la séparation des styles, l'alliance provocante du sublime et du grotesque, s'ils témoignent d'un écart maximal avec la vision commune, ne relèvent donc pas seulement, ni prioritairement, de l'esthétique décadente, mais plutôt d'un style biblique qui se pose en « antithèse de la mondanité bourgeoise » [14].

Le roman psychologique

Si *Le Désespéré* peut être considéré – selon l'expression de Bloy lui-même – comme « un roman psychologique », ce n'est évidemment pas

11. I Cor., XIII, 12.
12. Luc., II, 34.
13. Matth., X, 34.
14. Erich Auerbach, *Mimésis*, *op. cit.*, p. 83.

au sens que Bourget donne à ce mot : il ne s'agit nullement de l'introspection d'une conscience solipsiste, qui dissèque à l'infini ses états les plus diffus et qui s'analyse complaisamment, en explorant les divers territoires du moi, ce vaste continent intérieur.

Le roman psychologique, tel que Bloy l'entend, est celui de la vie spirituelle. Il consiste à faire intervenir dans le récit des forces intérieures dont l'antagonisme écartèle l'homme entre des postulations contraires, l'une divine, l'autre humaine, et par là même peccamineuse. Les vicissitudes de ce conflit, les tentatives de synthèse plus ou moins fructueuses sur lesquelles il débouche sont au cœur du *Désespéré*. Marchenoir, parce qu'il est précisément « un de ces désespérés sublimes » (III, 59) qui pressent Dieu de se manifester, est plongé dans un « abîme de désir et de fureur », que rien ne semble pouvoir « combler » (III, 58). Il est écartelé entre cette « Gloire essentielle, inaccessible », que le christianisme a promise au genre humain depuis sa rédemption et « l'ondoyante muflerie humaine, inexterminable » (*ibid.*) à laquelle il est ramené sans relâche.

Comme il le dit lui-même, il est pris au « piège » de « ses facultés rationnelles en conflit perpétuellement inégal avec ses facultés affectives » (III, 73) : d'un côté, sa raison ancrée dans la foi qui le pousse à se reposer, comme sur un sol granitique, sur « cette parole d'honneur de Dieu, cette sacrée promesse de "ne pas nous laisser orphelins" et de revenir » (III, 149). De l'autre, cette impatience amoureuse de l'« avènement de l'Esprit rénovateur » (*ibid.*), qui le rend solidaire de « tous les damnés de ce monde » (III, 148), jusque dans leurs blasphèmes.

Chez Marchenoir, « le sentiment religieux est une passion d'amour » (III, 65), dont l'ambivalence se manifeste aussi dans ses deux principales passions, pour la littérature et pour les femmes [15]. Car ces passions sont l'occasion de dilemmes inextricables, que le narrateur décrit conjointement, en entrelaçant deux intrigues parallèles, l'une littéraire, l'autre amoureuse. Du côté de la littérature, les « dons de l'esprit » (III, 73) dont Marchenoir se croit gratifié lui donnent la certitude d'être missionné pour répercuter une Parole qui le dépasse : comme il le dit lui-même, il

15. « Une surprenante avidité de tendresse humaine fut l'accompagnement immédiat des surnaturelles appétences de ce vierge cœur » (III, 65) ; quant à la littérature, elle est « l'unique refuge » dont Marchenoir puisse rêver, lui qui fait partie de ces « âmes altissimes condamnées à traîner leur souffrante carcasse dans les charogneux carrefours du monde » (III, 54).

est « le domestique très obéissant d'une *étrangère* Fureur » qui lui commande « de parler » (III, 147). Mais la fidélité à ces dons sublimes tourne à sa confusion et fait de lui un réprouvé : un parricide – car son père meurt de honte à cause de lui [16] – et un paria qui, en d'autres temps, aurait été un « tribun comme les Gracques » (III, 98) ou « un Croisé » (III, 144) mais qui n'est plus, aux yeux de la plupart de ses contemporains, qu'un don Quichotte grotesque [17] :

> Le pauvre Marchenoir était de ces hommes [...] que leur fringale d'Absolu, dans une société sans héroïsme, condamne d'avance, à être perpétuellement vaincus. [...] Le sublime Gauthier *Sans Avoir* serait aujourd'hui prestement coffré, et c'était déjà fièrement beau que l'inséductible pamphlétaire n'eût pas été, jusqu'alors, incarcéré dans un cabanon [18] ! (III, 256)

Ces paroles ont quelque chose de prémonitoire : jusqu'à sa mort tragique, la vocation littéraire de Marchenoir, dans laquelle il voudra voir une élection divine, sera une « efficace malédiction » (III, 73), dont résultera pour lui une profonde détresse morale.

Du côté des femmes, la situation n'est guère plus encourageante. Les élans contradictoires de Marchenoir pour Véronique exaspèrent les tensions au sein de sa « conscience dilacérée » (III, 66). Le héros, qui ne trouve dans ce conflit intérieur que « des suggestions de désespoir » (III, 105), est partagé entre, d'une part, le sublime d'une passion clarifiée et toute spiritualisée, qui révèle en lui « les plus hautes appétences » (III, 282) d'un être libre ; et, d'autre part, le grotesque démuselé par « les inférieures sollicitations de son animalité » (*ibid.*).

On le voit, les éructations stercoraires de Marchenoir, comme le romanesque de sa passion, sont étroitement liés à une aventure spirituelle qui interdit de ramener ses tribulations amoureuses à une histoire « vulgaire », « comme s'il pouvait y avoir de la vulgarité en des choses

16. Le père de Marchenoir ne parvient pas à accepter que son fils se soit jeté « aux avanies démoniaques de la vie d'artiste » (III, 30). Voir le chapitre suivant.

17. Voir quelques-unes de ses désignations : « l'hirsute » (III, 98), « une façon d'insensé » (III, 269).

18. Autre exemple : « J'ai peur – avoue le père Athanase à Marchenoir – que ce don de force qui ferait de vous peut-être un grand homme d'action par l'épée ou par la parole, si vous en aviez l'emploi, ne se retourne à la fin contre vous-même et ne vous jette dans le désespoir » (III, 144).

qui menacent le salut des âmes et qui font couler le sang de Jésus-Christ »[19]. La satire sociale relevait, selon Mireille Dereu, d'une « patiente pédagogie » partant « du rire, de l'écart incongru pour mener à une vision inversée du monde, où le sublime se cache dans le bas » (H, 77). Le roman psychologique témoigne d'une *intériorisation* de cette tension entre deux ordres, humain et divin, à laquelle correspondent deux styles, noble et bas. Ainsi, les tribulations de Marchenoir sont-elles racontées sur un ton qui combine l'emphase sublime et la déflation grotesque.

Le roman s'inscrit dans une tradition spirituelle, qui va de Sénèque et saint Augustin à Chateaubriand et Huysmans : ces auteurs ont tous peint avec de vives couleurs l'inconfort existentiel, en équilibre instable entre l'infini et la finitude, la chair et l'esprit. Chacun à leur manière, ils ont joué de l'alliance paradoxale des styles pour rehausser la dimension mythique de leur récit, laquelle se manifeste dans une fiction poétique tenant la conscience en éveil par delà les limites de la vraisemblance et de la rationalité. L'horizon du mythe est souvent « un insoluble dilemme », la fonction de ce type de récit étant précisément de « désigner une difficulté insurmontable », de remonter à « des questions ultimes »[20], formulées, au prix d'un travail de stylisation, en termes simples et clairs. « Ce sont toujours des données antagonistes dans leur pureté naissante qui se retrouvent ainsi à la source du mythe », dont on a maintes fois relevé le caractère contrastif : le mythe, selon Alain Pessin, est « le régime de la pensée où les contrastes se reforment, les oppositions se ressaisissent »[21].

Si *Le Désespéré* – au même titre que *René* et *À rebours* – tient du récit mythique, c'est parce qu'il ouvre sur les ultimes questionnements de la foi chrétienne, partagée entre confiance et impatience devant « les interminables ajournements de la Justice et l'apparente inefficacité de la Rédemption » (III, 140). La dramatisation du désespoir qui afflige Marchenoir et auquel il est tout près de succomber – même si, dans son ultime lettre à Leverdier, peu avant de mourir, il affirme qu'il n'est « plus

19. Lettre à Tardif de Moidrey, citée par Jacques Petit, dans l'Introduction de son édition du *Désespéré* (III, 13).

20. Alain Pessin, *Le Mythe du peuple et la société française du XIXe siècle*, Paris, PUF, coll. « Sociologie d'aujourd'hui », 1992, p. 42-43.

21. *Ibid.*, p. 43.

le *Désespéré* » (III, 313) – est l'ultime avatar d'une « apologétique "négative" » [22], qui se développe tout au long du XIXe siècle dans l'espace littéraire, sans caution ni reconnaissance de la part de l'Église officielle.

Marchenoir est une figure exemplaire de cette apologétique dans laquelle l'enfer du désespoir est la figure en creux de la béatitude céleste : « Qui sait – se demande significativement le héros – si la forme la plus active de l'adoration n'est pas le blasphème *par amour*, qui serait la prière de l'abandonné ?... » (III, 226). Dans un monde où les signes de la présence et la permanence de Dieu sont devenus incertains, la transcendance s'éprouve au cœur de la déréliction : Marchenoir a beau se lamenter, il n'aura pas, venant de Dieu, d'« autre *signe* [qu'une] perpétuelle agonie » (III, 288). L'alliance apparemment absurde du sublime et du grotesque est l'expression de ce paradoxe spirituel. La sainteté seule serait sublime, mais la sérénité confiante des bienheureux est ce qui manque le plus à Marchenoir, cette figure composite et même oxymorique – comme le suggèrent ses prénoms : Marie-Joseph et Caïn –, qui se situe dans la postérité de Job, le juste éprouvé par la souffrance, condamné à chercher en vain le sens de son épreuve et à lutter pour retrouver Dieu qui se dérobe :

> Être *saint* ! [...] qui peut l'espérer ?... Job, dont on célèbre la patience, a maudit le ventre de sa mère, il y a quatre mille ans, et il faut des centaines de millions de désespérés et d'exterminés pour faire la bonne mesure que l'enfantement d'un unique élu coûte à la vieille humanité. (III, 95)

Écartelé entre son « amoureuse foi » (III, 58), digne des mystiques, et la « bête féroce » (III, 145) qui le dévore de l'intérieur, Marchenoir, ce héros tragique et problématique, mi-sublime, mi-grotesque, incarne une inquiétude spirituelle indissociable pour Bloy de la ferveur authentique, qui se fabrique « de l'espérance avec le plus amer pessimisme » (III, 58), dans un monde dont Dieu semble s'être absenté.

22. Marc Fumaroli, Préface de son édition d'*À rebours*, Paris, Gallimard, coll. « folio », 1977, p. 15.

La parabole

En dernier lieu, cependant, la combinaison discordante du sublime et du grotesque affecte le symbolisme du récit. *Le Désespéré*, aux yeux de Bloy, se lit aussi comme une parabole ; le roman a la valeur d'un cryptogramme qui, sous le voile narratif, appelle un déchiffrement permettant de rapporter l'aventure particulière de Marchenoir à l'histoire générale du salut. L'adoption d'un récit en forme de parabole a en effet pour corrélat une exigence herméneutique, qui calque la lecture idéale sur le modèle de l'exégèse biblique et, en particulier, de l'interprétation figurative.

Ce type d'interprétation « établit, entre deux événements ou deux personnages, une relation dans laquelle l'un des deux ne signifie pas seulement ce qu'il est, mais est aussi le signe annonciateur de l'autre, qui l'englobe ou l'accomplit » [23]. Une telle relation implique un rapport très particulier au temps. « Les deux pôles de la figure sont temporellement disjoints, mais, en tant qu'épisodes ou protagonistes réels, appartiennent l'un et l'autre à la temporalité » : ils sont pris tous deux dans le flux ininterrompu du devenir historique et seul « l'*intellectus spiritualis* y introduit un acte spirituel » [24].

C'est ainsi, en particulier, qu'un épisode de l'Ancien Testament peut être compris comme une figure ou une prophétie des événements du Nouveau Testament (Joseph victime de ses frères préfigurant, selon ce mode d'interprétation, le Christ en sa Passion). L'interprétation figurative est donc une construction de sens complexe, dans laquelle un premier événement annonce et promeut un second, lequel accomplit le premier, alors que ces deux événements ne sont pas reliés temporellement ni causalement ; cette interprétation implique, à cet égard, une conception de l'histoire où « *le hic et nunc* n'est plus un simple élément d'un processus terrestre, mais en même temps quelque chose qui a toujours été et qui s'accomplit dans le futur ; au fond, devant le regard de Dieu, il est quelque chose d'éternel, d'omnitemporel, qui s'est déjà réalisé fragmentairement dans le domaine des événements terrestres » [25].

23. . Erich Auerbach, *Figura*, *op. cit.*, p. 63-64.
24. *Ibid.*, p. 64.
25. Erich Auerbach, *Mimésis*, *op. cit.*, p. 84.

Le « symbolisme universel » (III, 131) de Marchenoir radicalise cette logique figurative, en faisant de tout ce qui se produit sur cette terre un signe composant avec d'autres un unique Texte sacré. Jugée « sublime » (III, 131) par le héros lui-même, cette conception symbolique de l'histoire s'étend aussi à la fiction. Car la création romanesque consiste aussi dans « cette admirable faculté de passer du relatif à l'absolu » (XV, 80), en faisant apercevoir, par le jeu des figures, l'image de Dieu dans « les réalités de notre monde contingent » et dans « le plain-pied de la vie sociale » (XV, 86). Un romancier, quand il a du génie – c'est-à-dire quelque chose comme une inspiration divine – dispose de ce pouvoir de figuration qui lui permet, par les choses « [qu'il] crée ou qu'il imagine » (XV, 80), de déborder, pour ainsi dire, « [du] cœur de l'homme [...] dans le cœur de Dieu » (XV, 72). La vraisemblance de la fiction et sa motivation, au sens réaliste du terme, sont ici des facteurs secondaires : la réalité toute seule n'est « pas assez belle ni assez vraie » et « le droit du romancier », selon Bloy, est de « l'arranger de gré ou de force sur le lit de Procuste de sa conception personnelle » (I, 85).

En dépouillant cette réalité, par la stylisation, de ses traits inessentiels, en intégrant les personnages et leurs actions dans un subtil réseau de figures, le romancier auquel Bloy s'identifie se refuse à être simplement « l'annaliste [...] du réel » (*ibid.*) : il retrouve l'esprit des anciens romans de chevalerie [26], lesquels ont à ses yeux le mérite de négliger le concret des événements au profit de leur dimension figurale, attirant ainsi l'attention du lecteur sur les enjeux transcendants de la fiction, ce « possible de Dieu qui est le véritable réel de l'homme » (*ibid.*). Appliquée à la création romanesque – mais on pourrait en dire autant de l'histoire [27] – cette logique figurale a notamment pour effet de conférer aux personnages, même les plus humbles socialement, une grandeur inhabituelle qui « confine au surhumain », car elle est « une image de la grandeur de Dieu » [28].

26. Bloy en fait l'éloge dans les *Propos d'un entrepreneur de démolitions* et dit son admiration pour leurs « personnages rudimentaires qui font des choses impossibles avec la plus touchante conviction » (II, 134).

27. Voir l'héroïsation de Jeanne d'Arc, Christophe Colomb, Marie-Antoinette, Naundorff ou Napoléon.

28. Erich Auerbach, *Mimésis*, *op. cit.*, p. 28.

Ainsi, Marchenoir devient-il sublime en figurant le Christ, dont il partage les souffrances, d'abord sans le savoir, par une sorte de mystérieuse affinité native, puis, après sa conversion, en revendiquant la grandeur surnaturelle des épreuves qu'il lui faut endurer. La ressemblance s'accroît encore, si l'on considère sa « vocation de sauver les autres » (III, 276), qu'il exerce notamment avec la Ventouse, et qu'il voudrait étendre à tous ses frères s'enfonçant toujours plus loin dans le péché. Dévoré par une insatiable « soif de justice » (*ibid.*), il accepte que sa vie, soit, pour cette raison même, un long chemin de croix : haï de la plupart des hommes, que scandalisent ses paroles et qui ne comprennent pas son zèle religieux, il est condamné à mourir tôt ou tard « sous les soufflets et les crachats de l'univers » (III, 312), à l'imitation du Fils de Dieu.

La vie de Marchenoir a la valeur d'un sublime témoignage : elle rejoue, dans l'ordre symbolique, l'immolation rédemptrice de Jésus. Si elle ne semble guère opérer sur la grande majorité de ses contemporains, elle touche quelques âmes d'élite, comme Leverdier et Véronique. Cette dernière, en particulier, connaît une prodigieuse métamorphose. La pécheresse, après avoir rencontré son sauveur, se transforme comme par miracle en une figure mariale, dont la description souligne la pureté retrouvée :

> Cette ordure de fille, ensemencée et récoltée dans l'ordure, – qui renouvelait, en pleine décrépitude du plus caduc de tous les siècles, les Thaïs et les Pélagie de l'adolescence du christianisme – s'était transformée d'un coup, par l'occasion miraculeuse du plus profond amour, en un lys aux pétales de diamants et au pistil d'or bruni des larmes les plus splendides qui eussent été répandues, depuis les siècles d'extase qu'elle recommençait. [...]
> Le passé était tellement aboli que, pour s'en souvenir, il fallait imaginer un dédoublement de sujet, un recommencement de nativité, une surcréation du même être, repétri, cette fois, dans une essence un peu plus qu'humaine. (III, 102-103)

La passion torturante, qui trouble Marchenoir au plus profond de sa chair, va cependant perturber le processus vertueux lavant Véronique de ses fautes passées. Le triomphe de l'Amour divin, qui devrait être l'horizon spirituel de ces deux êtres, est brutalement ajourné, par un diabolique regain des tentations charnelles. Marchenoir ne parvient pas à être le Pygmalion chrétien de cette nouvelle Galatée : il profane lui-même l'œuvre

« vraiment sublime » (III, 102) qu'il avait commencé à créer, ce qui provoque une tragique altération du schème narratif articulant faute, intercession rédemptrice et salut. Est-ce un hasard si cette perturbation de la logique symbolique qui semblait à l'œuvre dans le récit coïncide avec un retour au registre bas ? Véronique, convoitée « charnellement comme une maîtresse vulgaire » (III, 277), n'est plus une figure de sainte aux yeux de Marchenoir, elle redevient pour lui une prostituée irrémédiablement avilie par ses fautes passées :

> ... elle s'était pourléchée dans sa crapule et, gavée d'infamies, elle en avait infatigablement redemandé. Sa robe de honte, elle en avait fait sa robe de gloire et la pourpre réginale de son allégresse de prostituée ! [...] Il avait beau se dire que toutes ces choses n'existaient plus [...], qu'il se devait à lui-même [...] d'oublier ce que la Miséricorde infaillible avait pardonné. Il ne le pouvait pas [...]
> C'était à l'école de cette agonie qu'il apprenait décidément ce que vaut la chair et ce qu'il en coûte de jeter ce pain dans les ordures ! (III, 107)

La chute du sublime au grotesque se traduit, comme on l'a vu au chapitre précédent, par l'irruption dans le récit des thématiques grotesques du monstre et de la défiguration, dont le comble est atteint avec la mutilation de Véronique, laquelle ne se contente pas de tordre la « toison sublime » ornant sa tête en « un despotique et monstrueux chignon » (III, 194-195), mais enlaidit irréparablement son beau visage, en se faisant aussi arracher toutes les dents :

> Les yeux paraissaient avoir grossi, la tête réduite de moitié fuyait honteusement, le front, dégarni, était terrible et semblait porter la marque de quelque infamante punition. (III, 193-195)

Or ce terrible fiasco de l'Amour divin s'étend symboliquement de l'histoire des deux personnages à celle de l'humanité tout entière. C'est ainsi que Bloy figure l'inexplicable : que l'Idéal, dont le christianisme porte la promesse, puisse être indéfiniment prorogé ou, si l'on préfère, que les hommes ne soient pas délivrés sans délai des maux qui les affligent par suite de la Chute. Le fait est là cependant : par une régression temporelle incompréhensible, le Christ, comme le suggère le jeu des figures dans *Le Désespéré*, reste suspendu à sa croix, en attendant que le Saint-Esprit, dont la Gloire tarde à se manifester dans son sublime éclat, continue à se cacher sous un travestissement innommable.

Le désespoir dont il est question dans le roman de Bloy est indissociable de cette thématique du travestissement, que souligne, au plan stylistique, l'impossible résorption du grotesque dans le sublime. Le désespoir bloyen est une espérance défigurée, il se définit lui aussi comme un monstre, c'est même le « roi des monstres » (III, 145), alliant les contraires, confondant les extrêmes. Il est à l'image de Lucifer, l'ange de lumière métamorphosé en ange des ténèbres. Il est *in fine* la forme superlative de l'ironie spirituelle propre aux véritables croyants des temps modernes.

Chapitre III

Le symbolisme spatial dans *Le Désespéré*

« Il n'avait plus la force de marcher et, d'ailleurs, il était *arrivé*, n'allant nulle part. »

Le Désespéré, chap. XL (III, 158).

Les lieux ont une place primordiale dans l'économie du *Désespéré.* Le déroulement du récit retrace un voyage menant de Périgueux à Paris, en passant par la Grande-Chartreuse. La deuxième partie de l'ouvrage porte d'ailleurs le nom du monastère alpin. Ainsi, au fil des pages, prend forme un parcours symbolique, mis en valeur par le choix des titres intermédiaires : « Le Départ » (Ire partie), « Le Retour » (IIIe partie), « La Fin » (V^e^ partie). Que ce parcours soit largement inspiré de la biographie de l'écrivain ne fait aucun doute : bien des commentateurs, à commencer par Joseph Bollery [1], se sont employés à le montrer, créant parfois une confusion regrettable entre le texte littéraire et la réalité.

On s'efforcera plutôt d'analyser dans ce chapitre le travail d'écriture auquel Bloy se livre afin de transformer les lieux du *Désespéré* en un espace symbolique. Dans le roman, en effet, ces lieux ne sont pas de simples

1. Joseph Bollery, *« Le Désespéré » de Léon Bloy. Histoire anecdotique, littéraire et bibliographique, op. cit.*

données référentielles ancrant la fiction dans un milieu socio-historique dont les personnages subissent le déterminisme, comme dans la tradition du roman réaliste. Les indications spatiales données par le narrateur aident surtout à situer une figure d'exception et son histoire exemplaire. La géographie est ici subordonnée à Marchenoir, le sombre héros, dont on peut penser, comme son nom le suggère, qu'il est celui qui *marche* dans le *noir* : l'espace, dans le récit, est spirituel, il objective les souffrances d'un homme de désir, porté par la foi, qui, à l'image de Job ou du Christ à Gethsémani, vit douloureusement l'apparent abandon de Dieu.

Périgueux

Le livre s'ouvre sur l'espace périgourdin, espace de la province reculée où Marchenoir vient d'être appelé par l'imminence de la mort de son père. Périgueux est donc le premier lieu auquel on a affaire dans le roman : lieu premier, en vérité, à plus d'un titre, puisque c'est à la fois le point de départ du récit et la localité d'origine du héros. La ville renvoie donc aux profondeurs de son passé. C'est l'endroit où il est né et où il a grandi, entouré de ses parents ; où il s'est donné, après l'échec de ses études, une formation rudimentaire, à l'aide de quelques livres glanés dans la bibliothèque paternelle ; où il a conçu ses rêves d'enfant et où se sont forgés les ambitions de son adolescence et les grands desseins, souvent naïfs, qui les ont accompagnées. C'est là enfin qu'il a fait ses premiers choix et qu'un jour de 1860, plein d'illusions et riche de sa seule bonne mine, il est parti vers Paris, espérant y conquérir fortune et gloire.

Marchenoir ressemble en apparence à bien des héros de roman réaliste, issus de la province et partis, à l'heure de leurs dix-huit ans, vers la capitale, le cœur lourd de promesses vagues et d'espérances pleines d'ingénuité. Périgueux n'en fait pas moins figure d'espace originel. Quitté depuis longtemps, l'endroit est celui vers lequel s'effectue, lorsque commence le récit, un retour dramatique : le héros n'y revient pas de son plein gré, à l'heure de son choix, mais poussé par les circonstances, pour y assister aux derniers moments d'un père qu'il n'a pas revu depuis des années. Ce n'est pas l'un de ces périples réguliers, qui conduisent quelqu'un vers un endroit où il a gardé de solides attaches, mais un voyage exceptionnel, improvisé à la hâte et dicté par la nécessité du devoir. Lorsque Marchenoir arrive dans sa ville natale, il vient y jouer le dernier épisode d'un drame familial, que les premiers mots de la lettre ouvrant le roman laissent deviner :

> Quand vous recevrez cette lettre, mon cher ami, j'aurai achevé de tuer mon père. Le pauvre homme agonise, et mourra, dit-on, avant le jour. Il est deux heures du matin. Je suis seul dans une chambre voisine, la vieille femme qui le garde m'ayant fait entendre qu'il valait mieux que les yeux du moribond ne me rencontrassent pas et qu'on m'avertirait *quand il serait temps.* (III, 29)

Ce voyage apparaît donc à la fois comme un pèlerinage aux sources de soi-même et une dure confrontation avec les conséquences de certains choix. La mort de son père, qui est l'objet du déplacement de Marchenoir, est le résultat présent d'une confrontation passée, aux multiples aspects, qui a opposé deux générations, deux attitudes face à la société contemporaine, deux conceptions de la vie et, finalement, deux lieux symboliques : Paris et Périgueux. Aussi, pour bien saisir la valeur attachée, dans *Le Désespéré*, à l'espace périgourdin, faut-il mettre en évidence les termes de ce conflit entre le fils et son père.

Car Périgueux est avant tout le lieu de la puissance paternelle : le siège d'une autorité familiale contre laquelle le héros s'est autrefois révolté pour choisir lui-même sa propre voie. Comment ne pas constater l'effacement quasi total de la mère de Marchenoir, dont il n'est fait nulle mention ou presque dans le roman ? Alors que le père est omniprésent, cette figure maternelle manque singulièrement, si bien qu'il faut supposer sa mort déjà ancienne. Tout est mis en place pour que rien ni personne ne vienne adoucir l'opposition du fils et du père : aucun personnage féminin ne s'interpose pour atténuer, par son influence lénifiante, le choc de ces deux tempéraments. Périgueux porte l'empreinte de Monsieur Marchenoir : la ville est à son image, elle est son élément naturel et il s'identifie parfaitement à son biotope.

Bloy a d'ailleurs pris soin de faire apparaître le père de son héros comme un type social, dont il a forcé certains traits jusqu'à la caricature. Ainsi, ce « petit bourgeois crispé, employé au bureau de la Recette générale de Périgueux » (III, 51), est-il affublé de tous les traits du Bourgeois universel. Il prolonge Monsieur Homais, dont il partage les goûts, révère les valeurs et épouse les préjugés, sans avoir son entregent. Esprit positif, ce respectable fonctionnaire applaudit la république laïque et anticléricale, dresse des autels au progrès et occupe d'importantes fonctions dans la franc-maçonnerie locale ; honorant le juste milieu, il célèbre l'honnête industrie, croit aux vertus de l'ordre et du travail, et mesure la qualité de ses concitoyens à leur fortune. Nourrissant en outre pour sa progéniture un rêve d'ascension sociale, ce « besogneux employé de l'État » (III, 54) aspire à faire de son fils un notable, riche, reconnu, considéré. C'est pourquoi il convoite pour lui un poste lucratif dans les secteurs d'activité que l'ère industrielle développe dans sa province, et voit d'un mauvais œil toute excentricité artistique ou littéraire :

> Excellent théologien maçonnique, adorateur de Rousseau et de Benjamin Franklin, toute sa jurisprudence critique était d'arpenter le mérite à la toise du succès. À ce point de vue, Dumas père et Béranger lui paraissaient des abreuvoirs suffisants pour toutes les soifs esthétiques.
> Il me chérissait, cependant, à sa manière. Avant que j'eusse fini de baver dans mes langes, avant même que je vienne au monde, il avait soigneusement marqué toutes les étapes de ma vie, avec la plus géométrique des sollicitudes. Rien n'avait été oublié, excepté l'éventualité d'une pente littéraire. Quand il devint impossible de nier l'existence du chancroïde, sa confusion fut immense et son désespoir sans bornes. (III, 20)

Marchenoir père représente donc tout à la fois la médiocrité des ambitions provinciales, le conformisme moderne et la vie étriquée des bien-pensants. Mais il n'est en cela que le puissant révélateur de la ville dont il est l'habitant. En vertu d'une stricte équivalence, son portrait vaut un tableau de la cité où il passe son existence : les traits individuels se confondent avec les usages collectifs, et la peinture de ce personnage caractéristique illustre parfaitement les mœurs de la localité où il est installé. Le tableau de Périgueux brossé par Bloy montre bien les rapports qui s'établissent entre la mentalité du père du héros et un certain état économique, social et culturel de sa province :

> Les chemins de fer se construisaient alors partout avec fureur. Périgueux était précisément le foyer d'irradiation de ce réseau de lignes que la spéculation jeta comme un filet sur le centre de la France et qui s'appela, pour cette raison, le *Grand Central d'Orléans*.

> L'araignée industrielle, aujourd'hui repue et même crevée, avait fixé là son laboratoire et pompait les sucs financiers de beaucoup de provinces, naguère tranquilles, qu'elle avait promis d'enrichir. La frénésie californienne, la prostitution et le jobardisme civilisateur battaient leur plein. La vieille petite cité romaine, envahie par plusieurs armées d'ingénieurs poussiéreux et de limousins prolifiques, s'était accrue du double en quelques années et menaçait tout à l'heure, de son inondante obésité, les montagnes à hauteur d'appui qui l'avaient contenue pendant vingt siècles. (III, 53)

On voit se constituer ici une géographie interne au *Désespéré*, qui glisse rapidement de la représentation réaliste à la recréation symbolique. On aurait beau jeu de montrer qu'en première analyse, les lieux, dans le roman, ne forment pas un décor d'arrière-plan, une toile de fond inconsistante, mais qu'ils conditionnent l'existence des personnages et déterminent leur perception du réel : Marchenoir père n'est-il pas le parfait exemple d'un individu façonné par son milieu, et son désir de pousser son fils dans l'industrie, le résultat le plus clair du développement économique de la région dans laquelle il vit ? Il serait facile, surtout, de mettre en évidence une certaine fidélité documentaire de Bloy : la transformation de Périgueux dans les années 1850-1860, dont il rend compte, correspond aux mutations profondes de la France du Second Empire, au plus fort de la révolution industrielle. Rien ne manque au tableau : le rôle de premier plan du chemin de fer dans ces bouleversements, la spéculation capitaliste qui enclenche le processus, l'évolution sociologique de la ville, dont ingénieurs et prolétaires issus des campagnes viennent gonfler brutalement la population.

Pourtant, le traitement de l'espace paraît être surtout conditionné par les déchirements spirituels du héros et par la logique figurale dans laquelle il est impliqué. La volonté de faire vrai s'efface devant le désir de constituer une géographie spirituelle, où les lieux n'ont qu'une apparence réaliste. Les valeurs sémantiques qui leur sont attachées se définissent en effet par rapport à l'univers mental du héros. Ainsi, malgré son caractère référentiel, le Périgueux de Marchenoir ne ressemble que de très loin à la capitale du Périgord. L'espace romanesque est ramassé autour de quelques lieux-clés, dont les relations font système dans la clôture du récit : chacun n'existe que pour ce qu'il représente aux yeux du héros et pour le rôle qu'il joue dans son existence, par opposition aux autres. C'est en ce sens qu'on peut parler d'espace symbolique, dont chacun des pôles illustre un type d'existence par rapport auquel se détermine Marchenoir.

C'est pourquoi, dans le roman, Périgueux est un lieu aussi important que Paris. La capitale, nous y reviendrons, est exclusivement perçue comme le foyer intellectuel, artistique et politique où se concentrent les pouvoirs : c'est la ville où vivent les élites, la vraie patrie des arts et lettres, le seul champ de bataille où se conquiert la gloire. Périgueux, au contraire, ne jouit d'aucun de ces charmes. Pour le héros, c'est « sa sotte province » (III, 55), où l'on ignore tout de l'art, où l'on regarde le talent avec défiance et où, comme son père, on se repaît à « l'auge à cochons d'une sagesse bourgeoise » (III, 29-30).

Mais, dans la symbolique du roman, le chef-lieu de la Dordogne semble être un foyer d'activités aussi considérable que Paris, quoique de nature très différente. En effet – la description citée plus haut l'atteste –, la ville est décrite comme un centre industriel de première importance, où coule un « Brahmapoutre d'or » (III, 54). Cette cité laborieuse, où le siècle déploie ses techniques et construit ses usines, paraît abriter le pouvoir économique : c'est l'espace du destin bourgeois, où l'industrie ouvre de prometteuses carrières, où la médiocrité intellectuelle l'emporte, où triomphe « l'abjection commerciale » (III, 55). En décrivant le développement de Périgueux sur le mode d'une épopée moderne et en suggérant une analogie avec l'extraordinaire croissance de la Californie, au moment de la ruée vers l'or, Bloy transforme la banale évolution d'une ville moyenne en une révolution dantesque. Il exagère à l'évidence l'importance de la cité périgourdine, qui devient une espèce de mégapole sortie brutalement de son cadre séculaire, à la suite des mutations profondes dues au dynamisme de l'économie capitaliste.

Marchenoir, en quittant la voie médiocre et sans gloire de la respectabilité provinciale, pour suivre le chemin plein d'embûches qui doit le conduire à la gloire littéraire, ne peut que fuir sa ville natale et chercher fortune à Paris. Il est même nécessaire qu'il se brouille avec son père, tant leurs points de vue sont éloignés et irréconciliables : le choix de l'art repose sur le mépris des disciplines modernes, sur le dégoût de l'utile et sur le refus du sommeil de l'esprit, alors que l'honnêteté bourgeoise y voit un ridicule, une honte ou un danger, lorsqu'il n'est pas récompensé par le succès des ventes et par la considération publique. Père et fils ne parviennent donc à se rejoindre que dans un mutuel mépris. Pour le reste, tout sépare les deux hommes :

> Au fait, que diable voulez-vous que puisse rêver, aujourd'hui, un adolescent que les disciplines modernes exaspèrent [...] Il ne reste plus que l'art. Un art proscrit, il est vrai [...] Mais, quand même, c'est l'unique refuge pour quelques âmes altissimes condamnées à traîner leur souffrante carcasse dans les charogneux carrefours du monde.
> Le malheureux ne savait pas de quelles tortures il faut payer l'indépendance de l'esprit. Personne, dans sa sotte province, n'eût été capable de l'en instruire et l'ironique mépris de son père, résolument hostile à tout ambitieux dessein qu'il n'eût pas couvé lui-même, ne pouvait être qu'un stimulant de plus. (III, 54)

Le différend qui se dessine ici est fondateur : il fait du héros le sujet de son histoire, il le lance dans une aventure personnelle, dont il a décidé lui-même, et l'oriente dans une carrière qu'il a voulue, seul. Mais ce différend est aussi aux sources de la crise d'identité que relate *Le Désespéré*. Car le désaccord de Marchenoir avec son père, en s'achevant par la mort de l'un, sans que l'autre ait atteint la richesse et la gloire, est la marque d'un double échec, celui d'un homme qui n'a pas réussi à perpétuer ses rêves au travers de sa descendance, celui surtout d'un fils qui n'est point parvenu à faire reconnaître par la société ses talents d'écrivain :

> Si ma plume de pamphlétaire catholique avait pu conquérir de grandes sommes, mon père, – le plus désintéressé des pères ! – aurait fait cent lieues pour venir s'asseoir devant moi et me contempler à l'aise dans l'auréole de mon génie. Mais il était de ma destinée d'accomplir moi-même ce voyage et de l'accomplir sans un sou pour l'abominable contemplation que voici ! (III, 31)

Aussi Marchenoir vient-il à Périgueux rempli de douleur et d'amertume. Il se sent coupable du désespoir et de la mort de son père. Son voyage scelle dans le drame une rupture qui devient définitive. Car la disparition dramatique de son père le coupe de ses racines, en rendant impossible toute réconciliation et en le confirmant, un peu malgré lui, dans une existence invivable. L'heure qui ouvre le récit paraît irrévocable : le héros est désormais prisonnier du chemin qu'il a élu et voit son espace se rétrécir. Il n'y a plus de retour en arrière possible : c'est ce que signifie ce sentiment d'étrangeté qui l'étreint à son arrivée dans sa ville natale. Le narrateur souligne plus d'une fois cette impression, notamment lorsqu'il rapporte ces propos de son personnage : « Je suis isolé dans cette ville où je suis né, pourtant » (III, 32), ou qu'il note que celui-ci a « oublié jusqu'aux noms de la plupart de ses concitoyens d'autrefois » (III, 81).

À la fois paradis perdu de l'enfance et, dans le présent du récit, enfer de la modernisation galopante, Périgueux n'est donc plus qu'un lieu vide, où rien ne retient Marchenoir. Il ne s'y sent plus à sa place, en vertu de l'engagement qui est le sien en littérature. S'y trouver tout à son aise serait pour lui déchoir et donner raison à ceux qui souhaitent le faire renoncer à ses tentatives littéraires. Certains, comme Alexis Dulaurier, qu'il importune par ses demandes d'argent, voudraient le voir réintégrer la voie obscure de la vie provinciale. L'écrivain fortuné le lui suggère dans une lettre prétendument amicale, dans laquelle il lui conseille de renoncer à ses ambitions pour s'installer à nouveau en Périgord :

> – Pourquoi, me disait le docteur [Des Bois], Marchenoir ne resterait-il pas à Périgueux ? Il y serait assurément beaucoup mieux qu'à Paris, où il est aussi mal que possible. Il y trouverait infailliblement des amis de sa famille, d'anciens condisciples qui seront heureux de lui procurer des moyens d'existence... (III, 47)

De tels propos, faussement bienveillants, sont pour Marchenoir, dont ils avivent le ressentiment à l'égard de la République des lettres, un réactif qui l'incite au contraire à poursuivre ses travaux d'écrivain. Ils attestent que Périgueux est un espace dévalué, où les pouvoirs intellectuels, sexuels et financiers, que représentent Dulaurier et Des Bois, veulent reléguer un artiste récalcitrant. C'est précisément ce que celui-ci refuse et qui lui est défendu après le décès de son père. La ville où il a grandi est maintenant celle d'un passé à jamais révolu, avec lequel la rupture est faite, sans espoir de retour. Symboliquement, la liquidation des souvenirs d'enfance va de pair avec la vente des derniers biens familiaux :

> Je viens de parcourir, en gémissant, cette pauvre maison de mon père où je suis né, où j'ai été élevé et qu'il va falloir vendre pour payer d'anciennes dettes, ainsi qu'on me l'a expliqué. La mélancolique sonorité de ces chambres vides, plafonnées, pour mon imagination, de tant de souvenirs anciens, a retenti profondément en moi. Il m'a semblé que j'errais dans mon âme, déserte à jamais. (III, 87)

C'est donc le sentiment des ruines qui s'impose à Marchenoir lors de son séjour à Périgueux : ruine des souvenirs de son enfance, ruine de sa famille désunie et détruite par les dissensions, ruine surtout d'un avenir bourgeois qu'il n'a pas voulu choisir. Après la mort de son père et l'épuisement de son patrimoine par les dettes, son espace personnel se trouve ainsi réduit d'une part substantielle. Responsable de son destin, il en devient aussi l'otage, en réduisant lui-même sa marge de manœuvre de l'un de ses possibles, qu'il écarte pour toujours. En enterrant son père, le héros sait qu'il se condamne à réussir dans le chemin qu'il s'est tracé, car s'il échoue, il lui faudra mourir à son tour. Aussi quitte-t-il Périgueux sans s'y attarder, après avoir fait le vide derrière lui :

> J'ai hâte de fuir cette ville où je n'ai que des souvenirs de douleurs et des perspectives de dégoût. Or, j'ai beaucoup à brûler, avant mon départ, dans cette maison qu'on va vendre. Je ne veux pas de profanation. Mais ça ne va pas être fertile en gaîté, non plus, cette exécution de toutes les reliques de mon enfance. (III, 88)

La Grande-Chartreuse

Hanté par le souvenir d'un père renié, l'espace périgourdin est un espace mort, que Marchenoir déserte à tout jamais pour marcher vers sa propre destinée. Celle-ci passe par le massif alpin de la Grande-Chartreuse, deuxième étape du voyage retracé dans *Le Désespéré.* Montagne sauvage au cœur de laquelle s'étendent les bâtiments augustes du couvent le plus prestigieux de l'ordre de saint Bruno, c'est un lieu singulier, qui s'oppose en tout point aux autres sites de l'œuvre, comme la nature diffère des villes, l'ancien du moderne, le religieux du laïque.

En effet, dans ce refuge de la prière et de la sainteté, ce n'est plus à une cité du XIXe siècle que l'on a affaire ; rien n'y rappelle l'époque contemporaine et ses désordres ; rien n'y évoque cette accélération de la Chute qui accompagne, aux yeux de Bloy, la déchristianisation. Préservée des transformations sociales visibles à Périgueux comme à Paris, la société idéale que forment les religieux au sein de l'ensemble conventuel reste protégée de l'enfer moderne et perpétue la tradition fervente du Moyen

Âge. La séparation est donc claire entre ces différents espaces, comme est net le contraste des plaines de Sodome et Gomorrhe avec les hauteurs du Sinaï.

C'est là précisément ce qui attire Marchenoir dans cet endroit exceptionnel, où les maléfices du temps semblent suspendus. Aux yeux du héros, le monastère cartusien est d'abord un *désert*, où l'homme se soustrait aux influences malignes d'une civilisation orgueilleuse qui s'est séparée de Dieu. Le terme est employé maintes fois et toujours de la manière la plus flatteuse, que ce soit pour évoquer « l'ascension du désert de la Grande-Chartreuse » (III, 51), présenter « ce célèbre Désert » (III, 93), vanter « la paix sédative de ce désert » (III, 77) ou s'émerveiller : « C'était vraiment le Désert sourcilleux et formidable que Dieu lui-même, dit-on, avait désigné à son serviteur Bruno » (III, 91).

Ce thème du désert, que l'on retrouvera, sous une autre forme, à propos de Paris, joue un rôle important dans l'œuvre. On le rencontre dès les premières pages du livre, dans la dédicace de Bloy à « ses filleuls bien-aimés » (III, 25) [2] : *Ad fratres in eremo*. C'est une façon, pour l'écrivain, de souligner une connivence avec quelques rares fidèles et d'indiquer la situation marginale où il se sent relégué par la société de son temps. C'est aussi une manière de suggérer, par opposition à la vie bourgeoise qui s'impose à lui à Périgueux, un autre mode d'existence. Le désert, en effet, est le refuge des ermites soucieux de leur salut, qui fuient avec dégoût l'impureté des grandes métropoles et se mettent à l'abri des désordres du monde. Marchenoir éprouve une évidente sympathie pour « ces anachorètes pulvérulents de l'ancienne Égypte, que l'aiguillon de la chair contraignait parfois à venir secouer leurs carcasses mortifiées dans d'impures villes et qui s'enfuyaient ensuite, gavés d'horreur » (III, 66).

Il voit en eux l'exemple d'une humanité dont il se sent proche, jusque dans ses faiblesses passagères. D'ailleurs, la vie érémitique semble le fasciner et constituer pour lui un modèle d'existence aux confins de la perfection. Car l'ermite est d'abord ce cœur pur qui s'établit volontairement dans le désert pour se mettre hors de portée des tentations du divertissement et qui cherche, par la prière et la pénitence, à se rapprocher de Dieu : l'admiration que voue le héros à ces offrandes spirituelles est conforme à sa

2. Rappelons que cette dédicace apparaît seulement dans l'édition Crès de 1913 et qu'elle est reprise, l'année suivante, dans l'édition du Mercure de France.

conviction que toute rédemption, à échelle humaine, passe par le dénuement et la communion avec le Christ, dans ses souffrances.

Mais l'ermite est aussi un solitaire, qui trouve dans sa retraite une félicité que nulle autre activité humaine ne pourrait lui procurer : la joie primordiale d'une vie ascétique, libérée des contingences spatio-temporelles, où le seul commerce qui vaille raffermit le lien intime et vital de l'homme avec Dieu. À cet égard, le désert permet la plus grande liberté spirituelle, qu'il se trouve sur la terre aride, où seuls prospèrent sauterelles et nopals, ou dans l'enceinte d'un couvent. C'est le cadre, unique en son genre, dans lequel l'homme transcende sa condition : séparé du monde, délivré de ses tentations, il échappe aux rythmes de la vie civilisée et renoue un contact vital avec la part divine qui est en lui.

Aussi n'y a-t-il rien de paradoxal à ce que le thème du désert se conjugue, à propos de la Grande-Chartreuse, avec celui de la montagne sacrée. Dans l'un et l'autre cas, on a affaire au même lieu mythique, où la temporalité est abolie. L'arrivée de Marchenoir dans la solennité de ce séjour alpin marque un net changement de registre temporel : en cette occasion, on passe du temps labile de l'histoire à l'immobilité. D'ailleurs, la description du site où est installée la Grande-Chartreuse rend perceptible un saut qualitatif, qui modifie brusquement la perception temporelle : pour accéder au monastère, il faut franchir un seuil symbolique, sorte de lisière majestueuse et terrifiante à la fois, au delà de laquelle s'opère le passage miraculeux du temps à l'éternité. L'idée d'un palier qu'il faut passer dans l'organisation spatiale, pour pouvoir pénétrer dans l'univers cartusien, revient comme un leitmotiv dans le récit de la montée vers le couvent.

Ainsi, pour apercevoir la Grande-Chartreuse, il faut franchir « ce qu'on appelle l'entrée de Fourvoirie, rainure imperceptible entre deux rocs monstrueux, au delà desquels la vie moderne paraît brusquement s'interrompre » (III, 91). Le bien-être soudain qui accompagne ce changement temporel procède bel et bien de l'occultation de l'époque contemporaine. Car, avec elle, c'est le temps infernal de la Chute et du désespoir engendré par les temps modernes qui disparaît, tandis que semble se prolonger éternellement celui du zénith de la Chrétienté :

> Il suffit de franchir les limites de ce célèbre désert, pour sentir l'absence du dix-neuvième siècle et pour avoir, autant que cela est possible, l'illusion du douzième. (III, 93)

La Grande-Chartreuse est donc le lieu inouï où l'on peut échapper à son siècle, en arrêtant le temps au plus fort de l'ère chrétienne. Ce pouvoir quasi unique est inscrit dans le paysage. Il est facile de constater que la métaphore du « torrent des siècles », à laquelle recourt le narrateur en faisant l'historique du couvent, prend une forme symbolique dans la description du site, puisqu'y coule « cette eau folle et bondissante qu'on appelle si improprement le Guiers-Mort » (III, 94). Si le narrateur mentionne ce détail, c'est pour l'opposer à l'immobilité du manteau neigeux, qu'il compare à la tenue immaculée des habitants du monastère. « Vêtue de blanc comme un chartreux » (III, 93), la montagne symbolise l'éternité dans laquelle se situe d'emblée la vie cartusienne, tandis que le Guiers-Mort, « qui roule au fond de la gorge sauvage » est une « figure, perpétuellement fuyante, de toutes les choses du siècle » (III, 94). On voit donc comment s'exerce le symbolisme bloyen, comment il inscrit dans la représentation de la réalité sensible une vision du temps et de l'espace, où la Grande-Chartreuse n'est pas faite au moule habituel des constructions humaines et semble jeter un pont mythique entre la terre et les cieux.

L'espace cartusien n'est pas seulement ce désert montagneux où le temps suspend son cours désordonné et se mue en éternelle célébration de Dieu. C'est aussi un modèle idéal, dont devraient s'inspirer toutes les sociétés humaines. L'ensemble conventuel change de dimension et devient, sous la plume de Bloy, une véritable ville, égale en importance à Périgueux et à Paris. La Grande-Chartreuse, en apparaissant comme la « célèbre cité du renoncement volontaire et de la vraie joie » (III, 97), offre un cadre à cet état que tout homme digne de ce nom convoite : la sainteté. Aussi, est-ce le silence qui caractérise ce saint lieu. « Rouvre monastique du silence et de la prière » (III, 77), plus encore que la Trappe où Marchenoir a déjà vainement cherché la paix, ce site incomparable donne la possibilité à ceux qui le visitent d'échapper à l'inutile et de reprendre le chemin de la joie divine. Dès lors, on comprend que le héros du *Désespéré* fulmine contre les touristes de peu de foi qui profanent de leur impure présence cette « ruche alpestre des plus sublimes ouvriers de la prière » (III, 91). Ces intrus troublent « l'antique solitude cartusienne tant désirée par saint Bruno pour ses religieux » (*ibid.*), en y faisant retentir l'écho du monde moderne :

> Il trouvait passablement ridicule et basse l'exhibition obligée d'un pareil tabernacle à des touristes imbéciles, dont c'est le programme de passer par là en venant d'ailleurs, pour aller en quelque autre lieu, où leur sottise ne se démentira pas, jusqu'au moment où ils se rassiéront, plus crétins que jamais, dans leurs bureaux ou dans leurs comptoirs. Il ne pouvait se faire à l'idée qu'un avoué de première instance, un fabricant de faux cols, un bandagiste ou un ingénieur de l'État eussent une opinion quelconque, même inexprimée, en promenant leur flatulence dans cet Éden. (III, 115)

Car c'est bien là l'essentiel pour Marchenoir : la Grande-Chartreuse est une reproduction à peu près fidèle du paradis, un lieu bénit, que toute intrusion étrangère souille, et qui devrait être préservé de la goujaterie universelle. Le héros ne va-t-il pas jusqu'à conseiller de visiter l'endroit en hiver à « tous ceux qui veulent se faire une exacte idée de cette merveilleuse combinaison de la vie érémitique et de la vie commune qui caractérise essentiellement l'Ordre cartusien » (III, 92) ? Modèle réduit d'une société parfaite, c'est le lieu d'exception où l'harmonie peut être rétablie sur terre. On y voit prendre forme une utopie religieuse, qui est d'abord spirituelle, mais qui a aussi des aspects politiques. Ainsi, les lois qui régissent le fonctionnement du monastère sont longuement présentées par le narrateur [3], qui ne cache pas son admiration pour la forme de gouvernement, collégial et monarchique, de l'ordre de saint Bruno, et qui insiste sur la pérennité de ces institutions : « *Cartusia nunquam reformata, quia nunquam deformata* » (III, 92).

Mais c'est surtout dans une citation du Père de Condren que se dévoile le mieux la teneur du rêve dont la Grande-Chartreuse est la figure. Parlant des solitaires qui ont choisi de s'y retirer, le célèbre oratorien explique :

> Ce sont des hommes choisis par Dieu pour exprimer, le plus naïvement qu'il est possible à des créatures humaines, l'état de ceux que l'Écriture appelle les enfants de la résurrection, et pour vivre dans un corps mortel, comme s'ils étaient de purs esprits immortels. Ils sont donc sans cesse élevés hors d'eux-mêmes dans une contemplation des choses divines ; il n'y a point de nuit pour eux puisque c'est durant les ténèbres qu'ils font les saintes opérations des enfants de lumière. Ils sont tous

3. Cette organisation, où un chapitre général élit chaque année un Définitoire au pouvoir absolu, est décrite au chapitre XXV (III, 92-93).

> honorés du saint caractère de la Prêtrise, comme saint Jean témoigne que tous les saints seront prêtres dans le ciel. Leurs habits sont de la couleur de ceux des anges, lorsqu'ils apparaissent aux hommes, leur modestie et leur innocence est un tableau de la sage simplicité et de la droiture des bienheureux. Leur habitation dans les montagnes de la Grande-Chartreuse n'est point un séjour pour des personnes du monde, il faut n'avoir rien que l'esprit pour subsister dans une telle demeure. Aussi peut-on sortir des tombeaux de toutes sortes de monastères pour aller revivre parmi ces saints ressuscités, mais lorsqu'on est parvenu dans ce Paradis, il n'y a plus rien à espérer sur la terre. On y peut venir de tous les endroits du monde, même des plus sacrés, mais lorsqu'on est arrivé dans cette Maison de Dieu et cette Porte du Ciel, il faut être saint ou on ne le deviendra jamais ! (III, 94-95)

Dans cette page où le mot *saint* est inlassablement répété, on voit bien se dessiner le rêve d'une élite des bienheureux, opposée aux fantoches de l'élite bourgeoise. Mais surtout on perçoit de quel espace Marchenoir est en souffrance : celui de la mue spirituelle, où l'homme, passant les limites habituelles de sa condition, accède à l'unité personnelle qui lui faisait défaut et trouve une forme de vie communautaire sans équivalent. La Grande-Chartreuse, fût-elle un lieu austère dévolu à la prière, rend possible cette adéquation à soi et au monde, que procure l'intimité retrouvée avec Dieu, sans laquelle il n'est pas de plénitude de l'être. Cependant, cet idéal reste inaccessible à Marchenoir, même s'il l'identifie lucidement. Pas plus qu'à Périgueux, mais pour d'autres raisons, il ne peut trouver sa place dans l'espace conventuel où vivent les chartreux. Certes, il voue une admiration sans borne à leur existence, mais il lui reste fondamentalement étranger ; même s'il aspire à la paix qui caractérise la vie des solitaires, il est incapable de l'atteindre.

Son séjour parmi ces religieux est celui d'un oiseau de passage, qui s'en ira tôt ou tard vers d'autres horizons. Du reste, son intention, lorsqu'il arrive au monastère alpin, n'est pas de prétendre à l'habit blanc des frères de saint Bruno, même s'il est, un instant, tenté par cette idée. Il n'y vient ni en postulant, ni en « observateur », mais « en malade » (III, 97), pour y panser les plaies de son âme, sur les conseils de son ami Leverdier, qui l'a incité à prendre le chemin de Saint-Laurent-du-Pont :

> Va-t-en à la Grande-Chartreuse et demande l'hospitalité pour un mois. Je connais ces excellents religieux, confie-leur tes idées, tes projets, ils

> te feront la vie douce, et si tu sais leur plaire, ils ne te laisseront pas revenir à Paris sans ressources [...] On te sinapisera le cœur sur cette montagne et tu pourras ensuite reprendre la lutte avec une vigueur nouvelle qui déconcertera plusieurs sages. (III, 69)

Marchenoir lui-même ne dit pas autre chose, quand il avoue son intention de mettre de l'ordre dans ses pensées et de faire « passer le fleuve de la méditation la plus encaissée, au travers des écuries d'Augias de [s]on esprit » (III, 88). Dès qu'il approche du couvent, il éprouve « une sorte de paix joyeuse » (III, 91), cette paix auguste des hauteurs, communiquée par l'apaisante beauté du silence religieux qui règne dans la « montée de la Grande-Chartreuse » (*ibid.*). Ainsi, à mesure qu'il avance vers le site, la tranquillité du héros grandit et s'élargit merveilleusement. Sa peine l'abandonne et une sorte d'enchantement se produit :

> Marchenoir, aussi blessé et aussi saignant que puisse l'être un malheureux homme, sentit une douceur infinie, un calme de bonne mort, insoupçonné jusqu'à cet instant. Il se baigna dans l'oubli de ses douleurs. (III, 94)

Ce pouvoir sédatif du lieu ne se dément pas tout au long du séjour. Le héros blessé trouve auprès des religieux qui l'accueillent « ce qu'il était venu chercher, ce qu'il avait déjà commencé à trouver en chemin : la paix et la charité » (III, 97-98). La Grande-Chartreuse est l'espace d'une cure. Lieu de prières, de travail et surtout de confession, il permet à Marchenoir de plonger au fond de lui-même et d'identifier clairement le mal qui le ronge. C'est à la faveur de ses entretiens réguliers avec le père Athanase qu'il explore la passion qui bouleverse tout son être. Analyste clairvoyant des choses humaines, le chartreux est non seulement un guide spirituel mais aussi un accoucheur d'âmes. C'est au contact de cet homme bienveillant, qui prête une oreille attentive à ses interrogations, que le héros parvient à cerner au plus juste sa situation et à se déterminer en conséquence.

Après s'être enfoncé « dans ce silence, dans cette contemplation, dans ce crépuscule d'argent de l'oraison, qui guérit les colères et qui guérit les tristesses » (III, 57), Marchenoir, lorsqu'il ne se sent plus « ce malade » (III, 99) qu'il était à son arrivée dans le monastère, ne pense qu'à quitter l'endroit, où il s'ennuie. Il y avait apporté son âme « à ressemeler et à décrotter » (III, 88) ; la chose faite, il est à nouveau emporté par son tempérament d'homme de guerre et par sa passion déchirante, qui le rendent incapable de demeurer dans le monde idéal des chartreux. Aussi repart-il vers Paris sans tarder, pour y retrouver le véritable terrain où se joue sa destinée.

Paris

Pourtant, le Paris du *Désespéré* est la patrie par excellence des horreurs modernes. De ce point de vue, la représentation de la ville semble bien perpétuer la tradition balzacienne, qui fait de la capitale « cette illustre vallée de plâtras incessamment près de tomber et de ruisseaux noirs de boue » [4]. La géographie de ses quartiers et la répartition sociale de ses habitants sont évoquées avec minutie. Dulaurier, après avoir habité, à ses débuts, un « petit appartement du Jardin des Plantes » (III, 32), dans le quartier des étudiants et des bohèmes, vit, à l'heure de sa célébrité, « rue de Babylone » (*ibid.*), aux respectables abords des Invalides, et passe ses soirées « chez la baronne de Poissy, célèbre amphitryonne de tous les sexes, en compagnie d'un groupe élu de chenapans du Premier-Paris et de cabotins lanceurs de rayons » (III, 36). Chérubin Des Bois, pour sa part, préfère la rive droite et « habite un appartement somptueux dans le milliardaire quartier de l'Europe, au plus bel endroit de la rue de Madrid » (III, 39). Il ne fréquente que ses pairs des « quartiers opulents » : Champs-Élysées, Trocadéro, Parc Monceau, Faubourg Saint-Germain... Quoiqu'il soit à peine au début de sa brillante carrière, « il a déjà conquis des avenues et des boulevards » (III, 43). Le pauvre Marchenoir, à rebours, vit chichement de l'autre côté de la Seine : on le voit fréquemment « au café Caron, à l'angle de la rue des Saints-Pères et de la rue de l'Université, en face de l'une des quarante mille succursales du Mont-de-Piété littéraire de Calmann-Lévy » (III, 39), ou à la table d'« un petit restaurant du carrefour de l'Observatoire » (III, 205).

C'est dans ce dernier endroit qu'il rencontre, pour la première fois, Véronique Cheminot, célèbre « au Quartier Latin sous le nom expressif de la Ventouse » (III, 79). Après l'avoir arrachée aux trottoirs « du boulevard Saint-Michel » (III, 78), où elle exerçait sa pratique, il s'installe avec

4. Honoré de Balzac, *Le Père Goriot*, dans *La Comédie humaine*, éd. Pierre-Georges Castex, Paris, Gallimard, coll. « Bibliothèque de la Pléiade », 1976, t. III, p. 50.

elle dans les faubourgs, « rue des Fourneaux, au fond de Vaugirard, dans un petit appartement d'ouvrier » (*ibid.*). Chacun trouve donc à Paris une place selon sa fortune : l'inégalité sociale est inscrite dans la répartition des logements et des lieux de fréquentation. Riches et pauvres ont leurs quartiers respectifs et vivent côte à côte, en s'ignorant avec mépris.

L'ensemble ainsi formé est parfaitement terrifiant. Aux yeux de Bloy, c'est un véritable enfer, et son évocation de la ville au matin se situe dans la tradition de la célèbre ouverture de *La Fille aux yeux d'or* :

> C'était l'heure où la pire brute, assouvie de son repos, sort de ses antres et coule à pleines rues dans tout Paris. La besogneuse pécore aux millions de pieds, coureuse d'argent ou de luxure, mugissait aux alentours. Le prolétaire souverain, à la *gueule de bois*, s'élançait de son chenil vers d'hypothétiques ateliers ; l'employé subalterne moins auguste, mais de gréement plus correct, filait avec exactitude sur d'imbéciles administrations ; les gens d'affaires, l'âme crottée de la veille et de l'avant-veille, couraient, sans ablutions, à de nouveaux tripotages ; l'armée des petites ouvrières déambulait à la conquête du monde, la tête vide, le teint chimique, l'œil poché des douteuses nuits, brimbalant avec fierté de cet arrière-train autoclave, où s'accomplissent, comme dans leur vrai cerveau, les rudimentaires opérations de leur intellect. Toute la vermine parisienne grouillait en puant et déferlait, dans la clameur horrible des bas négoces du trottoir ou de la chaussée. (III, 173-174)

Paris est le temple de la modernité bourgeoise, républicaine, déchristianisée. C'est un lieu de perdition, un avatar de l'ancienne Sodome. L'analogie entre les deux villes est d'ailleurs explicitée dans le roman, lorsque le narrateur remarque au sujet de la capitale qu'« attendre sur un trottoir venu de Sodome, en plein milieu de la retape électorale, dans le voisinage immédiat de l'*Américain* ou de Tortoni, avec la crainte ridicule de mettre le pied dans la figure d'un Premier ministre ou d'un chroniqueur, c'est décidément au-dessus des forces d'un homme » (III, 50). Cette « hideuse Goule des âmes » (III, 55), que Bloy compare à « la grande gueule » (III, 157) de quelque Léviathan, apparaît donc comme une « ville de damnation » (*ibid.*), voire comme « le plus inhabitable des puits de l'enfer » (III, 214).

Mais, comme tous les endroits où règne Lucifer, la cité est aussi parée de mille charmes vénéneux. Lieu du luxe, des plaisirs, de la perpétuelle effervescence de l'imagination, c'est un centre de pouvoirs, où l'on mesure sa réussite à celle des autres et où l'on en consomme les fruits. Dans la topographie bloyenne, c'est surtout l'espace de l'art et de la création, « l'ombilic de l'intellectualité humaine » (III, 157), où fleurissent les entreprises de presse et d'édition, pullulent les ateliers de peintres et de sculpteurs, abondent les mansardes de jeunes écrivains méconnus. Car le pouvoir suprême qui fascine Marchenoir est bien celui de l'intelligence. Certes, le héros n'oublie pas la lèpre de la misère, ayant été « un des Dix Mille retraitrants sempiternels de la famine parisienne, – à qui manquera toujours un Xénophon, – qui prélèvent l'impôt de leur fringale sur les déjections de la richesse » (III, 30).

De même, il connaît l'infinie vulgarité des élites de la « République des vaincus » (III, 175) et la bassesse des journalistes, dont dépend le succès des artistes, en cette fin de siècle : « Si l'Exterminateur arrivait enfin, il ne trouverait plus une âme vivante dans les quartiers opulents de Paris [...] et, sans doute, il dédaignerait angéliquement de frapper du glaive les simulacres humains pavés de richesse qu'il découvrirait » (III, 43). Mais rien ne parvient à diminuer la force de la tentation : Marchenoir ne peut vivre et être lui-même dans un autre lieu. Paris, bien plus que Périgueux, est sa véritable patrie. Il le note lui-même à son retour des montagnes iséroises :

> Il sentit, avec toute la vigueur renouvelée de ses facultés impressionnelles, le despotisme de cette *patrie*. Il faut avoir vécu par l'âme et par l'esprit dans cet ombilic de l'intellectualité humaine, y avoir écorché vives ses illusions et ses espérances et ensuite avoir trouvé le moyen de garder un tronçon de cœur pour comprendre la volupté d'inhalation de cette atmosphère empoisonnée par deux millions de poitrines, après une absence prolongée. L'homme, naturellement esclave, se rebaigne, alors, avec délices, dans le cloaque cent fois maudit et relèche, avec un attendrissement canin, les semelles cloutées qui se posèrent si souvent sur sa figure... (III, 157)

Cet attachement viscéral à la capitale procède du choix personnel qui a conduit le héros à quitter sa province natale : en rompant les attaches avec l'espace périgourdin et en abordant à Paris, Marchenoir est, en quelque sorte, né à lui-même, puisqu'il s'est soustrait à l'autorité de son père et a réalisé son désir le plus puissant. La ville constitue le berceau de sa liberté et le terrain où il a décidé d'exercer son talent et de le mesurer aux autres. Telle une mère nourricière, elle se trouve à l'origine de sa genèse affective, intellectuelle et morale. Substitut de celle qu'il a perdu, cette mère est cependant une marâtre, même si rien ne peut défaire le lien par lequel Marchenoir se sent indéfectiblement uni à elle. D'où l'ambiguïté de ses sentiments à l'égard de la capitale, sur laquelle le narrateur s'arrête, au début de la troisième partie :

> Marchenoir méprisait, haïssait Paris, et cependant il ne concevait habitable aucune autre ville terrestre. [...] sa double vie affective et intellectuelle avait réellement débuté dans ces amas d'épluchures, où des chiens, – probablement crevés, aujourd'hui, – s'étaient étonnés, naguère, de le voir picorer sa subsistance. Sa genèse morale avait commencé au milieu de ces balayeurs matutinaux et de ces voitures maraîchères qui descendent en furie vers les Halles, pour arriver à l'ouverture de la grande gueule. (III, 157)

Ce mépris et cet amour mêlés sont les deux faces d'une même aliénation. Car le héros a beau condamner « cet Ergastule de promission où l'on met à tremper la fleur humaine dans le pot de chambre de Circé » (III, 55), il n'en est pas moins prisonnier de son sortilège. Qu'il ait été déçu dans ses espérances de jeune provincial naïf ne change rien au problème. Il est forcé de se battre à Paris pour réussir. Il en va de sa vocation : ne pouvant indéfiniment enfouir « sa précieuse tête sous les décombres de ses illusions » et se ronger le cœur « dans les carrefours de l'indifférence » (III, 63), il lui faut aussi lutter pour le succès de l'entreprise sur laquelle il a tout misé.

Paris n'est donc pas seulement le monstre qui écrase les rêveurs incapables de « s'emparer du toupet de l'occasion » (III, 59). C'est aussi une jungle où les puissants asservissent les faibles, où les roués grugent les innocents, où l'égoïsme universel triomphe des cœurs purs. Il faut donc se battre pour y subsister et « apaiser l'intestinale vocifération » (III, 63) : dans une société où l'argent règne en maître et où l'intérêt mène les hommes, on est bel et bien en situation de guerre permanente. La leçon n'est pas nouvelle, tout le roman français du siècle lui fait écho.

Mais, à la différence d'un Rastignac, Marchenoir est particulièrement inhabile à la « lutte parisienne » (*ibid.*). En courant après la gloire littéraire et en ambitionnant de se faire une place dans le petit monde des écrivains, il s'est condamné à un combat dont il refuse les règles, à défaut de les ignorer. Comment, en effet, accorder son éthique intransigeante avec les mœurs corrompues du journalisme et des lettres ? Cela tient de la gageure : les deux perspectives sont en vérité si irréconciliables que Marchenoir s'épuise à cette tâche impossible.

La solution à laquelle il s'arrête paraît bien vaine : elle consiste à rejeter fermement les usages de l'intelligentsia parisienne et à braver ses représentants les plus en vue, en remettant son sort entre les mains de la Providence. À ce jeu-là, le héros ne peut être que brisé. La rupture avec les lois d'un milieu où il ne peut s'intégrer le conduit fatalement à l'isolement le plus grand. C'est pourquoi on voit ressurgir, à propos de Paris, le thème du désert. Marchenoir tente de déjouer les maléfices de cette ville de damnation, où chaque rue lui rappelle « une escale du pèlerinage aux enfers » (*ibid.*) qu'a été sa vie, en y cherchant une thébaïde. La moderne Babylone, où s'agite la multitude de ses contemporains, devient pour lui une solitude : comme « ces cœurs altiers qu'offense la salissante sympathie des médiocres », il voit dans « l'indifférence de la multitude [...] un désert plus sûr que le désert » (*ibid.*).

Mais ce désert n'est plus tout à fait celui où se retirent les anachorètes fuyant des villes de perdition. C'est plutôt celui dans lequel vocifèrent les prophètes que personne ne veut écouter, celui où ils font vainement entendre leur voix, rageuse et désolée. Dans *Le Désespéré*, il prend l'aspect des quartiers excentrés et des faubourgs, où une société implacable repousse les sages qui la gênent, à moins qu'ils n'y trouvent refuge d'eux-mêmes. Tel est bien le rôle joué dans le roman par la maison de la rue des Fourneaux :

> Marchenoir habitait [...] une maison presque isolée et d'aspect assez humble dont il occupait le deuxième étage, n'ayant au-dessus de lui que deux mansardes louées par d'impeccables employés d'omnibus, absents tout le jour et qui n'y dormaient, la nuit, que quelques heures. Il aimait ce quartier et cette maison pour y avoir passé, depuis deux ans, le meilleur de sa vie morale et intellectuelle. Le calme relatif de cette rue le rafraîchissait, au sortir du centre de Paris qui faisait l'effet, par comparaison, du plus inhabitable d'entre les puits de l'enfer. (III, 214)

La description insiste sur le calme de la demeure et sur l'isolement du héros. On y reconnaît ce désert fermé et protecteur au fond duquel il puise les ressources nécessaires pour survivre dans l'impitoyable lutte parisienne. Mais on y découvre surtout l'endroit reculé où est rejeté celui dont le témoignage dérange et qu'on veut faire taire. Tout le destin de Marchenoir est dans ce conflit entre deux volontés opposées et inconciliables : la sienne, qui veut faire entendre l'âpre message de la Justice divine, et l'autre, celle d'une société enfoncée dans les intérêts matériels, qui s'emploie à tarir la parole de ce gêneur par la misère et la solitude. Le héros en a bien conscience, lui qui confie à Véronique :

> Quelques-uns m'ont dit : À quoi bon ? Le monde est en agonie et rien ne le touche plus. Peut-être. Mais au fond du désert, il faudrait, quand même, rendre témoignage, ne fût-ce que pour l'honneur de la Vérité et pour l'édification des fauves, comme faisaient autrefois, les anachorètes solitaires.
> [...]
> Je vivrai donc [...] jusqu'à ce que j'en meure dans quelque orgie de misère. Je serai Marchenoir le contempteur, le vociférateur et le désespéré, – joyeux d'écumer et satisfait de déplaire, mais difficilement intimidable et broyant volontiers les doigts qui tenteraient de le bâillonner. (III, 226)

Ainsi, Paris, comme Périgueux et la Grande-Chartreuse, constitue un espace inconfortable pour Marchenoir : il ne peut y subsister qu'en marginal, en paria. Son existence ne parvient nullement à s'y épanouir : la mort plane sur chacune de ses entreprises. Aux avanies qu'il subit en tant qu'écrivain s'ajoutent les tribulations de la passion amoureuse. Dans la capitale habite Véronique, la prostituée qu'il a convertie et dont il est épris. C'est elle qu'il a fuie en allant se réfugier dans les Alpes dauphinoises, mais dont il n'a pu rester longtemps éloigné. De retour à Paris, il sait bien qu'il va affronter un amour impossible, qu'il sera déchiré entre sa foi et la passion qui le ronge.

La défiguration de sa compagne n'y fait rien : la violence du désir qui agite Marchenoir brise le rêve fait à deux d'un lent cheminement vers une vie de sainteté. La folie de Véronique marque l'échec de la métamorphose de cette fille d'Ève. Voulu avec ferveur, comme un gage symbolique de la suprématie de Dieu sur le mal, le sauvetage de cette Marie-Madeleine, en échouant sous l'effet d'une passion dévorante, plonge Marchenoir dans le désespoir et, au plan symbolique, brouille la lisibilité de son histoire : le héros est-il un nouveau Christ ou une figure de réprouvé ?

*
* *

Si Périgueux était un lieu de répulsion et la Grande-Chartreuse un avatar de l'inaccessible Éden, la capitale est le dernier cercle de l'enfer : c'est une zone hostile où d'infinis dangers et maintes tentations font trébucher tous ceux dont l'âme voudrait être pure. Finalement, il n'y a point d'espace où le héros du *Désespéré* puisse prendre racine et réaliser sa vocation d'écrivain ou son rêve d'amour spiritualisé. Comme Ahasvérus, le Juif maudit dont il est le double, ne serait-ce que par son prénom de Caïn, il est condamné à l'errance. Mais il peut aussi apparaître comme un autre Job, éprouvé par le sort et confronté aux desseins énigmatiques de Dieu. Marchenoir est un personnage-oxymore, figure exemplaire d'une littérature de crise, qui ne peut trouver d'issue à sa vie de douleurs que dans la mort, faute d'avoir réussi à triompher de ses contradictions.

Il est significatif qu'il soit toujours en mouvement. Cette mobilité imprime son rythme au roman et détermine son tracé : *perpetuum mobile.* L'itinéraire qui, de Périgueux, ramène le héros à Paris, en passant par la Grande-Chartreuse, est un parcours tragique, où chaque lieu se dérobe ou se ferme devant lui, avant que le dernier d'entre eux ne soit le théâtre de sa mort. Mortelle randonnée, l'histoire de Marchenoir est celle d'un voyageur constamment en décalage par rapport aux milieux qu'il traverse. C'est le récit de l'existence d'un homme sans espace et en souffrance d'identité, dont le destin est de se perdre dans une quête incertaine. Dieu, jusqu'à la fin, restera silencieux ; il laissera apparemment sans réponse les appels de son serviteur infortuné, auquel il s'abstiendra de se manifester.

À moins que ce silence de Dieu ne soit précisément l'ultime épreuve portant à son comble le sentiment d'abandon de son enfant. Au plus fort des épreuves, elle permet alors à ce dernier de s'approcher paradoxalement de la béatitude par la seule force de son amour. Aucune certitude ne se dégage du dénouement : si Marchenoir est une figure christique des temps modernes, sa Passion semble s'arrêter au seuil de la Gloire. On ne sait si le réprouvé persiste en lui jusqu'à la fin ou s'il s'efface *in extremis* pour permettre l'éclosion de l'« homme nouveau »[5] dont parle saint Paul. C'est à la onzième heure – tout un symbole – que disparaît le héros du *Désespéré.*

5. Col., III, 9-10.

Chapitre IV

L'ami des bêtes

Les animaux occupent une place de choix dans l'œuvre de Léon Bloy. Le pamphlétaire catholique qui publie en 1887 son premier roman, *Le Désespéré*, y déploie un ample bestiaire : les hommes sans Dieu sont des « chiens hargneux » (III, 219) ou des cochons subjugués par la Circé du matérialisme [1], leur frénésie de jouissance leur donne « des yeux de vache ahurie » (III, 245), les maîtres à penser d'un tel troupeau sont tantôt des « têtards » (III, 251) qui vibrionnent dans la boue de leur mare, tantôt des vipères devenues renards au prix d'une monstrueuse métamorphose. L'animalisation est un procédé de la satire auquel Bloy, qui apprécie ses potentialités grotesques, recourt volontiers [2]. Il le combine à l'allégorie pour figurer la passion jalouse qui dévore son héros jusqu'au désespoir : à la manière des peintres médiévaux quand ils représentent

1. Lors de la publication de *Quatre ans de captivité à Cochons-sur-Marne*, Bloy placera en tête du volume une photographie le représentant devant un troupeau de ces bêtes, qu'il accompagnera de cette adresse reprise de l'épilogue de son pamphlet *Léon Bloy devant les Cochons* : « Je demande pardon aux pauvres cochons – à ceux-là qui marchent sur quatre pieds, qui sont innocents, qui sont beaux, qui sont bienfaisants, qui sont chez les charcutiers et que déshonore avec injustice le langage humain. Je demande pardon à ces humbles frères de les avoir – par indigence d'imagination ou pénurie de vocables – assimilés irrévérencieusement à une catégorie d'animaux puants dont la plus savante industrie des viandes serait inhabile à utiliser le moindre morceau. Pauvres chers cochons ! de qui les boudins et l'honnête lard furent l'aliment de ma jeunesse, dont la tête me parut, à dix-huit ans, le plus désirable des fromages, et qui me consolâtes si souvent par la succulence de vos pieds grillés dans la chapelure. Ô cochons ! si aimables quand on vous fume ; pélicans de l'adolescence littéraire ; vous que les poètes ont le devoir de chanter sous les lauriers dont ils vous dépouillent ; je vous prie de me pardonner » (*J*, I, 336).

2. Voir *supra*, dans cette même partie, le chapitre II.

les démons, il l'imagine sous la forme suggestive d'« un carnassier plein d'insomnie, tacheté d'yeux, avec une paire de télescopes sur son arrière-train » (III, 106)...

Mais ce n'est pas seulement son inspiration satirique que Bloy puise dans le monde animal : son œuvre développe aussi, en plusieurs occasions, une réflexion théologique sur la place des bêtes dans l'univers [3]. Dans la première partie de *La Femme pauvre* [4], on trouve en particulier une ample méditation sur ce sujet, que Bloy abordera à nouveau dans le premier volume de son journal, *Le Mendiant ingrat*, le 3 décembre 1894, date à laquelle il consigne une magnifique lettre adressée à son ami Henry de Groux. Le point de départ de la réflexion est la question : « Pourquoi les animaux souffrent-ils ? » (VII, 75) ; question qui, en réalité, revient à se demander, pour un chrétien comme Marchenoir, le héros du roman, qui est aussi le double fictif de Bloy : pourquoi Dieu tolère-t-il « cette injustice exercée sur de pauvres êtres qui n'ont pas mérité, comme nous, leur châtiment » (*ibid.*) ?

Cette question, qui met en cause la justice divine, engage Bloy sur la voie d'une théodicée. Il échafaude celle-ci à gros traits en se souvenant de Joseph de Maistre, auquel il emprunte l'idée de réversibilité [5] : les bêtes, sur lesquelles Dieu, selon la Genèse [6], a établi la domination de l'homme, sont étroitement liées à son destin ; celui-ci les ayant entraînées dans sa déchéance par suite du péché originel, elles participent depuis ce temps à sa rédemption ; elles ne souffrent pas seulement à cause de lui et par lui, mais aussi *pour lui* dans « l'universelle répartition des solidarités de la Chute » (VII, 76).

Si l'on suit cette étonnante exégèse, les animaux, par leurs souffrances, participent donc à l'œuvre de salut : la « patience éternelle » de ces créatures innocentes, qui ne sauraient souffrir pour leurs propres fautes puisqu'elles n'ont pas désobéi à Dieu, a été calculée par « une infaillible Sagesse en vue de contrepeser, dans les plus secrètes balances du Seigneur,

3. Sur cette question, voir Élisabeth de Fontenay, *Le Silence des bêtes. La philosophie à l'épreuve de l'animalité*, Paris, Fayard, 1998, p. 257-263.

4. Aux chapitres XII, XIV et XV.

5. Voir Joseph de Maistre, *Les Soirées de Saint-Pétersbourg*, neuvième entretien, dans *Œuvres*, éd. cit., p. 708 *sq*.

6. Gen., I, 26.

l'inquiétude barbare de l'humanité » (VII, 77). Les animaux sont en cela proches du Christ : voués à l'immolation, ces êtres inférieurs, qui ont la douleur en partage, rachètent de la sorte, comme le Fils de Dieu, les fautes des hommes qui sont leurs bourreaux.

Bloy, qui ne s'arrête pas à l'audace de cette analogie, greffe de surcroît sur ces considérations ses obsessions eschatologiques. Selon lui, l'homme, malgré la Passion, n'est sauvé qu'« en espérance » (*J*, I, 123 [3 déc. 1894]) : le Sacrifice du Dieu fait homme n'est pas consommé ; Jésus, « toujours cloué à sa Croix », continue, depuis des siècles, de « souffrir avec ceux qui souffrent », dans l'attente du Troisième Règne, celui de l'Esprit-Saint, « par lequel tout doit être "restitué" » (*ibid.*). C'est pourquoi les animaux, comme les humbles et les opprimés parmi les hommes, participent à l'œuvre rédemptrice, qui se prolonge à travers les âges : « Le boucher ou le charcutier immondes qui, non contents de massacrer de pauvres êtres, les défigurent ignoblement, ridiculement, après leur mort, continuent, – en une manière, – dans les plus insondables ténèbres, l'immolation du Sauveur » (*ibid.*). Aujourd'hui battus, chargés de fardeaux, tués pour satisfaire nos besoins ou nos caprices, les animaux seront donc « à la fin consolés, quand viendra l'heure des rétributions infaillibles » (*ibid.*).

De tels propos ne laissent pas d'être ambigus. Ils s'inscrivent dans une tradition chrétienne, qui voit dans la souffrance animale l'une des formes du mal terrestre, acceptée par Dieu, en vertu d'une logique sacrificielle ; dans sa fidélité à cette même tradition, Bloy occulte la *simple présence* des bêtes, le mystère de leur *être-au-monde*, en faisant d'elles les signes d'un alphabet symbolique dans lequel s'écrit l'histoire du Salut à l'échelle de la Création tout entière. Mais sa réflexion, dans ses inflexions mystiques, va bien au delà. Car Bloy ne se résigne pas au mal qu'on fait aux animaux. C'est ce que suggère en particulier l'anecdote en forme d'apologue racontée aux chapitres XIV et XV de *La Femme pauvre*. Marchenoir y relate sa rencontre avec un inconnu, « ami des bêtes », au sanctuaire de La Salette. Cet homme, qui a jadis tué un ami en duel, s'est fait mendiant aussitôt après et, en guise d'expiation, s'est humblement soumis aux humiliations et aux offenses des autres hommes. Maltraité par un goujat à la table d'hôtes du monastère, il regrette que Marchenoir se soit interposé, se disant indigne d'être défendu de la sorte.

Or, le prétexte des railleries dont il a été la victime est son amour des animaux et son refus de manger leur chair. Pour l'inconnu, en qui l'on devine un homme au cœur simple, tout proche de la sainteté, c'est l'occasion d'expliquer pourquoi il aime tant les bêtes. À travers eux, dit-il, il adore Dieu « profondément dans ce qu'il a fait » (VII, 93) : les animaux sont « l'autre côté de la Création » (VII, 92) que les hommes n'ont pas le droit de mépriser : chacun de nous devrait s'interdire de faire des bêtes une pâture facile et de les traiter comme de vulgaires instruments à notre service.

À cette détestable manière de se conduire envers elles, l'inconnu oppose celle des bienheureux ascètes, qui ont montré, dit-il, que « la force du genre humain » n'était pas « dans cet aliment » (VII, 93). S'inscrivant dans cette filiation ascétique, l'ami des bêtes s'évertue à rétablir la dignité de ces modestes créatures, simples en esprit : à ses yeux, elles ont leur part dans les Béatitudes, le Christ commandant aussi bien la charité entre les êtres humains que la compassion envers les animaux. Dès lors, souffrir de la douleur qu'on leur inflige, c'est se tenir, selon lui, au pied de la Croix, sur le Golgotha.

L'ami des bêtes relève par ailleurs que certaines d'entre elles – tel l'agneau ou le pélican – ont été élevées par le christianisme à la dignité de figures sacrées, puisque le Nouveau Testament en a fait les symboles du Christ accomplissant son sacrifice. Leur captivité, leurs souffrances sous la dure loi humaine rappellent sans cesse « le désordre épouvantable » (*J*, I, 123) qui sépare l'homme de la lumière céleste : les animaux, en d'autres termes, sont, « dans nos mains, les otages de la Beauté céleste vaincue » (VII, 94). En même temps, ces créatures étant parmi les plus maltraitées de la Création, comme le Christ lui-même, elles seront appelées à la Gloire, lorsque Dieu rétablira « l'ancien Ordre saccagé » (*ibid.*). La réhabilitation du monde créé, à la fin des temps, leur restituera leur plénitude ontologique, en leur donnant à nouveau accès à l'harmonie, que le premier homme, par son péché, avait dissipée.

Si Bloy s'offusque volontiers de l'« idolâtrie démoniaque » ou de l'« imbécillité transcendante » (IX, 146) dont se rendent coupables les modernes dans leur sentimentalisme bêtifiant à l'égard des animaux, s'il s'insurge en particulier contre le scandale du cimetière pour chiens d'Asnières, où s'étalent avec indécence des tombes luxueuses [7], l'Éden, dont il rêve la restitution intégrale dans sa lettre à Henry de Groux, est significativement un monde où l'homme, comme les animaux, ne se nourrit que « d'herbes et de fruits » (*J*, I, 122). L'apocatastase bloyenne donne corps, de cette manière, à « une espérance oubliée par la modernité catholique » [8], celle des chrétiens des premiers temps – Irénée de Lyon, Isaac le Syrien, Maxime le Confesseur –, qui savaient voir une figure de Dieu cachée dans les animaux et ne les croyaient pas incapables, dans leur indignité supposée, de racheter notre propre misère.

7. « Il y a là des monuments qui ont coûté la subsistance de vingt familles ! J'ai vu, en hiver, sur quelques-unes de ces tombes d'animaux, des gerbes de fleurs dont le prix aurait rassasié cinquante pauvres tout un jour ! Et ces regrets éternels, ces attendrissements lyriques des salauds et des salaudes qui ne donneraient pas un centime à un de leurs frères mourant de faim ! [...] La plupart de ces niches sans abois sont agrémentées, pour la consolation des survivants, d'une photographie du pourrissant animal. Presque toutes sont hideuses, en conformité probable avec les puantes âmes des maîtres ou des maîtresses. "Les attractions, a dit Fourier, sont proportionnelles aux destinées." » (IX, 146-147).

8. Élisabeth de Fontenay, *Le Silence des bêtes. La philosophie à l'épreuve de l'animalité*, *op. cit.*, p. 262.

Troisième partie

Bloy et la fiction : contes et nouvelles

Chapitre I

Sueur de Sang : hémorragie de sens

« Les malins prétendaient que le diable lui-même eût été incapable d'y rien comprendre. »

« La Cour du miracle » (VI, 132).

L'un des premiers indices de la vague pessimiste de la fin du XIXe siècle est assurément la multiplication d'ouvrages consacrés à la guerre de 1870 et à la Commune, qui témoignent de l'inquiétude et de la démoralisation provoquées par la défaite. *La Fin du monde latin, 1871 ! Les premières phases d'une décadence, La France dégénérée, République ou décadence* [1] : autant de titres évocateurs qui traduisent bien, en dépit de la médiocrité des ouvrages qu'ils désignent, le malaise politique des débuts de la IIIe République. Prenant pour objet une mutation décisive dont ils cherchent les causes, ils ont au moins le mérite de susciter un débat à la faveur duquel les intellectuels de ce temps peuvent tirer les leçons d'une guerre perdue et d'une révolution manquée.

Lorsqu'il écrit ses propres souvenirs, Bloy s'inscrit apparemment dans ce mouvement, qui vise à expliquer les raisons pour lesquelles la France a été vaincue, amputée et gagnée par les ferments de la division. Comme beaucoup de ses contemporains, il paraît désireux de faire à son tour

1. Voir René-Pierre Colin, *Schopenhauer en France*, Lyon, PUL, 1979, p. 109 *sq.*

l'autopsie de la défaite, pour qu'elle serve la jeune génération née de cette époque troublée :

> Voici bientôt le quart d'un siècle que s'est évanouie cette immense fumée des batailles et des incendies, et que le sol de notre France généreuse a cessé de trembler sous les pas d'un million de soldats en marche. Une génération nouvelle est sortie de toutes les nuits amoureuses de cette année qui fut appelée terrible, et cette génération n'a pas entendu l'énorme tocsin des agonies et des désespoirs d'alors.
>
> Les nouveaux hommes savent à peine, historiquement, que la patrie fut saignante et profondément affligée vers le temps qu'on les enfanta. Comment pourraient-ils deviner ou comprendre l'excessive humiliation de tout un grand peuple aussi bêtement vaincu, et l'exorbitance infinie de ce tourment. (VI, 35-36)

Bloy cependant ne souhaite nullement être assimilé aux autres historiens de la guerre. Il situe résolument ses efforts en marge de leurs travaux et se réclame de Barbey d'Aurevilly pour revendiquer la singularité de son point de vue :

> Barbey d'Aurevilly, qui ne se cachait pas d'être un chauvin de ma sorte, m'avoua souvent que ce lui était une souffrance à peu près intolérable d'entendre parler de ces temps affreux. À plus forte raison, il lui eût été impossible d'écrire quoi que ce fût sur un tel sujet. Manière d'être qui sépara beaucoup cet artiste fier de certains alligators de l'écritoire attentifs, naguère, à sécréter, jour par jour, un peu de copie sur la Sueur de Sang de la France.
>
> Pourquoi n'avouerais-je pas à mon tour que j'ai les mains peu remplies de ces documents de cannibales, et qu'il a fallu plus de vingt ans pour que je me décidasse à redescendre dans cette cave oubliée des puissants vins de la Mort, où l'ivrogne le mieux éclairé par les projections lumineuses de l'enthousiasme, ne pourrait plus se soûler qu'en tâtonnant ? (VI, 19-20)

Un tel patronage est sans doute pour l'écrivain un moyen de signifier l'orientation générale de son ouvrage. Il faut se souvenir, en effet, que c'est l'auteur des *Diaboliques* qui a formé cet émule, en lui faisant lire les « bons livres ». À l'école de Joseph de Maistre et de Blanc de Saint-Bonnet, Bloy s'est forgé une certaine idée de la France, qui lui est bientôt apparue comme « le premier des peuples » (VI, 17), la nation élue avec laquelle Dieu a passé alliance, le dépositaire historique des intérêts de la

Providence et l'appui temporel de la papauté. À cet égard, *Sueur de Sang* semble se situer dans le prolongement de ce postulat maistrien :

> Il y a des nations privilégiées qui ont une mission dans le monde [...] Il y a dans le gouvernement naturel et dans les idées nationales du peuple français je ne sais quel élément théocratique et religieux qui se retrouve toujours [2].

Le texte liminaire est d'ailleurs très clair sur la cohérence unitaire des différentes anecdotes rapportées dans le recueil : Bloy rappelle « l'Identité symbolique de la France avec ce qui fut nommé le Royaume de Dieu » et postule l'analogie entre les souffrances de notre pays et celles du « Dieu terrible qui agonise pour toute la terre, en SUANT LE SANG » (*ibid.*). L'ouvrage se présente donc implicitement comme un fragment de cet Évangile des temps modernes, qui retrouve les signes de la Passion dans le monde contemporain.

En même temps, *Sueur de Sang* a une indéniable dimension politique. Le chroniqueur n'abdique pas tous ses droits face à l'exégète, et la peinture de la guerre conserve l'aspect d'un récit historique. Avec un cruel souci de vérité, Bloy multiplie les récits de ces « petits faits vrais » qui nous font pénétrer dans de noires coulisses. Peignant la désunion des Français face à l'ennemi, il dévoile la fragilité des fondements de la société née de la Révolution, de sorte que chaque conte ou presque est l'occasion d'une vigoureuse dénonciation des tares de la France et de son régime bourgeois.

L'écrivain joue donc sur deux registres hétérogènes, entre lesquels il opère de continuels glissements : celui de l'histoire, qui donne lieu à une représentation critique de la France « fin de siècle », et celui de la légende ou du mythe, par où s'opèrent la transposition symbolique et le passage à des préoccupations spirituelles [3]. Dans ce curieux mélange de réalisme historique et de prophétisme apocalyptique prend corps une vision de la guerre, tentative d'interprétation de ce fléau, que n'a pu embellir la victoire. Afin d'échapper à l'angoissante absurdité d'un conflit qui, à la différence des précédentes guerres du Second Empire, n'a plus été, après le 4 septembre, l'affrontement de deux armées, mais une guerre de résistance, Bloy effectue

2. Joseph de Maistre, *Du pape*, Discours préliminaire, éd. Jacques Lovie et Joannès Chetail, Genève, Droz, 1966, p. 19.

3. Sur ce point, voir le chapitre suivant.

une lecture duelle de l'événement, au croisement de l'interprétation sociopolitique et de l'exégèse providentialiste.

Un tel procédé paraît destiné à endiguer une double hémorragie de sens : celle qui, résultant de la terrible secousse de la défaite et de la Commune, met en cause le destin national, à un moment où de nouvelles puissances émergent en Europe ; celle, infiniment plus inquiétante, de la déshérence de l'homme moderne, dans un monde au devenir incertain, où s'accélère la Chute. Les conditions dans lesquelles Bloy entreprend de suturer ces plaies et l'issue même de cette opération « chirurgicale » sont particulièrement intéressantes pour appréhender le fonctionnement retors du texte bloyen. Celui-ci procède d'une écriture de l'histoire affirmant avec vigueur sa vocation au sens ; mais le choc de discours disparates (histoire/mythe) et de registres contradictoires (grotesque/sublime) provoque l'apparition d'un humour « cruel », dont résulte un certain flottement de la signification.

Décadence ou régénération ?

Pour Bloy, la période de 1870 est ce que « l'histoire peut offrir de plus admirablement raté » et surtout « l'époque des grandes énergies perdues » (VI, 20). La façon dont sont sélectionnés les épisodes de la guerre est à cet égard très révélatrice : le narrateur privilégie sa propre expérience et se fie à ses souvenirs de soldat, insistant sur les tribulations de son régiment de « volontaires ignorants des lois martiales, divisés parfois en sortes de clans et souvent livrés à la contradictoire fantaisie des chefs » (VI, 26). Il privilégie en outre « la deuxième phase de la guerre » (VI, 20), celle qui suit la capitulation de Metz et la constitution de l'armée de la Loire, où chacun sait déjà que tout est perdu.

Au fil des pages, on peut reconstituer à gros traits cette triste campagne qui aboutira à l'armistice du 28 janvier 1871 [4]. Dans ces limites, on ne

4. . *Sueur de Sang* se fait l'écho, entre autres, des combats dans la région de Pithiviers (« La Messe des petits crevés ») ; de la bataille de Beaune-la-Rolande (« Le Ramasseur de crottin ») ; de l'avancée des Prussiens vers Orléans (« Le Bon Gendarme ») ; de la bataille de Loigny (« À la table des vainqueurs ») ; du siège de Paris (« Bismarck chez Louis XIV », « Le Musicien du silence ») ; du début de la retraite de l'armée de la Loire (« Celui qui ne voulait rien savoir ») ; de l'avancée allemande dans le département de la Sarthe (« Noël prussien »,

s'étonnera guère que Bloy mette l'accent sur les moments peu glorieux de la fin du conflit. La plupart des récits ont pour toile de fond la déroute, peu flatteuse pour l'orgueil national : marches forcées, retraites précipitées, escarmouches sans gloire, défaites et massacres de civils. Et si quelque haut fait se détache parfois dans cette grisaille, il paraît toujours isolé, dérisoire, inutile, car l'attention du narrateur se fixe surtout sur la décomposition nationale que provoque la guerre, cet immense gâchis collectif :

> Pêle-mêle, on allait à tous les diables, chacun gardant pour soi ce qui pouvait lui rester de cogitation ou de volonté. Des ambulanciers déserteurs coudoyaient des canonniers éperdus qui ne traînaient plus de « tonnerres », des lignards sans chaussures et de pédestres cavaliers sans crinières ni espadons, se confondaient, s'amalgamaient, avaient l'air d'entrer les uns dans les autres. D'impossibles chars de déménagements villageois, qui ne valaient certes pas la peine d'être pillés, étaient tirés, à force de coups, par de minables chevaux qu'on n'avait pas eu le temps de manger. Il y avait, Dieu me pardonne ! jusqu'à des chiens, dans le défilé processionnel de notre agonie. (VI, 37)

Bloy n'a cure de sacrifier à l'idéalisation patriotique ; il se refuse au chauvinisme qui consisterait à peindre sous un jour avantageux la lutte d'une nation héroïque, préservée dans ses fondements, malgré l'adversité de la défaite. Au contraire, il se plaît à souligner ses divisions. Quels sont, à ses yeux, les responsables de la déroute française ? L'armée qu'il décrit est à l'image d'une société diminuée par de multiples dissensions et guettée par la décadence. On a bien des indices de cette faiblesse. On pourrait citer, par exemple, les carences d'une intendance « fanatique d'inexactitude » (VI, 25) ou celles d'une « effrayante administration » (VI, 133). Mais ces traits dénotent en vérité une insuffisance plus générale : celle des élites qui, dans leur ensemble, ont fait preuve de la plus extrême médiocrité.

Ainsi, les généraux sont-ils désignés comme les premiers responsables des revers militaires et des souffrances sans nom de leurs hommes, Bloy déplorant « l'absence inouïe d'un grand capitaine français » (VI, 107) parmi eux [5]. Le ton est donné, dès la première anecdote, lorsque le narrateur entreprend de faire le portrait de Cathelineau : « J'appartenais en

« Repaire d'amour ») ; de la fin de la défense du Mans et de la débâcle française vers la Bretagne (« L'Obstacle »).

5. Cette idée revient sans cesse (voir VI, 134, 164, 170, etc.).

1870 à un corps franc commandé par un agronome dévotieux, promu général en l'absence des Marceau ou des Bonaparte et que la circonspection de son héroïsme rendit un instant fameux » (VI, 19). Plus loin, à propos de ce chef, il dénoncera « les ornières et les casse-cou d'une perpétuelle stratégie de reculade ou de repliement » et l'accusera d'avoir mis ses soldats « dans le triste cas d'abandonner à l'avidité germanique un lot plus ou moins précieux de [leurs] excitantes charognes » (VI, 20).

Dans « Le Ramasseur de crottin », Martin des Pallières est lui aussi épinglé pour son « inaction demeurée inexplicable » (VI, 68) à la bataille de Beaune-la-Rolande. Il apparaît comme le « général de la gaffe » (VI, 123) en raison de ses maladresses répétées. Globalement, ce sont tous les officiers dont il est question dans l'ouvrage qui manquent d'envergure. Cette médiocrité ne prend pas seulement la forme de l'incompétence stratégique. Elle se traduit aussi par la volonté de conserver des privilèges au détriment des malheureux soldats et de se soustraire aux dangers de la guerre, comme s'il s'agissait avant tout de ne pas en prendre sa part. C'est ce qui révolte, par exemple, la « bonne brute » appelée Gueule-de-bois [6], dont le narrateur adopte le courroux :

> Dieu me préserve du récit de cette retraite aussi imbécile qu'atroce [...] où l'on vit des officiers supérieurs dételer les chevaux des pièces d'artillerie ou des fourgons d'ambulance pour fuir plus vite ! (VI, 123)

Mais l'incurie militaire ne suffit pas à expliquer la défaite. Il y a aussi les responsabilités politiques. Ainsi, l'épisode du camp de Conlie met-il en évidence les divisions idéologiques de la France et les arrière-pensées des uns et des autres. Bloy s'en prend à Gambetta et à Freycinet – ce « valet de bourreau du Cyclope » (VI, 93) – et refuse de céder à l'unanimisme consensuel, qui tente de donner de la reprise en main républicaine de l'État l'image d'une vaste entreprise de sauvetage national [7]. Il n'hésite pas à affirmer que les soldats de l'Ouest ont été sacrifiés pour des

6. « Il ne pouvait se faire à l'idée que les sous-officiers, en nombre d'ailleurs anormal, se fussent emparés du lit de ces malheureux. Il avait même risqué, sans succès, quelques rudes observations. – "Charognes !" disait-il entre ses dents, plein de mépris pour les galons improvisés de ces fils de bourgeois qui n'avaient jamais servi et qu'une organisation tout arbitraire avait faits ses chefs » (VI, 25).

7. « Il ne serait pas inutile [...] d'en finir, une bonne fois, avec les rengaines infernales dont nous saturent les moutardiers du patriotisme sur l'impartialité magnanime et le désintéressement politique de certains organisateurs de la Défense » (VI, 94).

raisons politiques, à cause du souvenir de la chouannerie, réveillé par ces temps agités :

> Ces fiévreux mangés de vermine et incapables de défendre leur peau une demi-heure, étaient redoutés comme chouans probables ou possibles. (VI, 93)

Le propos de Bloy ne consiste pas pour autant à prendre parti pour les légitimistes en quête d'une nouvelle Restauration. Avec ironie, il se plaît à souligner les illusions enfantines de quelques jeunes aristocrates exaltés, dont il décrit la détresse, dans « La Messe des petits crevés », lorsque la tête de leur aumônier est emportée par un boulet de canon :

> C'étaient des guerriers sans expérience qui n'avaient jamais vu chose pareille chez leurs mamans. Pleins d'enthousiasme, ils s'étaient engagés de tout leur cœur, un mois auparavant, sous un chef dont le nom célèbre évoquait tous les héroïsmes de la Vendée militaire et ils avaient promis, comme de braves enfants qu'ils étaient, de ne déposer les armes que lorsque le Roi légitime serait assis sur son trône.
> C'était tellement infaillible ! Les bons Pères leur avaient fait lire tant de prophéties formelles et circonstanciées relatives à ce Grand Monarque et à cet Admirable Pontife qui devaient régner ensemble sur toute la terre, qu'il eût été vraiment difficile de ne pas les reconnaître en la grandeur géminée de Pie IX et du Comte de Chambord [8]. (VI, 40-41)

Ces soldats improvisés, pour qui la guerre ne devait être qu'« une amusante chasse à courre avec relais dans tous les châteaux » (VI, 41), ne peuvent guère être pris au sérieux, politiquement autant que militairement. Aussi les rares héros dignes de ce nom ont-ils peu de considération pour ces figures égarées de la vieille France. C'est le cas de l'Abyssinien, qui mène son propre jeu, en solitaire, sans se soucier des gentilshommes légitimistes qu'il côtoie :

> On était naturellement fort légitimiste parmi nous. Il y avait, s'il faut tout dire, pas mal de fleurs de lys et de cœurs sanglants sur les pectoraux mais les bons gentilshommes-propriétaires de la Vendée ou de l'Angoumois, accourus dans l'intention de restaurer tous les Capétiens aussitôt

8. D'ailleurs ces jeunes gens se font tuer « non pour la France, non pour le Roi, non pas même pour les Anges ou les Saints des cieux », mais uniquement pour que « les malpropres hérétiques n'eussent pas le pouvoir d'interrompre le Sacrifice Essentiel. » C'est à cette condition qu'ils deviennent de véritables héros (VI, 44).

> après la victoire, durent trouver peu d'écho chez ce compagnon *sans panache* qui pensait visiblement à autre chose et les éteignait du regard. (VI, 21)

Le mépris pour les officiers ou pour les gouvernants, qui frappe à la lecture de *Sueur de Sang*, vise moins à ébaucher une interprétation politique conséquente qu'à procéder à une dénonciation générale du monde moderne, où le Bourgeois règne en maître. Celui-ci trouve son type en Joséphin Prosper Digital, détrousseur de cadavres et de blessés sur les champs de bataille : « Ami des lois, ami de la religion et du pouvoir, ami des notaires et de la propriété, mais plus particulièrement ami de tout le monde, excepté des malheureux » (VI, 87), il doit sa fortune à la guerre, pendant laquelle il a été l'un de ces fossoyeurs qui précipitaient pêle-mêle les vivants et les morts dans les charniers, « non sans les avoir préalablement allégés de tous les objets précieux qu'ils pouvaient trouver sur ces indigents » (VI, 90).

Double féminin de ce personnage ignoble, Mme Frémyr arbore « une incontestable opulence », elle dont les « yeux gris d'usurière » sont connus pour leur « rigueur de givre » (VI, 104). Pendant le siège, elle héberge les chefs ennemis, mais joue le rôle d'agent double pour Trochu, à seule fin de préserver son bien. Responsable de la mort probable de milliers d'hommes, elle cause aussi celle d'un vieux poète patriote, qu'elle exploite ignominieusement. À l'évidence, sa contribution à la Défense nationale n'est guère du goût de Bloy. Car il s'agit moins, pour lui, d'opposer les Français aux Allemands que de montrer la lutte inégale entre bourgeois démoniaques et pauvres gens sans défense. Tel est le sens de ces mots sibyllins adressés à l'espionne par l'officier allemand venu l'arrêter : « Car vous avez deux visages... MAIS VOS YEUX SONT TOUJOURS LES MÊMES » (VI, 108).

Ces deux figures, qui ont valeur d'exemple, ne sont nullement isolées : « Les Créanciers de l'État » montre la couardise et la veulerie de quelques villageois cossus qui n'hésitent pas à pactiser avec l'ennemi et refusent de soigner leurs compatriotes blessés pour ne pas déplaire à l'envahisseur, allant même jusqu'à aider les Prussiens à massacrer les rescapés :

> Ils avaient attrapé leur saint-frusquin dans des négoces ou des manigances aussi honorables que pacifiques. Et cela, c'était plus sérieux que toutes les blagues patriotiques.

> C'était un peu fort tout de même qu'il n'y eût pas moyen de s'entendre. M. de Bismarck, après tout, ne devait pas être une bête féroce. Puisqu'on avait été roulé du premier coup, eh ! bien, quoi ? il fallait se rendre gentiment et ne pas compromettre la sécurité générale des propriétaires, en s'acharnant avec une criminelle folie.
>
> On était propre maintenant. Ces polissons de mobiles et de francs-tireurs, – juste les gens que haïssaient le plus les Prussiens, – avaient bien besoin de venir faire leurs farces dans un pays raisonnable où on ne demandait, en somme, qu'à lécher les bottes allemandes. (VI, 97-98)

Leur attitude tranche avec celle d'une pauvre orpheline et de son frère, simple d'esprit, qui se font abominablement tuer pour avoir secouru les soldats français.

Ce récit met en évidence la permanence, dans la guerre, de l'antagonisme entre « propriétaires » et « vagabonds ». La lutte des classes y trouve une singulière illustration : les pauvres, les marginaux et les déshérités sont les véritables patriotes ; les bourgeois, les nantis, les propriétaires collaborent avec les Allemands. Les paysans, par leur indifférence et leur dureté, se rangent d'eux-mêmes du côté des oppresseurs. Bloy s'efforce de les peindre sans complaisance, et non pas, dit-il, tels qu'on les suppose « dans le bavardage des mendiants de la popularité » (VI, 138), c'est-à-dire comme des êtres vils, indifférents aux enjeux de la guerre, gouvernés par des instincts bestiaux, ayant pour obsession la conservation de leur avoir :

> Les paysans, naïvement lâches et fangeusement égoïstes, impénétrables au sentiment de la Patrie et tout à fait étrangers à l'idée de Race, ne virent, en somme, dans la guerre, qu'un funeste coup du sort, une guigne noire qu'il s'agissait de conjurer, chacun pour soi, par toutes les crapuleries et les manigances.
>
> On a dit puérilement qu'ils étaient partout de connivence avec les Prussiens. Il faudrait alors supposer une espèce de satanisme formellement interdit à des âmes si peu profondes.
>
> La vérité simple, c'est qu'ils partageaient équitablement leur exécration entre les Prussiens et les Français. Les uns et les autres étaient, à leurs yeux, des gens incommodes, gâcheurs de paille et brûleurs de bois, sans parler du reste. Pour mieux dire, des propres-à-rien et des bandits, malheureusement trop armés.
>
> La guerre ne les regardait pas. Ils ne l'avaient jamais demandée, et qu'on s'appelât Allemagne ou France, pourvu que se vendissent leurs moissons ou leurs bestiaux, qu'est-ce que cela pouvait bien leur faire ? (VI, 134-135)

Face à l'infamie de cette racaille, ramassis de lâches et de médiocres, Bloy célèbre l'héroïsme du peuple des soldats, dont il brosse un tableau légendaire. On le voit, par exemple, lorsqu'il déplore le grand gaspillage d'énergie et de compétence qui a résulté de l'inefficacité des responsables militaires :

> Ce fut grand dommage, car il y avait là, je vous le jure, de vrais garçons arrivés dans leur propre peau, et qui eussent escaladé l'impossible.
> L'occasion de fredaines héroïques ne manqua pas cependant. Il ne se passait pas vingt-quatre heures sans qu'un miracle en disponibilité nous sollicitât. (VI, 20)

Parmi tous ces vaillants garçons, Bloy distingue quelques figures représentatives, qui incarnent l'âme du peuple et font corps avec lui. C'est le cas, par exemple, du brigadier Dussutour, le « bon gendarme », qui symbolise à lui seul toutes les vertus du soldat, ou encore de Gueule-de-bois, le héros des « Vingt-quatre oreilles » : sur la foi des déclarations d'un patriote, cet obscur caporal prend l'initiative d'une opération audacieuse, qu'il conduit au succès sans en aviser son supérieur, « sachant combien il eût été vain de s'adresser au commandant qui n'eût pas manqué, avec sa profondeur ordinaire, de soupçonner immédiatement un piège » (VI, 26). Un tel héroïsme rejoint le courage extraordinaire de « Celui qui ne voulait rien savoir », cet étonnant troupier qui ne dessoûle pas une seule fois pendant la guerre et qui meurt héroïquement après avoir défait un nombre considérable d'assaillants, apparaissant ainsi comme le « dernier titulaire de la transcendante soulographie des Gallo-Romains » (VI, 126).

Tous ces personnages, qui ne sont pas exclusivement des soldats (VI, 64), sont en général des marginaux, des déclassés. Le plus souvent, ils ont une existence atypique, résistant aux classifications sociales conventionnelles. L'Abyssinien fait partie de ces aventuriers solitaires, entourés de mystère, dont personne ne sait au juste d'où ils viennent et qui ils sont. Le « pauvre bossu-bancroche Amable Têtard, dit Mouche-à-Caca » est un pauvre d'esprit, sorte d'idiot du village, ramasseur de crottin, né d'une fille publique et d'un père inconnu, qui ne comprend rien à la guerre, ce mot ne s'accointant « dans sa cervelle à aucune notion précise ». Mais « cette âme obscure » (VI, 65), que les Prussiens exploitent d'abord et qui trahit les siens à son insu, est transformée par les événements : il aspire soudain à « mourir en faisant quelque chose de magnifique pour cette France de tous les Français qui avait fait si peu pour lui » (VI, 67). Lui qu'un Parisien sur le point d'être fusillé a traité de Judas tente vainement de prévenir l'armée française des positions de l'ennemi, avant de se fracasser le crâne dans une chute de cheval, exhalant ainsi son âme tout à coup sublime (VI, 69).

La guerre semble donc être l'occasion de l'ennoblissement de ceux qui, dans la société, occupent la place la plus basse. Eux seuls se distinguent et préservent l'intégrité de la nation, qu'ils servent fidèlement. La défaite engendre une « épopée à rebours » [9] : le courage désespéré des sans-grade diminue la portée de la déroute collective en révélant la grandeur des humbles. Face à des élites qui se décomposent – Bloy dans sa peinture des possédants n'est guère éloigné, malgré qu'il en ait, du Darien de *Bas les Cœurs !* ou de tel chapitre de *L'Insurgé* –, le peuple seul semble avoir conservé sa dignité et s'être dévoué au sauvetage de la France. Il a acquitté dans la douleur le prix de la lâcheté généralisée et sort grandi de ce sacrifice, qui l'a porté au-dessus de sa condition, alors que les puissants étaient ignoblement abaissés.

C'est ainsi qu'on peut lire l'histoire de Léonard Tocheport, ce garçon-boucher appelé Fleur-d'Épine, connu comme « un assez mauvais drôle » en raison de « son mépris absolu des lois » (VI, 147). Sans qu'il soit possible de mettre à sa charge « un de ces crimes palpables qui mobilisent les suppôts de la répression », sa présence est un ferment de « perpétuelle inquiétude » (*ibid.*) pour les gens respectables. Car on le sait animé de cet instinct bagarreur qui le conduit à « protéger les plus faibles » et à « n'expédier que les superbes » (*ibid.*). La guerre le rend magnifique de bravoure et transcende sa vocation de justicier : en compagnie de sa maîtresse, la Boulotte, et de quelques autres filles publiques, il tend un piège sanglant aux Allemands qui terrorisent son village. Trahi, il offre avant de mourir une résistance qui fait penser à « une épopée digne des rhapsodes » (VI, 152) [10].

9. Émilien Carassus, « Rapport », dans *Les Écrivains français et la guerre de 1870*, colloque du 7 novembre 1970, Paris, Armand Colin, 1972, p. 24.

10. Voir aussi le cas d'Isidore Tronche dit Casse-Litron, ajusteur-mécanicien de son état, qui laisse s'évader un officier ennemi en lui débitant tous les lieux communs de la Sociale, mû par « l'imbécile espoir d'un prosélytisme humanitaire » – « Tant qu'il y aura des mouches à viande sur le travailleur, tant qu'il n'y aura pas la liberté de la presse, le droit de réunion, le droit au travail, l'égalité des salaires, le partage des bénéfices, la suppression du militarisme, la

Ainsi, prostituées et mauvais garçons, ivrognes et parias de toutes sortes trouvent dans la guerre un moyen de s'élever et de faire éclater une réelle noblesse de comportement. Au sacrifice de leur vie, ces héros d'un nouveau genre sauvent la nation du déshonneur et du désastre ; il s'en faudrait de peu que leur sacrifice constitue l'instrument d'une possible régénération collective. Bloy l'avait déjà suggéré dans un article resté inédit, « L'Épidémie de la peur » :

> C'est à ce point de vue que les grandes calamités, telles que la guerre, la peste et le krack, me paraissent désirables. Ce sont des vans et des cribles pour une nation qui va se pourrissant chaque jour davantage [11]. (XV, 201)

Mais ce rêve de palingénésie est impossible à soutenir jusqu'au bout, car il se heurte à la réalité de la Commune. Le chroniqueur, dans la plupart de ses récits, fait silence sur cet événement essentiel de la période qu'il relate. Certes, il en déplore les « approches noires » (VI, 45) et mentionne sans aménité « ces cantinières de l'insolence et du mécontentement infernal qui devinrent si volontiers, à la fin du terrible hiver, les entremetteuses de l'Incendie » (VI, 47-48). Ailleurs, il met encore en relation l'habitude allemande d'incendier fermes et cultures et l'attitude des Communards – « leçon profitable qui ne fut pas vaine pour les joyeux fédérés de 1871 » (VI, 129). Mais c'est tout et c'est bien peu. Une telle réserve, inhabituelle chez lui, permet *a contrario* de mettre en évidence le point où achoppe son discours de régénération par le sang.

Le récit singulier de la mésaventure du Connétable des lettres – « Barbey d'Aurevilly espion prussien », l'une des rares anecdotes parisiennes du recueil – est éclairant de ce point de vue car la foule hargneuse et bête à laquelle celui-ci doit faire face préfigure sans doute le peuple parisien insurgé :

fraternité des peuples, etc., et le divorce par-dessus le marché, nous serons sur un volcan et le peuple crèvera de misère » –, mais qui rachète sa faute et trouve la gloire, en se faisant « éventrer magnifiquement aux environs de Beaugency, quinze jours plus tard » (VI, 158 et 162).

11. Bloy rappelle encore, dans l'article dont est extraite cette citation – « L'Épidémie de la peur », publié posthume, en mai-juin 1935, dans le n° 5 (11e année) des *Cahiers Léon Bloy*, p. 149-152 –, que c'est peu de choses de perdre « cent mille égoïstes » pourvu que « dix hommes de courage » nous soient révélés : « Dix seulement. Le Dieu de la Bible n'en demandait pas un de plus pour épargner Sodome » (XV, 203). Voir encore sur ce sujet « Un démolisseur de plus », article paru dans *L'Artiste*, 19 juin 1887 (XV, 203-208).

> L'invariable jurisprudence des rétributions pénales exercées par la multitude pouvait-elle, en cette occasion, se démentir ? Sans que nul songeât à s'informer de quoi que ce fût, avant même qu'on eût eu le temps d'apercevoir le malheureux qu'une abominable salope accusait du plus exaspérant de tous les forfaits, – en une minute, cinq cents langues, cinq cents groins altérés, sans le savoir, du plus noble sang qui coulât en France, clamèrent la mort de cet inconnu qui vendait Paris aux envahisseurs. (VI, 46)

Cette foule agressive ne pousse-t-elle pas « l'universel beuglement de la Désobéissance » face à celui qui représente à la perfection « le contempteur aristocratique de la Loi du Nombre » (VI, 49) ?

Cette scène de lynchage, fût-elle située antérieurement à l'événement, résume bien ce que Bloy pense de la Commune : c'est un ultime effort pour faire disparaître l'ancienne France et une sorte d'assomption satanique des révoltés, emportés par leurs rêves illusoires de bien-être partagé et de fraternité prolétarienne, qui appellent la plus féroce des répressions bourgeoises. La France nouvelle naît de ce carnage mémorable, premier indice de sa décadence. Bloy renvoie dos à dos bourgeois et ouvriers, Versaillais et Communards, parce qu'à ses yeux, ils incarnent les deux pôles antagonistes d'un monde dévalué, où triomphe le mal. Ce sont en quelque sorte des frères ennemis, enfants du siècle nourris du même poison révolutionnaire, égarés par un identique refus des valeurs fondatrices de la Chrétienté.

À côté d'eux, des hommes tels que le vicomte du Glas, figure ostentatoire (et quelque peu parodique) de la Tradition, n'ont plus leur place. Aussi n'est-il guère surprenant que le recueil s'achève sur sa mort :

> L'admirable vieil homme se sentit le dernier de tous, le seul qui restât pour garder la Chrétienté, et dans ces pensées merveilleuses, utilisant de vieilles armes rouillées dont s'étaient servis les grands de sa Race, il donna la mort à plusieurs de ses assassins avant d'expirer lui-même sur les chers livres qui lui chantaient, depuis sa jeunesse, le poème inoubliable des Vaillants de France. (VI, 190)

Bloy ne se fait donc aucune illusion : la république de 1875 est en germe dans les événements qu'il relate. À travers elle s'annonce la mort lente de la civilisation occidentale. C'est ce qui ressort, par exemple, de cette évocation des lendemains de la guerre :

> La plupart des survivants rapportèrent une âme infiniment lasse pour engendrer une consécutive génération privée d'enthousiasme.
> Je doute fort que les vélocipédistes ou les manilleurs actuels se déterminassent aussi volontiers que leurs pères aux aventures dangereuses, aux fredaines parfois héroïques dont la guerre franco-allemande offrit l'occasion. C'était alors, j'en ai peur, le geste suprême et dernier d'une France ancienne qui entrait dans son agonie. (VI, 169)

Pris dans la contradiction entre le sacrifice régénérateur accompli dans le sang par le peuple français, en expiation des fautes de ses élites, et la fracture du corps social après la Commune, le discours bloyen ne trouve pas de véritable cohérence. Il hésite entre le rêve d'un renouvellement salutaire et l'évidence d'une chute mortelle. C'est pourquoi il passe continuellement de la chronique à la vision apocalyptique. L'analyse sociohistorique ne débouche pas sur une politique, mais sur une eschatologie. L'explication ne sera pas tout humaine, elle sera divine et transposera la débâcle et l'insurrection qui l'a suivie en pressentiment de la Fin des temps.

Châtiment ou rédemption ?

En ce point, Bloy semble reprendre à son compte les thèses de Joseph de Maistre. Pour celui-ci, la guerre est d'abord d'essence satanique : elle voit le triomphe d'un principe mauvais. Dans un monde déchu, où tout est violent et contre-nature, les êtres sont condamnés à s'entre-tuer perpétuellement. En ce sens, tout conflit apparaît comme la conséquence de quelque crime collectif, qu'il s'agit d'expier dans le sang. Les guerres sont engendrées par les désordres et les vices, qu'elles exacerbent prodigieusement : « Il n'y a qu'un moyen de comprimer le fléau de la guerre, c'est de comprimer les désordres qui amènent cette terrible purification [12]. »

Car il s'agit bien, en effet, d'une purification. Satanique dans son principe, la guerre peut être divine par ses suites, autant que par l'action de la Providence qui s'y manifeste tout particulièrement. Persuadé qu'« il n'y a

12. Joseph de Maistre, *Considérations sur la France*, chap. III, éd. cit., p. 217.

point de désordre que l'AMOUR ÉTERNEL ne tourne contre le principe du mal » [13], Maistre assimile la guerre pour une nation à la maladie pour un individu : l'une et l'autre sont à la fois la cause de bien des maux et leur vertu purificatrice. Certains conflits armés trempent ainsi les peuples dans la souffrance et sont pour eux un moyen de perfectionnement.

La loi universelle de la guerre n'est au demeurant qu'une modalité de celle du sacrifice. Le cri horrible de la terre qui réclame du sang à boire équivaut au sanglot d'un monde qui a soif de rachat. C'est dans le sang que semble s'incarner la force vitale corrompue par le péché, de sorte que son effusion est comme le signe de l'expropriation du mal. À cet égard, la guerre, cette « *fureur* divine, étrangère à la haine et à la colère », révèle « la grande loi de la destruction violente des êtres vivants » [14] :

> La terre entière, continuellement imbibée de sang, n'est qu'un autel immense où tout ce qui vit doit être immolé sans fin, sans mesure, sans relâche, jusqu'à la consommation des choses, jusqu'à l'extinction du mal, jusqu'à la mort de la mort [15].

Il y a là « une grande loi du monde spirituel » [16], dont la signification profonde échappe aux hommes : dans la guerre, la Providence donne « le droit de verser innocemment le sang innocent » [17], en vue de la réparation d'une offense et d'une purification attendues par le Dieu de Justice. L'auteur des *Soirées de Saint-Pétersbourg* ne peut admettre que les victimes aient versé leur sang inutilement. Aussi invoque-t-il le grand mystère de la réversibilité des souffrances et des mérites du juste au bénéfice du coupable. Car le juste par excellence, Jésus, qui s'est fait péché pour les hommes, a ouvert par son sacrifice unique les voies de la rédemption. Tous les justes unissent leurs souffrances aux siennes pour purger la terre de ses maux, en sorte que la loi de colère se transforme en loi de miséricorde, en moyen merveilleux de salut.

Sueur de Sang illustre apparemment cette idée. À l'image du vicomte du Glas, Bloy revendique « une vision spéculaire, infiniment actuelle et

13. *Ibid.*, p. 218.
14. Joseph de Maistre, *Les Soirées de Saint-Pétersbourg*, septième entretien, éd. cit., p. 660-661.
15. *Ibid.*, p. 661.
16. *Ibid.*, p. 659.
17. *Ibid.*, p. 653.

précise » (VI, 186) de toute l'histoire, ordonnée par les Saintes Écritures. En vertu de ce symbolisme universel, la guerre de 1870 apparaît comme l'acquittement sanglant d'une faute nationale, qui doit être située dans le plan de la Providence. Il est essentiel, en ce point, de ne pas perdre de vue la place réservée à la France dans l'histoire humaine, et sa mission surnaturelle. L'écrivain revient souvent sur ce thème, mais c'est dans *Le Fils de Louis XVI* que celui-ci trouve son expression la plus achevée :

> C'est surtout pour la France que Jésus a sué le sang et qu'il a « englouti la mort », suivant l'expression formidable de saint Pierre ; parce que la France est la Fille aînée de son Église, parce qu'elle est la nation aux mamelles de qui sont pendues les autres nations, la seule dont il ait besoin, la seule capable de l'outrager ou de le glorifier comme il lui convient de l'être, la Madeleine et la Véronique tout ensemble, enfin la préférée, la bien-aimée, la non pareille dont il souffre tout, dont il attend tout, et qu'il a tellement pénétrée de lui qu'elle ne peut pas faire un geste sans trahir un dessein divin.
> L'Histoire de France est quelque chose comme le Nouveau Testament continué, comme une parabole immense, omise par les quatre Évangélistes. (V, 94-95)

La France est donc la nation élue, le peuple dont Dieu attend tout, le bras armé de son Église, de qui dépend historiquement le salut. Or, depuis la Révolution et l'exécution du roi, elle a failli à sa mission terrestre ; elle s'est détournée de l'alliance qui l'unissait à Dieu, en tuant son représentant temporel. Pour faire comprendre ce revirement abominable, Bloy rapproche la destinée mystérieuse de la France et celle d'Israël :

> L'essence française, malgré tout, est une chose tellement à part, tellement réservée qu'on ne trouve à lui comparer que l'essence juive. L'estampille de l'une et de l'autre Race paraît être la NÉCESSITÉ divine, l'ineffaçable et irréfragable Décret qui les associe pour jamais aux vicissitudes providentielles. Celle-ci crucifie son Dieu parce qu'il est le fils de ses Rois, celle-là fait mourir le fils de ses rois, parce qu'il est la plus claire image du Fils de son Dieu, et le dénouement du drame de l'Homme est à leur merci. (V, 96-97)

Avec les temps modernes, la France est donc devenue la nation prostituée qui a refusé la mission sacrée dont elle était investie, et qui a tenté d'échapper à son destin. Ce faisant, elle a commis une faute irréparable, qui l'a rendue plus hideuse que la plus abjecte des nations :

> On sait comment, et dans quel cloaque de charognes est descendu le glorieux miroir où la Splendeur incréée prenait ses délices. Il ne lui reste plus même de quoi refléter les pourceaux abominables qui s'y complaisent depuis cinquante ans, pour ne rien dire des hippopotames ou des tapirs qui ont précédé. (V, 96)

Dès lors, le châtiment lui est destiné comme son juste salaire. La trahison appelle les foudres du Seigneur, qui ont pris l'aspect de la guerre franco-prussienne, dont le narrateur de *Sueur de Sang* précise bien qu'elle a été « une guerre unique en son genre, dont tous les ressorts furent cachés » (VI, 163). Les Français y ont été « surmontés, pour le châtiment de [leurs] vieux crimes, par le plus sale peuple de la terre » (VI, 176). La dédicace provocante de l'ouvrage trouve ici sa justification :

> À la mémoire diffamée
> De
> François-Achille BAZAINE
> Maréchal de l'Empire
> qui porta les péchés
> de toute la France. (VI, 15)

Est-ce à dire que Bloy spécule, comme Maistre, sur une éventuelle rédemption acquittée au prix du sang versé ? Imagine-t-il que l'épreuve du mal doive conduire à un spectaculaire renversement, à un rétablissement inouï de la Puissance et de la Gloire divines ? Reprend-il à son compte la dialectique de la guerre satanique et divine, les Allemands représentant l'instrument diabolique de ce rachat dont la France a besoin ? Rien n'est moins sûr, à suivre les méandres du discours bloyen. Les deux pôles maistriens ne subsistent guère dans leur relation unitaire : le satanisme de la guerre est accentué sans que la rédemption concomitante soit véritablement assurée. Le dépassement salvateur des termes contradictoires reste tragiquement incertain. Le mal semble souvent exacerbé en pure perte et la question de la fin reste posée.

Bloy ne nous épargne aucune horreur. La guerre de 1870, telle qu'il la relate, fait surgir le désespoir le plus noir, engendre des vengeances diaboliques, ressuscite en l'homme la brute féroce, impitoyable pour ses semblables. Le conflit est présenté comme une sorte de cataclysme sanglant. Le narrateur prend d'ailleurs un malin plaisir à donner dans le Grand-Guignol. « Les Créanciers de l'État », dans ce domaine, est exemplaire, tant le procédé y est appuyé. « Fractures, ventres ouverts, têtes fendues, faces charcutées par la baïonnette ou la mitraille », il n'y a que l'embarras du choix (VI, 100) :

> Le premier blessé qu'ils rencontrèrent étendu les bras en croix, n'était pas, à coup sûr, l'un de ceux dont ils avaient entendu les gémissements. [...] En se penchant, ils virent avec épouvante que ce rêveur avait la tête posée sur un coussinet de sa propre cervelle répandue, la partie supérieure du crâne ayant cessé d'exister.
> Que faire pour le soulagement de ce lamentable de qui l'inférieure partie du visage était fracassée ? Il agonisait de soif, mais la bouche était remplie de caillots de sang, de fragments de mâchoire, et la langue tuméfiée ne laissait plus passer le liquide... (VI, 99-100)

Bloy, pourtant, ne prête guère attention aux batailles et aux luttes entre les armées : la stratégie militaire, les combats réglés l'attirent moins que les petits faits singuliers, qui mettent aux prises des francs-tireurs, des civils isolés, des femmes, avec les Prussiens. Assurément, il décrit les angoisses journalières des soldats : marches éreintantes, expéditions hasardeuses, pièges tendus ou subis [18]... Mais il s'intéresse surtout à la vie quotidienne des populations face aux belligérants. Il est amené à montrer l'arrivée des troupes dans les villages, les réquisitions, les exécutions sommaires, le pillage, les viols [19].

Tous ces détails n'ont d'autre but que d'inspirer la terreur devant la sauvagerie de la guerre, son absence de règles, le triomphe des instincts les plus bas qui s'y produit. Dans ce contexte, la peinture de l'ennemi prussien relève apparemment du *topos* cocardier et revanchard. Invariablement, les soldats allemands, comme leurs officiers, sont ivrognes, sanguinaires et sales : ils transforment toujours les locaux qu'ils occupent en étables ou

18. Sur le rapport d'un vagabond, un petit groupe de soldats, croyant surprendre quelques ennemis isolés, se retrouve face à des troupes dix fois plus nombreuses : « Une fois de plus on avait donné dans le piège vulgaire du faux patriote espion que les bons Germains employèrent si souvent avec succès » (VI, 84).

19. « Malheur aux couards ou aux imprudents qui ont abandonné leurs demeures sans tout emporter. Ils ne retrouveront plus à leur retour ni leurs draps, ni leurs chemises, ni leurs gilets de flanelle, ni leurs chaussettes, ni leurs pendules, ni ces œuvres d'un art abject dont s'enorgueillissaient leurs familles, ni les châles ou les bijoux de leurs femmes contaminées amplement, et c'est une question de savoir s'ils retrouveront même autre chose que leurs quatre murs noircis ou polychromés par les flammes » (VI, 70-71).

en charniers, et il faut, à leur départ, les nettoyer et les désinfecter avec des acides puissants. Les vocables qui les caractérisent le mieux sont « barbares » (VI, 53) et « cochons » (VI, 28).

Les anecdotes ne manquent pas, qui mettent en évidence l'infamie des Prussiens comme celle de cet homme fusillé avec ses deux fils : « On m'a raconté que ces démons assassinèrent d'abord les pauvres petits le plus cruellement qu'ils purent, en tirant dans les parties inférieures, pour que celui qui les avait engendrés les vît souffrir longtemps à ses pieds avant d'obtenir la mort pour lui-même » (VI, 59). La mère de l'enfant, qui rapporte cette histoire effroyable, n'a pas été elle-même épargnée par cette folie meurtrière et cette cruauté de sauvages. L'accumulation des détails horribles rend son témoignage plus accablant :

> Je fus assommée, piétinée, violée par tous ces bandits et jetée enfin presque mourante sur un tas de fumier devant la porte où je ne fus tirée d'un long évanouissement que par les cris de ma fille enfermée dans ma maison que dévorait l'incendie. (VI, 60)

De telles scènes, à force de se reproduire, suscitent chez les Français un même emportement satanique, la violence répondant à la violence. La férocité allemande est à l'origine de la fureur meurtrière dans « La Salamandre-Vampire », histoire d'un paisible cultivateur qui a vu violer et massacrer sa femme et sa fille, ayant été préalablement attaché au pied de son lit, et qui a assisté, de surcroît, à l'anéantissement d'une ambulance de trois ou quatre cents pauvres diables, lors de la bataille de Saint-Privat. La leçon qu'en tire Bloy éclaire les raisons pour lesquelles il raconte, de préférence à d'autres, des récits aussi sombres : « Je me suis demandé souvent ce que pouvait bien être la vie, la patrie, Dieu même, pour une si profonde misère... » (VI, 130) [20].

La cruauté acharnée des soldats prussiens laisse pressentir en eux la présence du démon. Les métaphores scatologiques ne manquent pas pour signifier cette disgrâce : « Nous allons entrer là comme dans de la m... »

20. De même, dans « Les Vingt-Quatre Oreilles de "Gueule de Bois" », Bloy montre « l'un des Prussiens en train de violer [une] femme liée par les quatre membres, au contentement des autres attendant leur tour et s'abreuvant à leurs bidons pleins d'alcool ». À la fin du combat, on découvre le père de famille « attaché sur son fût de cidre, complètement fou et regardant avec un drôle de rire le cadavre du pauvre petit pendu à une solive au-dessus de lui » (VI, 28-29).

(VI, 27), déclare notamment Gueule-de-bois à ses compagnons, juste avant une expédition punitive. La fureur exterminatrice dont il fait preuve, en cette circonstance, fait d'ailleurs penser à « des bouillons excrémentiels » [21] sortant de quelque égout. La guerre a donc un arrière-plan moral et spirituel, qui la transforme, pour chaque camp, en une lutte sainte.

Bloy ne manque jamais une occasion de signaler le fanatisme religieux des Allemands (VI, 102). Il rapporte sur le mode ironique « les goûts prêchailleurs de l'horrible vieux Guillaume » et, à propos de Bismarck, ce « Luther politique » (VI, 116), « l'humeur dévotieuse de l'aimable Chancelier », lisant « assidûment au milieu de la nuit – entre deux massacres – les *Récréations journalières pour les fidèles chrétiens* ou les *Textes bibliques de la congrégation fraternelle*, etc. » (VI, 109-110). Cette insistance sur la dévotion surprenante de tout un peuple souligne le caractère formel d'une piété qui s'accommode des crimes et des forfaits les plus épouvantables : « Un épais onguent de cafardise était nécessaire aux brûleurs de femmes et aux éventreurs d'agonisants » (VI, 109).

C'est dans le droit fil de cette condamnation qu'il faut placer l'histoire de ce moine allemand que caractérise sa haine de notre pays : « Il paraissait détester la France beaucoup moins comme Allemand que comme Prêtre » (VI, 111), remarque le conteur. Ce personnage étrange, animé d'une ferveur diabolique, s'acharne contre un vieux curé de campagne qui lui tient tête. Le prêtre français cite, en effet, le mot de Joseph de Maistre – « Dieu a besoin de la France [22] » – pour faire pièce à l'affirmation du moine selon laquelle « les Allemands sont les justiciers de Dieu » (VI, 112). Tirant la moralité de cet apologue, le conteur déclare :

> ... j'ai cru intéressant de mentionner une figure peu ordinaire que je garantis historique et qui, du moins, semble donner à penser que cette guerre d'étonnements indicibles et d'inexprimables désespoirs fut décrétée, – au-dessus des têtes médiocres de tous ceux qui s'en croyaient les fomentateurs ou les tacticiens profonds, – par une Puissance inconnue dont l'avènement est proche et qui faisait alors marcher devant elle un *semblant* d'extermination. (VI, 113)

21. « Messieurs les Prussiens ont combattu toute la journée pour l'Allemagne, pour leur Empereur plein de saucisses et pour l'Évangile de leur Empereur » (VI, 28).

22. La citation exacte de Joseph de Maistre est : « La vérité a besoin de la France » (*Du pape*, Discours préliminaire, éd. cit., p. 26).

Théâtre de l'affrontement des puissances céleste et infernale, la guerre de 1870 est donc marquée par l'inversion des valeurs et par ce jeu vertigineux d'apparences et de faux-semblants auquel on reconnaît l'empreinte de Satan. Aux yeux des Prussiens, guidés par le credo de leurs chefs, les Français sont des pécheurs qu'il faut « châtier de la part de Dieu » (VI, 184). Mais cette certitude change totalement de sens si on la considère comme l'indice d'une dénaturation satanique : les Français vaincus et humiliés ne sont-ils pas surtout les représentants de la Pauvreté et de la Souffrance, dans un monde où triomphe le diabolisme allemand ? Bloy suggère maintes fois cette logique du renversement.

Dans « Un épouvantable huissier », par exemple, des officiers prussiens présentent la guerre comme une conséquence de la justice divine. Mais le narrateur déprécie aussitôt cette théorie en la mettant au compte des propos digestifs : c'est sous l'empire « d'excellents vins français » que « ces messieurs » devisent « naturellement avec profondeur sur la sublimité des armées allemandes et le juste châtiment de la nation impie et vaniteuse qu'elles foulaient aux pieds » (VI, 73). En même temps, le récit fournit une application immédiate de leur thèse, en laissant apercevoir la lueur d'un incendie :

> De tels exemples sont nécessaires, murmura Wrangel, supposant un de ces incendies prussiens, comme il en avait sans doute ordonné lui-même tant de fois, pour que la divine justice éclatât sur cette France réprouvée qui résistait à l'Évangile conquérant du glorieux roi. (VI, 73)

Or, ironie du sort, cet incendie a été allumé en réalité par Ovide Parfait, un huissier qui a décidé de punir les Allemands pour les exactions qu'ils ont perpétrées dans son village et singulièrement chez lui, « au mépris de toute justice » (VI, 74). Que faut-il penser du geste de ce personnage étrange : est-il un officier de justice, au sens symbolique du terme, ou « le diabolique recors » dont parle le narrateur ? Bloy ne tranche pas le dilemme et se contente d'un oxymore : il évoque « le suprême exploit de cette admirable canaille d'huissier Parfait » (VI, 75).

Les desseins de la Providence sont donc illisibles, et l'écrivain, faute de résoudre l'énigme, déroute le lecteur en multipliant les scénarios. Le premier d'entre eux consiste en une mise en scène sacrificielle, qui s'organise autour de trois figures : le Dieu de Justice qui, dans sa colère, utilise l'Allemagne comme un fléau terrible, le génie de ce peuple « étant toujours l'oppression du faible » (VI, 107) ; la France coupable, dont les enfants les plus pauvres et les plus innocents paient les fautes, à l'imitation du Christ ; Marie, enfin, dans son rôle de mère, qui intercède auprès du Père et retient son bras vengeur.

C'est dans cette perspective qu'on peut lire des anecdotes telles que « Bismarck chez Louis XIV » ou « L'Aumône du pauvre » [23]. Dans cette dernière – celle dont l'écrivain était le plus satisfait –, le Chancelier prussien est présenté comme le prototype du Bourgeois. Bloy refuse, en effet, de souscrire à la grandeur du personnage [24]. Il met en évidence sa médiocrité profonde [25] et fait de lui « une combinaison de goinfre, de goujat et de sanguinaire cafard » (VI, 117). Napoléon III, au contraire, est décrit comme un homme abandonné, déchu : « Je suis un fantôme qui souffre ! » (VI, 145), dit-il lors de l'entrevue de Donchery, au lendemain de Sedan [26]. Il est une sorte de Christ, une nouvelle incarnation du Pauvre, au même titre que le fils agonisant sous les fenêtres de sa mère dans « A terrible night ».

« Bismarck chez Louis XIV » s'inspire des propos de Moritz-Busch sur le siège de Paris [27] : le biographe du Chancelier parle de certaines influences féminines qui retardèrent le bombardement de la capitale insurgée. Il n'en faut pas davantage à l'imagination de Bloy pour voir dans ces femmes mystérieuses des figures de la Vierge. Cela est évident pour « la grande

23. Il arrive que Bloy retrace des épisodes de la grande histoire, celle des gouvernants, princes, ministres, empereurs. Il met en scène Bismarck, Napoléon III... Mais c'est pour montrer qu'il n'existe pas de solution de continuité entre les anecdotes qui relèvent de la pure fiction et celles qui ont un véritable fondement historique. Ses personnages symboliques et les personnages réels sont traités de façon à pouvoir se confondre.

24. « L'orgueil national ne pouvant admettre que la France ait été vaincue par de simples brutes, on s'est trop facilement habitué chez nous à considérer en Bismarck un individu colossal, d'une ampleur de génie quasi surhumaine » (VI, 116).

25. Sa pensée n'est qu'une somme des « lieux communs les plus ressassés de vieux potache universitaire », sans qu'il soit possible de trouver dans ses textes « une idée sur quoi que ce soit » (VI, 116 et 119-118).

26. C'est l'occasion pour Bloy de formuler quelques-uns des principes qui fondent son travail d'historien : « Il est plus sûr de deviner que de voir » (VI, 141) ; « Les épisodes, même les plus authentiques, sont *invérifiables* » (*ibid.*) ; « Ce sont des âmes qui vont parler » (VI, 143).

27. Lors de la composition de *Sueur de Sang*, Bloy a lu l'ouvrage du Dr Moritz-Busch, *Le Comte de Bismarck et sa suite pendant la guerre de 1870-1871*, Paris, Dentu, 1879.

femme vêtue de noir et strictement voilée » (VI, 118) qui obtient audience auprès du ministre. Elle est successivement nommée « la visiteuse », « l'étrangère », « la dame », puis « la Visiteuse inconnue » (VI, 118-119). L'entrevue dure cinq minutes – il s'agit de jouer avec l'interprétation grivoise sans donner l'impression d'y céder –, pendant lesquelles il suffit à l'inconnue de montrer son visage à son hôte pour obtenir un sursis. Significativement, Paris, ville-symbole des péchés du monde, est épargnée jusqu'à Noël, date fatidique de la promesse de rédemption :

> Les quatre-vingts canons et les douze mortiers formidables destinés au bombardement dormaient toujours à Villacoublay, malgré l'impatience exprimée de cinq cent mille hommes, malgré la rage inexprimable de Bismarck lui-même, et il se disait ouvertement dans les deux armées, que certaines influences féminines très mystérieuses ajournaient, au delà de la Nativité de Jésus, l'accomplissement de ce terrible dessein. (VI, 119)

Le second scénario a une orientation nettement parousique. Il est focalisé sur la figure ambiguë de l'Étranger qui doit venir et que personne n'attend. Celui-ci est-il un exterminateur sanguinaire, qui semble avoir une inexplicable parenté avec Lucifer, ou un vagabond qui, sous un travestissement improbable, cache la présence de l'Amour divin ? La question n'est jamais réellement tranchée. Dès lors, les héros qui incarnent la Gloire céleste condensent sur leur tête des traits discordants. L'Abyssinien est « un amoureux de la guerre », ayant « la concupiscence exclusive de l'égorgement » (VI, 23). On se demande sans cesse s'il rend la justice comme le ferait à sa place le divin Paraclet ou s'il n'est qu'un boucher se battant pour son compte, avec une incroyable cruauté [28]. On pourrait en dire autant des « polaques » et de leur chef :

> Ces aventuriers, heureux de l'annonce d'un casse-cou, faisaient la guerre en vrais slaves qu'ils étaient, pour le seul plaisir, à plusieurs milliards de lieues de tout préjugé politique ou patriotique. L'imagination pouvait voir en eux les tziganes du chambardement et du massacre. (VI, 82)

À côté de ces figures brutales et inquiétantes, Bloy, pensant sans doute déjà à Clotilde Maréchal, campe, avec la « Femme franc-tireur », une

28. Voir le chapitre suivant.

tout autre figure du Saint-Esprit. Cette jeune fille, à la veille de ses noces, a vu tuer son fiancé d'une mort affreuse. Résolue à lui survivre, elle se fait raser la tête en signe de deuil et, sous un déguisement de fortune, réussit à intégrer une compagnie. Silencieuse, ne riant jamais, elle porte sur son visage « toujours la même expression d'oiseau triste et doux à qui on aurait coupé les ailes » (VI, 167). Cette miséricordieuse, que semble accabler un fardeau de douleurs, révèle son instinct de femme lorsqu'elle déploie une incomparable sollicitude pour les blessés. Dans son regard se lit alors « une sorte de pitié douloureuse pour tant de misères ». Aussi n'a-t-elle rien d'une « amazone » ou d'un « ange exterminateur » : elle est la femme humiliée qui verse des larmes sur les souffrances humaines.

C'est ce qui l'oppose à la « Gorgone maternelle » d'« À la table des vainqueurs ». Ce double féminin des soldats-justiciers se sent « protégé par le Démon » et avoue se laisser guider par « l'Esprit nouveau » (VI, 61) qui l'anime. De quel Lucifer, au juste, s'agit-il ? Est-elle l'auxiliaire de la vengeance divine ou une possédée qui cède à l'appel du malin ? Nul ne peut vraiment en décider. Du reste, comme pour mieux souligner cette ambivalence sémantique, Bloy a recours au fantastique [29] : lorsque le franciscain qui recueille la confession de cette étrange femme lui demande si elle a fini, une religieuse lui signale que celle dont il s'occupe est morte depuis un quart d'heure. Dès lors, on peut se demander *de qui* était la voix qui s'est fait entendre : Satan ou le Saint-Esprit ?

Ces procédés de brouillage du sens ne sont pas rares dans *Sueur de Sang*. Leur multiplication constitue même l'un des traits les plus originaux de l'écriture bloyenne. On en verra une nouvelle preuve dans le cas du brigadier Dussutour. Celui-ci est présenté d'abord comme le champion de la consigne et semble incarner la loi et l'ordre :

29. Bloy reprend le procédé dans l'histoire de Nicolas Poussin, le peintre raté dont la famille entière semble poursuivie par la malédiction de sa folie. De fait, ses tableaux sont effrayants – Bloy, à propos de l'un d'eux, parle de « croûte satanique » (VI, 79) – et l'endroit désolé où sa fille et sa veuve demeurent est d'un aspect funèbre, qui le fait passer pour « la maison du diable » (VI, 80) aux yeux d'un des uhlans. Plus tard, on y découvrira soixante-deux cadavres de soldats allemands. Bloy assurément semble parodier le fantastique d'Edgar Poe, auquel il fait référence en commençant son conte : « Edgar Poe n'aurait pas été capable d'imaginer une plus sinistre maison » (VI, 76). Mais, en même temps, il souligne par des notations discordantes qu'une double lecture peut être faite : « L'impression n'était pas, à proprement parler, le fantastique, mais une *tristesse* oppressante, énorme, inexplicable... ».

> Culminant et impliable comme les falaises, sa maigreur d'échassier antédiluvien le faisait paraître sempiternel. On ne finissait pas de le voir. Il fallait une bonne conscience et très peu d'imaginative pour être bien sûr qu'il ne possédait, en réalité, que deux bras, tellement il symbolisait la force active des mille mains de la Répression. (VI, 30)

Cependant, Dussutour, à la faveur de la guerre, se métamorphose d'une façon inexplicable. Il fait soudain penser à quelque vieux dévoyé emporté par une folie douce. Il n'a plus cure de sa vocation sociale de « gardien de la paix » – c'est-à-dire de soutien de l'ordre bourgeois – et devient peu à peu l'une de ces figures d'amoureux en quête de bonne fortune, qui signalent le Saint-Esprit dans l'univers bloyen :

> Le fait est qu'il brouillait maintenant les choses, confondait entre eux les météores, dédaignait les pronostics, ne se souvenait plus des oraculaires sentences et devenait subversif.
> […]
> Il s'égara jusqu'à oublier « le respect pour les personnes » et ne craignit pas d'affliger parfois de ses insolences un propriétaire foncier du voisinage qu'on disait posséder de grandes richesses et qui, par conséquent, avait droit à la plus abjecte considération.
> Le bruit même courut – mais ce point ne fut jamais éclairci – que deux ou trois fois, il parut entreprenant avec des filles de campagne qu'il rencontrait dans la forêt. (VI, 32)

Ce changement fait ressortir l'identité surnaturelle du personnage, en qui sommeillait depuis toujours « l'ange exterminateur lancé par le Sabaoth sur l'armée de Sennachérib » (VI, 31). Mais, en même temps, Dussutour est dépeint comme un « lamentable gendarme d'opéra-bouffe, aux buffleteries déteintes, à l'uniforme devenu deux fois trop large depuis son malheur, et qui paraissait avoir quatre-vingts ans » (VI, 34). Faut-il le prendre au sérieux ou rire de lui ? Bloy joue sur les deux registres du sublime et du grotesque, sans qu'on puisse véritablement faire pencher la balance dans l'un ou l'autre sens.

*
* *

C'est pourquoi la guerre apparaît comme une apocalypse à petite échelle, d'un irréductible mystère. Comme pour l'Avènement que Bloy attend, son

« dénouement est inconnu » (V, 97) ou, tout au moins, sa signification. L'écrivain semble hésiter entre deux voies inconciliables : d'un côté, une exaspération du mal, qui vide l'histoire de son sens et a pour horizon tragique la dégénérescence humaine appelant en retour le châtiment et la mort ; de l'autre, une rédemption par le sang, la guerre faisant figure d'expiation nécessaire, avant la réconciliation.

Sueur de Sang paraît donc pris entre une tradition eschatologique, qui appréhende les événements de 1870 comme une punition providentielle, selon la logique d'une spiritualité victimaire obsédée par la Justice, et l'exaltation éperdue d'un héroïsme ambigu où l'amour et la cruauté font un curieux mélange. D'où cette écriture dont on retiendra d'abord qu'elle procède de l'esthétique du fragment : découpant l'histoire en une multitude de petits faits, elle se dispense de composer un discours global, malgré ses multiples emprunts à un traditionalisme assez formel, hérité de Joseph de Maistre et de Barbey d'Aurevilly. Traversée de tensions, l'œuvre reste en deçà de l'unification totalisante visée par l'écrivain et ne se laisse pas ramener à la clôture d'une signification univoque.

Cette diffraction du sens dans l'émiettement du récit est d'autant plus sensible que le conteur se plaît au mélange des genres et fait jouer tous les ressorts de la parodie : l'épique et sa subversion burlesque, le comique et son envers tragique, le sublime et son retournement grotesque... C'est pourquoi on peut faire, à côté des lectures politique ou spirituelle de ce recueil d'anecdotes militaires, dont on a pu appréhender la complexité, une lecture « chat-noiresque » et y voir une immense farce sacrilège [30]. À moins que, par un retournement supplémentaire, ce formidable éclat de rire noir, qui retentit dans un monde orphelin de Dieu, soit, en réalité, une *plaisanterie transcendante*, qui n'a d'autre but que de réveiller les consciences, alors que chacun, bon gré mal gré, se prépare à entrer dans le règne horizontal des signes, à l'aube du XXe siècle.

30. Voir Bernard Sarrazin, « Le rire noir de l'exégète des lieux communs » (H, 49 *sq.*).

Chapitre II

« L'Abyssinien », entre anecdote, légende et apologue

« Ceci n'est pas même une anecdote » (VI, 19). C'est par cet avertissement que commence « L'Abyssinien », le premier des récits de souvenirs de la guerre de 1870 réunis par Bloy dans *Sueur de Sang*. Cette dénégation ne va pas sans poser quelques problèmes. Car, à considérer dans leur ensemble les indications génériques données par l'écrivain, on est plongé dans le plus grand embarras terminologique. Ainsi, lorsque Bloy raconte dans son *Journal* les circonstances au cours desquelles prit forme l'idée de *Sueur de Sang*, c'est au terme d'anecdote qu'il recourt :

> Déjeuné à Berny, chez Yvanhoé Rambosson, avec d'Esparbès et Alcide Guérin. Au dessert, je raconte des anecdotes militaires, souvenirs de 1870. D'Esparbès, tout fumant de gloire, pense que de tels récits, dans le *Gil Blas*, consolideraient ma situation, en me révélant autre que le pamphlétaire des légendes. Peut-être ! (*J*, I, 42 [16 oct. 1892])

Mais, une fois le projet lancé, le collaborateur du *Gil Blas* parle le plus souvent de ses « contes » ou de ses « contes militaires », comme en témoigne sa correspondance avec Georges d'Esparbès [1], Louis Montchal [2] et Henry de Groux [3].

Un relevé des dénominations internes à l'œuvre n'est guère plus éclairant. Certes, le terme d'anecdote et l'adjectif formé sur lui dominent. Si

1. Lettre à Georges d'Esparbès du 17 novembre 1892 (Bo, 3, 59).
2. Lettre à Louis Montchal du 15 mars 1893, dans *Correspondance. 1884-1906*, éd. cit., p. 588.
3. *Correspondance. Léon Bloy et Henry de Groux*, préface de Maurice Vaussard, Paris, Grasset, 1947, p. 62 (lettre du 17 avril 1893), p. 66 (lettre du 22 juillet 1893), p. 74 (lettre du 18 août 1893), etc.

l'on excepte la citation initiale, on en dénombre en effet cinq occurrences. Ainsi, en conclusion du sixième récit, intitulé « Barbey d'Aurevilly, espion prussien », Bloy parle de « cette aventure, dont l'importance anecdotique est peut-être contestable, mais que les vivants esprits respectueux d'un si grand défunt, liront sans doute, avec intérêt » (VI, 50).

De même, dans « Les Créanciers de l'État », à propos de l'ignoble lâcheté de certains bourgeois pendant la guerre et de leurs multiples compromissions avec les soldats allemands, le narrateur laisse échapper cette remarque incidente :

> Je demande pardon pour ce qui va suivre, aux impressionnables lecteurs. Mais, en ma qualité d'historien anecdotique, je suis forcé de marcher. Je tâcherai, d'ailleurs, que ce soit le plus rapidement possible. (VI, 102)

L'écrivain se pose donc en « historien anecdotique », ce que semblent confirmer les autres récits du recueil. En effet, dans « Celui qui ne voulait rien savoir », le narrateur, brossant le portrait d'un « sublime débrouillard » (VI, 121), se propose de faire « le panégyrique de cet animal singulier », en racontant « deux anecdotes remarquables » (VI, 123) qui honorent ce soldat héroïque, malgré sa perpétuelle ivresse. De la même façon, dans « La Cour du miracle », témoignage accablant sur la collaboration avec l'ennemi de certains cultivateurs intéressés ou couards, le conteur avertit ses lecteurs que « ces anecdotes sont infinies », avant de regretter qu'il manque à l'histoire de cette époque « une bien édifiante monographie documentée du paysan français » (VI, 135).

Cependant, le récit intitulé « Le Mot » – il s'agit de celui de Cambronne – laisse présager de la complexité des désignateurs, en associant curieusement la précision historique de l'anecdote et l'élargissement du sens aux dimensions de l'allégorie :

> Le lyrisme, j'en conviens, est furieusement absent de cette anecdote militaire. Mais en y songeant tout à coup, après vingt ans, j'y crois entrevoir une profondeur symbolique. (VI, 177)

Bloy, en effet, joue des possibilités anagrammatiques du mot et fait de « MERDE », mot qui révèle symboliquement l'avilissement de la France, la combinaison de « REDEM », dont le signifié comporte « *une promesse de Rédemptio*n » (*ibid.*). Une certaine hésitation entre diverses formes narratives proches est donc patente et semble être le signe d'un projet littéraire jouant de plusieurs modèles génériques.

C'est dans « La Boue » que ce jeu va clairement apparaître, au moins au niveau lexical. Ce récit relate les conditions de vie détestables au camp de Conlie, où restèrent embourbés les régiments de Bretagne, dont les hommes étaient sans doute « redoutés comme *chouans* probables ou possibles » (VI, 93). Or Bloy, à la faveur de la péroraison, glisse de l'anecdote à la légende. Il relate la mort d'une prostituée vivant au milieu des soldats, dont la disparition accidentelle, en privant ceux-ci du moindre « réconfort », aurait conduit la troupe à la révolte et aurait déterminé le démantèlement du camp. Mais, contrairement à son habitude, le conteur ne confère pas à ce récit la même validité historique qu'à ses autres souvenirs :

> On s'étripa, quelques-uns se tuèrent de désespoir, la désolation fut à son comble et telle serait, d'après une légende popularisée dans les alentours, la vraie cause ignorée de l'évacuation de ce camp maudit. (VI, 96)

« L'Aumône du Pauvre » offre un autre exemple d'ambiguïté lexicale. Ce récit transpose sur le plan symbolique une entrevue entre Napoléon III et Bismarck, à partir de faits réels rapportés par Moritz-Busch, secrétaire du Chancelier. À cette occasion, le narrateur, se livrant à une sorte de mise en abyme, place dans la bouche de Bismarck l'« anecdote toute personnelle » (VI, 142) que voici :

> ... cherchant un gîte à Gravelotte, le soir de la terrible bataille, et [...] ayant frappé vainement à plusieurs maisons, je finis par trouver une porte ouverte. Mais quand j'eus fait quelques pas dans un sombre corridor, je tombai dans une sorte de fosse à loups. Heureusement qu'elle n'était pas profonde. Je m'aperçus qu'elle contenait du fumier de cheval. Je me dis d'abord : Tiens ! si je restais ici ? Mais l'odeur me fit découvrir qu'il y avait *autre* chose. Si la fosse avait eu vingt pieds de profondeur et avait été pleine, mes compatriotes auraient inutilement cherché leur ministre le lendemain et je pense que les Français eussent légèrement porté mon deuil. Je sortis donc et je m'étendis sous les arcades de la place. (VI, 142)

Cependant, lorsque le narrateur reprend le fil de son récit – non sans avoir authentifié cette anecdote par la mention « *Historique* » (*ibid.*) placée entre parenthèses à sa suite –, il préfère, quant à lui, employer le terme d'apologue :

> Napoléon regarde le mufle prussien. L'insolence claire de cet apologue paraît le tirer de son accablement. Une minute, il se croit encore aux Tuileries et réplique lentement, avec une politesse auguste :

> – Vous êtes bien délicat, monsieur le Chancelier. Pourquoi donc avez-vous quitté ce premier logement ? J'ai toujours entendu dire que nous devions rester à la place que la Providence nous assigne. (VI, 142)

Il y a donc lieu de démêler les liens qu'entretiennent ces trois formes de récits entre lesquelles Bloy semble hésiter – anecdote, légende et apologue – et d'examiner les raisons de cette hésitation. Il est difficile de croire en effet à un manque de rigueur terminologique de la part d'un écrivain dont la richesse de vocabulaire, l'attention aux nuances de la langue et la connaissance du lexique sont bien connues. Aussi est-on fondé à se demander s'il n'y a pas là plutôt un jeu calculé sur des notions voisines, indice d'un travail d'écriture subtil, qui engage une conception de l'histoire.

Anecdote et légende

Apparemment, légende et anecdote appartiennent à des domaines culturels fort éloignés. L'une est plutôt marquée du côté du folklore et l'autre de la littérature. Les légendes font partie de la mémoire collective et permettent de suivre l'évolution des croyances ; les anecdotes se contentent de toucher à ces petits faits vrais qui, pour être « pittoresques » ou « piquants », n'en paraissent pas moins subalternes, destinés à occuper une place marginale dans l'histoire. Cependant, si l'on passe outre ces observations immédiates pour considérer les rapports des deux formes narratives, on est alors surpris par l'existence d'un certain nombre de points communs, qui expliquent peut-être le glissement que Bloy opère d'une notion à l'autre.

La légende, comme le suggère Pedro Cordoba [4], se rattache à l'histoire [5]. Elle procède généralement par accumulation de témoignages et se présente

4. Voir Pedro Cordoba, « La Revenance. Pour une pragmatique de la légende : le Vaisseau fantôme et le Cavalier mort », *Poétique*, n° 60, novembre 1984, p. 437-449. Partant du constat de Van Gennep qu'un même motif peut être traité selon diverses formules, en fonction de « l'échelle des valeurs attribuées par récitants et auditoire aux personnages mis en scène et à leurs actes » (*La Formation des légendes*, Paris, E. Flammarion, 1910, p. 41), ce critique a recours à la pragmatique pour définir les critères permettant de distinguer conte, légende et mythe. La théorie des actes de parole lui permet de retenir « l'importance du contexte référentiel, de la valeur de vérité attribuée aux énoncés textuels, du degré de croyance dont ils font l'objet, ainsi que le rôle des sujets de l'énonciation et de réception dans la constitution même des formations discursives » (p. 441).

5. Contrairement au mythe, qui porte sur l'origine, dans une temporalité anhistorique.

comme une parole véridique, exigeant l'adhésion du destinataire comme une donnée indispensable [6]. Les personnages qu'elle met en scène appartiennent au réel, quelle que soit, il est vrai, l'appréciation que l'on porte sur la nature de cette « réalité » : ce sont toujours des êtres d'exception [7], voire des monstres [8], dont l'existence déjoue les normes et rompt l'ordre établi, en faisant place au miracle ou au crime. Ainsi, la légende, « enracinée dans le sol de notre expérience, en conteste les lois » [9]. Elle déborde la raison historique, qu'elle ouvre, sinon sur le surnaturel ou sur l'imaginaire, du moins sur une manière de penser le temps qui, en ne prétendant pas tout expliquer, ne fige pas le devenir humain dans une parole totalitaire.

Si l'on considère maintenant l'anecdote, on s'aperçoit qu'il existe bien des convergences entre récit anecdotique et récit légendaire. Le domaine de validité de l'anecdote, qui permet de mesurer la nature de son rapport au réel, est évidemment historique. L'anecdote, comme la légende, est enracinée dans l'histoire, très précisément dans ses marges, là où s'effectue la révélation de faits inédits ou tenus secrets, d'apparence mineure, mais dont l'incidence peut, à l'occasion, avoir quelque importance. C'est ce que suggère l'étymologie du terme – *anekdota*, « choses inédites » – en référence à l'ouvrage de Procope sur les affaires peu avouables et, de ce fait, destinées à ne point être portées sur la place publique, du règne de Justinien et de Théodora.

Si l'on considère, d'autre part, sa valeur de vérité, l'anecdote, au même titre que la légende, est par essence testimoniale. Elle tend toujours à s'authentifier par des procédés variés, permettant, selon les cas, de la présenter comme la relation d'un témoignage direct, de choses lues chez des auteurs faisant autorité ou simplement d'ouï-dire plus ou moins sûrs. À cet égard, tout récit anecdotique reste peu ou prou dans les limites du vraisemblable et se présente comme une histoire vérifiable, ce qui n'empêche pas la véracité du témoignage proposé d'être souvent sujette à caution. Qu'importe d'ailleurs cette authenticité ? « Un faux témoignage

6. À la différence du conte, que l'on range sans hésitation dans le domaine de l'imaginaire.

7. Voir l'étymologie du mot *legenda*, « choses devant être lues », qui désignait à l'origine les leçons qu'on lisait à l'office de matines et qui relataient la vie du saint du jour.

8. Les personnages de légende sont le plus souvent des saints (Jeanne d'Arc, saint Jacques le Majeur) ; mais ils peuvent aussi être des hors-la-loi (Mandrin, Che Guevara).

9. Pedro Cordoba, art. cit., p. 443.

est encore un témoignage » remarque Pedro Cordoba [10]. L'essentiel, en cette matière, est bien que ce témoignage puisse être tenu pour vrai par les récepteurs et qu'il parvienne à modifier plus ou moins sensiblement leurs représentations du réel.

Cela n'est pas sans conséquence si l'on considère que l'anecdote, au sens strict, met en scène des personnages célèbres sur lesquels elle prétend faire des révélations, comme l'implique, par exemple, la définition classique de Furetière :

> Terme dont se servent quelques historiens pour intituler les histoires qu'ils font des affaires secrètes et cachées des Princes, c'est-à-dire des Mémoires qui n'ont point paru au jour, et qui n'y devraient point paraître.

La véracité, réelle ou supposée, de l'anecdote peut donc provoquer un bouleversement par ce que le récit révèle. Il suffit notamment que les événements inédits qu'il dévoile au grand jour soient de nature à porter atteinte à l'autorité, au crédit ou à la réputation des personnages concernés et contribuent à faire passer leur image du plus au moins [11]. Parce qu'elle est une révélation sur les « à-côtés » de l'histoire, susceptibles d'en modifier l'image dans les consciences humaines, et qu'elle porte à la connaissance du public une « vérité » qui lui était jusque-là dissimulée, l'anecdote est donc à même d'opérer un renversement dans l'ordre des représentations communes. Cependant, à la différence de la légende, elle n'affirme pas les valeurs marginales de ceux qui transgressent l'ordre social, et elle ne cherche pas à ébranler la raison historique. Son rapport à la loi et à l'idéologie est, à cet égard, beaucoup moins marqué. En particulier, elle ne semble nullement destinée à manifester le mystère dans l'histoire ou la résistance au logocentrisme. Même si elle paraît capable, dans certaines circonstances, d'avoir un fonctionnement subversif, en mettant en lumière la face cachée d'un éminent personnage, et de le faire ainsi apparaître sous un jour nouveau, son pouvoir de contestation paraît sinon moindre, du

10. *Ibid.*, p. 446.

11. Dans le cas contraire, si l'anecdote utilise un événement annexe et mal connu de la vie d'un personnage célèbre à des fins démonstratives, pour accroître notamment la notoriété de celui-ci, elle n'a pas de fonction contestatrice, mais permet plutôt d'affirmer les valeurs particulières du groupe social, dont ce personnage est le représentant.

moins d'une nature très différente, sans rapport avec la question de l'origine et des fins, mais permettant, selon les circonstances, la satire politique ou sociale, l'éloge paradoxal, la manifestation d'une sagesse à rebours...

Ces considérations permettent sans aucun doute de mieux comprendre le statut narratif des récits qui composent *Sueur de Sang*, et singulièrement de « L'Abyssinien ». On sait que Bloy, qui a fait la guerre de 1870 dans les Mobiles de la Dordogne, a utilisé les souvenirs de ses compagnons d'armes et de ses chefs pour écrire la plupart des anecdotes du recueil. Georges Rouzet, dans un article célèbre des *Cahiers Léon Bloy* [12], a montré ce que l'ouvrage devait aux témoignages respectifs du général de Cathelineau [13] et du lieutenant Ernest Gay [14]. Dans le cas de « L'Abyssinien », la dette du conteur à l'égard de ces documents historiques est flagrante.

Cependant, l'œuvre littéraire permet surtout de mesurer le travail sur la matière historique accompli par Bloy. Le personnage éponyme y fait d'abord l'objet d'une « qualification différentielle » [15]. Il est ainsi signalé à l'attention du lecteur comme un possible héros. Après avoir dénoncé l'excessive prudence du général de Cathelineau et montré le navrant gaspillage d'énergie dont furent victimes la plupart des soldats qui composaient le corps où il servait, Bloy note : « Parmi ceux, en petit nombre qui échappèrent à l'atroce cocasserie de cette existence, je me souviens d'un individu très rare que nous appelions, entre nous, l'Abyssinien » (VI, 21). D'emblée, est souligné le mystère du personnage, qui le retranche de l'ordre commun et le métamorphose en figure de légende :

12. Georges Rouzet, « *Sueur de Sang* et les Faits et Gestes du Corps Cathelineau pendant la Guerre de 1870-1871 », *Cahiers Léon Bloy*, n° 1 et 2, septembre-décembre 1935, p. 1-103.

13. Le général Henri de Cathelineau commandait le corps composé de volontaires vendéens et de francs-tireurs originaires de l'Ouest et du Midi, auquel Bloy fut rattaché en octobre 1870. Petit-fils du célèbre chef vendéen, il publia ses mémoires de guerre peu de temps après la fin du conflit : *Le Corps Cathelineau pendant la guerre de 1870-1871*, Paris, Amyot, 1871, 2 vol.

14. Lieutenant à la 4e compagnie du 3e bataillon des Mobiles de la Dordogne, Ernest Gay publia ses souvenirs de la guerre en feuilleton dans un journal de province. C'est sans doute ainsi que Bloy en eut connaissance. Ils furent ensuite réunis dans un ouvrage : *La Guerre en province, 1870-1871. Campagnes de la Loire et du Mans*, Paris, Ducrocq, 1908.

15. Philippe Hamon, « Pour un statut sémiologique du personnage », dans *Poétique du récit*, Paris, Seuil, coll. « Points », 1977, p. 154.

> ... il se disait que sa personne était un mystère, et le fait est qu'on ne put jamais rien savoir sur lui de façon précise.
> Certains croyaient avoir entendu dire qu'il avait fait la guerre aux Anglais sous Théodoros, et qu'il avait été l'ami et le compagnon de ce malheureux négus. Cette hypothèse parut si plausible qu'on s'en contenta, et c'est pour cette raison qu'on l'appelait l'Abyssinien. (VI, 21)

Cet infléchissement est d'autant plus sensible que les affirmations du narrateur sont à prendre avec la plus extrême prudence. Comme le souligne Georges Rouzet, « l'Abyssinien n'était pas un individu aussi énigmatique que Bloy le laisse supposer » [16]. On trouve effectivement son nom dans les livres de Cathelineau et de Gay : il s'agit d'un certain André Duffour, né à Réans, dans le Gers, en 1837. Cathelineau le signale comme l'un de ses meilleurs éclaireurs à cheval [17] et Gay explique l'origine – moins glorieuse que Bloy ne le prétend – de son surnom [18] :

> L'un (parmi les éclaireurs à cheval), vrai cadet de Gascogne, – il était du Gers, – avait eu, tout de suite, le surnom de Duffour-l'Abyssin. Pourquoi ? Parce qu'il était allé en Abyssinie chasser le lion !

De toute évidence, il importe à l'écrivain que son héros soit exclusivement un homme de guerre, une sorte de mercenaire ne vivant que par elle et pour elle, quitte à prendre quelque liberté avec la vérité des faits. De surcroît, Bloy tire parti de ce surnom, dont l'aura orientale accroît le mystère du personnage, en faisant de lui un voyageur à l'identité imprécise, un errant même, une figure de vagabond et d'aventurier.

Ainsi, la vie du soldat peint par Bloy se rapproche de la légende du Cavalier mort, classée sous la référence E 581 dans le Motif-Index de Stith

16. Georges Rouzet, « *Sueur de Sang* et les Faits et Gestes du Corps Cathelineau pendant la Guerre de 1870-1871 », art. cit., p. 13.

17. « J'ai parlé de mes éclaireurs à cheval, de mon état-major et de mes éclaireurs à pied ; nous leur devions le peu de repos que nous avions pu prendre ; nous leur devons de n'avoir jamais été surpris. Deux d'entre eux commençaient à se distinguer entre tous par leur adresse et leur intrépidité : le premier et le plus remarquable était Lecor, éclaireur à pied, dont j'aurai l'occasion de parler souvent ; le second était le sous-lieutenant André Duffour, connu parmi les éclaireurs à cheval sous le nom de l'Abyssinien », *Le Corps Cathelineau pendant la guerre de 1870-1871*, *op. cit.*, t. I, p. 127.

18. Ernest Gay, *La Guerre en province, 1870-1871. Campagnes de la Loire et du Mans*, *op. cit.*, p. 99. En réalité, il a été établi depuis que Duffour s'est moins rendu en Abyssinie pour y guerroyer contre les Anglais ou pour y chasser le lion que pour tenter d'y faire fortune comme prospecteur.

Thompson. Il s'agit de l'histoire d'un « mort à cheval », qui promène sa silhouette de fantôme à la surface de la terre et qui surgit la nuit, là où on ne l'attend pas. Cette figure équestre, symbole d'immortalité, qui hante les espaces désolés, n'appartient pas au monde des hommes. Elle est au contraire secrètement familière de l'au-delà et assure le passage entre l'humain et le divin. Image ambiguë du damné par qui le salut peut venir, elle rappelle le Nautonier errant des légendes maritimes [19] : nul ne sait au juste si elle protège ou porte la mort.

On pressent combien elle s'accorde à l'imaginaire de Bloy, qui en avait peut-être connaissance. On est en effet frappé, à la lecture de « L'Abyssinien », par l'importance de la monture du héros dans le récit. N'est-ce pas « sur son cheval » (VI, 21) que le personnage apparaît pour la première fois aux autres soldats, avant d'obtenir de Cathelineau qu'il l'intègre parmi ses éclaireurs montés [20] ? On sait, au demeurant, que les qualités de cavalier d'André Duffour et la robustesse de sa monture étaient une réalité. Bloy soldat les avait sans doute remarquées ; elles sont aussi mentionnées par le général de Cathelineau et par Ernest Gay [21]. Voici ce que deviennent ces détails sous la plume du conteur de *Sueur de Sang* :

> Quelquefois [...] on était plusieurs jours sans l'apercevoir ; l'éternelle marche continuait, on brûlait dix étapes, on avalait vingt villages, et le bruit commençait à se répandre qu'il était mort ou captif, lorsque tout à coup il apparaissait au surgir de quelque fourré, souriant et campé

19. Voir *Der Fliegende Holländer* de Wagner.

20. Dans la relation que fait Bloy de cette entrevue, on perçoit bien l'héroïsation du personnage : « Un jour, au début de cette trop fameuse campagne de résistance, il était venu sur son cheval, s'était enfermé une heure avec notre chef et, depuis ce tête-à-tête mystérieux dont rien ne transpira, il faisait partie du mince groupe de batteurs d'estrade volontaires, équipés et montés à leurs propres frais, dont les panaches exorbitants voltigeaient en avant de notre lamentable colonne » (VI, 21).

21. Le premier rapporte l'anecdote suivante : « Après avoir quitté Vibraye, nous étions réunis dans la forêt, à deux kilomètres de la ville [...]. J'attendais [...] avec une grande impatience, mon éclaireur Duffour, resté en arrière, pour prévenir les postes et surveiller l'ennemi. Il fut coupé, poursuivi, et dut à son sang-froid et à la vigueur d'une jument pur-sang qu'il montait, de pouvoir rendre autant de services et de nous revenir sain et sauf » (Général de Cathelineau, *op. cit.*, t. II, p. 124). Le second écrit ceci : « Maintenant il [Duffour] chassait le Prussien, en reconnaissance officielle ou pour son propre compte, selon les circonstances et les ordres reçus. Et chaque jour il courait les routes, sur sa jument demi-sang, houspillant les sentinelles prussiennes, les chargeant, tirant dessus quand il ne pouvait les aborder, n'ayant pour toute arme qu'une carabine à six coups, car le plus souvent il ne prenait pas son sabre » (Ernest Gay, *op. cit.*, p. 99).

> droit sur sa merveilleuse jument noire, qui s'envolait par-dessus l'obstacle au seul clappement de sa langue.
> Ah ! les deux magnifiques êtres que cela faisait ! (VI, 21-22)

Manifestement, Bloy se plaît à transfigurer le personnage de Duffour, pour en faire une figure d'exception, indissociable de sa jument noire, qui plane au-dessus des champs de bataille, créature plus qu'humaine, dont la bravoure suscite l'inquiètude et le malaise autant qu'elle appelle l'admiration.

On retrouve le même procédé à propos d'une anecdote recueillie brièvement dans le livre du général de Cathelineau – « M. Duffour, éclaireur à cheval, poursuivit l'ennemi jusque dans l'intérieur d'un village[22] » –, à laquelle Bloy donne un retentissement sans commune mesure avec la note du mémorialiste :

> On racontait de lui, entre autres choses, cette folie surnaturelle de son intrusion dans un village occupé par deux mille hommes, pour le seul plaisir de pénétrer *à cheval* dans une maison formidablement gardée, où il avait décrété, comme eût pu le faire un dieu, qu'un certain colonel wurtembergeois recevrait, à deux heures de l'après-midi, un épouvantable soufflet de sa main gantée. On ne comprit jamais comment il avait pu sortir de la fournaise. (VI, 22)

Et c'est encore pour mettre en valeur le lien extraordinaire qui unit la bête et le cavalier, ainsi que la nature insondable de ce couple bizarre, que Bloy rapporte cet autre souvenir :

> Une seule fois on le vit en fureur, et quelle fureur ! Un tringlot malchanceux, que l'animal gênait, s'était avisé de le prendre par la bride et de l'écarter assez rudement. Il n'alla pas loin. Notre aventurier, qui buvait à deux pas de là dans un café, ne prit même pas le temps d'ouvrir la porte. Au risque de se couper la figure en vingt morceaux, il s'élança sur le sacrilège par une large baie vitrée dont il creva la glace avec un fracas terrible, et l'accommoda sur-le-champ d'une si fougueuse volée que le pauvre diable dut être porté le soir même à l'ambulance.
> L'impétuosité inouïe de cette rafale de colère, chez un homme impassible comme les idoles, donnait à soupçonner une étrange complicité. Il devait y avoir entre ces deux *individus* presque fantastiques, de bien singulières histoires de massacres, d'enlèvements, de piraterie, d'épouvante ou de trahison. (VI, 21)

22. Général de Cathelineau, *op. cit.*, t. I, p. 306.

L'accumulation des récits anecdotiques, on le voit, tend à constituer un portrait du personnage. Bloy fait sentir que son Abyssinien ne prend pas place dans l'histoire selon les vues humaines. D'où l'insistance avec laquelle l'écrivain souligne que son héros ne fait pas la guerre avec des arrière-pensées politiques. Ses motifs, plus mystérieux, sont autres et doivent être situés dans l'absolu. Surnaturelle, sa fonction contribue à replacer l'aventure de l'humanité dans le plan divin. Alors que la plupart des hommes servant sous Cathelineau sont légitimistes et arborent des « fleurs de lys » et des « cœurs sanglants » sur leurs pectoraux, le narrateur prend bien soin d'indiquer, avec un brin d'ironie, que « les bons gentilshommes-propriétaires », accourus dans l'intention de restaurer la monarchie, trouvèrent « peu d'écho dans ce compagnon *sans panache* qui pensait visiblement à autre chose et les éteignait en les regardant » (VI, 23).

C'est que l'Abyssinien est une figure apocalyptique, qui évoque le Saint-Esprit. Son histoire est apparentée à celle de Léopold, le héros de *La Femme pauvre*[23], qui, dans la symbolique du roman, représente l'Époux céleste[24], ce « Lucifer divin »[25] dont l'énigme est au centre de l'œuvre de Bloy. Les traits qui contribuent à changer André Duffour en cette figure eschatologique sont nombreux. Il y a d'abord sa voix sépulcrale, qui fait de lui une créature d'outre-tombe, sorte de nouveau Lazare exprimant dans sa personne l'énigme de la mort et de la résurrection :

> Je ne pense pas avoir jamais rencontré quelqu'un d'aussi taciturne. Auprès de lui, le silence ressemblait à du bavardage. Sa voix, que j'entendis une fois ou deux, paraissait *intérieure* et ne produisait pas de vibration. On en avait l'âme gelée. (VI, 21)

En outre, l'Abyssinien est « un amoureux de la Guerre », quelle qu'elle soit, il a « la concupiscence exclusive de l'égorgement » (VI, 23). C'est une figure d'Apocalypse, qui s'enivre des vendanges de larmes et de sang[26], dont la débâcle française de 1870 est l'occasion. Hissé sur son cheval, il

23. La composition de *Sueur de Sang* recouvre d'ailleurs partiellement celle du roman, en particulier de la deuxième partie, où le personnage de Léopold passe au premier plan.

24. Voir Pierre Glaudes, *L'Œuvre romanesque de Léon Bloy*, Toulouse, PUM, 2006, en particulier, dans la troisième partie, le chapitre « Il y a Quelqu'un… », p. 612 *sq*.

25. René Tardif de Moidrey, *Le Livre de Ruth. Essai d'interprétation morale*, Bruxelles, F. Haenen, 1872, p. 131.

26. Sur cette thématique des vendanges, voir, dans la quatrième partie, le chapitre V.

prend une dimension surnaturelle, comme s'il préfigurait symboliquement le Justicier par qui doit s'accomplir le Jugement dernier. Sur son visage indéchiffrable et dans son regard terrifiant, on peut lire l'annonce du grand déluge de feu, qui s'abattra sur la terre, comme un ultime fléau, à la fin des fins :

> ... je le vois encore [...], du haut de son destrier fabuleux, vous regardant – avec un sourire d'une langueur inexprimable – de ces yeux couleur de plomb, de ces yeux terribles d'aveugle jouisseur, d'où ne sortait jamais un rayon pâle, – au fond desquels se cachait très soigneusement la Mort. (VI, 23).

Ce premier récit de *Sueur de Sang* est donc caractéristique d'un traitement de l'anecdote qui l'assimile à la légende : l'histoire humaine y est tirée vers le surnaturel et le personnage central y gagne en mystère. Il y devient plus sensiblement un être d'exception, mis en réserve pour accomplir un destin qui le dépasse, à mi-chemin de ces deux pôles du récit légendaire que sont le crime et la sainteté, nul ne pouvant dire si l'Abyssinien est un monomane sanguinaire ou un héros plein de courage et de panache, une sorte de chevalier des temps modernes. L'anecdotique, chez Bloy, est toujours sur le point de basculer dans le légendaire, ce que facilite la parenté manifeste des deux formes de récit. Ce faisant, quel discours le conteur s'efforce-t-il de tenir, quelle leçon propose-t-il à ses lecteurs ? Ces questions impliquent qu'on change de terrain et qu'on examine les relations de l'anecdote avec l'apologue.

Anecdote et apologue

Aristote, dans sa *Rhétorique*, distingue deux types argumentatifs bien différenciés. Une argumentation peut d'abord prendre un tour officiel, caractérisé par un sérieux tendant à la solennité, assez peu éloigné des « manières que l'on rencontrerait au tribunal, au parlement et dans tous les lieux que la société a prévus et disposés pour argumenter » [27]. Dans

27. Michel Charolles, « Les formes directes et indirectes de l'argumentation », *Pratiques*, n° 28, 1980, p. 26.

ces institutions, celui qui argumente vise explicitement un public d'importance variable, auquel son statut lui permet légitimement de s'adresser. La raison d'être de ses propos est d'ailleurs d'influer sur l'opinion générale, chacun le reconnaissant *a priori* comme un interlocuteur autorisé, et attendant de lui qu'il défende une thèse, avec ses valeurs propres, voire ses intérêts.

Cependant, il serait « extrêmement réducteur de n'envisager l'argumentation que sous cette forme cérémonieuse et notoire » [28]. Potentiellement, tout discours ne tend-il pas à argumenter, ne serait-ce que pour fonder son propre droit à la parole ? Du moins, le fait argumentatif se développe-t-il en dehors des institutions où il a droit de cité, d'autant qu'on n'argumente pas seulement en avisant ses interlocuteurs de l'intention que l'on a de gagner leur adhésion ou d'infléchir leur jugement dans tel ou tel sens. Indirecte, cette manifestation seconde de l'argumentation est plus difficile à repérer que la première. Cela tient à la transposition générique qu'elle suppose : elle emprunte généralement un autre type de discours, dont la nature n'est pas clairement argumentative, c'est-à-dire, pour l'essentiel, des formes descriptives ou narratives ayant valeur d'exemple et permettant d'illustrer une thèse sous-jacente, tenue implicite, et parfois inavouable.

Étudié à la lumière de ces considérations théoriques, le fonctionnement de l'anecdote pose à l'évidence le problème de l'argumentation indirecte. Il convient de distinguer, à ce propos, « l'information primaire sans portée argumentative apparente de l'information seconde qui, elle, vise à l'édification du destinataire » [29]. En effet, les données de surface d'une narration ou d'un portrait recouvrent sans peine le discours implicite par lequel un conteur peut viser un autre but que le simple divertissement des récepteurs. On voit donc les avantages que procure ce type d'argumentation déguisée en description ou en récit. En premier lieu, elle garantit « une sorte de couverture » [30] à son auteur, en lui permettant de développer des stratégies de persuasion obliques. En outre, tout en donnant l'impression de préserver la liberté de pensée du destinataire, elle induit certaines conclusions, dont on peut se demander, après coup, si elles ne sont pas sa seule raison d'être.

28. *Ibid.*
29. *Ibid.*, p. 29.
30. *Ibid.*, p. 28.

Dès lors, apparaît son caractère persuasif, d'autant plus sensible qu'elle s'efforce d'orienter subrepticement le récepteur vers un point de vue qui n'est jamais présenté de façon explicite et qui est destiné à s'imposer de lui-même, comme une évidence. Cependant, argumenter sous couvert de raconter ou de décrire, ne va pas sans risques. L'argumentation indirecte est bien souvent aléatoire. Elle peut être en elle-même lacunaire ou confuse, indice d'un raisonnement inaccompli. Elle est surtout entièrement soumise à l'interprétation du destinataire, auquel elle laisse une latitude plus ou moins grande, selon son degré d'explicitation.

On ne peut manquer de rapporter ces observations au fonctionnement de *Sueur de Sang*. Bloy, en composant cet ouvrage, a eu sans aucun doute en tête les modèles de récits courts que certains de ses amis écrivains, comme Barbey d'Aurevilly ou Ernest Hello, lui offraient en exemple. Ainsi, à propos des *Contes extraordinaires* de ce dernier, il relève dans *Un brelan d'excommuniés* que le recueil consiste en une série d'« adaptations de sa philosophie religieuse aux dramatiques réalités de la vie » (II, 271). Cette remarque est légitimée par ce que Hello confie lui-même dans la Préface de son ouvrage : « Le conte est la complaisance d'une haute vérité morale qui veut bien prendre la forme d'un récit pour entrer plus facilement dans l'oreille humaine [31]. »

En reprenant ses souvenirs de la guerre de 1870 et en empruntant au genre de l'anecdote, Bloy a certainement la même optique que s'il s'agissait de contes. Cela tient à sa conception même de l'histoire humaine, qui est constitutivement un récit et qui, comme les textes de fiction, appelle une lecture symbolique, sur le modèle des Saintes Écritures. Une telle perspective présuppose la nature argumentative de l'anecdote, dont le fonctionnement paraît proche de celui de l'apologue. Toute fable, on le sait, passe pour être un récit illustrant quelque vérité. L'apologue est, avec l'hypotypose, un mode d'amplification des idées, que distinguent son caractère imaginaire et sa visée exemplaire. Il s'apparente à une comparaison figurative et constitue un excellent argument, qui peut remplacer un raisonnement [32].

31. Ernest Hello, Préface des *Contes extraordinaires* [1879], Paris, Librairie Académique Perrin, 1921, p. 2.

32. On songe ici à la notion de « noème » avancée par Henri Morier. Cette figure de pensée articule « une sentence générale » et « un cas particulier servant d'illustration » (*Dictionnaire de poétique et de rhétorique*, Paris, PUF, 1961, p. 783). Le noème est donc un principe commun, mettant en évidence une vérité, qui se trouve à l'intersection du récit et de la moralité d'une fable, et qui les relie par analogie.

L'anecdote, quant à elle, se distingue de l'apologue en ce qu'elle n'est pas donnée pour imaginaire et appartient donc plutôt à l'exemple, quoiqu'elle tienne souvent de la fabulation et consiste à donner pour réel ce qui n'est au fond qu'invention imaginaire. Toutefois, l'expression d'une idée y relève du même procédé analogique. À une différence près, cependant : la vérité sous-jacente y est implicite, le rapport métaphorique entre le récit et l'argumentation qu'il illustre étant sous-entendu. C'est pourquoi la leçon de l'anecdote doit être déduite de l'histoire narrée, à partir d'une série d'indices que le narrateur y a disposés et qu'il laisse le soin au lecteur de décrypter. À cet égard, cette forme narrative se plie très facilement à l'expression symbolique et il n'est pas étonnant que Bloy y ait recouru.

Dans le cas de « L'Abyssinien », il est facile de deviner que le discours argumentatif, la leçon de théologie, porte sur l'Apocalypse et sur la signification ultime de l'aventure terrestre de l'homme. Mais Bloy ne cherche pas à atteindre une parfaite clarté sur un sujet qui réclame plutôt des talents de prophète et qui s'achève souvent par une énigme. Ainsi, son personnage est-il parfaitement impénétrable : on ne sait ni où il va ni d'où il vient, il est aussi bien masculin que féminin, héros que renégat, élu de Dieu que suppôt de Satan. Il est au centre d'une série de caractérisations contradictoires, qu'il réunit dans une ambivalence insurpassable. Selon Bernard Sarrazin, il relève de la catégorie du « neutre », caractéristique du discours utopique : « Projection dans l'imaginaire d'un troisième terme [...] qui résout la double négation des valeurs contradictoires : ni l'un, ni l'autre, mais autre chose [33]. »

L'Abyssinien est donc une créature fondamentalement énigmatique, dont l'identité est indécidable. Bloy met en évidence ce trait essentiel du personnage en associant une série de qualifications incompatibles. Il est, par exemple, impossible de savoir à son sujet si l'on a affaire à un héros ou à un criminel, comme s'il était les deux à la fois. Lorsque le conteur décrit son cheval, il le compare ainsi à « une licorne diffamée dans le blason d'un Hospitalier convaincu de félonie ou de cruauté » (VI, 22). Bloy joue ici sur le sens de diffamer. Ce verbe est utilisé en héraldique pour désigner un animal représenté sans queue. Mais, comme le note

33. Bernard Sarrazin, « Le comte et le sénateur ou la double religion de Joseph de Maistre », *Romantisme*, n° 11, 1976, p. 15.

Jacques Petit dans son édition de *Sueur de Sang*, des armes diffamées sont aussi « celles dont une pièce a été retranchée ou auxquelles une pièce déshonorante a été ajoutée » (VI, 343). Gloire et chute semblent ici indissociables.

En outre, le cavalier et sa monture mêlent, sans qu'on puisse les départager, les marques antagonistes de l'identité occidentale et orientale : « L'origine de la bête était aussi peu certaine que la provenance de l'homme. L'Orient et l'Occident avaient dû se croiser... » (VI, 21). Cette association des contraires est accentuée par un autre oxymore faisant de l'Abyssinien un être androgyne. La virilité du personnage est soulignée, par exemple, dans ce passage où éclate la violence – réputée masculine – du guerrier : « Il eût ravagé, dévasté facilement et profondément des enfants et des vieillards » (*ibid.*). Mais c'est surtout sa féminité inattendue que le conteur s'efforce de mettre en évidence :

> Par condescendance pour messieurs les Psychologues, j'insiste sur ce point, à peine effleuré, que mon Abyssinien prétendu avait à peu près le visage d'une très belle fille infiniment voluptueuse et aussi dénuée de courage qu'on peut l'être sous le soleil. (VI, 23)

On voit se dessiner en filigrane la figure majeure, dans l'imaginaire bloyen, de la prostituée, à laquelle est mystérieusement corrélé le Saint-Esprit : « Malgré la distance, je le vois encore, pâle et rouge comme une prostituée dans sa pelisse de Magyar ou de favori du Padischah, les dix doigts parés de pierres précieuses » (*ibid.*). L'Abyssinien est d'une nature aussi composite que la Troisième Personne divine, dans le symbolisme bloyen, que l'on a parfois accusé de tomber dans le satanisme[34]. L'Esprit Saint, en effet, y semble condamné à être, tout au long de l'histoire humaine, une énigme, qui se dissipera à l'heure définitive où les simulacres du Diable seront enfin séparés de l'essence divine. Ainsi, tout en relevant le caractère surhumain du personnage qu'il identifie à un Dieu – « ... il avait décrété, comme eût pu le faire un dieu » (VI, 22), écrit-il –, le narrateur concède que l'impétuosité de l'Abyssinien procède d'une fureur démoniaque, qui a tout lieu d'effrayer :

> Il faisait [...] la guerre pour son propre compte, parfois même avec une férocité diabolique, et, lorsqu'au moment de l'armistice, il disparut pour

34. Voir Raymond Barbeau, *Un prophète luciférien. Léon Bloy*, Paris, Aubier, 1957.

ne jamais revenir, on pensait chez nous qu'il avait bien pu tuer, de sa main, trois ou quatre cents Allemands. (VI, 22-23)

Chez Bloy, l'anecdote n'est donc guère éloignée de la parabole évangélique. Cependant, parce qu'elle jouit de l'indétermination sémantique d'un apologue implicite, elle n'aboutit pas à un discours eschatologique parfaitement clair. Le sens, au contraire, y oppose une résistance à l'interprétation et s'y dérobe. L'argumentation qui s'y tisse de manière sous-jacente ne parvient pas à former une totalité achevée et ne peut déboucher sur une moralité consommable, une leçon facile à énoncer. L'écrivain, jouant de toutes les ressources du symbolique, glisse de la logique argumentative au registre poétique, qui s'accommode mieux de certains silences.

Le personnage de l'Abyssinien, qui retient l'attention par l'intensité du portrait quasi fantastique que Bloy propose de lui, est au centre d'un écheveau de figures tenant du nœud gordien. Ce cavalier de l'Apocalypse confronte le lecteur aux aléas d'une herméneutique à haut risque. L'anecdote militaire n'est plus un « à-côté » de la grande histoire, mais touche au cœur du mystère dont dépend la levée de notre captivité : notre sortie des brumes de l'incertitude, où notre déchéance ontologique nous a exilés.

Chapitre III

Histoires désobligeantes, histoires drôles ?

> « N'oublie jamais, Jacques, que ma mission est de manger et de boire avec les publicains, et que j'écris surtout pour la canaille. »
>
> Lettre à Jacques Maritain du 15 mai 1911 (*JI*, IV, 1334).

Les *Histoires désobligeantes* sont le fruit de l'« ignominieuse collaboration » (*J*, I, 41 [6 oct. 1892]) de Léon Bloy au *Gil Blas*, qui prit fin brutalement, en avril 1894, lors de l'affaire Tailhade. Dès septembre 1892, pour faire face à la concurrence du *Journal* qui recrutait alors l'élite de la presse, Jules Guérin, malgré une première expérience malheureuse en 1888, avait proposé à l'auteur du *Désespéré* de rejoindre son équipe de rédacteurs, dans l'espoir que ses foucades et sa verve amuseraient le public. Les anecdotes militaires de *Sueur de Sang* étaient nées de la convergence précaire des intérêts des deux parties. Mais Bloy, soucieux de préserver sa réputation d'intransigeance et de férocité, s'accommodait difficilement de cette mission d'aimable conteur dans une publication boulevardière, où il convenait d'« écrire pour les dames » (lettre à Alfred Vallette du 10 oct. 1892 ; Bo, 2, 54). En outre l'impossibilité de s'exprimer librement dans ce « journal frivole » (*J*, I, 78 [16 févr. 1894]), l'obligation de négocier des arrangements humiliants pour éviter de déplaire à ses commanditaires empoisonnaient sans relâche son quotidien. *Le Mendiant ingrat* abonde en récriminations contre « ce cochon de journal et ce journal de cochons » (*J*, I, 40 [3 oct. 1892]) où l'écrivain se plaint de sacrifier son temps à un « gagne-pain de vomissement » (*J*, I, 62 [30 juin 1893]). Dans la crainte que les lecteurs de ses contes ne se méprennent sur ses véritables intentions, il souligne ce qui le sépare des littérateurs satisfaits d'égayer le vulgaire : « J'ai l'air de parler à la foule pour l'amuser. En réalité je parle à quelques âmes d'exception qui discernent ma pensée et l'aperçoivent sous son voile » (*J*, I, 78 [16 févr. 1894]). Lorsque survient l'inévitable brouille qui conduit à la rupture, la perte d'une précieuse source de revenus est compensée, à ses yeux, par le soulagement de n'avoir plus à distraire les philistins :

> « AMUSER LES GENS QUI PASSENT, LEUR PLAIRE AUJOURD'HUI ET RECOMMENCER DEMAIN », n'était jamais mon fait.
> Cette noble devise de la maison, cette capote du lieu ne s'ajustait pas à mes entournures. Je ne pouvais amuser que des gens qui ne passaient pas, et encore, c'était toujours la veille seulement que j'eusse pu leur être agréable. La veille de l'An Mil, par exemple. (IV, 126)

Les *Histoires désobligeantes* témoignent de cet esprit frondeur, qui ne s'ajuste qu'en apparence aux attentes des lecteurs. Furieux d'avoir à composer avec ses employeurs du *Gil Blas*, Bloy conçut chacune des pièces de ce recueil comme un stratagème vengeur, le seul qui pût le rétribuer de sa peine. Invité par la rédaction à distraire les imbéciles, il ne pouvait s'acquitter de cette tâche sans gloire qu'à leurs dépens. Ses contes, que hante une sainte horreur du divertissement bourgeois, évitent de tomber dans ce gouffre de médiocrité littéraire et conjuguent le rire avec l'art de désobliger. Au sens premier, ce verbe signifie « se délier d'une obligation ». C'est en pratiquant la désobligeance que Bloy se délivra de cette corvée d'amuseur, dans laquelle il affectait de voir une menace mortelle, une tentative de ses adversaires pour le faire taire, en le condamnant à une activité indigne de lui. Retourner le rire contre le public lui-même, tel fut l'objet de sa vengeance : poussée par les persécutions de la misère à écrire dans un « bordel » (IV, 126), la victime récalcitrante se métamorphosa en bourreau. C'est sous ces traits du moins que l'écrivain se peint dans la préface du recueil. Avec un évident effet de mise en scène qui constitue déjà une provocation, il s'y présente comme un « enragé volontaire » (VI, 353) : exhorté par les administrateurs d'un « journal de prostitution » (IV, 147) à renoncer au massacre de ses contemporains, il a trouvé dans la désobligeance un moyen de poursuivre sa tâche de justicier. Aussi a-t-il inventé un rire en sourdine, qui inquiète autant qu'il réjouit, parce qu'il est mystérieusement accordé au « souffle *silencieux* » (VI, 353) du Paraclet :

> Tenez-vous tranquille, Apemantus, les conspirateurs du silence, les silentiaires, comme on disait à Byzance, ne sont rien que de pauvres huissiers qui se trompent, croyant voir en moi un bruyant perturbateur. Vous avez été mon hôte plusieurs fois et vous savez que j'ai la mâchoire silencieuse. Mon rire même, quand je dévore les contemporains, ne réveillerait pas une araignée filandière, et mes pas font moins de bruit encore, lorsque je me promène parmi leurs sépulcres. S'ils étaient malins, ils carillonneraient, nuit et jour, pour dénoncer ma présence et me priver ainsi de l'incognito qui favorise mes expéditions de vampire. Ne me parlez plus de ces imbéciles. (VI, 354)

Prenant pour cible privilégiée l'immense bêtise moderne, ce rire qui a pour vocation de malmener le bourgeois et de l'inquiéter, en le tirant de sa torpeur de brute, fait de Bloy le proche parent de Flaubert, de Lautréamont et de Villiers [1]. « J'ai beau frapper. Aucun tombeau ne s'entr'ouvre. Dans les cimetières de l'intelligence, il n'y a plus que des concessions à perpétuité » (*J*, II, 400 [3 juin 1914]). Cette dédicace s'accorde parfaitement à l'esprit des *Histoires désobligeantes*, où le « Démon de la Sottise, [...] ce Captateur de la multitude » (VI, 244), est constamment exorcisé. Roboratif, mordant, cruel, un tel rire ne permet pas d'établir une complicité trop compromettante entre l'auteur qui plaisante et ses destinataires, au détriment du tiers infériorisé, dont ils sont censés se gausser de concert. Son agressivité déconcertante enfreint les règles de la courtoisie littéraire, en confondant sans ménagement le lecteur naïf avec l'objet même dont l'écrivain entend se moquer. Figure emblématique de ce benêt, Monsieur Prudhomme n'est jamais assuré d'échapper aux pièges redoutables de récits qui défient souvent le bon sens et embarrassent la raison. « *A verbo aspero*

1. Maldoror est évoqué, avec une évidente complicité, dans « Le Réveil d'Alain Chartier » et dans « Propos digestifs » ; « Projet d'Oraison funèbre » est un hommage à la mémoire de Villiers de l'Isle-Adam.

quis nos liberabit ? clamabant putrescentes » (*J*, II, 400 [3 juin 1914]). Cette autre dédicace suggère la sélection drastique opérée par ce rire amer : le droit d'en jouir pleinement n'est obtenu qu'au prix d'une série d'épreuves où l'intelligence commune risque, à tout moment, d'être prise en défaut.

La première de ces épreuves concerne les thèmes abordés dans les *Histoires désobligeantes*. Ceux-ci ne sont *a priori* ni légers, ni plaisants, et, dans l'ensemble, ne prêtent guère à rire. Comme le relève l'écrivain lui-même, dans cet ouvrage, « la matière noire surabonde » (VI, 214). Les contes dressent consciencieusement la liste des éternels crimes et délits humains, et brossent par touches successives un tableau effrayant. L'assassinat perpétré par jalousie ou par lucre [2] le dispute à des désordres familiaux, dont le parricide [3] et l'infanticide [4] marquent, tour à tour, l'issue déplorable. Engendré par la misère, la folie ou le désespoir, le suicide [5] tient une large place dans un univers où la trahison et le mensonge putréfient les relations sociales. L'adultère [6] a raison de la vie conjugale et se range au nombre des fautes vénielles, au regard des drames de l'inceste [7] ou des perversions monstrueuses qui dénaturent l'amour. Spontanément porté à éprouver un sentiment d'horreur en découvrant ces histoires extraordinaires, le lecteur en est souvent empêché par le ton du conteur qui invite, par bien des signes, à mettre en doute l'authenticité et le sérieux du propos. C'est au cœur de ce dilemme que se situe le rire bloyen, à mi-chemin du drolatique et de l'horrible, puisant à différentes sources dont la rencontre inattendue compose une étrange potion. Inévitablement, ce surprenant mélange de gravité loufoque et de bouffonnerie sépulcrale trouble l'esprit du bourgeois et lui en fait voir de toutes les couleurs.

2. « La Religion de M. Pleur », « Terrible Châtiment d'un dentiste », « On n'est pas parfait », « La plus belle Trouvaille de Caïn ».

3. « Le Vieux de la maison », « Terrible Châtiment d'un dentiste », « La dernière Cuite ».

4. « La Tisane », « Une martyre », « La Fin de don Juan ».

5. « Le Parloir des tarentules », « Les Captifs de Longjumeau », « Une martyre », « Le Soupçon ».

6. « Une idée médiocre », « Le Réveil d'Alain Chartier », « Une martyre », « Le Soupçon », « La Fève ».

7. « Tout ce que tu voudras ! », « Jocaste sur le trottoir ».

Rouge

La palette de Bloy tire d'abord sur le rouge. Souvent, ses contes prennent les teintes carminées de la satire, qui en rehaussent les emportements d'une couleur de sang. Dans la notice de présentation, l'auteur des *Histoires désobligeantes* ne se peint-il pas lui-même comme un « redoutable écrivain si souvent comparé à Juvénal dont il a la force et l'inflexible nature » (*JI*, I, 977 [28 nov. 1894]) ? À l'image de ce poète satirique, dont l'éloquence passionnée a vilipendé la décadence latine, il prétend dénoncer l'avilissement de son époque et la crise de civilisation qui a suivi l'avènement du monde industriel. Désireux de « dire la vérité à [son] temps d'une manière plus ou moins enveloppée » (*J*, I, 229 [11 sept. 1898]), il préfère le pouvoir de suggestion de ses anecdotes sanglantes aux arguments rigoureux que l'intelligence suscite. Ses récits allient la moquerie au mépris pour démontrer l'abjection de la vie moderne, souligner ses ridicules et mettre en lumière son absence totale de dignité. En « un raccourci caricatural » (*ibid.*), Bloy regarde son temps à travers la lentille déformante d'une « ironie militante », qui lui permet de « prendre la mesure du grotesque et de l'absurde » [8]. Dédaignant la rigueur logique du raisonnement, il use des ressources de la fiction pour déconsidérer la *doxa* bourgeoise, dont l'imposture fait l'objet de ses coups les plus meurtriers.

« L'universelle crapulerie des honnêtes gens » (VI, 292) lui fournit un premier sujet de plaisanterie. Tel un chroniqueur, il se plaît à retracer la vie domestique des notables, dont la fortune toujours mal acquise ne suffit pas à forcer son admiration. Il feint de découvrir que les réputations les mieux établies reposent toutes sur le crime, que les membres de la haute société, tant épris de respectabilité, sont des monstres d'une incroyable cafardise. Beaucoup de récits se terminent, tels des apologues ironiques, par le constat amusé de l'impunité des pires méfaits, leur gravité même paraissant la meilleure garantie de succès. Ainsi, « Le Vieux de la maison » relate-t-il l'ascension sociale de Mme Alexandre, célèbre tenancière de bordel extrêmement fière de sa « vertu » (VI, 197). Après avoir

8. Northrop Frye, *Anatomie de la critique*, trad. fr. Guy Durand, Paris, Gallimard, 1969, p. 272.

fait passer son vieux père pour un Communard et l'avoir ainsi livré à la vindicte homicide des Versaillais, elle s'est taillé une confortable situation :

> Aujourd'hui, Mme Alexandre est retirée des affaires et n'habite plus le quartier de la Bourse dont elle fut, si longtemps, la gloire. Elle a trente mille francs de rentes, pèse quatre cents kilos et lit avec émotion les romans de Paul Bourget. (VI, 201)

Les *Histoires désobligeantes* mettent aussi en lumière le détraquement des mœurs de cette fin de siècle. Dans le privé, les joies simples de l'amour parental ou conjugal ont cédé la place à de bizarres appétits, où la corruption des sentiments les plus naturels produit un effet singulier. « La Tisane » retrace les desseins meurtriers d'une veuve qui accepte d'empoisonner son fils pour satisfaire un amant qui ne veut pas « être beau-père » (VI, 196). « Jocaste sur le trottoir » transpose la tragédie d'Œdipe dans une famille moderne : un père poursuit son fils de sa haine et le pousse à son insu dans les bras de sa mère, qu'il a fait passer pour morte à ses yeux. Ailleurs, après avoir fait sombrer son époux dans la folie, une mère accule sa fille et son gendre au suicide, parce qu'ils ont eu le tort de la négliger en se mariant. L'horreur atteint son comble et verse dans le ridicule lorsque cette femme d'une « malice exécrable » (VI, 272) entend passer pour une « Martyre » (VI, 273). Cette accumulation de crimes, que Bloy met en scène avec l'exagération qui sied à la satire, lui permet de souligner la démission des consciences, à l'instar du narrateur ironique des aventures adultères de Florimond Duputois :

> Il se moralisa toute la journée, se fit à lui-même les plus sages remontrances, car ce jeune homme se nourrissait exclusivement des racines de la vertu.
>
> Le mari était un ancien ami de sa famille qui l'avait utilement protégé. Il lui devait son emploi au ministère, la promesse d'un brillant avenir, un assez grand nombre de relations agréables, et il dînait chez lui plusieurs fois par mois. Il ne pouvait cocufier cet homme sans se plonger, tête en avant, dans un puits d'ordures. Cela, c'était le déshonneur certain, absolu, l'acte le plus bas et le plus fétide, une trahison à ne plus jamais relever la tête, etc.
>
> En conséquence, il prit la résolution généreuse d'aller fort exactement au rendez-vous. (VI, 240)

Parmi toutes les cibles qu'il vise de ses traits, Bloy réserve une place particulière aux inventions dont s'enorgueillissent habituellement les modernes. Pourfendeur de la bicyclette, de l'automobile et du téléphone, « cet irresponsable véhicule des turpitudes ou des sottises contemporaines » (VI, 279), il préfère le *Fiat lux* de la Genèse aux enchantements de la fée Électricité. Ainsi le conte intitulé « Le Téléphone de Calypso » lui permet-il de dénoncer cet appareil qui « avilit la Parole même » (VI, 280). Son utilisation sert les vices de Mme Presque et de M. Vertige, ces époux inconséquents qui, après avoir divorcé et s'être mutuellement trompés, recollent « les deux tronçons du serpent de l'adultère [...] par le plus sordide concubinage » (VI, 281), à l'issue d'une conversation téléphonique. Le progrès technique aggrave donc la corruption humaine, en lui donnant des moyens plus sûrs et plus rapides de se manifester. Ses méfaits accompagnent la faillite intellectuelle de la France, que révèle la disparition de toute grandeur littéraire. Bloy se montre particulièrement prompt à dénoncer cette décadence, que son expérience de la République des lettres lui a donné l'occasion d'éprouver. Dans « Projet d'Oraison funèbre », il fait le portrait complice de l'un de ces proscrits altiers, dont la mort a eu raison, dénonçant du même coup les journaux, dont les « vives jérémiades » sur le grand écrivain « qu'on a eu la douleur de perdre » (VI, 214) contrastent avec leurs discours anthumes.

La pugnacité de la satire bloyenne, telle qu'elle apparaît dans les *Histoires désobligeantes*, est donc au service d'une spiritualité ardente, au nom de laquelle l'écrivain prétend observer « la société contemporaine, du pinacle de l'Absolu » (*J*, II, 400 [3 juin 1914]). Sa verve satirique participe tout à la fois du sentiment de posséder la vérité, du désir de la propager, de l'ambition de faire des adeptes et de provoquer un sursaut dans les âmes robustes. Dans ses commentaires de l'œuvre, Bloy a constamment insisté sur cet aspect, qui constitue la source la moins originale de son rire. Sa conception de la satire s'écarte pourtant de l'usage classique, qui renforce toujours l'ordre établi et veille à sa cohésion, en dénonçant le ridicule de toutes les déviations. Car, lorsque l'écrivain entreprend « l'histoire horrible de nos mœurs » (*J*, I, 229 [11 sept. 1898]), les valeurs morales qu'il défend ne sont pas celles de la multitude. Son ardeur dans la lutte ne saurait cacher la solitude de sa voix qui clame ses certitudes dans le désert. Même s'il prend pour modèles les satiriques de la décadence latine, son rire de combat s'enracine essentiellement dans la Bible. Un tel rire est surtout l'apanage des prophètes : creusant le fossé entre l'absolu que révèrent ces solitaires et le cloaque du monde moderne, il vise à désacraliser les idées bourgeoises.

Vert

Mais le désir d'exhiber « les dessous de l'aristocratie bourgeoise » (*J*, II, 400 [3 juin 1914]) et de ne rien cacher de leur fétidité conduit Bloy à passer les bornes de la satire et à rejoindre la joyeuse bande des « paillards de "haulte futaye", comme dit Panurge » (VI, 240). Les verts accents de la gaillardise donnent une coloration tendancieuse à ses railleries, dont ils augmentent la puissance de corrosion. « Consanguine de Rabelais », la forme littéraire utilisée par Marchenoir, à en croire *Le Désespéré*, fait volontiers appel au verbe ordurier dont elle s'empare, tel « un projectile, un brûlot, un engin quelconque pour dévaster ou massacrer » (III, 130). Le rire obscène se prête efficacement à l'attaque de tout ce qui, sur cette terre, passe pour respectable ou puissant. Sa force tient à la contestation joyeuse des autorités et au renversement des hiérarchies, qu'il accomplit par l'assomption du bas corporel et l'altération concomitante de ce que sacralise la multitude. Bloy se reconnaît dans cette tradition ludique et transgressive, dont il utilise le rire iconoclaste pour porter atteinte à l'humanisme bourgeois à travers son image idéale de l'homme, qu'il entend démystifier.

Pourtant, une difficulté subsiste. La gaudriole, en cette fin de siècle, fait partie des usages de la conversation bourgeoise et de la vie en société. Le pharmacien et le notaire apprécient cette grivoiserie bien française, à laquelle les « grands goinfres tourangeaux dont Rabelais nous a transmis les épopées » (VI, 298) ont donné ses lettres de noblesse. Sans vergogne, ils se régalent à la lecture des plaisanteries salaces dont un Richepin ou un Silvestre se sont fait une spécialité. L'un ne pratique-t-il pas « l'amour rabelaisien de la tripe, de ce qui remplit la tripe et de ce qui sort de la tripe » (II, 88), tandis que l'autre prétend représenter « l'esprit gaulois » et se recommande sans cesse de Maître Alcofrybas, « qu'il pense renouveler en ressassant les odyssées du boyau culier et du grand côlon » (III, 243) ? Comme pour attester la rémanence de cette tradition paillarde dans les mœurs de l'époque, les *Histoires désobligeantes* plantent parfois leur décor à l'après-dîner, moment où se tiennent les « propos digestifs » (VI, 308) et se font les plaisanteries un peu lestes [9]. L'action de « La Fève », par exemple, se déroule pendant un banquet, alors que les convives en sont « au Champagne », que « le triomphe du calembour » est assuré et que « les cochonneries » (VI, 306) sont sur le point de commencer.

Mais, à l'évidence, la truculence rabelaisienne de Bloy ne saurait se confondre avec les plates grossièretés de Monsieur Homais. L'écrivain n'ambitionne nullement de se mettre « à la hauteur » de « l'employé du télégraphe » ou de l'« éleveur de porc » (*ibid.*), lorsqu'il leur prend de se dissiper. À ses yeux, le penchant qui porte le bourgeois vers l'obscène est un fait de nature, une preuve supplémentaire de sa bassesse et de sa bestialité. L'audace transgressive et l'élan libérateur des chroniques gargantuines ne subsistent en rien dans les saletés qui égaient le philistin moderne. Son goût trivial pour les cochonneries témoigne seulement d'un avilissement général qui le pousse, avec ses semblables, à la vulgarité. Si l'écrivain consent néanmoins à rejoindre son adversaire déclaré sur un terrain où il excelle, c'est que l'anime l'espoir de le battre avec ses propres armes et de le terrasser par l'énormité de sa désobligeance, plus sûrement encore qu'en satirisant. Pourtant Bloy se contente, en apparence, de reprendre à son compte les rengaines du répertoire graveleux. Usant comme d'un piège de « ces brusques éclats de rire qui rendent si irrésistible l'esprit tendancieux » [10], il ne craint pas de faire ses gammes sur des thèmes éculés.

L'infortune conjugale, inépuisable sujet de bons mots, est régulièrement évoquée, qu'il s'agisse des malheurs du pauvre cocu ou des « exploits » de sa folâtre épouse. Ainsi, Bloy se fait-il un plaisir de retracer la « destinée marâtre » (VI, 305) de Monsieur Tertullien : « Il avait une peur atroce d'être cocu. Tous ses ancêtres l'avaient été, depuis deux ou trois cents ans, et sa tendresse pour sa femme tenait surtout à la certitude inébranlable d'être exceptionnellement assuré par elle de l'intégrité de son front [...] Mais tout cela était trop beau [...] et la chose banale arriva qui devait infailliblement arriver » (*ibid.*). De même, il feint d'être surpris par

9. . « Le Torchon brûle ! », « La Fève », « Propos digestifs », « La plus belle Trouvaille de Caïn ».

10. Sigmund Freud, *Le Mot d'esprit et ses rapports avec l'inconscient*, trad. fr. Marie Bonaparte et M. Nathan, Paris, Gallimard, 1930 ; rééd. 1971, p. 156.

l'épouse d'Aristobule, le « savoureux imbécile » (VI, 275) du « Soupçon », qui l'étonne par l'ampleur phénoménale de ses « capacités » : « Quelle que soit mon ambition de désobliger, je n'oserais pas soutenir que ses amants furent aussi nombreux que les étoiles, mais j'imagine qu'en les groupant au milieu d'une vaste plaine, on obtiendrait un contingent très idoine à la solennelle manifestation d'un patriotisme exalté » (*ibid.*). En d'autres occasions, les défaillances de la virilité lui fournissent un nouveau filon, aussi facile à exploiter. Sans cesse suggérée, l'impuissance de Némorin Thierry, ce « Don Juan des trottins mûrs et des couturières galvanoplastiques en instance de protecteurs » (VI, 246), fait l'objet de ses sarcasmes assassins :

> Peu doué, dans le sens physiologique, il réprouvait en amour les pulsations vives et ne réclamait, sans doute, que très rarement les joies inférieures.
>
> Ce qui l'enivrait, le délectait, le désopilait, saboulait son âme de délices et répandait en toute sa personne le benjoin ou l'oliban des béatitudinaires langueurs, c'était de *toucher à peine*, de palper infiniment peu, de promener çà et là – comme le bout de l'aile du zéphire, – son appareil de tactilité ; cependant qu'il exhalait de mélodieux et pitoyables gémissements sur le triste sort des muguets ou des liserons flétris que foule aux pieds l'indélicatesse des aventuriers de la paillardise. (VI, 246-247)

Dans cette entreprise de démolition, la scatologie seconde naturellement l'obscénité. L'écrivain se plaît à parler sans détour de ces réalités basses, que les convenances obligent d'habitude à cacher, en raison de leur prosaïsme ou de leur caractère déplaisant. Dans les *Histoires désobligeantes*, ce sont les personnages féminins qui lui inspirent les meilleurs morceaux de cette « éloquence fécale » (III, 265). Ainsi, la description de Béatrix, la coquette infidèle que courtise le « frôleur compatissant » (VI, 244), donne-t-elle lieu à des facéties un peu grasses, qui jouent sur les registres corporel et animal : « Ai-je besoin de le dire ? Béatrix puait de la bouche et peut-être aussi, je pense, de ses larges pieds. Elle était si dinde qu'on se sentait pousser des caroncules au bout d'un quart d'heure de conversation » (VI, 247). De même, les caricatures de Cléopâtre du Tesson des Mirabelles de Saint-Pothin-sur-le-Gland et de miss Pénélope Elfrida Magpie, dans le conte « Deux Fantômes », constituent un véritable morceau d'anthologie du grotesque. De la première, on apprend que « les rares tranches d'elle-même » qu'une « bienséance toute britannique » lui permette d'exhiber, sont « poisseuses d'une couche épaisse de crasse dont les premières alluvions [remontent] sans doute à la Révolution de Juillet » (VI, 230). Quant à la deuxième, cet « ange malpropre » (VI, 231) ne le cède en rien à son amie, au point que le narrateur hésite à comparer ces souillons :

> Il eût été difficile de prononcer laquelle des deux l'emportait en immondices. C'était une émulation de saleté, un assaut de crotte, un antagonisme de taches et de sédiments impurs, une compétition de pulvérulences, un conflit de déchirures et de pendeloques, un tournoi d'exhalaisons renardières, de remugles, de relents et d'empyreumes. (VI, 231)

À la différence du bourgeois qui les recherche pour elles-mêmes, Bloy n'accumule cependant ces « répulsives images » (III, 265) que dans le dessein de servir une ambition spirituelle. De manière assez inattendue, « la réprobation scatologique » (III, 264) constitue, à ses yeux, la seule réponse adéquate à « la sédition de l'Excrément » (III, 265), dont la société industrielle se rend, chaque jour, un peu plus coupable. En vertu d'une subtile alchimie verbale, la violence du scatologue et la Parole divine lui paraissent mystérieusement associées dans le combat contre les valeurs dominantes, dont elles contestent l'une et l'autre la validité. Car, dans un monde où le langage sacrilège du bourgeois célèbre l'ordure et répand la bêtise, l'écrivain prétend annihiler un tel pouvoir de destruction en retournant joyeusement contre cet idiome sa propre négativité. Dans cette lutte émancipatrice, Bloy retrouve sinon la lettre du moins l'esprit du *Pantagruel* : s'il ne s'agit plus, pour lui, comme c'était le cas pour son célèbre devancier, de libérer l'homme des peurs médiévales en favorisant, par le rire, l'affranchissement de la conscience individuelle, il n'en procède pas moins à un renversement festif de l'ordre établi. Ses foucades obscènes visent à libérer les âmes captives, en renvoyant à leurs persécuteurs les immondices sous lesquels elles menacent d'étouffer.

À cet égard, les *Histoires désobligeantes* accomplissent le programme littéraire défini jadis par Marchenoir dans *Le Désespéré* : à la fois carnavalesques et apocalyptiques, ces contes, à leur tour, font « rouler des quadriges de Mardi-Gras et des tombereaux de tonnerres » (III, 266) sur les lecteurs éberlués. À sa manière, Bloy fait sien le mot attribué à saint Augustin rappelant à l'homme l'infirmité de sa nature, que la Chute a souillée : « *Inter fæces et urinam nascimur.* » Son rire met en évidence le grotesque triste d'une humanité descendue au niveau de l'égout, dont la cochonnerie n'a cessé de croître au point que seules les violences du scatologue sont capables de l'exorciser. Qu'on ne s'y trompe pas, lorsque le conteur se gausse plaisamment de la saleté corporelle des « Deux Fantômes », c'est la noirceur de leur âme corrompue par le péché qu'il vise en priorité :

> [Cléopâtre et Pénélope] tout à coup sortirent leurs âmes, leurs véritables âmes de mégères, mille fois plus puantes et plus odieuses que leurs carcasses, et réciproquement se les retournèrent sur la tête comme des pots de chambre. (VI, 233)

Toutefois, cette métamorphose par laquelle « le mot abject » devient « sublime, autant que l'imprécation désespérée de tout un peuple » (III, 226) n'enraye pas le naufrage spirituel et l'hémorragie de sens de la modernité aussi nettement que Bloy semble le penser. Le recours à la scatologie constitue sans aucun doute une menace redoutable pour tous les dogmes et croyances, qui sont ainsi dégonflés et vidés de leur gravité respectable. L'esprit de Carnaval ne peut impunément « rapproche[r], réuni[r], marie[r], amalgame[r] le sacré et le profane, le haut et le bas, le sublime et l'insignifiant, la sagesse et la sottise » [11]. Régressif dans son essence, il retrouve les représentations archaïques de l'enfance, où se mêlent en un même cloaque ce que la vie apprend par la suite à ordonner et à différencier.

« Le Cabinet de lecture » offre une bonne illustration de cette confusion irrévérencieuse. Tirant parti du double sens de « cabinet », le conte s'amuse à mêler en un même lieu les plaisirs raffinés de la lecture et les humbles nécessités de la vie organique. Bloy joue de tous les degrés de l'équivoque pour faire naître le rire tendancieux. L'oncle Justinien, par exemple, occupe l'endroit pendant des heures et n'en finit pas « de paperasser » (VI, 314). Plus loin, l'allusion scatologique se précise à peine, le paradoxe consistant pour l'obscénité à tirer son efficacité de la suggestion malicieuse plus que de la franche exhibition : « Quand il avait compulsé des études de mœurs ou des recueils de poésie, les feuilles étaient dans un tel état qu'on devait, en gémissant, renoncer à les parcourir après lui » (VI, 315). Cependant, la fantaisie verbale, la joie du renversement attentatoire, l'exaltation de la corporalité atteignent leur paroxysme avec

11. Mikhaïl Bakhtine, *La Poétique de Dostoïevski*, trad. fr. Isabelle Kolitcheff, Paris, Seuil, 1970, p. 171.

la pointe finale, qui anéantit toute tentative pour compenser par un peu de sérieux le rire ravageur de cette histoire « absurde » (VI, 313). Car les sages considérations sur la culture moderne, qui semblent s'esquisser sur le ton de la satire, s'estompent tout à coup au profit de la gauloiserie, dont s'affirme la parfaite gratuité :

> Orthodoxie, dont la douleur fut déchirante, parvint cependant à se consoler. Elle a même fini par comprendre que tel est le jugement dernier de tous les papiers humains, que les lectures se font généralement ainsi dans les familles où la raison prédomine, et que de tangibles félicités sont plus estimables que les décevantes élucubrations de quelques rêveurs...
> Mais, que dis-je ? n'avait-elle pas surtout découvert, en cette occasion, la profonde vérité de l'axiome formulé par une de nos poétesses, et qui fut désormais pour elle un principe de lumière : Avant de parler, il faut tourner sept fois sa langue dans la bouche... de son voisin. (VI, 317)

Fragile, précaire, l'alliance contre-nature de la scatologie et de la spiritualité relève tout à la fois du pari incertain et du marché de dupes. L'idéal alchimique d'une transsubstantiation des immondices ne doit pas minimiser le risque d'une contamination inverse de la transcendance par la grossièreté.

Noir

Bloy affectionne pourtant ces mélanges aléatoires, où la rencontre imprévue des contraires produit des effets détonants. Cette inclination pour les formes hybrides le prédispose naturellement à enrichir la panoplie de ses rires d'un « comique lugubre » [12], dans lequel, depuis Swift, sont passés maîtres les écrivains anglais. Dans *À Rebours*, Huysmans en identifie la trace dans l'œuvre de Villiers, où il remarque « un coin de plaisanterie noire et de raillerie féroce » [13]. Breton, dans sa célèbre *Anthologie*, le repère à son tour chez l'auteur de *Là-bas* : « L'excès des couleurs sombres de sa peinture » et « le dépassement [...] d'un certain point critique dans

12. J.-K. Huysmans, *À Rebours*, éd. cit., p. 325.
13. *Ibid.*

les situations désolantes » [14] caractérisent, selon lui, l'humour huysmansien, qui se déploie aux marges du tragique pour « libérer en nous le principe de plaisir » [15]. À l'instar de ces écrivains, Bloy lui-même a largement contribué à promouvoir ce rire crépusculaire, ennemi mortel du sens commun et de la sentimentalité, qui dérange le bourgeois et lui échappe, comme toute « révolte supérieure de l'esprit » [16].

« Asseyez-vous donc sur ce fœtus qui vous tend les bras et prêtez-moi votre attention. J'ai, ce matin, l'humeur narrative » (VI, 266). Par cette invitation grand-guignolesque, le ton de « La Fin de don Juan » est donné. Annoncée comme « une horreur difficilement imaginable » (*ibid.*), l'histoire du marquis Horace de la Tour de Pise [17] évoque le souvenir funeste d'un gentilhomme libertin, responsable de la mort de sa première épouse et de ses enfants, deux monstrueuses créatures, prématurément arrachées à leur berceau pour couvrir, comme on le pressent, un terrible secret : « La première fois nous amenâmes une espèce de chèvre-pieds sans yeux ni bouche, qui avait, en guise de nez, une espèce de membrane flasque et pendante [...] Le second enfant du marquis eut deux têtes sur un fuseau de corps, à peu près sans jambes ni bras » (VI, 267). Étrangement, chacun de ces êtres difformes constitue une « édition de la même image » (*ibid.*), dans laquelle le lecteur reconnaît bientôt un phallus. À cette découverte, le rire noir éclate, donnant au récit des allures de plaisanterie douteuse et de mystification. Mais le mauvais goût de cette histoire pour rire ne dissipe pas tout à fait l'épouvante que font naître les détails horribles de la fiction. La hideuse malformation des fils du marquis apparaît comme le châtiment divin du crime de leur père, alimentant ainsi une méditation symbolique sur les mystères de l'identité :

> Pour parler net, le marquis était un IDOLÂTRE, un fervent et rigoureux idolâtre, intérieurement configuré à la ressemblance de son Dieu et qui ne pouvait que la reproduire *extérieurement* dans ses tentatives de progéniture.
> Il adorait chez lui, dans un oratoire mystérieusement éclairé, cette partie de son propre corps que les prêtres de Cybèle tenaient autrefois en si grand honneur. (VI, 268)

14. André Breton, *Anthologie de l'humour noir*, éd. cit., p. 189.
15. *Ibid.*, p. 190.
16. *Ibid.*, p. 12.
17. Pour une analyse détaillée de ce conte, voir, dans cette partie, le chapitre V.

Oscillant entre la farce et la parabole, les *Histoires désobligeantes* brouillent souvent les pistes et comportent donc une bonne part d'indécision. Le rire bloyen, qui concilie l'inconciliable, profite de cette indétermination du sens pour semer le trouble dans l'esprit du bourgeois. Le conte intitulé « Soyons raisonnables ! » donne un nouvel exemple de ce flottement sémantique, qui écartèle le lecteur entre l'insensibilité du rire et les larmes de l'indignation. Le vieil Ambroise Chaumontel, qui, dans sa jeunesse, a entretenu des relations homosexuelles, s'y voit contraint par le chantage de donner la main de sa fille à son ancien amant. Toutefois le caractère odieux d'un tel marché est atténué par la discordance d'un traitement comique, que soulignent le patronyme du giton – l'antonomase Bardache – et le surnom de « petit Verbe Déponent » (VI, 324), dont il affuble son complice. L'accumulation de ces détails cocasses prépare l'éclat de rire final qui achève de placer cette histoire épouvantable sous le signe de l'humour noir :

> Ah ! j'oubliais. Le jour du mariage, la cérémonie terminée, Bardache, rayonnant, se pencha vers son beau-père et lui murmura ces amoureuses paroles :
> – Ô ami ! comme elle vous ressemble ! (VI, 325)

Si la version bloyenne de ce rire lugubre tire souvent parti du penchant de chacun pour la grivoiserie et d'une certaine fascination de tous pour la monstruosité, il arrive aussi à l'écrivain de jouer sur un registre franchement macabre. C'est le cas notamment dans « La dernière Cuite », où l'ironie du sort a des accents bien désolants. Ce conte relate la terrible aventure de Fiacre-Prétextat Labalbarie, un riche exploitant de pompes funèbres, jouissant de la reconnaissance de ses concitoyens pour avoir été l'un des plus ardents promoteurs de l'incinération. Ce millionnaire, qui croit à « l'*utilité* des pauvres » (VI, 261) et rêve d'une mort propre, s'honore d'avoir donné le jour à un garçon en tout digne de lui : doué d'une physionomie de « beau reptile » (VI, 262), le jeune homme réalise en plein « l'Idéal des vertus solides que les plus sérieuses maisons de crédit peuvent escompter » (*ibid.*). La noirceur risible de cette histoire tient essentiellement au retournement de l'infamie du fils contre son géniteur. Car le jour de ses funérailles, l'excellent homme, victime d'une tragique erreur, est livré encore vivant aux flammes de la crémation par son fils trop heureux de tirer parti de cette aubaine.

Cet humour-là, quelles qu'en soient les inflexions, n'est possible qu'au prix d'une « suspension d'évidence » [18] touchant à la fois la sensibilité et le jugement. Par une sorte d'« arrêt volontaire » [19], l'écrivain affiche un détachement affectif et une « indifférence apparente à la valeur éthique des choses » [20], dont la présentation bouffonne de faits dramatiques (et inversement) constitue la manifestation la plus claire. La dérision qui résulte de ces décalages dissonants n'épargne aucun credo et constitue évidemment l'envers d'un désespoir qui ne dit pas son nom. Si, pour Bloy, ce rire noir permet, malgré tout, d'entrevoir la face de Dieu dans les ténèbres, il frise aussi le gouffre du non-sens. Parfois, la révoltante atrocité des événements relatés sur le mode tragi-comique s'estompe et le rire naît alors des failles du récit. Les *Histoires désobligeantes* prennent souvent la forme de fables aux développements abracadabrants, qui relèvent d'un comique cruellement absurde. L'écrivain tire parti de la puissance de désintégration de ces contes à dormir debout, dont les situations impossibles et les dysfonctionnements sémantiques font voler en éclats la cohérence diégétique.

Soumise à toutes sortes de brisures et de torsions, la logique des actions y devient si précaire qu'elle en paraît risible. À cet égard, la structure de ces récits n'est pas sans rappeler celle des histoires drôles. On l'a souvent remarqué, « c'est l'existence nécessaire d'une disjonction qui tend à faire classer toutes ces histoires dans des espèces de jeux de mots » [21]. Rendu possible par l'apparition d'un élément polysémique sur lequel bute le lecteur, le mécanisme disjonctif fait pivoter le récit et lui donne une nouvelle direction, qui creuse le fossé entre le « sens induit, préparé » et le « sens réalisé, surprenant » [22]. Parmi les procédés que Bloy affectionne, le calembour occupe une place de choix. Le double sens sur lequel il joue constitue le pivot qui permet à l'hilarité de prendre le dessus. « Le Torchon brûle ! », avec ses heureuses coïncidences, ses évidentes lacunes

18. Denise Jardon, *Du comique dans le texte littéraire*, Paris-Bruxelles, Duculot-De Boeck, 1988, p. 136.

19. Louis-François Cazamian, « Le mécanisme de l'humour », dans *Études de psychologie littéraire*, Paris, Payot, 1913, p. 115.

20. *Ibid.*, p. 122.

21. Violette Morin, « L'histoire drôle », *Communications*, n° 8, 1966, p. 102-103.

22. Yves Reuter, « Histoires drôles. Drôles de théories pour de drôles d'histoires », *Lendemains*, n° 50, 1988, p. 41.

sur le plan de la logique et la désinvolture de ses transitions, est un bon exemple de ce type d'histoire : un court récit inaugural, qui situe le cadre (une soirée littéraire) et les personnages (des amis partageant la même haine des lieux communs), est suivi d'un dialogue entre deux des invités, dont les anecdotes se recoupent de manière inattendue.

« Un chasseur de licornes [...] renommé pour ses doctrines hyrcaniennes » (VI, 291) essaie d'abord de mettre en évidence le sentiment de culpabilité qui hante les consciences modernes. À l'appui de sa démonstration, il évoque la récente rencontre d'un vieillard d'apparence respectable qu'il a, de ce fait, aussitôt identifié comme un « parfait drôle » et qu'il a plongé dans un abîme de terreur, en lui déclarant « d'une voix brève et sourde, "prenez garde ! Le torchon brûle !" » (VI, 292). Intervenant à son tour, « le tonitruant Rodolosse » se fait un plaisir de confirmer ce « paradoxe joyeux » (VI, 293) par un nouveau récit. Mais celui-ci fait surtout frémir les amis assemblés : l'orateur leur révèle qu'il vient de recevoir du même homme, un « artiste fort connu et parfaitement honorable » (VI, 293), une confession écrite dans laquelle celui-ci lui dévoile que, dans sa jeunesse misérable, il a mis le feu à une métairie où on lui « avait refusé brutalement l'hospitalité », pour se rafraîchir « du vin délectable de la haine et de la vengeance » (VI, 294). La *vis comica* repose ici sur la polysémie de « brûler », qui perd l'acception métaphorique qu'il avait dans l'expression « le torchon brûle » pour retrouver son sens concret. L'idée de discorde induite par cette tournure prend tout à coup une réalité inquiétante, qui ne met pas en péril la structure de l'histoire drôle, mais fait virer le rire au noir.

Pour produire un effet similaire, Bloy aime encore associer, au sein d'une même histoire, des séries sémantiques difficilement conciliables, dont le rapprochement paraît incongru, voire absurde. La conjonction paradoxale de deux isotopies constitue alors le principal ressort comique du récit. « La Taie d'argent », par exemple, rapporte « une histoire des plus banales », celle d'un homme qui a eu « le malheur d'être atteint de clairvoyance à la suite d'une catastrophe épouvantable » (VI, 295), qui l'a ruiné. Un jour cependant, après avoir hérité une immense fortune d'un « petit-neveu d'Amérique, devenu insolemment riche dans la falsification des guanos » (VI, 297), il se met à faire la noce, guérit de ses anciens « maux » et ne vit plus « que pour se rincer les tripes, [...] enfin délivré du monde extérieur, par la Taie d'argent » (*ibid.*). Cette parabole tire sa saveur douce-amère du lien causal qui se crée entre l'acuité visuelle et le degré de fortune. Jouant sur les sens physiologique et moral, Bloy fait découler la clairvoyance de la pauvreté, comme la cécité de la richesse. Dans les deux cas, l'association oxymorique de phénomènes qui passent habituellement l'un pour un bienfait, l'autre pour un malheur, paraît absurde et comique à la fois.

L'écrivain exploite enfin l'impression d'étrangeté que suscite dans le récit la persistance d'un blanc sémantique, qu'aucune information ne vient combler. « Sacrilège raté » se présente d'abord comme une farce anticléricale, dont s'amuse la vicomtesse des Égards : venue se confesser à l'occasion de Pâques, la belle Brunissende fait une déclaration d'impiété au lazariste qui l'a accueillie. Dimanche, pour se moquer du « Dieu sanglant » (VI, 287) de cet humble prêtre, elle communiera, dit-elle, pour la forme, comme elle est venue se confesser pour qu'on la voie : son mari n'est-il pas « un député vertueux qui a besoin de l'admiration de ses électeurs » (*ibid.*) ? Le lendemain, lorsque le prédicateur lui demande de se préparer « à la mort », elle « éclat[e] de rire » : cet avertissement solennel lui fait l'effet d'un « folâtre petit mot » (VI, 288), qu'elle réduit à une « plaisanterie déplorable » (VI, 289). Mais son défi impie tourne court, pendant la cérémonie religieuse où elle s'est rendue dans l'intention de réaliser sa blague d'athée :

> Quand ce fut l'instant de la communion pascale, il arriva simplement ceci :
> Brunissende agenouillée la première, le troupeau des humbles s'approchant, recula soudain, comme devant un mur de flammes et le prêtre qui descendait la dernière marche de l'autel pour s'en venir, portant le ciboire, vers la table sainte, remonta précipitamment...
> On fut obligé de purifier le sanctuaire, et tous les ans, à pareil jour, une cérémonie lavatoire est scrupuleusement observée. (VI, 289-290)

La chute de ce conte reste assez obscure, du fait des lacunes de la narration. Signalée par les points de suspension, une ellipse laisse un vide dans la trame du récit, que rien ne permet de combler avec précision. Faute de pouvoir reconstituer l'enchaînement causal de la fiction, le sens commun n'y trouve pas son compte, la logique narrative non plus. Que s'est-il donc passé dans cette église, où la sublime éloquence du prédicateur s'est exaltée, « jusqu'à devenir quelque chose d'effrayant, de lumineux, de surnaturel »

(VI, 289) ? Et qu'est-il exactement arrivé à la hautaine vicomtesse des Égards pour la rendre, « depuis cette époque, [...] plus misérable que les habitants des tombeaux » (VI, 290) ? Le conteur n'en dira rien, laissant le lecteur bourgeois sur sa faim. Après l'avoir frustré de toutes les raisons de se réjouir d'un blasphème, il substitue à son rire sacrilège l'effrayante énigme d'un trait d'Esprit divin, dont le sens se dérobe à jamais. C'est ainsi que, chez Bloy, l'humour noir combine « un malaise de l'intellect [...] et le plaisir un peu sophistiqué d'échapper aux contraintes de sens » [23].

Jaune

Livré à ce « plaisir de l'indécidable » [24], le lecteur des *Histoires désobligeantes* doit donc avoir suffisamment de courage et d'intelligence pour pouvoir affronter une « situation à risques », où il est « constamment soumis à des craintes diverses » [25], parmi lesquelles l'emporte celle de ne pas saisir l'effet comique. Si, par nature, toute histoire drôle met en question les règles de fonctionnement du récit et de la communication, les contes imaginés par Bloy aggravent cette tendance, en multipliant les ruses et les embûches auxquelles le destinataire, qui rit jaune, est exposé à succomber. Cette délectation à fausser le jeu narratif, au détriment du récepteur de l'œuvre, transforme le texte littéraire en une machine de guerre d'une redoutable efficacité. Un certain goût du sarcasme ôte, en effet, aux propos du conteur cet accent de sincérité qui rassure habituellement le public. Se signalant surtout par la désinvolture de ses attitudes et sa mauvaise grâce, Bloy, en héritier de Maldoror, ne respecte pas les conventions qui régissent traditionnellement le pacte fictionnel. Il ne saurait s'engager, par exemple, à dire toujours la vérité ou à ne jamais se contredire. Chaque conte lui fournit, au contraire, une nouvelle occasion d'adresser au public bourgeois le défi que M. Pleur, un jour, lui a lancé : le vieillard guenilleux ne lui a-t-il pas promis une histoire, peut-être

23. Bernard Sarrazin, « Le fumisme et le rire moderne », dans *L'Esprit fumiste et les rires fin de siècle*, Paris, Corti, 1990, p. 35.
24. *Ibid.*
25. Yves Reuter, art. cit., p. 43.

capable de lui donner « l'envie de baiser [ses] loques avec respect », à condition qu'il se montre d'abord « assez doué pour la comprendre » (VI, 206) ?

L'ironie verbale, parce qu'elle suppose la présence d'une victime naïve, incapable de démêler les fils d'une « contradiction entre deux faits contigus » [26], sert admirablement les desseins d'un narrateur aussi préoccupé de désobliger. On a souvent remarqué la parenté de l'antiphrase avec le mensonge. Le menteur et l'ironiste disent, l'un et l'autre, le contraire de ce qu'ils pensent ; mais le premier désire faire croire à l'authenticité de son discours, tandis que le second veut laisser entendre, au delà de ses paroles, la pensée qu'il tient pour vraie. Bloy met sans cesse en application ce principe d'« insincérité ironique » [27], en vertu duquel la plaisanterie est d'autant plus foudroyante que sa formulation laisse planer une certaine ambiguïté. Avec une évidente satisfaction, il entretient la confusion sur le genre de ses récits et sur l'interprétation qu'ils appellent.

La plupart du temps, les *Histoires désobligeantes* se donnent pour des anecdotes tirées de l'expérience vécue. Bon nombre d'entre elles sont relatées à la première personne, par un narrateur-témoin qui retrace l'aventure d'une personne de sa connaissance. M. Pleur, Damascène Chabrol, Justine D... et bien d'autres encore ont fait partie des intimes du conteur. De même, ce dernier a bien connu Prosper Vénard, dont il se félicite « d'avoir partagé quelques-unes [des] bombances » (VI, 298) et Monsieur Tertullien, avec lequel il a entretenu pendant dix ans « les plus étroites relations commerciales » (VI, 304). Souvent, son témoignage repose non seulement sur le souvenir de conversations anciennes ou d'entrevues mémorables, mais aussi sur toutes sortes de documents qu'il mentionne, comme autant de preuves de la véracité de ses dires : à l'en croire, les journaux ont rendu compte, avant lui, des mésaventures du curieux ménage formé par Théodore, Théodule, Théophile et Théophraste, les quatre « esclaves enchaînés de la Sottise » (VI, 226) dans « Une idée médiocre ». Parfois même, tel un historien scrupuleux, il porte à la connaissance du lecteur les lettres de ses correspondants – des époux Fourmi au fils incestueux de « Jocaste sur le trottoir » – comme pour authentifier davantage ses propos.

26. Catherine Kerbrat-Orecchioni, « Problèmes de l'ironie », dans *L'Ironie*, Travaux du Centre de Recherches linguistiques et sémiologiques de Lyon 2, Lyon, PUL, 1978, p. 17.

27. *Ibid.*, p. 13.

En dépit de cette débauche d'effets de réel, le témoignage du conteur paraît rarement fiable. Il suffit de considérer, par exemple, l'onomastique bloyenne, dont la fantaisie n'est nullement conforme aux canons réalistes. De plus, les anecdotes s'écartent trop systématiquement de la vraisemblance pour ne pas sonner faux. Le registre testimonial sur lequel joue constamment le recueil coïncide, dans la plupart des cas, avec un déni ironique des données de l'expérience. Plus le récit semble vérifiable, plus il s'enracine dans la réalité tangible, plus le lecteur se demande s'il n'est pas victime d'une supercherie et si on ne lui tend pas un piège, pour se moquer de lui : le conteur ne cherche-t-il pas à éprouver sa crédulité, en faisant passer, à ses yeux, des vessies pour des lanternes et en l'amenant, par toutes sortes de moyens, à ajouter foi à des histoires incroyables, parfaitement fantaisistes ?

Dans « La plus belle Trouvaille de Caïn », par exemple, Gacougnolle insiste lourdement sur l'authenticité de son récit. De nombreuses formules rappellent que cette anecdote, qui relate un épisode de la vie de Marchenoir, a la valeur d'un témoignage, dont nul n'a le droit de mettre en cause la véracité : « Je me souviens de l'avoir aperçu bien des fois à cette époque » (VI, 332), « J'ai toujours devant les yeux un certain chapeau de haute forme » (VI, 333), « je fus le témoin malheureusement impuissant [...] des avanies sans nom qu'une vieille propriétaire lui fit endurer » (VI, 335), etc. De bout en bout, le lecteur n'en éprouve pas moins l'impression d'avoir été berné par le conteur. Comment, en effet, pourrait-il croire un seul instant à cette découverte de Marchenoir – le chef sanglant de sa propriétaire, abandonné sur la voie publique dans un carton notarial – qui le venge opportunément de cette « pygargue féroce » (*ibid.*) ? L'histoire tourne au calembour, ironiquement adressé au bourgeois : trop belle pour être vraie, elle se paie sa tête, à tous les sens du terme.

Les *Histoires désobligeantes* jouent donc constamment de la contiguïté de trois registres – référentiel, figural et comique – qui coexistent sans homogénéité. Ce sont à la fois des épisodes de la vie contemporaine à peine transposés, des paraboles nécessitant un véritable décryptage et des histoires drôles, destinées à mettre à la torture les imbéciles incapables d'en apprécier le sel. Les contradictions et les incohérences, qui ne manquent pas de résulter de ce mélange des genres, constituent le principal ressort de l'ironie, dont le lecteur naïf fait les frais. Car, en troublant la lisibilité des codes littéraires, l'écrivain refuse le principe de coopération qui rendrait la communication harmonieuse, et s'efforce de mettre son destinataire en difficulté : ses récits moqueurs, qui contiennent un surcroît d'informations disparates, mêlent la vérité au mensonge et cherchent sciemment à créer la confusion.

Dans « Les Captifs de Longjumeau », l'insertion d'une lettre du « malheureux Fourmi », qui a permis au conteur de « reconstituer par voie d'induction, toute sa lamentable histoire » (VI, 219), accrédite d'abord l'exactitude du récit et semble démontrer le sérieux de ce témoignage. Mais, en dépit du narrateur, qui prétend que cette histoire vraie ne peint « ni un fou ni un imbécile » (*ibid.*), la découverte de la missive conduit le lecteur à s'interroger sur la validité de ces affirmations. Ne relate-t-elle pas l'aventure grotesque d'un couple épris de voyages, qui, en quinze ans, a manqué le train à chacune de ses tentatives ? Le pauvre Fourmi le reconnaît lui-même, le cumul de tant d'échecs « est infiniment idiot » : il est « d'un ridicule atroce » (VI, 220), et le bourgeois est bien près de se dérider. Mais le conteur lui ôte aussitôt cette envie et brouille à nouveau les cartes, en suggérant ironiquement, sans la justifier, une interprétation fantastique, de nature à l'inquiéter :

> Certaines particularités que je demande la permission de garder pour moi, me donnent à penser que l'infortuné couple était réellement victime d'une machination ténébreuse de l'Ennemi des hommes qui les conduisit, par la main d'un notaire évidemment infernal, dans ce coin maléfique de Longjumeau d'où rien n'eût la puissance de les arracher. (VI, 220-221)

À trop s'apparenter à une énigme, l'ironie court cependant le risque de passer inaperçue. Ainsi Freud a-t-il raison de souligner qu'en général, celle-ci « n'est de mise que lorsque l'interlocuteur est prêt à entendre le contraire » [28] des paroles qui lui sont adressées. Le conteur des *Histoires désobligeantes*, s'il refuse souvent de donner un « signal clair » [29], qui dissipe toute hésitation sur ses intentions, n'en parsème pas moins ses récits d'indices, qu'il est toujours possible de glaner. Cette façon qu'il a, en particulier, de décevoir la curiosité de ses lecteurs et de rompre sans

28. Sigmund Freud, *Le Mot d'esprit et ses rapports avec l'inconscient*, *op. cit.*, p. 289.
29. Denise Jardon, *Du comique dans le texte littéraire*, *op. cit.*, p. 75.

cesse l'illusion référentielle, alerte les plus clairvoyants et les pousse à s'interroger sur les artifices de la narration. Après avoir insisté sur les liens qui l'unissent à M. Pleur, le narrateur ne juge pas nécessaire, par exemple, de préciser les circonstances « d'ordre exceptionnel » qui ont déterminé entre eux ce « commerce d'amitié » (VI, 205). Ailleurs, son confrère Rodolosse saute un passage de la confession criminelle qu'il a reçue, parce que « les détails et les circonstances de lieu » sont trop précis pour qu'il ne soit pas forcé de « passer un assez grand nombre de lignes » (VI, 294).

L'accumulation de ces déceptions immotivées, qui procèdent en général d'une feinte, prive le récit de transparence et rend le témoignage du narrateur toujours un peu plus suspect. Laissant en outre le contenu événementiel dans le vague, elle contribue souvent à reléguer l'histoire au second plan et à mettre en valeur le rôle décisif de l'énonciation. La répétition du procédé n'est-elle pas la marque la plus voyante d'une attitude provocante, qui vise en permanence le lecteur ? Il arrive, par exemple, que Bloy saute délibérément un épisode ou refuse, sans raison apparente, de donner des renseignements indispensables à la compréhension de certaines péripéties, voire du dénouement. « Projet d'Oraison funèbre » pousse cette tendance à l'extrême : après avoir affirmé qu'il a « fort à dire » (VI, 214) sur ce Lazare « que tout le monde a le droit de supposer imaginaire » (VI, 215) – mais en qui chacun reconnaît Villiers –, le narrateur se dispense de retracer son histoire et, après avoir évoqué les trente ans de son agonie, conclut : « Elle eut trop de témoins pour qu'il soit nécessaire de la raconter » (VI, 217).

Tous les moyens sont bons pour jouer avec les habitudes de lecture et s'en démarquer par une distance ironique. Ainsi, le conteur des *Histoires désobligeantes* ne remplit-il aucune des missions habituellement attachées à sa charge. Le dernier conte du recueil en donne un exemple presque caricatural. Lorsque Gacougnolle raconte « La plus belle Trouvaille de Caïn », tout l'intérêt du récit repose sur les retards apportés à la révélation de cette anecdote piquante, que le disert Pélopidas, dans son exaltation, transforme en « poème » (VI, 334). Si plaisante soit-elle, la divulgation de cet épisode de la vie de Marchenoir fait figure de prétexte. L'essentiel de la durée narrative est occupé par un portrait du « grand Inquisiteur littéraire » (VI, 331), émaillé de nombreux commentaires. L'impatience de l'auditoire est évidemment perceptible dans certaines remarques du narrateur : « Mais voici que je m'emballe ! » (VI, 333), « En voilà donc tout à fait assez de la digression et je reviens à mon histoire », « Ne vous impatientez pas, s'il vous plaît, j'arrive à mon anecdote » (VI, 335). Après avoir multiplié les excursus pour différer le plus longtemps possible son récit, Gacougnolle, alors que la fin du conte est proche, s'offre le plaisir de mystifier, une dernière fois, ses interlocuteurs :

> Je demande la permission de ne pas insister sur cet endroit de mon poème qui finirait par être aussi long que le *Paradis perdu* et qui vous dessécherait autant que les prodromes évangéliques de la fin du monde, si je m'attardais aux accessoires. (VI, 334)

Parfois cesse cette ironie qui consiste, pour le narrateur, à prendre ses distances par rapport aux attentes naïves du lecteur bourgeois. Elle est remplacée par une imitation disconvenante de la forme ou des contenus de son langage, où l'on reconnaît la marque de la parodie. Celle-ci utilise le discours d'autrui à des fins propres, qui lui donnent une nouvelle coloration sémantique. En général, le parodiste déforme les propos qui lui servent de référence pour faire passer, à travers eux, ses préoccupations ludiques ou satiriques. Conscient des ressources du procédé, Bloy l'utilise d'abord pour porter de nouveaux coups aux mœurs modernes, sujet vulgaire par excellence, qu'il s'amuse à traiter dans un ton noble, tout à fait discordant. Le discours parodique prend alors la forme d'une charge héroï-comique. « On n'est pas parfait », par exemple, retrace l'histoire d'Esculape Nuptial, assassin et voleur, amant d'une prostituée surnommée Loulou, qui se fait prendre par la police pour avoir eu l'imprudence de revenir sur les lieux du crime qu'il a commis [30]. Or cette histoire sordide, avec ses personnages grotesques, est racontée à la manière sentencieuse d'un récit édifiant. Après le meurtre du vieillard auquel il a volé « la forte somme » qui doit assurer sa fortune, Esculape est si heureux de son forfait qu'« inondé d'impressions suaves et les yeux mouillés de pleurs », il se sent tout à coup « apôtre » (VI, 318). C'est l'occasion, pour l'écrivain, de traiter sa joie infernale sur le mode parodique du discours dévot :

30. Pour une analyse détaillée de cette histoire, voir, dans cette partie, le chapitre VI.

> Il demanda que fussent dissipées les ténèbres qui lui cachaient la laideur et la malice du péché, fit un scrupuleux examen de conscience, découvrit en lui des imperfections tenaces, de persistantes broutilles : mouvements de vanité, impatiences, distractions, omissions, jugements téméraires et peu charitables, etc., mais surtout la paresse et la négligence dans l'accomplissement des *devoirs de son état.*
>
> Il termina par un bon propos d'être moins fragile désormais, implora le secours du ciel pour les agonisants et les voyageurs, demanda, comme il convient, d'être protégé pendant la nuit, et, pénétré de ces sentiments, courut au plus prochain lupanar. (VI, 319)

Les traits stylistiques de l'oraison, qui sert ici d'hypotexte, sont à la fois exagérés jusqu'au cliché et dépréciés par cette application blasphématoire, qui entend suggérer plaisamment l'emprise de Satan sur les consciences en cette fin de siècle. Pour le conteur, il s'agit moins de dévaluer un usage moderne, purement formel, de la prière que de confondre ironiquement l'honnête et le déshonnête, en montrant l'effondrement des cadres moraux et religieux du monde bourgeois. Pour mieux le souligner, la parodie s'exerce encore, dans le conte, aux dépens du concubinage crapuleux d'Esculape et de Loulou, l'hétaïre qui lui a donné son cœur et qui rabat pour lui de futures victimes. La vulgarité de leurs sentiments et de leurs ambitions contraste avec l'exaltation du discours sentimental, qui est censé évoquer leur commerce charnel. La passion sensuelle et vénale des deux personnages a les accents mystiques de l'amour romantique :

> L'heureux Esculape avait eu l'art de s'en faire aimer, et le temps paraissait « suspendre son vol » quand ces deux êtres étaient penchés, l'un vers l'autre, sur le lac mystique.
>
> La ravissante Loulou ne voulait plus rien savoir aussitôt qu'apparaissait son petit Cucu, et souvent, celui-ci fut contraint de la ramener au sentiment professionnel de son art, quand les vieux messieurs s'impatientaient. (VI, 319-320)

À ces charges héroï-comiques se substitue, dans certains contes, le procédé burlesque du travestissement. Celui-ci consiste habituellement en la réécriture d'un texte noble et célèbre, qui conserve l'essentiel de son contenu mais auquel est imposé un autre style, d'un ton plus trivial. À l'évidence, cette « arme bifide » [31] rend indirectement hommage au texte

31. Gérard Genette, *Palimpsestes*, Paris, Seuil, 1982, p. 77.

parodié, qu'elle singe irrévérencieusement. Elle témoigne toujours d'une allégeance culturelle à une tradition et, en même temps, d'une incapacité à lui conserver totalement sa dignité. Dans les *Histoires désobligeantes*, le burlesque révèle une certaine impuissance de l'écrivain à saisir les desseins de la Providence. Car la parodie biblique succède parfois à l'imitation désobligeante des usages bourgeois. Ce sont les Écritures, dans lesquelles la Trinité parle sous forme de symboles, qui servent alors de matrice à l'hypertexte parodique. Ainsi, dans « Une Recrue », Bloy présente-t-il le Saint-Esprit sous les traits énigmatiques d'un « inconnu signalé par toutes les polices de l'Europe » (VI, 283), dont il travestit le discours en propos canailles :

> – Hein ! c'est rigolo, n'est-ce pas ? dit-il tout à coup, c'est tout à fait rigolo de chercher de la galette chez les bourgeois, quand on crève de faim, quand les enfants gueulent et que le ciel fait pipi partout [...]
> – Vous me connaissez donc, monsieur ?
> – Je ne connais personne, répondit l'autre, et le lapin qui pourra se vanter de me connaître est encore dans le tiroir d'une petite maman qui ne vêlera jamais. Il suffit de te regarder une minute, mon pauvre bonhomme. Ta figure a l'air d'un paillasson sur lequel tout le monde aurait essuyé ses bottes. Tu n'as pas mangé depuis deux jours, je vois ça à ta manière de poser tes pattes de derrière, et tu as dans le coin de l'œil un picotement de bon bougre qui ne souffre pas seulement pour sa carcasse. Tiens, fourneau, regarde donc cette affiche de notaire. Cent vingt mille ronds de petite braise d'amour pour une turne avec jardin et goguenots confortables. Un morceau de pain, quoi ! Eh bien ! tu me fais l'effet d'un placard de vente aux enchères et je te lis aussi facilement que tu mangerais un poulet rôti. Voyons, combien veux-tu de ta peau ? Je l'achète, moi. (VI, 284-285)

Un tel travestissement du « style respectable des Livres saints » (VI, 277) débouche sur une énigme où le rire le dispute à l'effroi. À une époque où l'on clame la mort de Dieu, le burlesque se fait par trop grinçant. Car le Verbe divin y est méconnaissable, tandis que sa trace indéchiffrable semble vouée à s'effacer. « Propos digestifs » fournit un nouvel exemple de cette perte de lisibilité. La parabole de l'enfant prodigue y fait l'objet d'un traitement parodique. Presque identique, le récit est cependant modifié sur un point capital : lors du dénouement, alors que chacun attend le retour du fils dans la maison de son père, ce sont les cochons qui arrivent à sa place. Loin de s'achever sur une épiphanie de sens, l'apologue se termine par une aporie comique : « La conversation en était là, lorsque Quelqu'un qui ne sentait pas bon fit son entrée dans l'appartement » (VI, 312). Le rire vient alors occulter l'incapacité où se trouve l'écrivain de déchiffrer l'histoire moderne comme Histoire et Parole de Dieu. Si la parodie constitue une opération « au sens logique du terme », dont « la rhétorique reprend, commente et transforme un discours premier » [32], elle apparaît surtout, chez Bloy, comme une altération. La fiction, définie comme métalangage, masque, par un éclat de rire jaune, l'impossibilité où elle se trouve de surmonter les paradoxes de la foi, lorsque Dieu, comme absent, se cache et se tait.

Blanc

Histoires drôles ou drôles d'histoires ? Dans chaque conte, la marge est si faible que l'hésitation est permise pour l'ensemble du recueil. Ce flottement calculé met en évidence l'ambivalence de l'inspiration comique dont procèdent les *Histoires désobligeantes* : tour à tour graves, délirantes, absurdes ou énigmatiques, elles engendrent un rire « blanc » (comme on parle d'une voix blanche). On pourrait multiplier les exemples de ces changements de ton qui modifient l'allure du récit et empêchent le franc rire de s'installer. Commencé comme une conversation joyeuse, « Le Torchon brûle ! » s'achève dans les larmes : « On entendit plusieurs hommes sangloter dans les ténèbres » (VI, 294). La bêtise incommensurable des quatre comparses d'« Une idée médiocre », si elle porte spontanément à railler, n'en débouche pas moins sur « un drame » (VI, 226), où la responsabilité du Démon est engagée. Les ridicules amours d'Alcibiade Gerbillon et d'Antoinette, « la fille du gros quincaillier Planchard » (VI, 236), se terminent dans la folie et la mort. Après avoir assassiné le marchand de parapluies qui faisait obstacle à son mariage, le dentiste ne peut échapper au souvenir de son crime et finit par retrouver l'image de sa victime dans les traits de l'enfant né de cette union. Or, dans cet autre drame familial, où le Père tue

32. Claude Abastado, « Situation de la parodie », *Cahiers du XX*e *siècle*, n° 6, 1976, p. 31.

son Fils après trois jours d'errance insensée, l'on entraperçoit la figuration symbolique de l'échec de la rédemption :

> Le père s'enfuit en poussant des cris, vagabonda comme un insensé pendant trois jours, et le soir du quatrième, s'étant penché sur le berceau de son fils, l'étrangla en sanglotant. (VI, 23)

Afin que nul n'ignore la spécificité du rire bloyen, toujours si proche de s'inverser, les contes imaginés par Bloy ont tendance à se faire malicieusement autoréférentiels. Ils s'emploient souvent à indiquer, sur le mode allusif, les traits distinctifs qui rendent inimitable ce rire étrange. Rire et métatextualité sont donc solidaires et s'associent pour constituer, au fil de l'œuvre, un code de lecture qu'il est amusant de déchiffrer. « Propos digestifs », par exemple, oppose le rire bourgeois, qui s'exerce sans finesse au détriment des faibles, au rire subtil d'Apemantus, qui tempère la tranquille assurance des rieurs, en les faisant douter de leur supériorité. Prenant pour thème « l'incertitude sur l'identité des personnes » (VI, 311), sa démonstration, qui se veut « aussi désobligeante que possible » (VI, 310), révèle la vanité et la suffisance des riches convives, en soulignant combien il est imprudent de se moquer des pauvres dans un monde d'apparences, où l'on n'est jamais sûr de les avoir définitivement identifiés. À ce jeu, les rieurs pourraient bien se retrouver dans une position ridicule, en découvrant en eux-mêmes une essentielle pauvreté.

Ainsi ce conte met-il en lumière la réversibilité du rire qui fuse dans les *Histoires désobligeantes*. « Une Recrue » insiste, pour sa part, sur l'irréductible étrangeté qui le range parmi les attributs du Saint-Esprit. La troisième Personne divine y est représentée sous les traits de M. Renard, un hors-la-loi que traquent toutes les polices et qui se présente lui-même comme un amuseur d'un genre un peu particulier : « C'est vrai, dit-il, je m'entends à la plaisanterie. J'ai fait quelquefois d'assez bonnes farces qui ont eu un certain retentissement. Je suis même très *recherché* pour cela » (VI, 285). À dessein, le conteur campe un personnage suspect, aux airs inquiétants, quasi luciférien, dont les blagues féroces consistent à arriver quand on ne l'attend pas, à fondre sur ses proies par surprise et à les faire trembler d'effroi par ses sarcasmes. À la fois sombre et jovial, l'Esprit Saint sidère par ses farces aussi impénétrables que le silence, cette « prairie favorable aux ruminants de l'éternité » (VI, 354), où Bloy prétend pâturer :

> Le jour où il n'y aura plus de silence autour de ma personne sera certainement un jour terrible. Je me verrai sur du crottin d'argent où ne pousseront plus les pâquerettes aimables ou les anémones de la Douleur, et mes compagnons découragés s'en iront brouter le cytise des licornes sur la montagne. (VI, 354)

Les *Histoires désobligeantes* font donc retentir ce rire pneumatique au moment même où le sens, qu'il s'estompe dans le récit ou qu'il s'y diffracte en une multitude d'hypothèses incertaines, semble toujours finir par se dissiper en une nappe de silence. Par excès ou par défaut de signification, l'œuvre ouvre un « espace de risque » [33] pour des destinataires qu'elle a surtout tendance à méduser. Car « les Paroles Saintes » y sont si « rudement adaptées » (VI, 208) qu'elles en paraissent effarantes. Sous leur travestissement tragi-comique, elles produisent un effet de vérité incompréhensible pour les consciences modernes qu'elles affolent et enferment dans d'insolubles dilemmes. « Le Soupçon » le suggère en jouant, une fois encore, sur le méta-niveau. Aristobule, « ce marchand d'huile de Sphinx » (VII, 274), qui a fondé son existence sur le doute et la méfiance, est l'archétype du lecteur dénué de perspicacité. Malgré les avertissements salutaires d'un ami dévoué, qui tente de lui ouvrir les yeux, il se suicide par dépit de ne pouvoir démêler la vérité du mensonge, le jour où il cherche à savoir si sa femme, qui le trompe avec constance, est effectivement adultère :

> Mais madame Aristobule, qui avait une diabolique pénétration du caractère soupçonneux de son mari, lui lança cette réponse qui l'atteignit aussi sûrement que le disque du discobole :
> – Oui, mon cher, vous êtes cocu.
> C'était là, sans contredit, une affirmation, et par conséquent, une imposture, d'après son système. Le mensonge alors, lui parut certain de tous les côtés. Il réintégra l'habitacle noir de son crétinisme dément et du désespoir de n'être pas *indubitablement* un cocu, il s'extermina. (VI, 277)

Cette situation épiménidienne, qui conduit « ce savoureux imbécile » (VI, 275) à mettre fin à ses jours, est exactement celle dans laquelle Bloy veut plonger ses contemporains, que la bêtise rend aveugles et sourds.

33. Yves Reuter, art, cit., p. 43.

Dans son rôle mi-sérieux mi-fumiste de persécuteur implacable, il forge des récits où le sens commun s'enferme dans des cercles vicieux, que la grossière logique des philistins, en pure perte, s'exténue à élucider. Réversible et ambivalent, son rire, dans lequel la voix blanchit et se détimbre, vient combler le vide laissé par Dieu, dont les manifestations semblent irréparablement brouillées. Neutre, au sens où il rapproche les contraires, il se situe à égale distance de la plénitude de la Joie et des abysses du parfait désespoir. Plus encore que la Parole, il est, pour Bloy, « la *monnaie* de l'Indicible désigné par ce Silence d'or, éternellement désirable, auquel sont si vainement conviés tous les bourgeois » (VIII, 65).

Chapitre IV

Une parabole monétaire : « La Religion de M. Pleur »

« Le journal de Bloy – disait Roland Barthes – n'a, à vrai dire, qu'un interlocuteur : l'argent » [1]. On pourrait étendre ce propos à l'œuvre entière : l'argent, autant que Dieu, est l'obsession de l'écrivain, son sujet de prédilection, l'objet inépuisable de ses plaintes, de ses angoisses, de ses espoirs, de ses récriminations.

Il occupe une place centrale dans ses romans. *Le Désespéré*, dont la matière est largement autobiographique, mêle étroitement, dès les premières pages, les épreuves amoureuses, littéraires et financières de Marchenoir dans un même drame spirituel. *La Femme pauvre*, comme l'indique ce titre, est une odyssée de la pauvreté s'achevant pour Clotilde Maréchal dans un dénuement extrême, qui la conduit au seuil de la sainteté. L'argent est aussi pour Bloy un objet de spéculations exégétiques qui permettent à l'écrivain d'aborder, selon sa propre perspective, la question sociale dans *Le Sang du Pauvre*, l'histoire d'Israël dans *Le Salut par les Juifs* ou la biographie de l'inventeur du Nouveau Monde dans *Christophe Colomb devant les taureaux*.

Bloy, qu'il écrive sa propre vie, qu'il aborde un sujet historique ou qu'il s'adonne à la création fictionnelle, procède de la même manière, en les soumettant à une exégèse qui confronte cette matière profane – sa biographie, l'histoire, le roman – à la parole sacrée que nous transmet la Vulgate.

1. Roland Barthes, *Le Bruissement de la langue*, Paris, Seuil, 1984, p. 221.

Cette exégèse vise ainsi à dégager, quel que soit l'objet considéré, divers niveaux de signification, conformément à la doctrine médiévale des quatre sens de l'Écriture.

Quand Bloy écrit, par exemple, que « le sang du Pauvre, c'est l'argent » (IX, 87) – et il aurait pu aussi bien dire « sa sueur » ou « ses pleurs » –, le sens littéral est immédiatement recouvert dans la métaphore par diverses strates de signification qui confèrent à son texte une densité symbolique. On pourrait y distinguer un sens allégorique (ce sang précieux comme l'argent renvoie à celui de l'Agneau de la pâque juive dans l'Ancien Testament, lequel annonce l'Agneau pascal de l'Évangile) ; mais aussi un sens tropologique (ce sang est alors – comme l'expérience et la vie morale l'ont appris au chrétien – la substance vitale qui manque au pauvre, ce qui, en même temps, l'associe étroitement au Christ assumant les souffrances humaines dans la pauvreté) ; et enfin un sens anagogique (le sang du Pauvre crucifié, dans la perspective des fins ultimes, est la préfiguration de la gloire du Verbe éternel). De cette façon, Bloy peut superposer sans cesse – quitte à dérouter ses lecteurs – sa propre histoire, celles qu'il invente, la grande histoire des hommes et la Bible, qui est à la fois la Parole et l'Histoire de Dieu.

Or, parmi tous les textes de l'écrivain où s'illustrent ses spéculations figurales sur l'argent[2], « La Religion de M. Pleur » – l'une des *Histoires désobligeantes* publiées en 1893 chez Dentu – est sans doute celui où la symbolique atteint sa densité maximale. La forme de la nouvelle, du fait de l'unité de composition, de la construction thétique et de l'effet de concentration qui caractérisent le genre, déploie, dans un espace restreint, avec une remarquable économie, l'essentiel de l'exégèse bloyenne.

*
* *

« La Religion de M. Pleur » se présente comme un récit de fait divers : résumé trivialement, il raconte l'histoire d'un vieil avare que des voleurs

2. Pour les travaux antérieurs sur cette question, voir en particulier Bernard Sarrazin, *La Bible en éclats. L'imagination scripturaire de Léon Bloy*, Paris, Desclée, 1977, p. 173-177, et, du même, l'article intitulé « Lyrisme et métaphore ou Les avatars du cri prophétique de Léon Bloy », *Romantisme*, n° 6, 1973, p. 202-208.

assassinent dans l'espoir déçu de lui voler son argent. Bloy, lorsqu'il compose cette histoire, collabore au *Gil Blas*, journal boulevardier dont la devise expose tout le programme : « Amuser les gens qui passent, leur plaire aujourd'hui et recommencer demain. » L'écrivain désargenté, auquel cette collaboration apporte à cette époque un précieux répit financier, s'acquitte de cette tâche en offrant aux lecteurs du journal le divertissement qu'ils attendent : un crime crapuleux, un drame sanglant. Mais, furieux de devoir prostituer sa plume dans une publication qu'il méprise comme un « mauvais lieu » (*JI*, I, 673 [16 avril 1894]), il effectue cette humiliante corvée de mauvais gré, en s'affranchissant le plus possible des contraintes commerciales de l'écriture journalistique : dans son récit, qui se présente comme un témoignage, mais qui s'affranchit en même temps de toute vraisemblance, l'illusion réaliste est continuellement rompue par un style de narration où le sérieux du compte rendu se mêle, non sans dissonance, à un étrange mélange d'humour sombre, de lyrisme prophétique et d'indignation pamphlétaire.

Ainsi, on apprend que cet avare, que des voleurs malchanceux ont étranglé pour lui soutirer son argent, ne possède « absolument rien » (VI, 206), le vieillard ayant abandonné sa fortune à l'Église. Outre ce qu'un tel geste dans sa générosité même, peut avoir d'inconcevable aux yeux d'un philistin, les détails de la combinaison financière par laquelle M. Pleur a aliéné ses biens sont de nature à surprendre de la part d'un grigou. Selon ses vœux, le propriétaire ne disposait à sa mort – précise le narrateur – que de « l'intendance viagère » et de « l'usufruit d'une fortune gigantesque » (*ibid.*). Mais que penser de cette situation patrimoniale peu avantageuse qui dépossède de son bien l'économe vieillard qui était censé ne vivre que pour accumuler son argent ? En l'espèce, le jargon juridico-financier désigne des choix qui échappent à la logique des intérêts : un lecteur soupçonneux pourrait penser avec raison qu'on se moque de lui et que l'histoire de ce regrattier est une blague, aux allures de mystification.

D'autant que le nom du personnage, qui donne curieusement à son avarice un aspect douloureux et pénitentiel, obscurcit d'emblée le récit, tout en suggérant la possibilité d'une lecture au second degré, explorant les voies d'une herméneutique du symbole. C'est ce que confirme le mode de narration, qui associe en un étrange contrepoint le thème bourgeois de la féroce accumulation du capital aux considérations théologiques : le récit de fait divers se métamorphose rapidement en parabole modernisée, le narrateur adaptant à son époque la manière des évangélistes, au risque de choquer. Il sait bien que « les Paroles Saintes aussi rudement adaptées » et présentées « d'une façon toute symbolique » (VI, 208), peuvent plonger ceux qui les écoutent dans l'effarement. Mais il n'en a cure : à l'instar de l'auteur des *Contes cruels*, il assume volontiers, comme une impérieuse obligation morale, le risque de désobliger Tribulat Bonhomet et ses semblables.

*
* *

La désobligeance bloyenne consiste, entre autres déplaisirs imposés au lecteur, à le contraindre à un parcours narratif où les difficultés qui font obstacle à l'interprétation surabondent. Dans l'obscurité où il chemine, le lecteur peut cependant apercevoir sans trop de peine que le récit progresse de l'apparence à la réalité, dans un dévoilement progressif qui coïncide avec un renversement. La perspective évolue ainsi d'un point de vue extérieur – ce que l'opinion rapporte au sujet de M. Pleur – à un mode de focalisation qui permet de saisir le personnage de l'intérieur, le narrateur rapportant les confidences que lui a faites cet « homme extraordinaire » (*ibid.*) dont il se dit l'ami.

Le premier temps du récit raconte donc la « légende » noire de M. Pleur (VI, 203). Car c'est bien l'envers d'une hagiographie que le narrateur relate, non sans accumuler de précautionneuses modalisations : « Il se disait seulement » (VI, 202), « L'unique chose qui parût certaine » (VI, 203), « La légende voulait » (*ibid.*), « On racontait aussi l'histoire » (*ibid.*), etc. À en croire la rumeur publique, M. Pleur est en effet l'Avarice incarnée, il réalise dans une sorte d'affreuse perfection toutes les potentialités du type.

À force de lésine, il s'est mis à ressembler à s'y méprendre à un misérable : son aspect extérieur est celui d'un « guenilleux effroyable », dont on fuit avec dégoût la « crasse » et la « puanteur de bête crevée » (*ibid.*). Cette horrible apparence, qui à elle seule « féconde la vermine », semble trahir le « fumier » d'une âme de réprouvé (VI, 202). La répugnance universelle qu'il inspire est si intense que seule une hyperbole fantastique

– celle du ruisseau qui reflue vers sa source pour ne pas refléter l'image de « ce cauchemar » (*ibid.*) – paraît capable de l'exprimer. Le lien entre le dehors du personnage et son intériorité s'établit d'autant plus aisément que sa réputation est entachée de maintes turpitudes.

La « main de cadavre » (*ibid.*) de cet affairiste sans scrupule a, semble-t-il, trempé dans des « manigances d'argent » (*ibid.*) ayant abouti à de terribles débâcles, dont on le tient pour responsable. Ces combinaisons financières lui ont permis, dit-on, d'accumuler une fortune qui passe pour colossale et qui excite d'autant plus la curiosité qu'il la dissimule, sans qu'on puisse savoir la nature exacte de ses placements financiers. Cet homme d'affaires est de surcroît un propriétaire, qui possède « une maison de haut rapport », et même « peut-être plusieurs » (VI, 203), où il loge « des escadrons de locataires » (VI, 206).

Cette opulence, qui lui permettrait de vivre avec faste, contraste avec le dénuement dans lequel le maintient sa passion avaricieuse. Vivant comme un pauvre hère, il couche « dans un antre obscur, sous l'escalier de service, entre le tuyau des latrines et la loge du concierge » (VI, 203). « Par économie », les quittances de loyer qu'il délivre sont rédigées sur des bouts de papier de récupération, « des déchirures d'affiche » (*ibid.*), qui lui évitent toute dépense. Il se nourrit exclusivement d'une soupe, qu'il trempe le dimanche soir et qu'il mange froide, toute la semaine, « pour ne pas brûler de charbon » (*ibid.*).

C'est dans ce rite quotidien que sa ladrerie atteint son comble. Car, au bout de quelques jours, « cette substance alimentaire devient fétide » (*ibid.*). Alors, pour se mettre en appétit, M. Pleur verse quelques gouttes d'un très vieux rhum dans « un verre minuscule » et se fortifie, dans « l'espoir de les déguster aussitôt après avoir englouti son cataplasme » (*ibid.*). Mais, une fois l'épreuve passée et la soupe ingérée, il préfère verser à nouveau dans la bouteille les gouttes de rhum, se refusant à lui-même cette licence, sans faillir, avec une constance qui dure depuis de nombreuses années.

Ce comportement insolite, même si l'attention se déplace sur un objet secondaire, est symptomatique du rapport de M. Pleur à l'argent. Car il révèle, de manière frappante, la substitution d'une économie du désir à la simple logique du besoin, dont découle la recherche d'une satisfaction rapide. Le vieil avare se maintient dans un état de tension contradictoire où la jouissance liée à sa passion de l'argent naît de la frustration. En vertu de ses dispositions libidinales, il est nécessaire paradoxalement que la satisfaction du besoin lui soit refusée pour qu'une jouissance supérieure puisse être atteinte « sur l'échelle renversée de la loi du désir » [3]. M. Pleur ne jouit de son argent que pour autant qu'il le retient et qu'il s'en frustre, le refusant à toute circulation, à toute transformation, à tout usage transitif : il est pour lui cette nourriture essentielle, cette chose en soi qui n'a de valeur que si elle reste intacte, échappant à toute conversion, en dehors de tout circuit métabolique.

*
* *

M. Pleur manifeste donc un penchant fétichiste pour l'argent. Ce serait une erreur – dont nous détrompe le narrateur – d'attribuer cette « passion jalouse » (VI, 205) à quelque vice : ce « dévot impénitent de la tirelire et du coffre-fort » est soupçonné injustement par de douteux « exégètes [...] de la vie privée d'autrui » (*ibid.*) de dépravations, déduites sans raison de l'observation de conversations mystérieuses du vieil homme avec des femmes ou des enfants. Aimant l'argent pour lui-même, M. Pleur est un idolâtre des temps modernes, qui enferme le Veau d'or dans son oratoire, comme un « Pygmalion sanguinaire » (*ibid.*) tiendrait sa Galatée sous clé, en sa possession exclusive, écartée de tout autre commerce amoureux que le sien. Son culte de l'argent s'exprime ainsi dans des « circonlocutions extatiques » (*ibid.*) : le « baveux éréthisme de sa ferveur », qu'accompagnent de « déshonnêtes soupirs » (*ibid.*), trahit, par d'incontestables signes de transport érotique, la profondeur de son idolâtrie.

Les rites que l'avarice inspire à M. Pleur sont ainsi caractérisés en termes religieux : la bouteille de rhum qu'il utilise quotidiennement à l'heure du repas se trouve dans une « petite armoire scellée au mur », où il la prend « avec les révérencieuses façons d'un prêtre qui ouvre le tabernacle » (VI, 203). Quand il parle d'argent, sa « voix d'une douceur méchante » est celle d'« un impudique sacristain chuchotant des ignominies » (VI, 204).

3. Jacques Lacan, « Subversion du sujet et dialectique du désir », *Écrits*, Paris, Seuil, 1966, p. 827.

Cependant, la manière dont il parle de l'objet de son culte attache à la religiosité de ses accents l'idée d'une dénaturation monstrueuse, qui nie ce qu'elle célèbre avec idolâtrie. De l'altération du signifiant résulte alors la perte du signifié sacré :

> Il avait, par exemple, une manière de prononcer le mot « argent » qui abolissait la notion de ce métal et même de sa valeur représentative. On entendait quelque chose comme *erge* ou *orge*, selon le cas. Souvent aussi, on n'entendait rien du tout. Le mot s'évanouissait.
> Cela faisait une espèce de pudeur soudaine, une draperie tombant tout à coup au-devant du sanctuaire, une crainte inopinée de paraître obscène en dépoitraillant l'idole. (VI, 205).

M. Pleur, dans sa dévotion rapace pour l'argent, a reçu le surnom de Shylock de certains de ses détracteurs. Bloy, en introduisant ce détail, anticipe sur la réaction des lecteurs qui pourraient être tentés de rattacher le personnage à une lignée d'usuriers juifs menant aussi à Gobseck. Alors que l'antisémitisme connaît en France un regain depuis la publication en 1886 de *La France juive*, l'écrivain entend prévenir ce type de lecture : M. Pleur n'incarne pas « le Juif griffu »[4] dont Drumont, à la même époque, brosse le portrait. Cet avare n'est pas un scélérat de mélodrame d'une malignité abyssale : c'est un homme fort ordinaire, « d'un modernisme décourageant », qui n'exprime que « la platitude » (VI, 203). « Complètement dénué de style et de caractère », c'est « un spectre » (*ibid.*). Le mot, qui appartient au vocabulaire dont Villiers se sert pour railler le bourgeois, désigne la cible de Bloy : M. Pleur est une figure du Bourgeois, le médiocre « Tueur de cygnes » (VI, 204).

Il en est plus exactement la préfiguration, puisqu'il semble en révéler le type « accompli et définitivement révolu, tel qu'il doit apparaître à la fin des fins, quand les Tremblements sortiront de leurs tanières et que les sales âmes seront manifestées au grand jour » (*ibid.*). M. Pleur, en d'autres termes, ressemble à « quelque horrible prophète, annonciateur des vomissements de Dieu » (*ibid.*) : il désigne une absence et, sous une forme symbolique, évoque en même temps, par anticipation, la présence d'une réalité encore invisible, où triomphe un point de vue transcendant.

4. Bernard Sarrazin, « Lyrisme et métaphore ou les avatars du cri prophétique de Léon Bloy », art. cit., p. 96.

Dans le conte, à ce moment de son développement, se produit un basculement, le récit commençant à produire lui-même son herméneutique. La « vieille crapule » (VI, 202-203), que l'opinion générale avait dénoncée chez M. Pleur, n'est pas la brebis galeuse de l'honorable société qui condamne vertueusement ses tripotages financiers : loin d'être un cas particulier de tératologie sociale, il est au contraire l'individu le plus commun de cette société, à laquelle il renvoie métonymiquement sa propre image condensée. Pour bien faire voir certaines réalités spirituelles de manière prophétique, il convient de les exagérer. Cette esthétique de l'outrance, caractéristique du style narratif de Bloy, métamorphose le personnage de M. Pleur.

Les lecteurs l'avaient d'abord appréhendé à travers les on-dit de la rumeur publique. Mais leur point de vue évolue quand le narrateur, imaginant ce que son personnage répondrait « aux individus confortables que dégoût[e] sa présence » (VI, 204), lui cède la parole par le biais de la prosopopée. M. Pleur, endossant soudain la défroque d'Ézéchiel, s'adresse au riche et à son épouse élégante avec une véhémence toute biblique. L'éthos vengeur du pamphlétaire prend alors pour modèle la « Subsannation biblique » (X, 120), cette raillerie féroce du Dieu de Justice, à l'approche du Jugement dernier. Au riche, dont le cœur est soulevé de dégoût au spectacle de ses haillons pouilleux, M. Pleur révèle que son « impure carcasse » dénonce silencieusement sa propre turpitude : elle le traduit et « le reflète prodigieusement » (VI, 204) pour l'éternité.

Renvoyant au propriétaire insouciant et prospère l'image anticipée de ce qu'il sera à la fin des fins, cet Élie d'un nouveau genre lui annonce qu'il est déjà descendu, sans le savoir, « au-dessous du niveau des morts » : « L'horreur matérielle que je vous inspire – lui lance-t-il – est précisément la mesure des abominations de votre pensée. Car enfin, de quoi pourrais-je donc être vermineux, sinon de vous-même, qui me grouillez jusqu'au fond du cœur ? » (*ibid.*). La même vindicte s'abat sur la frivole épouse du bourgeois, à laquelle M. Pleur lance une « œillade funèbre et visqueuse », où luit « un rayon plus pâle que le phosphore des charniers » (*ibid.*). Filant le thème sapiential des vanités, l'implacable prophète lui peint sa destination finale sur un ton sarcastique, en mêlant ironiquement à l'invitation galante les images crues de la décomposition :

> N'est-il pas vrai, mignonne, [...] que tu viendras à mon rendez-vous ? Je te ferai visiter ma fosse gracieuse et tu verras la jolie parure d'escargots et de scarabées noirs que je te donnerai pour rehausser la blancheur de ta peau divine. Je suis amoureux de toi comme un chancre, et mes baisers, je t'assure, valent mieux que tous les divorces. Car vous puerez un jour, ma souris rose, vous puerez voluptueusement à côté de moi, et nous serons deux cassolettes sous les étoiles... (VI, 204)

Le conte semble donc s'être transformé en une violente satire des mœurs bourgeoises, qui reprend un motif de la tradition chrétienne : à travers le personnage symbolique de M. Pleur, c'est la vaine concupiscence de ce monde, manifestée par l'égoïste avidité de la fortune, qui est apparemment dénoncée. Mais Bloy, en mettant l'accent sur le fétichisme de l'argent, tient en même temps un langage plus moderne, qui rejoint curieusement, jusqu'à un certain point, celui de Marx. Le bourgeois du XIXe siècle, à l'image du vieil avare, a divinisé le capital entassé dans ses coffres. L'argent a perdu, pour l'un comme pour l'autre, sa fonction première d'équivalent général destiné à faciliter les échanges entre les hommes : le précieux métal, qui servait conventionnellement de support aux transactions humaines, est devenu une richesse en soi, produisant par elle-même sa propre valeur, sans plus aucune référence à la dépense de force et d'intelligence productives, sur laquelle la valeur aurait dû en principe se fonder. La vénération pour cet objet matériel, doué du pouvoir d'engendrer miraculeusement la valeur et de l'étalonner, a donc eu pour effet de personnifier une simple chose.

Cette « magie de l'argent » [5] – mécanisme religieux dont Marx montre qu'il a non seulement pour conséquence d'occulter la réalité sociale des rapports de production, mais aussi de réifier en retour ceux qui, par leur travail, fabriquent les produits destinés aux échanges marchands – n'est apparemment pour Bloy que la perversion blasphématoire d'un sentiment que l'homme doit réserver à Dieu : l'écrivain, s'il a perçu la nature fétichiste du rapport bourgeois à l'argent, ne s'engage pas plus avant dans l'économie politique. Il préfère approfondir sa réflexion théologique au prix d'un coup de théâtre.

5. Karl Marx, *Le Capital*, livre premier, première section, chapitre II, éd. Maximilien Rubel, Paris, Gallimard, coll. « Bibliothèque de la Pléiade », 1965, p. 630.

*
* *

Par un revirement inattendu, au moment de raconter la mort de M. Pleur, le narrateur, qui fonde désormais son récit sur son témoignage d'ami de la victime, nous fait découvrir le personnage sous un nouveau jour, plus « sympathique » (VI, 205). Il ne s'agit plus, à ce moment du conte, d'accabler une sordide crapule, mais de « témoigner en faveur » d'un être injustement « méconnu » (*ibid.*).

Sa « fin tragique » (*ibid.*), survenue dans les dernières années du Second Empire, a défrayé la chronique : elle était pourtant « de l'espèce la plus banale », le vieil homme ayant été « simplement étranglé sur sa couche nidoreuse » par d'obscurs bandits, qui n'avaient « d'autre mobile que le vol » (VI, 206). Mais ce que l'on a découvert à cette occasion était beaucoup moins commun. Une longue enquête n'a pas été nécessaire pour s'apercevoir que la « tanière de l'avare » ne recelait aucun trésor : « Pas un titre, pas une valeur, rien de rien, excepté la fameuse bouteille de rhum » (*ibid.*), vidée par les assassins malchanceux. Il a fallu se rendre à l'évidence et constater qu'en dépit des sommes considérables brassées par M. Pleur, l'étrange bonhomme « ne possédait absolument rien » (*ibid.*). Bref, on a enfin deviné qu'il « *n'avait pas été ce qu'il paraissait être* » (*ibid.*).

Prenant la forme d'un récit à énigme, la fin du conte s'attache à élucider le mystère. Une place prépondérante est faite désormais aux confidences de M. Pleur, que le narrateur rapporte au style direct. Or les confidences de ce « Platon de la lésine » (VI, 207) qui, de toute évidence, a longuement médité ses propos, sont de nature à stupéfier le lecteur : loin de démentir le credo bourgeois qui fétichise ce précieux métal, il surenchérit en affirmant que « l'Argent est Dieu », raison pour laquelle, du reste « les hommes le cherchent avec tant d'ardeur » (*ibid.*). Cette affirmation, précise-t-il aussitôt, ne fait pas de lui « une espèce de fou sacrilège » (*ibid.*), mais le plus fervent des chrétiens, qui se lance, en cette occasion, dans un surprenant hymne de louanges au Dieu ne faisant qu'un avec l'Argent :

> ... Il est infiniment bon, infiniment parfait, le souverain Seigneur de toutes choses et [...] rien ne se fait en ce monde sans Son ordre ou Sa

> permission ; [...] en conséquence nous sommes créés uniquement pour Le connaître, L'adorer et Le servir, et gagner, par ce moyen, la Vie éternelle.
> Vous me vomiriez si je vous parlais du mystère de *Son Incarnation*. N'importe ! apprenez que je ne passe pas un jour sans demander que Son Règne arrive et que Son nom soit sanctifié.
> Je demande aussi à l'Argent, mon Rédempteur, qu'Il me délivre de tout mal, de tout péché, des pièges du diable, de l'esprit de fornication, et je L'implore par Ses langueurs aussi bien que par Ses Joies et par Sa Gloire. » (VI, 207)

Cette étrange prière prend tout son sens à la lumière de l'exégèse du mot *argentum* que Bloy pratique dans sa lecture de la Vulgate. Lisant en particulier les Proverbes [6] et les Psaumes [7], l'écrivain remarque « cette particularité notable que dans les Saints Livres, le mot *argent* est synonyme et figuratif de la vivante Parole de Dieu » (I, 305). Recouvrant ses potentialités symboliques, la métaphore monétaire de la Bible introduit le surnaturel au cœur des pratiques bourgeoises, en revivifiant un signe que celles-ci avaient vidé de sens. Les boutiquiers et les notaires, les rentiers et les propriétaires, en dépit de leur ignominie et de leur stupidité, se font ainsi l'écho fidèle du Verbe divin : par leur bouche, l'être se dit quand même à travers le non-être. En révérant leur idole, ils ne savent certes pas ce qu'ils font : ils ne se doutent pas qu'ils aperçoivent la Face de Dieu dans les ténèbres. Mais leur adoration de l'argent, grotesque et blasphématoire, n'en est pas moins, *per speculum in ænigmate*, l'image de la vraie foi.

C'est ainsi que Bloy concilie les contraires, en accordant, dans une ironie transcendante, la Parole divine et le discours bourgeois. L'Argent est la substance vitale qui vivifie, par sa seule présence, le médiateur qui donne accès à l'Être. Son absence, au contraire, est torturante pour ceux qui « meurent de ne pas en avoir » (III, 311) : c'est alors le mot qui « résume expressivement toute souffrance » (IX, 87). Les équivalents symboliques de l'Argent, le Verbe ou encore le Sang, par leur ambivalence – car le Verbe et le Sang peuvent être indifféremment signes de vie ou de mort –

6. Prov., x, 20 : « *Argentum lingua Justi* », « C'est de l'argent épuré que la parole du Juste ».

7. Ps., xi, 7 : « *Eloquia Domini, eloquia castra : argentum igne examinatum* », « La parole est pure de tout mensonge, comme l'argent débarrassé de ses scories ».

en illustrent les infinies potentialités comme la réversibilité : « Il est la Gloire, il est la Puissance. Il est la Justice, et l'Injustice. Il est la Torture, et la Volupté » (*ibid.*).

Un pas de plus dans l'exégèse, et Bloy dira qu'il est la figure « du Christ Sauveur » (*ibid.*), en qui se tient toute chose [8]. L'Argent, ce « puissant levier » (I, 305), est donc ce qui sauve. Encore faut-il comprendre le sens de cette formule, qu'éclaire la fin du discours de M. Pleur. Celui-ci, se faisant à son tour conteur, y invite le narrateur à méditer un apologue symbolique, dans lequel il adapte à sa manière un peu rude les paroles du Saint Livre. Il propose en effet une étonnante variation sur la figure du « *prodigue* » (VI, 206). C'est l'histoire d'un maniaque dont l'idée fixe est de « *jeter le* PAIN *dans les latrines* » (VI, 207) :

> Il se ruinait dans ce but chez les boulangers. On ne le rencontrait jamais sans un gros pain sous le bras, qu'il s'en allait, en sautillant d'aise, précipiter dans les goguenots de la populace.
> Il ne vivait que pour accomplir cet acte et il faut croire qu'il en éprouvait de furieuses jouissances ; mais sa joie devenait du délire quand l'occasion se présentait d'en offrir le spectacle à de pauvres diables crevant de faim.
> Il avait trente mille francs de rente, celui-là, et se plaignait de la cherté du pain. (VI, 207)

Cet étrange avatar du prodigue de la parabole est un personnage luciférien, qui gaspille et profane un aliment essentiel, servant aussi de symbole eucharistique. La cène parodique et perverse à laquelle il se livre sur le mode grotesque, en mêlant le pain à l'ordure des cabinets d'aisance sous les yeux de misérables affamés, associe étroitement la dilapidation de l'argent, la jouissance maligne de la profanation et le goût de dominer les autres par la souffrance et l'humiliation qu'on leur inflige. Dès lors, il n'est pas étonnant que le narrateur, quand il comprend l'apologue, croit « entendre galoper, au-dessous de [lui], toute la cavalerie des abîmes » (*ibid.*).

Dans l'Évangile selon saint Luc, un cadet, moins obéissant que son aîné, quitte la maison de son père après avoir demandé à celui-ci la part qui lui revient. Mais cet argent, qui lui permet de mener une vie de débauche

8. Col., I, 17 : « *in quo omnia constant.* »

dans un pays lointain, est bientôt dilapidé. Le jeune homme, qui s'attache alors à un étranger, est contraint par son maître de garder des porcs, dont il va jusqu'à manger la nourriture. Tous ces détails indiquent autant de souillures qui consacrent la déchéance du prodigue. Bloy, tout en restant fidèle à l'esprit de la parabole, en accentue l'aspect diabolique. Son maniaque, qui dénature les signes divins, à commencer par l'Argent dont il mésuse par malice, est une figure de Satan.

Cet *exemplum a contrario* permet à M. Pleur de définir le bon usage de l'argent : ne pas l'employer à des fins personnelles, ne pas le conserver ne serait-ce qu'un seul jour, s'en défaire au bénéfice des pauvres, l'enfouir en quelque sorte dans leur sein et choisir ainsi le dénuement en communion avec le Christ, à l'imitation de son amour et de ses souffrances :

> Je suis, si vous voulez [...], un *pénitent de l'Argent.*
> Avec des consolations inexprimables, j'endure pour Lui d'être méprisé par les hommes, d'épouvanter jusqu'aux bêtes et d'être crucifié tous les jours de ma vie par la plus épouvantable misère... (VI, 208)

En tenant ces propos, M. Pleur évoque l'image d'« une potence géminée d'où pendraient les haillons pourris de quelque ancien supplicié » (*ibid.*) ; il est à l'évidence une figure christique salvatrice, correspondant, dans l'imaginaire bloyen, au frère aîné du prodigue, resté fidèlement auprès de son père pour accomplir sa volonté. Celui que l'on prenait pour un horrible avare est en réalité un chrétien sublime, volontairement pauvre, qui donne charitablement tout son argent à l'Église et qui, de la sorte, nourrit en secret, sans aucune ostentation pharisienne, « environ deux cents familles » (*ibid.*).

Cette leçon évangélique n'est pas, cependant, le dernier mot du conte. M. Pleur, ne l'oublions pas, meurt assassiné : si le narrateur, par son récit, lui rend assurément témoignage, il n'en reste pas moins que la disparition du pauvre homme obscurcit son œuvre rédemptrice, en insistant davantage sur son humiliation que sur son triomphe. La figure douloureuse l'emporte de beaucoup sur la figure glorieuse : pour un peu on croirait à un incompréhensible ajournement de la Rédemption, comme si les temps modernes, en consacrant l'idolâtrie de l'argent, avaient provoqué le mutisme et le retrait du vrai Dieu. C'est en tout cas ce que suggère la question finale sur le devenir des pauvres gens que la mort de M. Pleur semble avoir laissés orphelins, et plus que jamais déshérités. L'absence de réponse suspend le récit sur d'énigmatiques perspectives eschatologiques, ouvrant à tous les possibles, sans qu'on sache encore si Quelqu'un viendra pour tout racheter.

*
* *

« La Religion de M. Pleur » utilise donc les moyens de la fiction narrative pour faire entendre, à l'ère du capitalisme triomphant, un discours chrétien sur l'argent. Ce discours reprend, sous une forme grotesque et sarcastique, le thème des Béatitudes. M. Pleur renvoie au mauvais riche qui thésaurise et à son honnête « femelle » [9] qui adore son argent, l'insoutenable image de ce qu'ils sont *sub specie æternitatis* : leur richesse matérielle, cette vaine illusion, s'assortit d'une misère spirituelle qui les rejette par avance parmi les morts. Les premiers seront les derniers [10] et, à l'inverse, les derniers, comme M. Pleur lui-même, ce Pénitent de l'Argent, figure du Pauvre, seront les premiers : le royaume des cieux leur appartient.

Mais Bloy ne s'arrête pas en si bon chemin. Poussant plus avant la logique de l'inversion, il retourne le lieu commun bourgeois qui sacralise l'argent et il adopte pour parler de ce métal le langage de la dévotion. Ce faisant, il ne remet pas en cause cette sacralisation, caractéristique selon Marx de l'idéologie bourgeoise qui fétichise la marchandise et traite la monnaie comme un opérateur magique capable de produire en soi la valeur : il se contente d'en retourner la signification. L'argent, qui règle les échanges et mesure le prix des choses, qui gouverne la vie matérielle et fonde les rapports de domination, est la figure de Dieu que les mœurs positives et l'épais matérialisme du siècle ont horriblement travestie. Par suite de la Chute originelle, dont les temps modernes ont accentué la gravité, il est l'expression méconnaissable de l'ordre divin : il n'en règle pas moins les rapports entre les hommes – le don, le prêt, la vente, la perte, le gain, le vol… – et, comme tel, il donne la vie ou la mort, il sauve

9. Voir *La Femme pauvre*, première partie, chapitre XX : « "L'Honnête Femme", c'est-à-dire la femelle du bourgeois, le réprouvé absolu qu'aucun holocauste ne rédime » (VII, 110).
10. Matth., XX, 16.

ou condamne. Dieu le Père et son Fils fait homme sont les référents de ces figures dans le langage du Saint-Esprit.

Distinguons ici deux fonctions, qui sont précisément, dans la théologie bloyenne, celle du Père et celle du Fils. Dieu le Père est l'équivalent général, l'étalon essentiel de toute mesure dans l'univers. C'est en ce sens que l'argent peut symboliser sa toute-puissance : *il produit et fonde la valeur*. Jésus, son Fils, dont le sang répandu au Calvaire est devenu, avec sa chair, la nourriture eucharistique, est quant à lui *l'opérateur symbolique de tous les échanges*. Lui dont la Parole est le ciment de la foi, il relie les hommes dans l'Église universelle, son Corps mystique : il est le médiateur qui rachète ses frères humains, qui assume tous les aspects de leur négoce mondain et qui renoue le contact entre ces créatures peccamineuses et leur Créateur miséricordieux. Il est symbolisé par une autre fonction de l'argent : la fonction de remplacement, de substitution, de suppléance et de représentation qui lui permet de jouer son rôle fiduciaire, lequel repose sur la confiance de ses détenteurs, sur leur croyance en la valeur qu'il incarne et sur la caution qu'il apporte à tous leurs échanges.

On le voit, l'exégèse, à laquelle se livre Bloy à propos de l'argent, vise à convertir – et, en un sens, à récupérer à des fins apologétiques – le discours bourgeois, en le transposant dans le champ de la théologie. La chose monétaire ainsi détachée de la vie matérielle devient une réalité spirituelle. Encore enracinée dans la pensée magique, cette conversion, qui ne se soucie guère de penser en termes historiques la relation du capital et du travail, occulte les déterminations socio-économiques, hypostasie l'Argent Dieu et traite son règne universel comme un fait de nature. De surcroît, la fascination mêlée de répulsion que celui-ci exerce sur Bloy, comme les potentialités destructrices et restauratrices dont il est doté, paraissent trouver leur source dans les formes archaïques du désir.

Richesse et pauvreté ne sont plus des réalités sociales susceptibles d'être transformées par l'action politique, mais des modes contraires de relation à l'être, qui doivent durer jusqu'à l'élargissement définitif des captifs de la misère, à la fin des temps. Or, la promesse du rachat, au dénouement du conte, est frappée d'incertitude : M. Pleur disparu, qui veillera sur les deux cents familles auxquelles son argent assurait la subsistance ? La vogue sans pareille du « plus pâle des métaux » (IX, 33) ne coïnciderait-elle pas avec la banqueroute de Dieu, ne consacrerait-elle pas son insuccès sur la terre ?

En esquissant l'hypothèse « folle » d'une possible abdication du Christ sauveur, Bloy refuse à sa théologie de l'argent le caractère d'une religion consolatrice qui prétendrait apaiser le désespoir des pauvres par de lénifiantes promesses. Il suspend au contraire son récit sur une inquiétude spirituelle, qui ne se démentira pas.

Si l'argent, dans l'ordre symbolique, est l'expression d'« une volonté mystérieuse dont l'énergie d'expansion est incalculable », il est avant tout, pour Bloy, « la *monnaie* de l'Indicible » (VIII, 65), qui réduit les exégètes au silence. Un silence *qui est d'or*, comme chacun sait : dans les replis de ce nouvel abîme herméneutique – celui d'une théologie apophatique où la transcendance s'appréhende dans les manques mêmes de la parole – se trouve le secret de ce *deus absconditus* d'un nouveau genre.

Chapitre V

Destin du séducteur : « La Fin de don Juan »

Est-il surprenant qu'un écrivain connu pour sa ferveur religieuse, un chrétien d'un autre âge, qui n'a cessé de se réclamer de l'Absolu, se soit intéressé à la figure de don Juan ? Lorsqu'il s'empare du mythe littéraire en 1894, Bloy prend bien des libertés avec la trame fictionnelle que lui ont léguée ses devanciers. Dans « La Fin de don Juan », l'une de ses *Histoires désobligeantes*, on ne trouve ni Commandeur, ni statue, ni festin de pierre. Le marquis Hector de la Tour de Pise semble n'être, à première vue, qu'un homme à femmes, moins Lovelace que Bel-Ami, qui collectionne les aventures pour s'enrichir. Ce personnage, que Bloy a conçu sur le modèle de Catulle Mendès, est un don Juan au sens vulgaire du terme, comme on l'entend par antonomase dans le langage courant. C'est par manque de clairvoyance que « trois générations d'imbéciles » (VI, 268) l'ont comparé à la figure mythique du séducteur.

Les signes de la dégradation du mythe littéraire abondent dans la nouvelle. Le marquis, s'il a « toute la mine d'un grand seigneur » (VI, 266), se comporte comme le bourgeois le plus porcin. Son personnage ne semble rien avoir conservé du gentilhomme dressé devant Dieu, que Molière a campé, ni du fascinateur, en quête d'infini, imaginé par Byron. C'est un matérialiste sans âme, gouverné par les idées de rapport : « Il était, dit-on, le premier au monde pour placer avantageusement ses capitaux » (VI, 265) et l'« on sait le flair de spéculateur qu'il manifesta au milieu des pires complications » (VI, 266).

Même dans la séduction, le marquis ne fait preuve d'aucun panache. Rien ne subsiste du conquérant de l'âge baroque, inconstant par amour de la vie, ni de l'aventurier romantique, perpétuellement à la recherche d'un idéal qu'il ne peut atteindre. Le personnage de Bloy conçoit la séduction comme une affaire, une transaction marchande :

> ... il avait su mettre sa personne en adjudication et même *en actions*. De là son opulence. Jusque dans les derniers jours, on vit les familles les plus hautaines payer très cher des *coupons* de son alcôve...
> [...]
> Il aurait pu se faire voir en public pour de l'argent, comme un vrai monstre. Il se contenta de se faire voir en particulier pour des sommes considérables que, d'ailleurs, il plaçait avec un extrême soin dans les entreprises les plus sérieuses. (VI, 266)

Sous cet angle, le personnage est à l'image d'« une époque où tous les hommes sont sur le trottoir, à peu près sans exception » (*ibid.*). Mais Bloy ne se contente pas de rapetisser cette figure des temps modernes, en lui ôtant toute distinction ; il s'ingénie à prendre le mythe littéraire à rebours par une récriture parodique. Ainsi le marquis a-t-il été favorisé par un sort ironique qui lui a fait grâce de tout châtiment : il a disparu, tel qu'il a vécu, « comblé de biens » (VI, 265), « sans aucune infirmité, en pleine possession de lui-même, quoique très vieux » (*ibid.*). Situation d'une immoralité révoltante, qui appelle la réprobation et conduirait presque à douter de la Justice divine :

> Sans exiger assidûment « le doigt de Dieu », à la façon d'un potache allaité par les bons pères, on voudrait tout de même [...] que l'agonie de ce malfaiteur eût été moins douce. (VI, 265)

Cependant, ce point de vue, dans son moralisme, est celui d'un esprit naïf, d'un « homme sans malice » (*ibid.*), qui pense « comme le premier venu » (VI, 266). La nouvelle de Bloy se présente en effet comme une conversation entre ce personnage aux idées courtes, qui représente si bien le lecteur bourgeois, et une implacable sage-femme, qui tient tout à la fois de la conteuse du folklore, de l'accoucheuse des esprits et de la femme forte des Proverbes [1]. C'est elle qui révèle à ce « digne monsieur » les dessous de l'existence du marquis et retourne son point de vue « banal

1. Prov., XXXI, 10-31.

comme un prône » (*ibid.*). Se laissant aller à son « humeur narrative » (*ibid.*), elle l'entraîne dans une cruelle maïeutique et lui donne à voir, au delà de la réalité sensible, des abîmes métaphysiques.

Or, en dissipant sans ménagement les illusions de son interlocuteur, la sage-femme rétablit sinon la structure du mythe littéraire, du moins sa logique originelle : elle montre « le Crime et le Châtiment » (VI, 267) de ce nouveau don Juan. De quel forfait le marquis s'est-il exactement rendu coupable ? Il a été « marié deux fois » à des femmes qu'il a « épousées pour leur argent » (VI, 268) et qu'il a tenté par la suite de tuer de désespoir. Car, de chacun de ces mariages, est né un monstre : l'aîné nous est décrit comme une créature « sans yeux ni bouche » ayant, à la place du nez, une « membrane flasque et pendante » (VI, 267) ; le cadet, cette « autre édition de *la même image* », est pourvu de « deux têtes sur un fuseau de corps, à peu près sans jambes ni bras » (*ibid.*). C'est en offrant l'avorton aux baisers de son épouse que le marquis a causé la mort de celle-ci, le jour de ses couches : geste inconcevable, que seule l'intervention de la sage-femme l'a empêché de rééditer, lors de la naissance du second.

À première vue, « La Fin de don Juan » propose une peinture corrosive des mœurs contemporaines, dans le prolongement des *Diaboliques* de Barbey d'Aurevilly. Il s'agit de mettre au jour les drames « à *transpiration rentrée* » [2], qui agitent en secret la société, d'entrouvrir un soupirail sur les ténèbres de cet enfer. Ainsi, le récit permet-il de souffler un à un les lumignons de la bonne conscience, si nombreux dans ce siècle humanitaire et sentimental : philanthropie, progrès scientifique, ordre moral...

Bloy accomplit à cet égard un travail de sape radical. À la manière d'un Dostoïevski, il montre que le mal existe dans la société moderne, que loin d'avoir été éradiqué, il prospère avec une affolante santé : les dessous criminels de la société civile sont effrayants, des monstres se livrent à leurs passions en secret, sans peur de transgresser les interdits. Leurs forfaits révèlent la persistance de désirs sauvages, d'une entropie ravageuse, dans un monde livré au péché, où l'homme, dès qu'il dispose de sa liberté, se fourvoie dans la violence et dans le crime.

2. Jules Barbey d'Aurevilly, *Les Diaboliques*, dans *Œuvres romanesques complètes*, éd. cit., t. 2, p. 132.

Tel un nouveau Juvénal, Bloy se fait le chroniqueur des derniers temps : il peint le renoncement moral et l'affaissement spirituel de la fin du siècle, dans l'attente de l'ultime catastrophe. Ainsi, la découverte du passé du marquis de la Tour de Pise prend-elle l'allure d'un glissement progressif dans l'horreur. La narration de la sage-femme joue constamment sur le registre grand-guignolesque, en ménageant une lente gradation, qui tient le lecteur en haleine :

> Imaginez tout ce qu'il vous plaira, vous n'arriverez jamais à cette horreur. [...]
> Mais cela est d'un intérêt médiocre [...].
> J'ai beaucoup mieux à vous offrir, et c'est une horreur difficilement imaginable que je vous ai promise, n'est-ce pas ? [...] Il s'agit de quelque chose de bien autrement superfin. [...]
> S'il n'y avait eu que ce que vous venez d'entendre, cet homme ne serait, en définitive, qu'une horrible canaille de plus dans la foule de nos canailles et mériterait à peine qu'on le mentionnât. Mais je vous le répète, c'est autre chose, et la punition vous fera trembler si vous êtes capable de la comprendre. (VI, 266-267)

Cette dramatisation opère d'autant plus facilement que la conteuse impitoyable se prévaut de sa qualité de témoin. Elle détient un précieux savoir, qui accrédite le récit sans le soumettre aux conventions réalistes des études de mœurs. L'invraisemblance des situations est pour ainsi dire compensée par le choix d'une narration intradiégétique, à la première personne, qui établit la véracité de la fiction en la fondant sur l'observation et le témoignage : la sage-femme était aux côtés des épouses du marquis lors de leur accouchement ; elle a assisté en personne aux crimes commis par leur mari ; même si elle n'a pas vu de ses propres yeux « la mort de cette crapule » (VI, 266), elle peut se prévaloir d'avoir « deviné beaucoup de choses » et, « plus tard », d'en avoir « appris d'autres encore » (VI, 267). Amenée par sa profession à entrer dans le secret des alcôves, elle est devenue une observatrice privilégiée des abominations les moins avouables. Son effroi, au souvenir du marquis, n'en est que plus frappant :

> Dans notre métier, on est précisément à la bouche de l'égout, et on en voit sortir de telles choses qu'il devient, à la longue, difficile de s'en étonner. Pourtant, monsieur, l'homme dont nous parlons m'a étonnée et m'étonne encore, jusqu'à l'épouvante. (VI, 267)

La vérité s'impose avec évidence au fil du récit : Hector de la Tour de Pise n'est pas un débauché comme les autres, doublé d'un criminel. Il n'a pas seulement violé les lois humaines, sa faute est métaphysique. Le « phénomène monstrueux » (VI, 268), qui se répète à la naissance de ses enfants, est l'indice de son « vrai crime » (*ibid.*), que la sage-femme nous apprend bientôt :

> Pour parler net, le marquis était un IDOLÂTRE, un fervent et rigoureux idolâtre, intérieurement configuré à la ressemblance de son Dieu et qui ne pouvait que la reproduire *extérieurement* dans ses tentatives de progéniture.
> Il adorait chez lui, dans un oratoire mystérieusement éclairé, cette partie de son propre corps que les prêtres de Cybèle tenaient autrefois en si grand honneur. *Il l'avait fait mouler sur lui-même* par un ouvrier fort habile et l'objet, exposé dans une sorte de tabernacle, recevait, chaque jour, les obsécrations de ce Corybante que les mondains croyaient un viveur. (VI, 268)

Criminel au regard des hommes, c'est Dieu surtout que le personnage de Bloy offense par sa conduite scandaleuse : sacralisant son propre sexe, il pousse l'amour de soi à son comble et entre en conflit avec le Ciel. L'adoration qu'il se porte, comme à une divinité, est une usurpation sacrilège. Son supplice, qui durera « dix ans, jusqu'à la veille de sa mort » (*ibid.*), sera à la mesure de sa faute. Plus sévèrement châtié qu'Ixion, le marquis sera humilié dans son orgueil, tyrannisé par ses appétits, réduit à se comporter comme un animal :

> Chaque nuit, un très grand et très beau vieillard, que les plus fières avaient aimé et que connaissaient maintenant toutes les rôdeuses, était invariablement raccroché dans l'ombre, à la dernière heure des retapes. On savait son goût et le dialogue s'engageait, aussi crapuleux que possible du côté de la femme, tout à fait humble du sien, car il tenait à jouer le rôle d'un sale client consumé d'inavouables désirs.
> Au bout de quelques minutes mesurées par un infaillible chronomètre, on s'entendait naturellement.
> La femme, alors, s'appuyant au mur, lui tendait alternativement l'un et l'autre pied, et l'octogénaire vautré sur le sol, – quelque temps qu'il fît, – léchait, en grognant d'extase, *le dessous de ses bottines.* (VI, 268)

La version bloyenne du mythe littéraire incite donc à chercher un sens second dans l'histoire de ce don Juan « fin de siècle ». Son crime et le salaire qu'il reçoit pour l'avoir commis ne peuvent se comprendre qu'au prix d'une interprétation symbolique. Le procédé est habituel chez Bloy, dont l'œuvre entière exploite les ressources de l'analogie scripturaire jusqu'au vertige. Tout ce qui arrive se comprenant à la lumière de la Parole divine, la Bible, que les libres penseurs prennent pour un tissu de signes illusoires, est à ses yeux la seule réalité. Mais cette réalité demeure énigmatique car elle a l'opacité du langage symbolique au moyen duquel Dieu s'adresse aux hommes : si la Parole divine est toujours identique à elle-même, les figures par lesquelles elle s'exprime sont susceptibles de subir des modulations sans nombre.

C'est l'une de ces modulations que l'on trouve dans « La Fin de don Juan », où le personnage principal est la figure de Quelqu'un d'autre, Quelqu'un d'encore plus inquiétant : « On ne saura jamais le nombre de gens qui sont autre chose que ce qu'ils paraissent aux yeux des contemporains » (VI, 268). Mais *qui* est donc, en réalité, Hector de la Tour de Pise ? La réponse de Bloy, pour peu qu'on lise entre les lignes, ne fait guère de doute : le marquis est une figure luciférienne. Le Diable n'est-il pas le Prince des séducteurs, qui exerce son ascendant sur les hommes du fait de leurs faiblesses ? Ne s'est-il pas révolté contre le Créateur, dont il a rejeté l'amour par un orgueil démesuré ? Et n'est-il pas le singe de Dieu, lui qui tente sans relâche d'imiter son œuvre et ne sait en donner qu'une monstrueuse contrefaçon ?

La rivalité mimétique qui oppose Satan à Dieu est au cœur de la méditation de Bloy. Dans la fiction théologique imaginée par l'écrivain, Lucifer est la face ténébreuse du Saint-Esprit, une sorte de double mystérieusement travesti et aperçu dans un miroir inversé. Le retournement dans le contraire, à la faveur d'un étrange déguisement, éclaire la relation qui s'établit entre Hector de la Tour de Pise et don Juan. Il donne la mesure du renouvellement du mythe littéraire : le marquis est l'envers diabolique, la caricature hideuse du « vrai » don Juan, dont Bloy fait une figure de la troisième Personne divine.

Le conte appelle alors une lecture rétrospective qui permet de repérer les indices de ce travestissement. Le portrait du marquis met en évidence un ensemble de traits qui le placent au-dessus du simple mortel. Le personnage est entouré d'une aura surnaturelle, d'une sorte de halo numineux. D'une beauté céleste, il lance « des rayons, comme un ostensoir »

(VI, 265) ; nul n'est en mesure de résister à la puissance de son charme inconnu : né à l'étranger, il est « si différent de la multitude » qu'à son apparition, « tout le monde [a] l'air de se ressembler » (VI, 266). Il a en outre vécu fort vieux, « comme un patriarche d'avant le déluge », au point qu'on l'a longtemps « cru éternel » (VI, 265). Nombre de ces traits appartiennent à Dieu, mais ils ont été détournés de leur destination originaire par une opération sacrilège. Si la rumeur prête au marquis le don du miracle, don qui lui vaut « l'enthousiasme de quelques disciples » (*ibid.*), ses prodiges ne sont rien moins que spirituels : « Un bruit le disait vert galant encore aux environs de la nonantaine » (*ibid.*).

Partout dans la nouvelle opère ce principe d'adultération, notamment dans la façon dont le marquis use de l'argent. Comme un bon bourgeois, Hector de la Tour de Pise ne pense qu'à accumuler des richesses ; égoïstement, il songe en toute circonstance à ses affaires, auxquelles il voue une véritable dévotion. Or, pour Bloy, qui se fonde sur une libre exégèse du Psaume XI, le mot « argent » est la métaphore de l'Amour divin, auquel les hommes ont substitué, dans les temps modernes, l'adoration du « plus pâle des métaux » (IX, 33) [3]. Dans l'économie divine prévaut la charité du Christ, que le Saint-Esprit pousse jusqu'à la dissipation, car Bloy identifie volontiers ce dernier au fils prodigue de l'Évangile [4]. Le dévoiement impie de cette charité dans l'amour-propre des modernes prend la forme de la thésaurisation capitaliste : c'est l'économie diabolique, celle que pratique le marquis. La sage-femme ne relève-t-elle pas à son propos que ce spéculateur, qui voit dans l'amour la plus juteuse des transactions, n'a « pas même l'excuse d'être un dissipateur, un prodigue » (VI, 265) ?

Mais ce sont surtout les circonstances qui entourent la naissance de ses deux enfants qui identifient pleinement Hector de la Tour de Pise à Satan. En donnant le jour à deux créatures à l'image de son sexe, le marquis se livre à une parodie de Création. Il imite le Dieu potier de la Genèse lorsqu'il décide de créer Adam à sa ressemblance [5]. Le résultat est effrayant : en fait de Création, le marquis est l'auteur d'une œuvre monstrueuse, il ne réussit

3. Voir le chapitre précédent.
4. Luc., XV, 11-32.
5. Gen., I, 26.

qu'à engendrer des êtres d'une difformité innommable. Son crime, qui est bien « l'attentat suprême » (VI, 268), appelle une terrible réparation.

Or, les agapes charnelles de ses vieux jours, si elles ne font songer que de loin au « festin de pierre », sont une punition effroyable, à la mesure de sa transgression. Car le sordide rituel du pervers léchant les bottines des prostituées transpose sur le mode burlesque le scénario eschatologique inlassablement rêvé par l'écrivain. La scène fait en effet songer à ce que dit Bloy du Serpent de la Genèse : dans *Le Symbolisme de l'Apparition*, il rappelle que « la femme sera son ennemie » et qu'elle « lui écrasera la tête » (X, 101) de son talon, au jour du Jugement. L'écrivain se souvient ici de l'Apocalypse de saint Jean, où l'apparition d'une Femme, identifiée à la nouvelle Ève par la tradition chrétienne, coïncide avec le moment où est jeté à terre « l'antique Serpent, le Diable, comme on l'appelle, le Séducteur du monde entier » [6].

C'est donc un drame théologique qui se joue dans le récit, et Bloy y retrouve, plus qu'il n'y paraît, l'esprit du mythe de don Juan : Hector de la Tour de Pise, comme son illustre modèle, se dresse contre Dieu, défi prométhéen qui reçoit son châtiment. Profanateur de l'Amour divin, auquel il a substitué un culte narcissique, le marquis est finalement vaincu par la Femme, instrument de la Justice divine. La nouvelle, en reprenant librement le canevas du mythe littéraire, raconte l'une des innombrables versions de l'histoire de Dieu dans les ténèbres.

Cependant ce récit est fait sur le ton de la dérision. Il n'y a pas ici, à la différence du *Burlador* de Tirso de Molina, de leçon de morale ou de théologie sur la grâce, mais un jeu dangereux avec les figures bibliques. Tout le problème – et il est de taille – tient dans le raccourci opéré par Bloy, qui conjoint l'anecdote scabreuse à la réflexion théologique : le rite lamentable du pervers et les énigmes sacrées de la Parousie. Ce n'est pas nouveau chez un écrivain qui fait souvent rimer scatologie et eschatologie. Le risque est évidemment celui d'une irréparable contamination du haut par le bas et d'une vertigineuse confusion.

La nouvelle est parasitée par ce comique caractéristique d'une fin de siècle qui fut l'âge d'or du fumisme. Tout est mis en œuvre pour placer le lecteur

6. Apoc., XII, 9.

dans une position insoutenable, pour le faire hésiter entre l'angoisse métaphysique et le fou rire. Comment le lecteur prendrait-il tout à fait au sérieux cette conteuse qui l'invite à écouter son histoire en s'asseyant sans façon sur le « fœtus » qui lui « tend les bras » (VI, 266) ? Et comment ne partirait-il pas d'un éclat de rire « hénaurme » en comprenant que les deux enfants du marquis sont en réalité de gigantesques pénis, de vivantes synecdoques de leur père, au nom prémonitoire...

Une découverte comme celle-là laisse soupçonner que cette nouvelle *à se tordre*, comme beaucoup d'œuvres de Bloy – telle était, on le sait, la réaction de Valéry à la lecture de l'écrivain[7] –, pourrait bien tenir de la plaisanterie douteuse et de la mystification, comme une blague du plus mauvais goût. Car la métamorphose par laquelle le récit abject devient sublime ne semble pas enrayer l'hémorragie de sens aussi nettement que Bloy semble le penser. Le recours à l'obscénité constitue une menace redoutable pour tout discours religieux, qu'elle vide de sa gravité. Peut-on sans risque amalgamer ainsi le sacré et le profane, dans la confusion du haut et du bas ? Fragile, précaire, l'alliance contre-nature des perversions sexuelles et de la méditation spirituelle sur les fins dernières relève d'un pari incertain. L'idéal alchimique d'une transsubstantiation des immondices ne doit pas minimiser l'éventualité d'une contamination inverse de la transcendance par la trivialité.

Bloy affectionne pourtant ces mélanges urticants. Oscillant entre la farce et la parabole, « La Fin de don Juan » brouille les pistes et comporte une bonne part d'indécision. Le rire bloyen, qui concilie l'inconciliable, profite de cette indétermination du sens pour semer le trouble dans l'esprit du bourgeois. Le flottement herméneutique qui en résulte écartèle son lecteur entre le rire et l'effroi. En vérité, cette hésitation, parce qu'elle n'épargne aucun credo, constitue sans doute un reliquat du désespoir que doit sans cesse conjurer le croyant dans un monde où, selon l'opinion courante, Dieu n'a plus sa place. C'est en frisant le gouffre du non-sens que Bloy peut entrevoir, en riant, la face de Dieu au bout de la nuit.

7. Voir la lettre de Valéry à Gide du 17 octobre 1900, dans *Correspondance. 1890-1942*, éd. Peter Fawcett, Paris, Gallimard, coll. « Les Cahiers de la NRF », 2009, p. 583.

Chapitre VI

Métamorphose de l'apologétique : « On n'est pas parfait »

L'œuvre de Bloy se comprend à la lumière du processus historique qui affecte, depuis le début du XIXe siècle, les relations entre littérature et religion. Affichant son catholicisme avec provocation, l'écrivain relève de cette apologétique laïque qui se développe dans le champ littéraire dans la société postrévolutionnaire – qu'on songe au *Génie du christianisme* ou à l'*Essai sur l'indifférence en matière de religion* – et qui a ceci de caractéristique qu'elle s'affranchit de tout contrôle dogmatique exercé par le clergé, avec tous les risques que cela comporte, pour parler de Dieu aux hommes dans un temps où s'affirment la raison critique et la libre-pensée.

Contrairement aux apologistes du siècle des Lumières, qui ont été, aux yeux de l'opinion, vaincus par les philosophes dans les polémiques qui les ont opposés, ces apologistes d'un nouveau genre n'entendent céder aucun terrain à leurs adversaires en matière d'esprit, d'imagination et d'audace intellectuelle. Ne se sentant nullement contraints par les prudentes réserves des autorités ecclésiastiques, ils rénovent l'expression du sentiment religieux, car ils osent employer un langage modernisé, le seul qui soit à même de toucher le public et que celui-ci, en même temps, puisse aisément comprendre.

S'ils recourent volontiers, pour cela, à des genres comme l'essai ou l'entretien, ces apologistes laïcs exploitent aussi toutes les ressources du récit exemplaire, qui ne se contente pas de raconter une histoire, mais assume plus ou moins explicitement, dans la fiction, une double visée argumentative et pragmatique. Celle-ci permet d'acheminer le lecteur vers un sens à déchiffrer, mais aussi vers un système de valeurs qui peut déboucher sur une prise de conscience morale et l'intégration de principes d'action.

Bloy est l'héritier de cette conception du récit, qui affirme nettement sa vocation au sens et prétend donner à penser en mariant la fiction à l'idée. Cependant, si Chateaubriand pouvait encore mettre son œuvre au service de l'Église romaine sans qu'on craigne, de part et d'autre, un rapide divorce, l'évolution conjointe du catholicisme et de la littérature romantique après 1830, et plus encore après 1848, révèle une rupture croissante entre l'orthodoxie jalousement défendue à Rome et des écrivains à la fois soucieux de préserver la souveraineté de leur art et de ne rien éluder dans la représentation du mal qui ronge l'homme moderne.

Parmi les textes de Bloy illustrant cette apologétique d'un nouveau genre, on s'intéressera à « On n'est pas parfait ». Cette autre « histoire désobligeante » illustre la curieuse façon dont l'écrivain catholique parle de Dieu à ses contemporains et se propose de les initier aux vérités du christianisme. Avec une remarquable économie, le conte met en évidence, dans un espace restreint, les principaux traits de l'apologétique bloyenne.

*
* *

« On n'est pas parfait » se présente, au dire de Bloy lui-même, comme « une forte cocasserie » (*JI*, I, 607 [9 févr. 1894]). François Caradec, qui relève dans les *Histoires désobligeantes* « bien des blagues "chatnoiresques" », n'a aucune peine à retrouver dans ce récit « le même humour noir et le même cynisme que ceux d'Alphonse Allais » [1]. Pourtant, « cette *apparente* farce », si l'on se fie au journal intime de l'écrivain, « est sortie d'une communion fervente », où il avait « demandé la Lumière au nom de la Couronne douloureuse de Jésus-Christ » (lettre à André Roullet ; *JI*, I, 614 [16 févr. 1894]). Sous les apparences de la plaisanterie, dans le ton du

1. François Caradec, « Deux "fumistes" : Léon Bloy et Alphonse Allais » (*LB*2, 30-31 ; repris dans *Entre miens, d'Alphonse Allais à Boris Vian*, Paris, Flammarion, 2010).

journal boulevardier où elle est parue en préoriginale [2], cette fable théologique exprime l'espérance chrétienne du salut.

Le récit, qui puise son inspiration dans la matière du fait divers, relate les mésaventures d'un criminel : après s'être enivré une nuit entière en compagnie d'un camarade d'enfance, ce voleur, qui a détroussé et assassiné un vieillard, revient imprudemment sur le lieu de son crime, où, au désespoir d'une prostituée dont il est le proxénète et l'amant de cœur, il se fait prendre par la police. L'histoire serait banale si cette chronique criminelle n'était relatée sur un mode parodique ne permettant pas de la lire comme un récit véridique, qu'on pourrait prendre à la lettre. L'assassin et sa compagne ne sont pas caractérisés selon les codes du genre : le récit n'a ni l'ampleur dramatique d'une plongée dans les bas-fonds, ni la rigueur d'une enquête bénéficiant d'une information rigoureuse. Le conteur ne se soucie ni de multiplier les effets de réel ni de faire ressortir l'extraordinaire du quotidien.

« On n'est pas parfait » ne tire pas davantage du côté du roman populaire ou de l'étude de cas naturaliste, dont la rhétorique n'est pas sans relation avec l'écriture du fait divers : Bloy, dont Eugène Sue pas plus que Zola [3] ne sont les modèles, se distingue en traitant les figures stéréotypées du monde interlope des faubourgs – l'apache, la fille en carte... – dans le registre héroï-comique. Le crime et la prostitution sont ainsi parés d'une dignité bouffonne, dont résulte un renversement carnavalesque : les personnages populaires du chourineur et de la grue, en empruntant la langue, les manières et l'idéal de vie des gens honnêtes, ressemblent à de bons bourgeois.

Les propos que Bloy leur prête se réduisent à une collection de lieux communs et de clichés, ce degré zéro du langage qui trahit, dans la littérature du siècle, la nullité ontologique des Prudhomme, Homais et autres

2. *Gil Blas*, 16 février 1894. Sur les contraintes imposées à Bloy par ce support et sur sa stratégie pour s'en délier, voir *supra*, le chapitre III de cette partie.

3. À l'époque où paraissent les *Histoires désobligeantes*, Bloy a nettement manifesté son hostilité au naturalisme, dont il a célébré les « funérailles » (voir *Les Funérailles du naturalisme* [1891], éd. Pierre Glaudes, Paris, Les Belles Lettres, 2001). Et l'on trouve parfois, sous sa plume, des réflexions sévères pour Eugène Sue, « lumière du socialisme naissant, engendré de l'hiérophante Saint-Simon et consubstantiel à son père » (X, 17) : le romancier populaire est accusé de « flatter la canaille » (XV, 62) et de baver inlassablement des anathèmes contre la Compagnie de Jésus.

Bonhomet. L'assassin, qui tue « à domicile, poliment, discrètement et le plus proprement du monde » (VI, 319), se considère comme un honnête travailleur : estimant que « toute peine vaut son salaire » (VI, 318), il s'octroie volontiers quelques moments de détente bien gagnés, une fois son œuvre journalière accomplie. Persuadé que « la corde ne saurait être toujours tendue », il lui paraît « sage de respirer quelquefois » (*ibid.*). Gagnant son pain à la sueur de son front, cet « homme judicieux » (*ibid.*), qui a pour lui « le suffrage de sa conscience » (VI, 319), ne se soucie guère que quelques « langues venimeuses » (*ibid.*) puissent réprouver sa conduite : *Bien faire et laisser dire*, telle est « sa devise » (*ibid.*).

Le conteur, tout en reprenant les propos de son personnage au discours indirect, fait sentir la perversion du bien qu'opère cette collection de formules stéréotypées. Pour l'assassin, en effet, le bien ne se rapporte plus qu'à *la manière* dont est accomplie la tâche à laquelle il s'adonne, le jugement moral ne prenant plus en compte *la nature* des actes dont il est question. Le meurtre et le vol commis dans les règles de l'art, avec une conscience professionnelle sans faille, sont ainsi légitimés comme le serait n'importe quel honnête gagne-pain : « Il tuait pour vivre, parce qu'il n'y a pas de sot métier », « C'était, on peut le dire, de la besogne joliment exécutée » (*ibid.*). Le paralogisme du lien causal établi entre les deux propositions de la première phrase, le calembour de la deuxième, qui joue sur le double sens du verbe *exécuter*, la valeur antiphrastique de l'adverbe « joliment », tous ces procédés amusent le lecteur. Ce criminel, qui penche « plutôt du côté de la rigueur » et qui se défend « à peine d'une gravité ridicule » (*ibid.*), prête à rire par sa bonne conscience, qui élude toute objection morale. Tel est précisément le bourgeois, selon Bloy.

En calquant ainsi sur ce type le caractère d'une fripouille, l'écrivain donne à son récit une orientation satirique. L'indistinction du crime et de l'honnêteté lui permet de dénoncer la société de son temps ; une société dont les prétendues valeurs, privées de fondement transcendant, servent de caution à la bassesse morale et aux appétits vulgaires. Le criminel du conte est un homme rangé, dont la conduite extérieure est jugée par tous respectable : se montrant « très rarement dans les cafés » (*ibid.*), préférant réserver ses sorties au bordel, comme tout bon bourgeois qui se respecte, il force les plus malveillants de ses concitoyens à « lui rendre cette justice » (*ibid.*) que ses fréquentations se limitent strictement au personnel de cet établissement, ce que l'opinion publique regarde avec indulgence. Reprenant un trait bien connu de la satire des mœurs bourgeoises, Bloy montre l'absurdité de la casuistique qui réprouve le mastroquet mais absout le lupanar.

L'introduction du motif prostitutionnel lui permet de dénoncer plus avant la confusion des valeurs qui caractérise son époque. Son criminel est aussi un homme heureux, qui a su se faire aimer d'« une jeune fille légèrement vêtue » (*ibid.*) à laquelle la maison close dont il est l'habitué doit sa prospérité. La « ravissante Loulou » (*ibid.*) atteint, comme lui, à l'excellence professionnelle : désignée à l'enthousiasme public par sa « précocité de virtuose » (*ibid.*), elle a été, depuis ses débuts – « à peine au sortir de l'enfance » (*ibid.*) – l'attraction de tous les salons où elle a exercé ses talents. Cette gloire, loin de lui monter à la tête, ne l'a pas détournée d'une vertueuse économie, « l'air et la lumière suffisant à peu près à sa toilette quotidienne [...] toujours très simple et d'un goût parfait » (VI, 320). L'ironie du conteur consiste, une fois encore, à feindre de célébrer comme des mérites – amour du métier, sage épargne – des aspects de la conduite de la courtisane qui donnent en réalité un plus grand relief à son immoralité.

L'amour semble néanmoins avoir fondu sur cette créature, dont l'idylle avec son marlou ranime avec cocasserie des souvenirs lamartiniens : « Le temps paraissait "suspendre son vol" quand ces deux êtres étaient penchés, l'un vers l'autre, sur le lac mystique » (*ibid.*). Mais la passion, malgré les folies sentimentales qu'elle inspire, ne fait pas perdre à ces amants le sens des réalités [4]. Son bien-aimé ne craint pas de ramener la trop fidèle Loulou « au sentiment professionnel de son art » (*ibid.*), lorsque les vieux messieurs s'impatientent au salon. Celle-ci en retour n'oublie pas de fournir à son amant de précieuses indications, qui lui permettent d'officier ensuite en toute tranquillité : c'est ainsi qu'ils arrondissent leur pactole, les sommes rassemblées de la sorte faisant l'objet de placements avisés. Admirables efforts, que les nouveaux Daphnis et Chloé espèrent voir enfin récompensés : rêvant de devenir propriétaires, ils

4. Dans un autre registre, on songe aux tourtereaux de *Virginie et Paul*. Voir Pierre Glaudes, « Cruel retournement de l'idylle : *Virginie et Paul* de Villiers de l'Isle-Adam », dans *Le Roman sentimental et sa postérité (XIXe-XXIe siècles)*, Fabienne Bercegol et Helmut Meter (dir.), Paris, Garnier, 2016, p. 123-132.

imaginent leur bonheur sous l'espèce bucolique d'une chaumière embaumée de lilas et de roses, où ils pourraient passer une paisible vieillesse.

Ces amants criminels ne sont certes pas des héros de la révolte, dont la passion s'épanouirait dans la transgression : ils ne doivent rien à Lamiel et Valbayre, et rien en eux n'annonce les deux hors-la-loi flamboyants du *Bonnie and Clyde*. Leur aventure héroï-comique a pour horizon la torpeur d'une vie bourgeoise, entre tisane et pot-au-feu. C'est de cette manière que les philistins pensent que « la Providence récompense ceux qui ont bravement combattu » (*ibid.*). À leur instar, l'assassin embourgeoisé d'« On n'est pas parfait » se pique aussi de religion : il se plaît à donner aux pauvres, sans trop de risque, mais avec largesse, « l'abondante monnaie de cuivre » (*ibid.*) dont ses poches sont encombrées, après l'assassinat qui lui a permis de « mettre la main sur la forte somme » (*ibid.*). La satire s'intensifie lorsque ce nouvel « apôtre » (VI, 318), « inondé d'impressions suaves » (*ibid.*), entre dans une église pour prendre part à la prière au milieu des fidèles.

Par un jeu de citations empruntées à différentes oraisons du *Paroissien romain*, Bloy place dans la bouche de son personnage les paroles mêmes de la liturgie : « Il adora Dieu, lui disant qu'il aimait son prochain comme lui-même » [5], « Il rendit grâces pour les biens qu'il avait reçus, se reconnaissant tiré du néant » [6], « Il demanda que fussent dissipées les ténèbres qui lui cachaient la laideur et la malice du péché » [7] (VI, 319). Le contexte du meurtre dont cette canaille vient de se rendre coupable dénature les paroles sacrées et leur donne un sens blasphématoire. Ainsi, le « scrupuleux examen de conscience » (*ibid.*) par lequel l'assassin achève sa prière a-t-il tous les aspects d'un diabolique détournement de la contrition. Car la repentance ne porte pas sur le crime lui-même, mais sur les défauts et les manquements qui en ont affaibli la réalisation :

5. Voir le *Paroissien romain*, prière du matin, p. 10 : « Oui, mon Dieu, je Vous aime de tout mon cœur, de toute mon âme, de tout mon esprit, de toutes mes forces, je Vous promets d'aimer mon prochain comme moi-même pour l'amour de Vous ». La prière fait écho au précepte évangélique (Matth., XIX, 19 ; Marc., XII, 31).

6. *Ibid.*, prière du soir, p. 18 : « Quelles actions de grâces Vous rendrai-je, ô mon Dieu, pour tous les biens que j'ai reçus de Vous ? Vous avez songé à moi de toute éternité, Vous m'avez tiré du néant. »

7. *Ibid.* : « Source éternelle de lumières, Esprit Saint, dissipez les ténèbres qui me cachent la laideur et la malice du péché. »

> Il [...] découvrit en lui des imperfections tenaces, de persistantes broutilles : mouvements de vanité, impatiences, distractions, omissions, jugements téméraires et peu charitables, etc., mais surtout la paresse et la négligence dans l'accomplissement des *devoirs de son état*.
> Il termina par un bon propos d'être moins fragile désormais, implora le secours du ciel pour les agonisants et les voyageurs, demanda, comme il convient, d'être protégé pendant la nuit, et, pénétré de ces sentiments, courut au plus prochain lupanar. (VI, 319)

La chute comique achève de vider de toute consistance cet examen intérieur, qui n'est qu'un simulacre. Incarnation grotesque du bourgeois, dont il suggère l'hypocrisie et l'absence de scrupule, le voyou peint par Bloy est à la fois odieux et ridicule. Sa prétendue probité, ses amours, son altruisme et jusqu'à sa piété ne sont que farce et faux-semblants. L'apologétique bloyenne est d'abord négative : elle passe par la satire de l'homme moderne, en montrant l'endurcissement satisfait de ce réprouvé sans Dieu, qui a fait du mal son royaume.

*
* *

Faut-il penser que Bloy, en faisant tomber le criminel d'« On n'est pas parfait » entre les mains de la police, a voulu donner à son conte une issue morale et rétablir la justice providentielle, qui ne saurait permettre que le crime reste impuni ? L'écrivain, à la manière de Juvénal ou de Tertullien, auxquels il se réfère volontiers, aime rétribuer selon leurs véritables mérites ceux que visent ses sarcasmes. La littérature lui paraît un moyen d'exercer la justice ; mais elle est plus encore, dit-il au sujet de ce conte [8], une « paraphrase lumineuse » (VIII, 29) des textes sacrés. En effet, raconter des histoires fictives lui permet de réécrire à sa manière la Vulgate, en transposant dans le langage de son temps des vérités immémoriales, que le récit permet à la fois d'exprimer figurativement et de commenter. Car la reformulation du texte biblique, qui contient en elle-même un principe herméneutique, doit permettre d'ouvrir les yeux des lecteurs les plus intuitifs, qui se laissent prendre au jeu.

Ainsi, « On n'est pas parfait » n'est pas seulement une satire sociale, mais tente aussi de faire entrevoir la Réalité divine, telle qu'elle parvient

8. Dans la reprise dont il fait l'objet, en 1902, dans *Exégèse des lieux communs*.

aux hommes depuis que le péché a tout obscurci : « dans un miroir, en énigme ». Reprenant à son compte la formule de saint Paul [9], Bloy est persuadé que l'écrivain inspiré est celui qui est capable de déchiffrer la Parole divine sous les apparences les plus inattendues. Car toute chose sur cette terre, même la plus prosaïque, la plus infâme, est susceptible selon lui d'être récupérée *ad majorem Dei gloriam* : dans la dégradation même et au plus profond de l'abjection, le Verbe, comme l'espérance qu'il porte, se fait encore entendre aux hommes de foi, fût-il horriblement déformé.

Cette conviction éclaire le sens des *Histoires désobligeantes*, ces œuvres de commande, que la nécessité de nourrir sa famille a contraint Bloy de livrer, semaine après semaine, pendant des mois, à un journal dont il méprisait les choix éditoriaux [10]. Le détournement du fait divers, s'il déçoit d'abord les attentes du lecteur bourgeois en lui offrant le portrait-charge d'un criminel qui lui ressemble, n'a pas seulement un but satirique : il propose aussi une réécriture ironique de l'un des plus célèbres épisodes de l'Ancien Testament. Le canevas du récit est en effet calqué sur celui de la Chute. Une analogie surprenante s'établit, d'une part, entre l'amant de Loulou, meurtrier, voleur, proxénète, et le premier homme, et, d'autre part, entre la prostituée, sa compagne, et la mère des vivants. Assurément, les personnages de la Genèse ainsi travestis sont quasi méconnaissables dans le conte où, en vérité, tous les détails du récit participent d'une rhétorique de l'antiphrase.

Bloy reprend en effet le schème biblique en le retournant systématiquement. L'assassin du conte, qui vit dans une parfaite félicité, est arraché au paradis du crime et de la prostitution par suite d'une faute : un soir, débauché « pour la première fois de sa vie » (VI, 320) par un vieux camarade, il est détourné du droit chemin par ce « serpent » (*ibid.*). Si la métaphore désigne clairement l'inconnu comme une figure du Tentateur, celui-ci apparaît cependant comme l'instrument de la Justice divine : sous sa conduite, l'amant de Loulou, désorbité après une nuit de beuverie, se rend imprudemment au logis de sa dernière victime, où l'attend un commissaire de police. Cette issue funeste brise sa carrière et aussi celle

9. I Cor., XIII, 12.

10. Voir la devise du *Gil Blas* : « Amuser les gens qui passent, leur plaire aujourd'hui et recommencer demain. »

de sa compagne, chassée de sa maison close après avoir giflé un client et ouvert une fenêtre, au « mépris des lois » (*ibid.*), pour appeler en vain son bien-aimé au « bercail d'amour » (*ibid.*). L'ironie bloyenne consiste à adopter par feinte le point de vue de ses personnages, en présentant comme une faute et une chute la rédemption du nouvel Adam et de son Ève, qui se croyaient déjà « au ciel » (*ibid.*) dans leur bourbier.

Le motif peu vraisemblable pour lequel l'assassin revient sur le lieu de son crime est d'un symbolisme éclairant : il veut y prendre un *Combat spirituel* qu'il a laissé chez sa victime. Ce célèbre ouvrage de spiritualité chrétienne, composé par Lorenzo Scupoli, un théatin ayant vécu au XVIe siècle, exhorte les hommes à agir sur le monde et surtout sur eux-mêmes pour recevoir efficacement la grâce divine. Il invite en particulier les lecteurs à lutter contre leurs imperfections, tels de braves soldats, et à garder confiance en Dieu. La référence à ce livre de dévotion, que l'assassin fait l'erreur d'aller chercher là où il l'a oublié, accentue la logique du renversement, car ce que le conteur goguenard présente comme la « seule défaillance » (VI, 321) de ce gibier de potence paraît être, plus clairement que jamais, ce qui le sauve, en l'engageant, par une cruelle ironie providentielle, sur la voie du regain spirituel et de la pénitence.

Avec le dicton final, qui donne au conte son titre, l'ironie atteint son paroxysme. Car, l'imperfection humaine y est déduite de l'incapacité du pécheur à persister *parfaitement* dans le mal, à bafouer Dieu sans cesse, en opposant une résistance absolue, et sans faiblesse, à la tentation du bien. Morale à rebours, énoncée à partir du point de vue supposé du bourgeois, que le conteur, par une revanche sarcastique, force à reconnaître la toute-puissance divine. Tel est le second degré de l'apologétique bloyenne : l'action mystérieuse de la Providence y est exaltée à travers l'anéantissement comique du paradis contrefait, rêvé par deux créatures grotesques, qui croyaient pouvoir faire fi du péché [11].

*
* *

11. C'est ce qui conduit Bloy à présenter ce conte comme « un raccourci caricatural de notre histoire intellectuelle » (*J*, I, 229 [11 sept. 1898]).

Bloy parle de ses *Histoires désobligeantes* comme d'« allégories » (*J*, I, 229 [11 sept. 1898]) ou de « paraboles » [12]. Autant dire que le fait divers relaté dans « On n'est pas parfait » n'est qu'un prétexte, un mode d'expression symbolique. Dans ce dispositif figural, le nom de l'assassin, Esculape Nuptial, est de première importance : entretenant un écart maximal avec les règles de la vraisemblance onomastique, c'est une sorte de hiéroglyphe, qui engage le sens de l'histoire narrée et appelle l'interprétation. Esculape, Dieu romain de la Médecine, identifié à l'Asclépios grec, disposait, dans la mythologie ancienne, du pouvoir de guérir les malades et de ressusciter les morts. Ce détail, que Bloy devait connaître, a certainement déterminé le choix de ce prénom, parce qu'il fait du personnage une figure du Christ, lequel, dans sa vie parmi les hommes, guérissait précisément les malades [13] et ressuscitait les morts [14].

Ce premier rapprochement éclaire le choix du nom propre : dans les Psaumes, l'image de l'époux sortant de sa chambre nuptiale plein d'ardeur est une métaphore désignant Dieu [15]. En outre, Jésus utilise l'image des noces pour décrire ses relations avec ses disciples et avec l'Église à venir. Quand les pharisiens lui demandent pourquoi ceux qui le suivent ne jeûnent pas, il leur répond : « Les amis de l'époux peuvent-ils être dans la tristesse et dans le deuil pendant que l'époux est avec eux ? Mais il viendra un temps où l'époux leur sera ôté et alors ils jeûneront [16]. » Jean-Baptiste utilise la même image pour faire comprendre qu'il n'est pas le Christ, mais qu'il a été envoyé comme un précurseur chargé de l'annoncer : « L'époux est celui à qui appartient l'épouse ; mais l'ami de l'époux, qui se tient debout et qui l'écoute, est ravi de joie parce qu'il entend la voix de l'époux [17]. » Lorsqu'il indique les devoirs respectifs de chacun dans le mariage, saint Paul dit, à son tour, que « le mari est le chef de la femme, comme Jésus-Christ est le chef de l'Église qui est son corps, dont il est aussi le Sauveur » [18]. On se souvient enfin de la recommandation de Jésus à ses

12. Voir le témoignage de François Bisson dans « Une amitié fervente » (H, 50).
13. Voir Matth., VIII, 1-17 ; Luc., V, 12-25 ; et XIV, 1-4.
14. Voir la résurrection de Lazare (Joan., XI, 1-46).
15. Voir Ps., XVIII (XIX), 6.
16. Matth., IX, 15.
17. Joan., III, 20.
18. Eph., V, 23. De même, dans sa deuxième épître aux Corinthiens, saint Paul écrit : « ... j'ai pour vous un amour de jalousie, et d'une jalousie de Dieu, parce que je vous ai fiancés à cet unique époux, qui est Jésus-Christ, pour vous présenter à lui comme une vierge toute pure » (II Cor., XI, 2).

disciples : « Soyez semblables à ceux qui attendent que leur maître retourne des noces, afin que lorsqu'il sera venu, et qu'il aura frappé à la porte, ils lui ouvrent aussitôt [19]. »

La parabole des noces royales [20] reprend la métaphore dans la perspective de la fin des temps : le royaume des cieux y est figuré sous la forme d'un festin de noces auquel un roi voulant marier son fils envoie ses serviteurs inviter ses convives. Or, parmi ceux-ci, beaucoup, sont « appelés » et peu sont « élus ». L'un de ces convives, en particulier, est rejeté « dans les ténèbres extérieures », parce qu'il est venu au festin « sans robe nuptiale » [21]. Ces considérations eschatologiques ne sont pas absentes du conte de Bloy. On sait qu'Esculape, tel un apôtre, semble touché, peu après son crime, par la Bonne Nouvelle : « Il désira le bonheur du genre humain, la fraternité des bêtes féroces, la tutelle des opprimés, la consolation de ceux qui souffrent » (VI 318). Ce passage fait écho à une prophétie d'Isaïe évoquant l'accomplissement de la promesse, les dons du Saint-Esprit et son règne à venir :

> Il sortira un rejeton de la tige de Jessé, et une fleur naîtra de sa racine. Et l'esprit du Seigneur se reposera sur lui [...] il jugera les pauvres dans la justice et il se déclarera le juste vengeur des humbles qu'on opprime sur la terre [...]. Le loup habitera avec l'agneau ; le léopard se couchera auprès du chevreau ; le veau, le lion et la brebis demeureront ensemble [...]. Ils ne nuiront point, et ils ne tueront point sur toute ma montagne sainte, parce que la terre est remplie de la connaissance du Seigneur [22].

Mais le désir de voir se réaliser la promesse divine n'est qu'une feinte d'Esculape, cette figure parodique, bien improbable, du Sauveur du genre humain. Si le Christ est son modèle, il offre de la figure originelle une image horriblement déformée. Les noces du Fils et de l'Église, bénies par Dieu le Père, se sont métamorphosées, dans le conte, en un horrible concubinage du crime et de la prostitution : la rédemption y semble ajournée, le salut inexplicablement retardé et le monde moderne précipité toujours plus bas dans sa chute. Qu'Esculape soit l'assassin des « vieux messieurs » (VI, 319) que lui signale Loulou, sa complice, n'est sans doute

19. Luc., XII, 36.
20. Matth., XII, 1-14.
21. Matth., XXII, 11-12.
22. Is., XI, 1-9.

pas anodin : ces vieillards sont des figures de la Première personne divine. Le meurtre sur lequel s'ouvre le conte est probablement au plan symbolique un déicide : par l'une de ces audacieuses analogies dont l'écrivain est coutumier, et qui ne sont pour lui que des approximations poétiques, cet incipit représente le scandale des temps modernes. Dieu se cache, Dieu se tait, il semble impuissant, comme s'il était mort, comme s'il s'était absenté de la terre : la sécularisation se propage dans la société, les repères transcendants y sont en voie d'effacement, et le temps semble venu où triomphent ceux qui prétendent l'avoir tué.

L'hypothèse d'un échec de la rédemption, la nécessité de voir advenir, après celui du Père et du Fils, un nouveau règne qui renouvelle et accomplisse à la fois la promesse divine, alimentent les spéculations de Bloy sur l'énigme du Saint-Esprit. Ne faut-il pas comprendre, dès lors, comme une figure de la troisième Personne divine ce « camarade d'enfance » (VI, 320) qui réapparaît soudainement – comme le fils prodigue d'une autre parabole [23] – et qui provoque la catastrophe dont Esculape et sa compagne vont être les victimes ? Le drame qui se joue à la fin du récit prend des proportions eschatologiques. C'est du moins ce que le conteur suggère : les journaux, au lendemain du renvoi de Loulou de sa maison close, ne pronostiquent-ils pas « tristement la fin du monde » (*ibid.*) ?

On se rappelle par ailleurs que le Tentateur, qui détourne Esculape de ses habitudes bourgeoises pour l'entraîner à faire « la noce » (*ibid.*) – terme auquel il faut donner les résonances symboliques que l'on a indiquées plus haut –, fait tomber l'assassin dans un piège, en le livrant à « un commissaire de police » (VI, 321) représentant le Dieu de Justice. Celui que l'on prenait pour « un serpent » (VI, 320), c'est-à-dire une figure luciférienne, apparaît en réalité comme un double de l'Inconnu, du Vagabond, de l'Étranger que personne n'attend ni ne reconnaît, et qui surgit fréquemment dans l'œuvre bloyenne pour apporter la lumière : non pas Lucifer, avec lequel il entretient de mystérieuses affinités, mais le Paraclet, Celui qui console et qui intercède pour que les Noces éternelles de l'homme et de Dieu soient enfin célébrées.

23. Voir, dans les *Histoires désobligeantes*, « Propos digestifs ». Pour l'interprétation de ce conte, voir le chapitre II de cette partie.

De fait, cet ami de passage, dont la rencontre bouleverse l'existence routinière d'Esculape, réveille le souvenir du *Combat spirituel* qu'a abandonné ce Christ fourvoyé et défiguré, qu'il ramène à sa mission rédemptrice : « Fidèle compagnon de sa nuit » (VI, 321), il le conduit, « vers l'aurore » (*ibid.*), au festin de sang qui s'annonce pour lui, à cette exécution capitale qui semble lui être promise après sa capture. Le jeu sur le symbolisme de la nuit et de l'aurore renvoie à la question du mal qui, pour Bloy, est étroitement liée à l'énigme du Saint-Esprit. L'écrivain se souvient en effet de la distinction établie par les Pères de l'Église entre l'ange du soir, le révolté orgueilleux séduit par sa propre perfection, et l'ange du matin, qui se sauve « *per conversionem perfectam in Deum* » [24] :

> Le premier instant des anges – écrit saint Thomas d'Aquin – répond à l'opération de l'esprit angélique, qui se tourne vers lui-même par la connaissance du soir : car le premier jour a commencé par un soir, non par un matin. Et cette opération a été bonne pour tous les anges. Mais les uns se sont tournés à louer ensuite le Verbe par la connaissance du matin ; les autres, s'enfermant en eux-mêmes, *in seipsis remanentes*, et s'enflant d'orgueil, sont devenus nuit [25].

Ce texte aide à comprendre ce qui se joue pour Esculape entre la nuit où il s'enivre avec l'ami retrouvé et l'aurore où son compagnon le conduit, « comme par la main » (*ibid.*), à la maison du Père – le texte dit subtilement « chez son macchabée » (*ibid.*), terme qui s'entend d'abord dans son sens argotique de « cadavre », mais qui peut aussi se comprendre, en un second sens, comme « instrument de la colère divine », par référence à Judas Maccabée [26].

Dans l'impatience de sa foi, Bloy, à travers ce conte, fixe une fois encore son imagination narrative sur la question qui l'obsède : quand l'homme sera-t-il délivré de sa captivité, quand échappera-t-il à l'empire du péché,

24. Saint Thomas d'Aquin, *De malo*, q. 16, a. 4, cité par Charles Journet, Jacques Maritain et Philippe de La Trinité, *Le Péché de l'ange. Peccabilité, nature et surnature*, Paris, Beauchesne, coll. « Bibliothèque de théologie historique », 1961, p. 231.

25. Saint Thomas d'Aquin, *Summa Theol.*, I, q. 63, a. 6, ad 4, cité par les mêmes, *ibid.*

26. Ce héros biblique « dont les coups de main, souvent nocturnes, sur les villes et les villages de la Judée soumise aux armes de l'oppresseur syrien, châtièrent opportunistes, arrivistes ou apostats, passés par ambition ou par lâcheté aux coutumes grecques et aux cultes païens ». Voir la notice qui lui est consacrée par André-Marie Gérard, dans le *Dictionnaire de la Bible*, Paris, Robert Laffont, coll. « Bouquins », 1989, p. 721.

quand sera enfin effectif le rachat que Dieu lui a promis en lui envoyant son Fils ? Le scénario eschatologique qu'esquisse « On n'est pas parfait » non seulement répond aux inquiétudes d'un chrétien qui voit s'approfondir, à son époque, le divorce entre Dieu et l'homme, plus que jamais en proie aux puissances du mal, mais il porte une espérance : l'ironie grinçante du portrait de l'assassin embourgeoisé qui se croit presque parvenu au paradis, alors que la terre est un enfer à cause de ses crimes et de ses blasphèmes, laisse place à un sarcasme proche de la « Subsannation » (X, 173), ce rire qui doit retentir à la fin des temps : sous les traits d'un ami longtemps perdu de vue, l'Amour divin, en maître ironiste, force le destin d'Esculape Nuptial, qu'il conduit à réaliser, malgré lui, ce que promet son nom.

Bloy attendra toute sa vie, non sans s'impatienter, que se manifeste parmi les hommes cette grâce efficace du Saint-Esprit. Son œuvre témoignera sans relâche d'un inconfort spirituel, sa manière de vivre sa foi dans le monde moderne, entre désespoir et espérance. Pour l'exprimer, cet héritier de Barbey d'Aurevilly, auquel le « parti catholique » reprochait de penser comme Joseph de Maistre et d'écrire comme Choderlos de Laclos ou le marquis de Sade[27], gardera une audace d'imagination et de style sans pareille. Familier du *Chat Noir* dans sa jeunesse, il s'appropriera librement la Parole divine pour en faire l'objet de sa création littéraire, qui est une recréation doublée d'une exégèse. Intempestifs, ses contes satiriques en forme de paraboles, qui allient une ironie féroce aux renversements carnavalesques de la parodie, situent l'apologétique dans un écart maximal par rapport aux formes consacrées de la défense du christianisme.

Les *Histoires désobligeantes* ont ainsi l'apparence de plaisanteries énormes. Bloy ne cessera pourtant de les considérer comme des moyens très sûrs de toucher un public choisi, capable d'en dépasser le premier degré et, guidé par le jeu des figures, d'en saisir la portée théologique : « J'ai l'air quelquefois de parler à la foule pour l'amuser – écrira-t-il à propos de ses contes. En réalité, je parle à quelques âmes d'exception qui discernent ma pensée et l'aperçoivent clairement sous son voile » (*JI*, I, 614 [16 févr. 1894]). Mariant Bible et littérature sans s'embarrasser des

27. Voir Armand de Pontmartin, « Les Fétiches littéraires : I. Balzac », *Le Correspondant*, 25 novembre 1856.

précautions des théologiens professionnels, « On n'est pas parfait » illustre de façon exemplaire cette apologétique qui vise moins à fonder le jugement de crédibilité sur une démonstration rigoureuse et un respect impeccable de l'orthodoxie, qu'à user des pouvoirs du récit pour faire surgir dans la conscience du lecteur l'étincelle d'une illumination spirituelle.

L'opération est évidemment risquée : Dieu lui-même n'est présent dans ces contes qu'en figures et, d'une certaine manière, en creux : il faut le déduire des travestissements ridicules ou ignobles que Bloy imagine en composant ses fictions narratives. Un tel pari peut laisser sceptique ou paraître extravagant. Relevons cependant qu'il est fidèle à l'esprit des paraboles scripturaires. Celles-ci introduisent l'auditeur dans un monde étrange où tout est identifiable et pourtant différent. Créant la surprise, elles exigent une décision de leur destinataire, qu'elles prennent dans un dilemme : doit-il se laisser emporter par une histoire où se déploie dans toute sa force une parole figurative qui le déconcerte, ou bien s'en tenir fermement à ses habitudes de pensée, en concluant qu'on se moque de lui ?

Il ne suffit pas de dire qu'une parabole réussie enseigne les principes de la religion chrétienne : elle est surtout « un événement de langage » où ceux qui l'écoutent doivent « choisir entre deux mondes » [28] et accepter de perdre leurs repères pour laisser surgir en eux de nouveaux possibles. Tel est le pouvoir de ces récits « pneumatiques » : dans la bouche des pauvres mortels, ils trahissent une sorte d'*inconscience prophétique*, « troublante faculté de proférer, par-dessus les hommes et le temps, des paroles inouïes », dont la portée échappe sans doute, mais qui sont, aux yeux de Bloy, « le signe incontestable du grand poète » (II, 191).

28. R. W. Funk, *Language, Hermeneutic, and Word of God*, New York, Harper & Row, 1966, p. 161-162, cité en trad. fr. par Daniel Marguerat, *Parabole*, Paris, Cerf, coll. « Cahiers Évangile », vol. 75, 1991, p. 49.

Quatrième partie

Rencontres d'un solitaire

Chapitre I

Joseph de Maistre

« Tout se ramène au grand axiome : catholique ou rien. »

Joseph de Maistre, « Pensées inédites » [1].

« Ma conviction catholique ne fait que grandir en moi au point d'exclure toute autre préoccupation intellectuelle. »

Léon Bloy, lettre à sa mère de la fin juin 1869 (Bo, 1, 04).

C'est à Barbey d'Aurevilly que Bloy doit d'avoir découvert Joseph de Maistre. Après leur rencontre « providentielle », rue Rousselet où ils habitent tous les deux en décembre 1867, le « Connétable des lettres », qui s'est pris d'amitié pour ce jeune périgourdin à la dérive dans la capitale et a fait de lui une sorte de secrétaire bénévole, entreprend de le guider en retour dans sa formation intellectuelle. Sous l'influence d'un tel maître, Bloy qui découvre les « Prophètes du passé » traverse, l'année suivante, une profonde crise religieuse et intellectuelle. En un revirement spectaculaire, celle-ci le conduit à épouser avec ferveur les thèses du traditionalisme catholique, après avoir rejeté le socialisme révolutionnaire vers lequel son tempérament révolté l'avait spontanément porté au début de son séjour parisien.

1. Cité par Émile Dermenghem dans *Le Correspondant*, 25 mai 1922, t. 251, p. 633.

Lorsque la guerre de 1870 éclate, Bloy est devenu un fervent admirateur de Joseph de Maistre et n'en fait pas mystère. L'un de ses premiers textes, intitulé « Héroïsme » [2], présente l'auteur des *Considérations sur la France*, non sans emphase, comme « le plus sublime chrétien du XIXe siècle, le dernier des Pères de l'Église », qui a prédit avec une extrême clairvoyance « la grande catastrophe » (XV, 17) à venir [3]. À la même époque, la correspondance de Bloy, véritable catéchisme de la pensée contre-révolutionnaire, fourmille de références maistriennes. Lorsqu'il fait ses débuts à *L'Univers* en 1874, la manière de ses articles, au « ton de mandement », à la phrase « monotonement carrée », comme s'en inquiète Barbey lui-même, est celle d'un « écrivain ecclésiastique », qui « se serait, le matin, lavé la bouche avec du de Maistre » [4] : par la raideur de son prosélytisme, Bloy a les défauts des convertis de fraîche date, bardés de références, et si forts de leurs convictions qu'ils donnent volontiers des leçons de tous côtés [5].

En 1884, lorsqu'il publie enfin son premier ouvrage, *Le Révélateur du Globe*, Bloy, qui a accumulé les avanies et les échecs en campant un personnage de prédicateur de Carême égaré dans la République des lettres, reste l'adepte de Joseph de Maistre. Il le place, à côté de saint Augustin et de Bossuet, parmi les écrivains « d'un génie presque surnaturel », qui ont su

2. Composé en 1871, il est longtemps resté inédit. Il a été publié par Joseph Bollery (Bo, 1, 138-140) et repris par Jacques Petit dans les *Œuvres* de Bloy (XV, 17-19).

3. Bloy se souvient ici des *Soirées de Saint-Pétersbourg*, onzième entretien (éd. cit., p. 761-762) : « ... il nous faut nous tenir prêts pour un événement immense dans l'ordre divin, vers lequel nous marchons avec une vitesse accélérée qui doit frapper tous les observateurs. Il n'y a plus de religion sur la terre : le genre humain ne peut demeurer dans cet état. Des oracles redoutables annoncent que *les temps sont arrivés.* »

4. Jules Barbey d'Aurevilly, lettre du 4 juillet 1874, dans *Correspondance générale*, éd. Jacques Petit, Philippe Berthier et Andrée Hirschi, Annales littéraires de l'Université de Besançon, Paris, Les Belles Lettres, 1987, t. VII, p. 201.

5. Les lettres de Barbey à son jeune ami multiplient à cette époque les mises en garde, non sans un certain agacement. Le 4 juillet 1874, il lui écrit encore : « Lisez Voltaire. Lisez les légers et coupez la queue à vos chiens – non, vous n'en avez pas – mais à vos chiennes de phrases. Remuez-vous davantage dans les vôtres. Lisez Voltaire. Il ne faut pas lire ses *analogues*. Il faut lire ses *différents* » (*ibid.*, p. 201). Le 30 octobre 1874, il récidive, sur un ton plus vif : « ... vous devenez un insupportable pédant en matière de catholicisme. [...] Turcaret, le parvenu, l'enrichi d'hier est ridicule par le faste de son luxe. Il y a, en religion, des parvenus, des enrichis d'*hier* qui ont le faste de leur catholicisme. Il faut prendre garde de se donner les airs de ces Turcarets-là » (*ibid.*, p. 226-227).

apercevoir le plan divin dans l'histoire universelle. « De l'extrémité de sa plume trempée de lumière », ce « Docteur Angélique du Dogme Providentiel » a « tracé quelques-unes des lois visibles du gouvernement temporel de Dieu sur les peuples et les empires » (I, 32). Par sa hauteur de vue, il appartient à la race des esprits supérieurs, incompris du monde issu de la Révolution [6], dont il a dénoncé par avance toutes les illusions :

> Notre siècle [...] a le génie de l'abolition et le délire de la sécurité. Il croit, par exemple, qu'on peut démolir le christianisme sans dégringoler dans l'idiotisme universel, et que l'apostasie des peuples serait l'assomption de l'humanité. À cela, que voulez-vous que fasse un homme de génie ? De Maistre s'y est brisé, et quiconque parlera comme lui, sera dévoré par le sphinx à tête d'âne, que Pascal appelait l'opinion, et qui s'appelle aujourd'hui le suffrage universel. (XV, 110)

Cependant, l'hommage le plus vif que Bloy ait rendu à Maistre – mais est-il parfaitement sincère ? – se trouve dans une lettre au marquis Costa de Beauregard datée de juin 1882, à laquelle on n'a guère prêté attention jusqu'à présent : « Je loue le Sauveur Jésus, père des pauvres, d'avoir voulu qu'un secours si nécessaire me vînt d'un parent de son glorieux serviteur Joseph de Maistre que j'honore comme un prophète et à *qui je dois d'être chrétien* » (Bo, 2, 56). Ces propos flatteurs, sous la plume d'un écrivain pressé par le besoin, sont peut-être dictés par la situation. Même s'ils comportent une part d'exagération, ils n'en signalent pas moins une dette : ils témoignent de la pliure intellectuelle dont le défenseur de l'Autorité a marqué les années d'apprentissage de Bloy.

De fait, l'œuvre de celui-ci, jusqu'au début des années 1890, manifeste une incontestable imprégnation maistrienne. On en relève les traces dans

6. Dans un esprit similaire, Bloy écrit à Blanc de Saint-Bonnet en décembre 1874 : « Si la société peut vivre quelque temps encore, vous aurez le sort de M. de Maistre qui, n'écrivant que pour ses pairs, mourut sans avoir joui de sa gloire et qui, au moment d'expirer, commença d'être enseveli dans les pleurs que l'effrayant avenir du monde lui faisait répandre » (voir Bo, 1, 203-204). On pourrait citer encore l'article que Bloy consacre à *La Légitimité* : « Lorsque le génie disait la vérité, les hommes ne l'ont point écouté, et lorsque la médiocrité débitait le mensonge, le monde s'est suspendu à ses lèvres. Rappelons-nous ce cri de notre très grand de Maistre : "Que voulez-vous qu'on dise à des hommes qui croient qu'ils peuvent faire des souverains ?" » (*L'Univers*, 17 janvier 1874 ; XV, 20). Bloy semble se souvenir ici, bien approximativement, des *Considérations sur la France*, chap. X : « L'homme peut-il faire un souverain ? Tout au plus il peut servir d'instrument pour déposséder un souverain [...] » (éd. cit., p. 272).

son premier roman, *Le Désespéré*[7], mais aussi dans ses essais historiques[8], ses pamphlets et sa critique[9]. Ainsi, le jugement sur Maistre est l'un des rares points sur lesquels l'écrivain prend ses distances avec Huysmans, dans l'article élogieux qu'il compose en 1884 sur *À Rebours* :

> ... qu'importe la multitude des contradictions ou des erreurs qui tapissent, à la manière d'anormales végétations, le fond d'un livre où se déverse, comme dans la nappe d'un golfe maudit, tout l'azur de l'immense ciel ? Qu'importe, par exemple, que [...] Joseph de Maistre [soit] jugé *ennuyeux* et *vide*, par la plus incompréhensible des répugnances, et mis au-dessous de cet académique plumassier M. de Falloux ? (IV, 336)

L'auteur des *Considérations sur la France*, au même titre que Bonald et Blanc de Saint-Bonnet, fait partie, à cette époque, des « quelques hommes de premier ordre » (XV, 47), que Bloy revendique fièrement comme sa famille de pensée : son prestige intellectuel est tel qu'il constitue tout à la fois une référence et un modèle.

*
* *

On peut se demander toutefois ce que Bloy a retenu de la pensée maistrienne. Si l'on en croit Robert Bessède, il n'en a conservé, au prix d'une

7. Dans ce roman, Maistre est l'une des rares figures intellectuelles sauvées par Bloy au XIXe siècle : « Joseph de Maistre disait, il y a plus d'un siècle, que l'homme est trop méchant pour mériter d'être libre. Ce Voyant était un contemporain de la Révolution dont il contemplait, en prophète, la grandiose horreur, et il lui parlait face à face. Il mourut dans l'épouvante et le mépris de ce colloque, en prononçant l'oraison funèbre de l'Europe civilisée. Il n'aurait donc rien de plus à dire aujourd'hui, et les finales porcheries de notre dernière enfance n'ajouteraient absolument rien à la terrifiante sécurité de son diagnostic » (III, 176). On trouve le même éloge dans *Le Pal* (IV, 83). Bloy cite *Du pape*, livre III, chap. II (éd. cit., p. 232).

8. *La Chevalière de la Mort*, par exemple.

9. Dans les *Propos d'un entrepreneur de démolitions*, c'est à l'aune de la référence maistrienne que Bloy entend mesurer l'indigence de Louis Veuillot, à propos d'un mot d'enfant insultant pour une dame que son père lui a demandé d'embrasser (l'épisode se trouve dans *Çà et là*, l'un des ouvrages « édifiants » du célèbre polémiste catholique) : « De tous les hommes que leur caractère ou leur génie rendirent fameux, il n'en est peut-être pas un seul que Louis Veuillot ait autant désiré d'égaler que le comte Joseph de Maistre. Il s'efforçait tant qu'il pouvait de le rappeler et il plantait sur sa boutique les plus extravagants paratonnerres pour y attirer sans danger la foudre de cette comparaison. Eh bien ! vous représentez-vous ce grand gentilhomme lisant cette petite vilenie. Joseph de Maistre ! qui voulait tant que la femme fût honorée et qui connut si peu, quoique catholique, la très sainte horreur de tous ces drôles pour la splendide nudité du saint maternel ! » (II, 40).

incontestable simplification, que quelques traits fondamentaux, qui constituent la Vulgate du traditionalisme politico-religieux : « l'antirousseauisme, la conviction que l'homme est mauvais en dehors de la société du Christ, et l'hostilité à la Révolution » [10]. Sans être dénué de tout fondement, ce jugement est sans doute un peu réducteur et n'interdit pas de faire un inventaire plus précis de la dette contractée par le Pèlerin de l'Absolu à l'égard de Joseph de Maistre.

L'histoire est le premier domaine où cette dette est patente. L'un des mérites incomparables de Joseph de Maistre, aux yeux de Bloy, est d'avoir mis en évidence la dynamique des temps modernes, de la Réforme à la Révolution française, en y décelant la manifestation progressive d'un principe destructeur. Le protestantisme, dans la pensée maistrienne, est en effet la révolution religieuse, dont les événements de 1789 et leur suite sont, à deux siècles de distance, la conséquence politique. Ce sont là les deux faces d'un même phénomène, qui s'exprime aussi bien dans la postulation protestante du droit d'examen que dans l'esprit critique revendiqué par les philosophes des Lumières et dans la volonté jacobine de fonder l'État sur la souveraineté du peuple. Il s'agit, à chaque fois, de récuser tout fondement transcendant à l'autorité et, sous prétexte de libérer les individus et la société, de les exposer au néant de théories illusoires et de vains systèmes.

À ses débuts, Bloy épouse ces thèses, comme le suggère l'un de ses premiers articles, publié dans *L'Univers*, qu'il consacre au protestantisme :

> Tout le monde connaît aujourd'hui le mot de M. de Maistre : « L'histoire depuis trois cents ans n'est qu'une immense conspiration contre la vérité. » C'est, en effet, le protestantisme, apparaissant dans le monde chrétien au moment même de la découverte de l'imprimerie, qui donna naissance à cette effroyable volée d'erreurs et de mensonges historiques qui nous cachent présentement toute la tradition, dénaturent les enseignements du passé et rendent tout à fait incompréhensible l'économie du plan divin de la Providence. (XV, 33)

De tels propos apparentent Bloy à ces catholiques traditionalistes – collaborateurs des *Annales de philosophie chrétienne*, de *La Revue du*

10. Robert Bessède, *La Crise de la conscience catholique dans la littérature et la pensée françaises à la fin du XIXe siècle*, Paris, Klincksieck, 1975, p. 85.

monde catholique ou du *Croisé* de Georges Seigneur et Ernest Hello – qu'inspire l'enseignement maistrien, en ce qu'il les incite à « entreprendre une entière régénération par un retour à la source vivante de leurs principes » [11].

C'est bien dans cette perspective que se situe le jeune Bloy lorsque, appelant ses coreligionnaires à un sursaut idéologique, il les invite à lutter avec la dernière énergie contre la propagation des « honteuses élucubrations du protestantisme et de la Libre Pensée » (I, 91), ces deux fléaux étroitement associés dans la même logique négatrice [12]. Lorsqu'il aborde la Révolution française, qu'il comprend à son tour comme un prolongement de la rébellion protestante contre l'autorité légitime, il ne manque pas de reprendre la fameuse formule de Joseph de Maistre sur sa dimension « satanique » [13]. Mais c'est pour souligner aussitôt, suivant le mouvement paradoxal de la pensée maistrienne, la fonction rédemptrice de ce déchaînement maléfique, qui justifie « l'étonnante grandeur de ses conséquences » (XV, 46) [14] : ce crime sans précédent, dont le « caractère expiatoire » est la « véritable [...] raison d'être » (*ibid.*), est aussi un châtiment régénérateur. Loin d'avoir pris fin avec la chute de Robespierre ou celle de Napoléon, la Révolution semble se prolonger indéfiniment dans l'histoire sous son apparence criminelle, et fait encore sentir ses effets à la fin du XIXe siècle. Pour un contemporain de la guerre de 1870 et de la Commune tel que Bloy, il existe à l'évidence une solidarité surnaturelle entre ces derniers événements et la période révolutionnaire : « Lorsque le premier désastre me fut annoncé – écrit-il à propos de la débâcle –, je me

11. *Ibid.*, p. 48.

12. Ce n'est pas un hasard si l'on voit alors resurgir la référence maistrienne : « Il est déshonorant que les catholiques aient abandonné l'histoire d'un grand nombre de faits essentiels pour l'Église et pour le monde à de viles plumes protestantes ou philosophiques, et, cependant, il en est lamentablement ainsi. Pendant trois siècles, les portières de Caïphe ont écrit tout ce qu'elles ont voulu et, il faut bien le dire, les plus zélés serviteurs de Jésus-Christ n'ont pas toujours attendu le chant du coq pour trembler devant la canaille. Le mot célèbre de Joseph de Maistre n'est certes pas trop fort, on pourrait même y ajouter, et ce n'est pas toujours aux ennemis de l'Église qu'on manquerait de respect » (I, 91-92).

13. Évoquant le réquisitoire de Fouquier-Tinville contre Marie-Antoinette, *La Chevalière de la Mort* y voit ainsi une révélation, parmi tant d'autres, de ce « véritable génie révolutionnaire que de Maistre a déclaré *satanique* » (V, 52). Sur la citation maistrienne, voir les *Considérations sur la France*, chap. V (éd. cit., p. 226).

14. Dans les *Considérations sur la France* (chap. I), Maistre affirme que si la Divinité « emploie les instruments les plus vils, c'est qu'elle punit pour régénérer » (*ibid.*, p. 202).

sentis éclairé d'une lumière soudaine et je sentis venir jusqu'à moi comme un reflet mourant de cette lumière prophétique que le grand de Maistre projetait il y a quatre-vingts ans sur le monde » (lettre à Daussin de 1871 ; Bo, 1, 137).

À près d'un siècle de distance, la Révolution paraît n'avoir été qu'un épisode du « combat à outrance » [15] que, dans l'économie providentielle, les puissances du mal livrent contre l'héritage politique, social et culturel du christianisme. Refusant de céder à la stupeur ou au désespoir devant de telles énigmes, Bloy postule, comme le ferait Maistre lui-même, que l'histoire étant religieuse par essence, ses soubresauts peuvent toujours s'expliquer par l'intervention divine [16]. L'histoire n'est jamais, à ses yeux, que la geste de Dieu, et les événements qui s'y produisent ont une signification théologique qui consacre l'annexion du politique par le religieux.

Tels sont les principes qui fondent l'historicisme de Bloy, à ses débuts. Celui-ci se place une nouvelle fois dans la filiation maistrienne pour démontrer, en s'appuyant sur les données de l'expérience, l'inanité des systèmes politiques établis sur des bases purement humaines. L'histoire, lorsqu'on sonde les profondeurs du passé, permet selon lui de vérifier que seule l'association du principe monarchique et du principe religieux est viable dans la longue durée. Fort de cette observation, Bloy peut écrire à son ami Daussin : « Le grand de Maistre, homme d'un bon sens presque divin, a énoncé un grand axiome. L'histoire, dit-il, c'est la politique expérimentale. C'est-à-dire que tout ce qui, dans l'ordre humain, s'appelant

15. Joseph de Maistre, *Considérations sur la France*, chap. V (*ibid.*, p. 229).

16. C'est toute l'histoire que le jeune Bloy lit de cette manière, à partir de la dialectique du crime et de l'expiation. Ainsi du *Révélateur du Globe*, où l'écrivain brode sur cette idée, tout en faisant écho à la thèse soutenue dans le deuxième entretien des *Soirées de Saint-Pétersbourg*, où Maistre, qui prend notamment exemple sur les peuplades découvertes par Christophe Colomb, soutient que le sauvage n'est pas un être à l'état de nature, mais un être dégradé : « Une chose, entre autres, que l'intelligence humaine ne saurait atteindre avec le raccourci effrayant de sa notion de justice, c'est le mystère de toute une moitié de la race humaine exclue, pendant plus de cinq mille ans, de toute participation à la vie spirituelle des peuples de l'Ancien Monde. Ce simple fait accable la pensée. Quel crime sans nom ni mesure avait donc pu nécessiter une aussi longue, une aussi épouvantable expiation, endurée, non par un seul peuple, mais des centaines de nations, pour quelques-unes desquelles elle dure encore ? Que dis-je ? la plupart d'entre elles ne virent se lever aucune lumière et l'aurore de la civilisation orientale fut pour la multitude de ces créatures infortunées comme l'annonce d'un déluge de feu et de sang pardessus les vagues de l'Atlantique » (I, 34-35).

théorie ou spéculation politique, a succombé à l'épreuve des faits doit être rigoureusement tenu pour mensonge et folie » (Bo, 1, 136).

Dans les années 1870, l'œuvre de Joseph de Maistre fournit donc à Bloy, fût-ce de manière assez rudimentaire, les éléments d'un système de pensée. Elle lui indique également une hiérarchie des disciplines du savoir, qui postule la suprématie des « sciences morales » sur les « sciences naturelles » [17], assujettit la philosophie à la théologie et exploite les données historiques pour étayer des théories politico-religieuses. « La vérité – affirme avec application l'écrivain débutant – se formule humainement en trois grandes manières : objectivement par la théologie et la morale ; subjectivement, par la philosophie ; et expérimentalement, par l'histoire. Quand on aime la vérité, on aime cet ordre et on en est jaloux, comme de Maistre, par exemple, qui fut une de ces têtes les plus fortement équilibrées qu'on ait jamais vues » (XV, 60).

Enracinée dans la pensée autoritaire, cette classification disciplinaire, qui fait la part belle à la théologie, a des implications politiques que le jeune Bloy assume sans difficulté. Il s'agit avant tout de préserver la sacralité du pouvoir, en affirmant l'origine divine de la souveraineté. Reprenant *grosso modo* les arguments de Joseph de Maistre, Bloy affirme que « la société est d'institution divine », qu'elle doit par conséquent « être infiniment respectée et l'homme rigoureusement châtié s'il transgresse les immortelles lois qui la constituent » (Bo, 1, 135). Se fondant sur ces postulats, il dénonce la criminelle fascination qu'exerce la nouveauté sur les esprits modernes et lui oppose une vibrante apologie de la Tradition :

> L'homme n'est sur la terre que pour un temps fort court et la société chrétienne est immortelle puisque la Foi nous enseigne qu'elle se continuera dans les Cieux. La thèse ainsi posée, il est évident que toute nouveauté sociale est le plus grand des attentats, puisqu'il suppose nettement la non-infaillibilité de Dieu et les dépositaires de l'autorité

17. C'est ce que suggère, par exemple, dans *Christophe Colomb devant les taureaux*, cette réflexion sur la prétendue ignorance de Colomb, le « candide serviteur de Dieu [...] qui plongeait sans effort dans les gouffres de la Nature » : il « devait avoir, au fond de son âme très humble, quelque chose qui ressemblait au mépris exprimé par Joseph de Maistre : – "Nous gardons les sciences morales et nous laissons les sciences naturelles à nos domestiques" ». À la suite de cette réflexion, Bloy ajoute ceci : « Un tel mot est souverain pour faire écumer les imbéciles et Joseph de Maistre, assurément le plus haut esprit de son siècle, obtint souvent ce résultat agréable, car il en écrivit un assez bon nombre » (I, 339).

> doivent la poursuivre avec une rigueur sans mesure. Voilà le fond du cœur de nos pères dont les historiens menteurs diront tout ce qu'ils voudront, mais qui aimaient Dieu, qui le défendaient héroïquement, *qui respectaient leurs ancêtres* et les traditions de leur pays. Ces hommes-là ont vaincu le monde par l'incroyable ascendant de leur foi. Ils nous ont légué le double héritage de leur noble France et de leurs vertus. Mais nous n'avons pas su le garder parce que nous sommes des fils irréligieux et de lâches cœurs. (Bo, 1, 135)

Ce petit catéchisme de la pensée réactionnaire débouche tout naturellement, chez Bloy comme chez Maistre, sur une légitimation du bourreau, considéré comme la « pierre angulaire de l'édifice social » [18]. Pour justifier cet enracinement de l'ordre collectif dans la violence, Bloy recourt à une théologie de la Chute, largement inspirée une fois encore par la pensée maistrienne. Celle-ci, par la place qu'elle assigne au mal sur la terre, ne cesse de rappeler la prégnance du péché originel sur les affaires humaines. Si « toute grande institution », étant sacrée, plonge ses racines « hors de ce monde » [19], elle n'en est pas moins menacée par l'imperfection de notre nature. Car il ne faut jamais oublier, contrairement à ce qu'allèguent les thuriféraires de la raison et du progrès, que « l'homme seul est mauvais » (*ibid.*) :

> Dans un temps comme le nôtre – affirme Bloy – où la Foi n'est plus qu'une exception ou un objet de recherche, il est clair que la notion de la Chute n'habite plus les intelligences. Nous avons cessé de voir cet énorme fait moral et social, qui domine dans l'histoire de l'humanité et dans la vie des individus. Joseph de Maistre, dans les *Soirées de Saint-Pétersbourg*, avait bien projeté quelques éclairs jusqu'au fond de ce gouffre métaphysique ; mais à part quelques esprits solitaires, qui donc s'occupe du grand de Maistre en ces temps accablés d'affaires ? (XV, 82)

Pour Bloy cependant, la Chute, même ignorée par le XIXe siècle, est une dure réalité qui légitime la grande loi de l'expiation. Car l'homme est non seulement livré au péché, mais il est aussi voué à la douleur réparatrice.

18. Bloy utilisera en épigraphe du chap. XIII du *Sang du Pauvre* cette célèbre formule des *Soirées de Saint-Pétersbourg*, septième entretien (éd. cit., p. 651).

19. Joseph de Maistre, *Réflexions sur le protestantisme et la souveraineté*, dans *Œuvres*, éd. cit., p. 329.

La vie lui inflige sans cesse un juste châtiment, dont il est souvent l'exécuteur, en « bourreau de lui-même »[20]. L'auteur du *Désespéré* prête la plus grande attention à cette valorisation de la souffrance, à laquelle il associe l'idée maistrienne de « réversibilité ». Tirée de la théologie chrétienne, cette notion désigne à l'origine la possibilité laissée à chacun de faire bénéficier les autres de ses mérites ou de ses œuvres, par un heureux effet de la solidarité spirituelle entre les êtres dans l'économie du salut. Mais, loin de se limiter, chez Bloy comme chez Maistre, à la réversibilité des grâces, elle désigne la possibilité que l'innocent acquitte par sa souffrance le crime des coupables.

Il est vrai que, dans la perspective maistrienne, l'innocence à proprement parler n'existe pas sur cette terre : tout homme par nature est criminel. Dans son exil ici-bas, chacun est soumis à la logique du « salut par le sang »[21]. Le dolorisme bloyen s'exalte à partir de ces spéculations. Il trouve un premier champ d'application dans sa vie relationnelle, comme en témoignent les propos qu'il tient à son ami Georges Landry, en pleine guerre de 1870, lorsqu'il l'exhorte à faire le sacrifice de sa vie pour obtenir la conversion de ses parents :

> Le sang des hommes qui meurent pour Dieu dans les batailles est ce qu'il y a de plus semblable au sang divin répandu pour le salut du monde. Le don de soi est sans doute ce qu'il y a de plus agréable aux yeux de Celui qui s'est le plus donné. Prie bien Dieu qu'il la prenne en échange de la conversion de tes parents. Tu sais que cette réversibilité des douleurs et des acceptations est la base surnaturelle de l'édifice chrétien[22].

Mais c'est plus largement toute l'histoire que Bloy déchiffre à la lumière de ce principe. Lorsqu'il aborde le « martyre » de la famille royale dans *La Chevalière de la Mort*, son propos se donne explicitement comme une variation sur un thème maistrien :

20. « Tout méchant est un *Héautontimorouménos* », affirme Maistre dans *Les Soirées de Saint-Pétersbourg*, troisième entretien (éd. cit., p. 539). Notons cependant que le dolorisme bloyen s'est également formé à partir des réflexions développées par Blanc de Saint-Bonnet dans *La Douleur* (1849).

21. Joseph de Maistre, *Éclaircissement sur les sacrifices*, chap. I, dans *Œuvres*, éd. cit., p. 813.

22. . Lettre du 26 juillet 1871, dans *Lettres de jeunesse (1870-1893)*, Paris, Édouard Joseph, 1920, p. 19.

> De Maistre a dit qu'il put y avoir dans le cœur de Louis XVI mourant telle acceptation capable de sauver la France. Combien plus justement pourrait-on le dire de la Reine, [...] qui n'aurait pas eu même un mouchoir pour essuyer le visage sanglant de son Maître s'il avait passé dans sa prison, mais qui eut pour le rafraîchir les plus grandes larmes qui aient été pleurées depuis Madeleine et qui se serait étendue sur les dalles rigoureusement pour lui faire de tout son corps un royal tapis de pied ! (V, 50-51)

Il est enfin un dernier domaine où l'influence de Joseph de Maistre agit sur Bloy. C'est l'écriture polémique, exercice dans lequel cet homme rompu aux agilités de la conversation s'est distingué, toute sa vie durant, par la vivacité de ses pointes [23], et qu'il a justifié par de précieuses motivations spirituelles. Bloy – qui considère que l'exagération, « ce mot des lâches et des niais », n'est jamais qu'un piètre reproche qu'on jette à la figure de ceux qui ont « l'audace de leur parler avec fermeté de quoi que ce soit » (I, 91) – trouve dans l'indignation maistrienne une caution intellectuelle, qui lui permet de légitimer ses propres outrances verbales. C'est ainsi qu'il distingue du simple emportement, souvent dicté par des considérations égotistes, la « colère par amour » [24], en référence à ce passage des *Soirées de Saint-Pétersbourg* où le comte, se souvenant du psaume « *Irascimini et nolite peccare* » [25], légitime « une certaine *colère rationnelle* qui s'accorde fort bien avec la sagesse » et que « l'Esprit Saint lui-même [...] a déclarée formellement exempte de péché » [26].

L'indignation, si l'on suit Maistre, est donc légitime pour un chrétien qu'épouvante la trahison de la vérité. Elle vaut mieux que l'urbanité de la conversation mondaine, toujours accommodante, toujours prête à flatter

23. Comparant Roselly de Lorgues à Joseph de Maistre, Bloy le trouve « moins aigu et moins transperçant » (I, 67).

24. C'est au nom de cette colère qu'il justifie ses attaques contre Armand de Pontmartin, dans *Le Révélateur du Globe* : « Qu'on l'entende bien, je parle ici en chrétien et en chrétien indigné. Je n'ai voulu montrer l'homme dans sa laideur et dans sa bassesse que pour faire mieux sentir l'énormité de son insolence. Comment, en effet, pourrait-on voir sans cette *colère de l'amour* dont parle Maistre, un écrivain soi-disant catholique se dresser contre le sentiment du Père des fidèles et traiter de GROTESQUE un livre que le pape Pie IX a publiquement illustré de ses éloges [...] » (I, 189). On voit réapparaître cette référence maistrienne dans *Un brelan d'excommuniés* à propos d'Ernest Hello : « Sans ce que Joseph de Maistre appelle la colère de l'amour, il [Hello] n'aurait peut-être été qu'un dialecticien quelconque, un apologiste religieux après tant d'autres [...] » (II, 263).

25. Ps., IV, 5.

26. Joseph de Maistre, *Les Soirées de Saint-Pétersbourg*, quatrième entretien, dans *Œuvres*, éd. cit., p. 558.

lâchement l'opinion, même lorsque celle-ci se fourvoie : « Ce qu'on croit vrai [...] il faut le dire et le dire hardiment. *Je voudrais, m'en coûtât-il grand'chose*, découvrir une vérité faite pour choquer tout le genre humain : je la lui dirais à brûle-pourpoint [27]. » Bloy, on s'en doute, a tiré le meilleur parti de telles allégations. Aussi n'est-il pas surprenant de voir réapparaître dans *Le Pal* la référence à Maistre, lorsque le pamphlétaire donne libre cours à son ironie pour évoquer le vain tumulte causé par les récentes funérailles de Hugo et Vallès :

> Il ne sera plus permis à l'administration des Pompes funèbres de vider une seule des latrines publiques de la popularité sans qu'aussitôt une manifestante bousculade ne se produise par-devers l'aurore ou dans la vesprée. Ainsi finira, peut-être, l'écœurante platitude de notre monde parisien. L'assommage fréquent des citoyens, sans être, au sens absolu, un hommage pieux à la mémoire des défunts illustres, pourra être considéré, néanmoins, comme un apéritif souverain pour donner l'appétit de ces vastes égorgements que Joseph de Maistre déclarait bienfaisants aux lettres et nécessaires à la santé de l'esprit humain. (IV, 44).

Longtemps dans la carrière de Bloy, les aperçus maistriens, cinglants comme des étrivières, lui fourniront le modèle d'une audace intellectuelle en comparaison de laquelle il évaluera sa propre « catapultuosité » (III, 50) [28].

* * *

À mesure que Bloy acquiert sa propre personnalité littéraire, on le voit cependant prendre ses distances avec Maistre. Cela est particulièrement sensible à partir de 1892, année où la publication du *Salut par les Juifs*, qui fonde définitivement sa poétique des figures sur d'abstruses considérations eschatologiques, consacre sa rupture avec le monde catholique et son entrée dans ce qu'il appelle lui-même l'Absolu : c'est l'époque où il se cabre dans son attitude de refus à l'égard des illusions littéraires ou politiques, pour attendre, non sans impatience, l'ultime catastrophe à la faveur de laquelle « la planète, privée de son ÂME, roule[ra], comme une chose

27. *Ibid.*, p. 541 (troisième entretien).

28. Ainsi, lorsque Marchenoir, son double romanesque, affirme, dans *La Femme pauvre*, qu'il ne saurait y avoir d'art chrétien : « Certains d'entre vous, peut-être, se rappellent que cette affirmation me fut reprochée avec amertume par les mêmes penseurs, j'ose le croire, qui reprochent le bourreau à Joseph de Maistre » (VII, 159).

morte, dans l'immensité » (IV, 162). L'auteur des *Considérations sur la France* lui apparaît, dans ce contexte, trop attaché aux contingences historiques du traditionalisme politique et religieux, trop englué dans le passé, mais aussi dans le relatif pour ne pas subir une sorte de désaveu.

Le journal de Bloy témoigne de cette évolution. Le 17 juillet 1892, l'écrivain note dans *Le Mendiant ingrat* : « Relu quelques pages des *Soirées de Saint-Pétersbourg*. Impossible de retrouver l'ancienne saveur. Peut-être étais-je mal disposé. Mais sans trouver de Maistre *vide*, comme l'a déclaré le pneumatique Huysmans, il est certain que je me suis prodigieusement déplacé depuis le temps où je l'admirais avec passion » (*J*, I, 34). Cette impression non seulement persiste, mais se précise avec la critique du providentialisme maistrien, dont le diariste, dans une note du 20 octobre 1901, souligne les limites, sans le récuser tout entier. Ne disant mot de la dimension messianique qui ouvre ce providentialisme sur l'avenir, Bloy regrette que Maistre soit resté prisonnier d'une position exclusivement conservatrice, pour défendre l'autorité religieuse et monarchique. Dans sa représentation du plan divin, le défenseur de la souveraineté s'est enfermé selon lui dans une vision trop humaine, qui l'empêche de voir que, depuis la Révolution française, il est trop tard pour sauver un monde au seuil de l'Apocalypse [29] :

> Lu, plusieurs heures, le *Pape* de Joseph de Maistre. L'auteur me passionna au temps de mon adolescence. Aujourd'hui j'en jouis mieux, en le délimitant. Génie incontestable, mais borné. Génie exclusivement traditionnel. On croirait que sa *Providence* est un mécanisme. Il ne comprit pas qu'en 1789, Dieu avait changé la face du monde. (*J*, I, 394 [20 oct. 1901])

Pour autant, Bloy ne renie pas totalement son admiration pour Maistre. Il est plus juste de dire qu'il la nuance et la tempère [30]. Lorsque, à l'occasion de son deuxième séjour au Danemark, en 1899, il entreprend de

29. On retrouve peu ou prou la même idée dans les *Méditations d'un solitaire en 1916* (chap. XXVIII) : « Joseph de Maistre a dit en propres termes qu'en 1793, la plupart des Français furent habités par des démons. C'est possible. Seulement ce savoyard plein de rêves, qui n'avait rien compris à la Révolution, ne vit pas que la plus sublime pénitence militaire allait être la suite et le contrepoids de ce délire momentané d'une nation que Dieu préférait à toutes les autres » (IX, 279).

30. On trouve dans *Le Vieux de la Montagne*, le 5 septembre 1908, un autre exemple de cet attiédissement : « Lecture. *Récits des Temps Mérovingiens*. Temps effroyables ! On a voulu, de Maistre, je crois, trouver une différence entre les barbares et les sauvages. Je ne la vois pas. À l'exception de quelques nobles figures [...], je n'aperçois que des scélérats ou des brutes »

donner des leçons de français au curé du village où il réside, il prend appui sur des textes de cet auteur – mais aussi de Hugo, il est vrai (*J*, I, 236 [20 févr. 1899]). En dépit de quelques réticences, une note de *L'Invendable* qu'inspirent les persécutions religieuses liées à la loi de séparation de 1905, témoigne d'une connivence persistante avec la pensée maistrienne :

> J'observe, une fois de plus, avec étonnement, que nul ne songe au pouvoir immense du démon, pouvoir manifesté si souvent déjà et devant raisonnablement s'exercer avec une rigueur inouïe sur une nation si renégate. Je suis revenu de Joseph de Maistre, mais son explication de 93 est inchangeable. Nous pourrions nous trouver demain en présence d'un cas de possession universelle. (*J*, I, 615 [29 août 1906])

On relève enfin, dans *Le Pèlerin de l'Absolu*, la résurgence d'une citation désobligeante empruntée aux *Soirées de Saint-Pétersbourg*, dont Bloy s'empare pour l'étendre à ses propres haines : « Joseph de Maistre a écrit : "Si quelqu'un, dans une bibliothèque, se sent attiré par Voltaire, *Dieu ne l'aime pas*." C'est la même chose pour Huysmans » (*J*, II, 256-257 [13 déc. 1911])[31]. L'ensemble de ces déclarations, tout en soulignant les fluctuations d'une affinité, témoigne incontestablement de la permanence, jusqu'à la fin de sa vie, du dialogue de Bloy avec un écrivain qui demeure à ses yeux une haute figure intellectuelle.

*
* *

On peut cependant pousser l'enquête plus avant, en considérant, pour finir, quelques traits caractéristiques de l'œuvre de Bloy, qui la placent – que l'écrivain l'admette ou non – dans une filiation plus ou moins lointaine avec Maistre. Le premier de ces traits est la dramatisation du mal. Sur ce point, Bloy ne s'éloigne guère de l'auteur des *Considérations sur la France*, lorsqu'il déclare : « Nous sommes gâtés par la philosophie moderne, qui a dit que *tout est bien*, tandis que le mal a tout souillé, et

(*J*, II, 53-54). Bloy fait ici allusion à un passage des *Soirées de Saint-Pétersbourg*, deuxième entretien, dans *Œuvres*, éd. cit., p. 497.

31. La citation de Joseph de Maistre est tirée du quatrième entretien des *Soirées* (éd. cit., p. 556). Bloy la reprendra dans une lettre à Jean de La Laurencie, consignée le 31 août 1913 dans *Au seuil de l'Apocalypse* (*J*, II, 361).

que, dans un sens très vrai, *tout est mal*, puisque rien n'est à sa place [32]. » Pour Bloy aussi, le monde est en proie à la réalité mystérieuse d'un mal dont les ressorts restent, pour une grande part, inintelligibles, et c'est la grande illusion moderne de vouloir faire croire que la raison, la philanthropie, la démocratie et la perfectibilité ont éradiqué cette maladie de l'âme humaine.

Certes, le providentialisme maistrien, parce qu'il se place dans la perspective résolument optimiste du christianisme, subordonne l'action du mal à la Volonté divine et s'en remet, sur ce sujet, à la sagesse du grand architecte de l'univers. Il n'est pas question pour Maistre de concevoir le mal, qui s'illustre par exemple dans la Révolution française, comme un principe portant en soi sa pleine suffisance. La « raison d'être » de ce mal, si l'on peut dire, est justement de s'opposer à l'être, ce qui implique la reconnaissance préalable de celui-ci, mais surtout la dissolution finale du principe maléfique dans l'unité retrouvée, que le penseur savoisien ne cessera de prophétiser. Cependant, l'assurance avec laquelle il laisse supposer que l'antagonisme de l'être et du non-être pourra se résoudre *in fine* ne doit pas occulter la longue suite de crises, de déchirements et de souffrances qui risquent de précéder cet heureux dénouement.

C'est peu dire que Maistre dramatise l'histoire humaine : en soutenant que les tentatives de destruction du christianisme et de la monarchie pendant la période révolutionnaire n'aboutiront qu'au renforcement de ces derniers, il engage sa pensée dans la voie du paradoxe, où le jeu des antinomies et, plus encore, leur ultime renversement suspendent l'esprit entre la terreur et l'admiration. Mais de tels retournements, même sidérants, ne parviennent pas à dissimuler tout à fait cette terrible réalité : le mal, qui ne saurait venir de Dieu, révèle un désordre dans la Création, où l'on peut déceler l'indice d'une irréductible et inquiétante autonomie du « mauvais principe » [33].

On découvre chez Bloy « le même constat vécu d'une présence réelle du mal, le même réalisme métaphysique ou visionnaire, opposé aux abstractions rassurantes de tous les philosophismes » [34]. Du *Révélateur du*

32. Joseph de Maistre, *Considérations sur la France*, chap. III (éd. cit., p. 218).

33. Joseph de Maistre, *Du pape*, Discours préliminaire (éd. cit., p. 23).

34. Bernard Sarrazin, *L'Interprétation symbolique de la Bible par Léon Bloy*, Service de reproduction des thèses, Université de Lille 3, 1976, p. 455.

Globe aux *Histoires désobligeantes*, c'est toujours le même diagnostic effaré établissant « l'empire illimité de Satan [...] sur la multitude des affreux enfants de la liberté humaine », qu'il ceint « de ses deux bras immenses comme d'une écharpe de deuil et de mort » (I, 37). Les deux penseurs, sur ce point, sont proches jusque dans leurs formules. Ainsi, quand l'un déclare avec une froide lucidité que « jusqu'à présent la Bête a prévalu », car « toute la terre la suit et l'adore » [35], l'autre évoque « ce combat de l'Esprit contre la Bête » [36], qui ne cesse partout de s'intensifier. C'est qu'ils ont en commun un imaginaire de la catastrophe, qui les porte aux extrêmes. Lorsque Bloy affirme qu'« on ne voit bien le mal dans ce monde qu'à la condition de l'exagérer » (*J*, II, 293 [11 sept. 1912]) [37], l'expérience radicale du négatif à laquelle conduit son esthétique vise à révéler le diabolique en l'homme pour engager l'esprit dans une propédeutique du surnaturel, qui doit conduire à Dieu. Maistre manifeste de même ce goût des extrêmes, il recourt lui aussi à cette dialectique des contraires, qui donne à la confrontation des deux principes antagonistes l'allure d'une guerre sans merci, de tonalité apocalyptique. C'est ce qui séduit chez lui le jeune Lamennais jusqu'au mimétisme, lorsqu'il lui écrit :

> ... plus les ténèbres iront s'épaississant, plus la véritable lumière jettera d'éclat au milieu d'elles, *in tenebris lucebit*. L'état intérieur de l'Église deviendra chaque jour plus parfait, parce qu'il n'y aura plus de milieu entre la foi et le néant, de croyance entre la vertu et le crime, entre le bien et le mal, entre le ciel et l'enfer ; et déjà nous voyons commencer cette séparation tranchante, tout est extrême aujourd'hui ; il n'y a plus de demeure mitoyenne, il n'y a plus de terre. Oh ! Monsieur, que le spectacle que nous avons sous les yeux est grand [38].

L'attente d'un événement inconnu dans une perspective palingénésique est justement le deuxième trait qui rapproche Bloy de Joseph de Maistre. L'historicisme maistrien, qui déchiffre l'histoire universelle comme un Livre sacré, considère que sa trame se constitue en fonction de l'économie

35. Joseph de Maistre, lettre à Mgr de la Fare du 9 (21) mars 1805, dans *Œuvres complètes*, éd. cit., t. IX, p. 359.

36. *Les Funérailles du Naturalisme*, éd. cit., p. 84.

37. Voir également *L'Invendable*, 11 octobre 1904 (*J*, I, 550).

38. Joseph de Maistre, lettre du 2 janvier 1821, dans *Œuvres complètes*, éd. cit., t. XIV, p. 371-372.

du Salut et en tire sa signification profonde. À cet égard, cet historicisme comporte une dimension eschatologique, qu'on voit se préciser, notamment dans le onzième entretien des *Soirées de Saint-Pétersbourg*, avec l'annonce d'un nouvel âge religieux, d'une troisième Révélation marquée par la rénovation du christianisme. Sans doute cette visée eschatologique n'est-elle chez Maistre que « l'*utopie réactionnaire* d'une régénération de la monarchie au sein d'une révolution religieuse mondiale » [39]. Cependant, même si Bloy reste muet sur cet aspect de la pensée maistrienne qu'il suspecte vraisemblablement d'illuminisme et d'hétérodoxie, même si sa propre vision, débarrassée de tout enjeu politique, ne regarde plus vers une possible régénération des institutions humaines, le lien existe, qui place les deux hommes « dans la postérité de Joachim de Flore » [40].

On ne saurait nier toutefois que ce lien reste, somme toute, assez ténu. Toute l'œuvre de Bloy, à partir de sa maturité, s'organise autour de la figure de « Celui qui doit venir », l'Inconnu, le Vagabond que personne n'attend. Cette figure énigmatique, souvent désignée par un indéfini, est étrangère à l'univers maistrien. Si l'apocalypse rêvée par Bloy, qui relève de la logique du neutre, est encore une utopie [41], elle n'a rien de réactionnaire : regardant vers « l'extrême avenir » (III, 263), elle est caractérisée par un sens indécidable. Quelqu'un doit venir, qui prend tantôt un visage sombre, tantôt un visage lumineux, à la fois victime et bourreau : on ne sait s'il sauve l'humanité au plus profond de son opprobre ou si, en un geste cosmicide, il prend acte de l'irrévocable, c'est-à-dire d'une irréductible puissance du mal.

Le destin de cette figure est intimement lié, chez Bloy, à celui de la France. Or c'est là encore un trait qui impose le rapprochement avec Maistre. Dans les *Considérations sur la France*, l'écrivain chambérien, partant du principe que « chaque nation, comme chaque individu, a reçu une mission qu'elle doit remplir » [42], examine le rôle de la France dans

39. Jean-Yves Pranchère, *L'Autorité contre les Lumières : la philosophie de Joseph de Maistre*, Genève, Droz, 2004, p. 103.

40. Voir Henri de Lubac, *La Postérité spirituelle de Joachim de Flore*, Paris, Lethielleux, 1979, t. I, p. 289-309.

41. Voir Louis Marin, « Du religieux », préface de l'ouvrage de Bernard Sarrazin, *La Bible en éclats : l'imagination scripturaire de Léon Boy*, *op. cit.*, p. 5-14 ; texte repris dans Louis Marin, *De la représentation*, Paris, Gallimard/Seuil, coll. « Hautes Études », 1994, p. 149-156.

42. Joseph de Maistre, *Considérations sur la France*, chap. II (éd. cit., p. 202).

l'économie providentielle. Il met en évidence la magistrature intellectuelle que notre pays est appelé, selon lui, à exercer sur les autres nations : « La Providence, qui proportionne les moyens à la fin, et qui donne aux nations, comme aux individus, les organes nécessaires à l'accomplissement de leur destination, a précisément donné à la nation française deux instruments, et, pour ainsi dire, deux *bras*, avec lesquels elle remue le monde, sa langue et l'esprit de prosélytisme qui forme l'essence de son caractère : en sorte qu'elle a constamment le besoin et le pouvoir d'influencer les hommes [43]. » Encore faut-il comprendre la signification d'un tel don du ciel. La « monarchie de la langue française » et le zèle religieux, qui sont pour Maistre « la partie saillante » de notre « caractère national » [44], sont ce qu'il appelle des *fonctions*, c'est-à-dire des attributs destinés à un usage voulu de Dieu, dont on ne saurait s'écarter sans dommage : en vertu d'une « loi éternelle du monde moral » [45], ces fonctions impliquent des *devoirs*.

Or la France, tout au long du XVIIIe siècle, a manqué singulièrement à ses devoirs : elle a laissé Voltaire et ses amis philosophes propager leurs « poisons » ; elle a toléré qu'ils missent la souveraineté en péril, en s'attaquant aux lois fondamentales de la nation, dont l'essence est divine. En permettant, de surcroît, à de tels « sophismes » de se répandre chez ses voisins européens, la France a abusé de ses dons « de la manière la plus coupable » : « ... comme elle s'est servie de son influence pour contredire sa vocation et démoraliser l'Europe, il ne faut pas être étonné qu'elle y soit ramenée par des moyens terribles [46]. » Ainsi s'explique la Révolution française, « punition [...] effrayante » [47], qui doit permettre à la France – « le plus beau royaume après celui des cieux » [48], rappelle Maistre – d'accomplir enfin sa mission providentielle, dont dépend le sort de l'humanité :

> Rien de grand ne se fait dans notre Europe sans les Français. Ils ont été à cette époque ridicules, fous, atroces, etc., tant qu'il vous plaira ;

43. *Ibid.*, p. 211.
44. *Ibid.*
45. *Ibid.*
46. *Ibid.*, p. 202.
47. *Ibid.*
48. *Ibid.*, p. 208. Une note de Joseph de Maistre indique qu'il a emprunté cette formule à l'*Epistola ad Ludovicum XIII* de Grotius.

> mais ils n'ont pas moins été choisis pour être les instruments de l'une des plus grandes révolutions qui se soient faites dans le monde ; et je ne puis douter qu'un jour (qui n'est pas loin peut-être) ils n'indemnisent richement le monde de tout le mal qu'ils lui ont fait ; car le prosélytisme est leur élément, leur talent, leur mission même ; et toujours ils agiteront l'Europe, en bien ou en mal [49].

Une formule résume la pensée de Joseph de Maistre : « La vérité a besoin de la France [50]. » Bloy, qui la cite fréquemment, non sans l'altérer parfois [51], est en profonde sympathie avec l'idée qu'une mission providentielle a été réservée à notre pays. Cette idée, on s'en doute, est aux antipodes de l'universalisme révolutionnaire, qui assigne à la France, patrie des droits de l'homme et du citoyen, de diffuser de par le monde les valeurs de la démocratie, de la raison et du progrès. Si, sur ce point, Bloy est très proche de Joseph de Maistre, il se démarque cependant de lui lorsqu'il précise sa propre conception du destin national. Fondée sur une exégèse symbolique de l'histoire, où les personnages historiques, comme les nations, sont des figures de Dieu, la vision bloyenne sort largement du cadre du prosélytisme maistrien, comme elle échappe, du reste, au nationalisme revanchard de la fin du siècle : « *La France est le* SECRET *de Jésus*, le Secret profond qu'il ne communiqua point à ses disciples et qu'il voulut que les peuples devinassent » (V, 95) ; l'estampille de son peuple « paraît être la NÉCESSITÉ divine » et « le dénouement du drame de l'Homme est à [sa] merci » (V, 96-97). Jusque dans sa déchéance postrévolutionnaire, c'est une figure de la Femme, dont la troisième Personne divine a en quelque sorte besoin pour s'incarner. C'est d'elle que dépendra l'avènement de la Jérusalem céleste, quand viendra le Jugement dernier. Bloy peut ainsi célébrer « la France dont le Paraclet a besoin ; la France où il se promène comme dans son jardin, et qui est la *Figure* la

49. Joseph de Maistre, lettre du 12 (24) octobre 1815 au Prince Kozlovski, dans *Œuvres complètes*, éd. cit., t. XIII, p. 169.

50. Joseph de Maistre, *Du pape*, Discours préliminaire (éd. cit., p. 26). Bloy utilisera cette citation dans *Les Funérailles du Naturalisme*, éd. cit., p. 6.

51. On la trouve dans *Le Révélateur du Globe* (I, 162 et 202) ; dans « Un moine allemand », l'une des anecdotes militaires recueillies dans *Sueur de Sang* (VI, 112) ; dans la lettre du 15 août 1894 à Paul Jury, consignée dans *Le Mendiant ingrat* (*J*, I, 99) ; et dans l'article sur « Johannes Joergensen et le mouvement catholique en Danemark » inséré dans *Mon Journal* (*J*, I, 242 [8 mars 1899]).

plus expressive du Royaume des cieux ; la France réservée, quand même, et toujours aimée par-dessus les autres nations, précisément parce qu'elle paraît être la plus déchue, et que l'Esprit vagabond ne résiste pas aux prostituées ! » (VII, 195).

Châtiée pour ses crimes au moment de la Révolution comme pendant la guerre franco-allemande de 1870 [52], la France, même vaincue, même apostate, même humiliée, est susceptible pour Bloy de redevenir la « reine des peuples » [53]. Mais là où Maistre, en homme du XVIIIe siècle, insiste sur l'empire de l'esprit français et sur l'universalité de notre langue, Bloy, dans sa vision teintée de romantisme et de mystique, place l'« inconcevable grandeur » qui reste seule à la France dans sa « supériorité littéraire » [54] : notre pays peut se glorifier d'avoir enfanté sur son sol cinq ou six écrivains d'exception, qui éclairent l'avenir comme des flambeaux. En révolte contre le monde et souvent incompris, ces hommes de désir sont impatients de voir s'accomplir *hic et nunc* les « réalités divines » [55]. C'est pourquoi ils sont voués au scandale et au malheur : connus seulement d'une élite, ils agissent au nom d'un « incompressible idéal » [56], qui dérange le commun des mortels. Pour tout dire, ces « belluaires » sont des figures du Christ. Bloy met en relation leurs souffrances avec la destinée des martyrs dans la Rome antique : ceux-ci, remarque-t-il, « furent, au fond, des conquérants terribles, talonnant un Maître qui s'était déclaré Lui-même porteur de glaive et d'incendie » [57]. À ces premiers chrétiens, qui moururent pour leur foi dans l'arène, semblent avoir fait place, aux temps modernes, les artistes, dès lors que ces « artisans du Sublime » [58] sont « enfants de la douleur » [59].

Il existe donc une étroite solidarité entre la fonction providentielle de la France et le destin de ces grands artistes, car ceux-ci assument encore cette mission surnaturelle quand leur nation est infidèle à ses devoirs sacrés. Eux seuls, quand l'excès d'opprobre est manifeste parmi les Français,

52. Voir *supra*, dans la deuxième partie, le chapitre I.
53. *Les Funérailles du Naturalisme*, éd. cit., p. 83.
54. *Ibid.*, p. 14-15.
55. *Ibid.*, p. 19.
56. *Ibid.*
57. *Ibid.*, p. 17.
58. *Ibid.*, p. 22.
59. *Ibid.*, p. 18.

œuvrent à la préparation de « *quelque Sauveur* INCONNU » (V, 76) : « Si la France, désignée par tant d'oracles anciens, doit rompre enfin les entraves de l'humanité, c'est évidemment qu'il faut un Orphée du ciel pour la délivrer elle-même de son prostibule infernal » (X, 80). Cette figure orphique, qui porte l'« estampille de l'Esprit Saint », est préfigurée par tous les artistes doués de la faculté de proférer « des paroles inouïes » (II, 191), dont ils ignorent eux-mêmes la portée. « Nomades éplorés du grand Rêve » (II, 46), ces desservants de la Beauté sont les derniers représentants d'une grandeur qu'évoquait jadis le « Nom magnifique » [60] de Napoléon – lequel fut précisément, en son temps, « la vivante *préfiguration* d'un identique Dominateur » [61], que la France attend encore. Pour vaincre définitivement la Bête, il faudrait en quelque sorte un Napoléon des lettres : lui seul pourrait rédimer la France *ad majorem gloriam Dei*, en justifiant pleinement sa « prépondérance intellectuelle » [62].

Bloy ne cessera d'attendre toute sa vie que cet avènement lumineux se produise et le concevra comme un retour aux évidences premières, une épiphanie des vérités éternelles, une restitution de l'ordre de la Création, dont l'homme, malgré la Chute qui a tout obscurci, a toujours gardé en lui l'intuition. Sur ce dernier point, il se rapproche à nouveau de Joseph de Maistre, dans une dette commune à l'égard de Malebranche.

On connaît l'influence de ce dernier sur l'auteur des *Soirées de Saint-Pétersbourg* [63]. On peut en effet parler d'un véritable rationalisme maistrien, qui fait crédit à l'homme du pouvoir de raisonner, car l'esprit humain porte depuis l'origine des idées innées, qui le font participer à la connaissance divine. Grâce à ce don, le premier homme a joui de la science et de la sagesse. Mais le péché originel a entraîné une perte ontologique, qui a aussitôt affecté la raison humaine, sans la condamner toutefois à une absolue cécité, quand elle s'appuie sur la foi. Ainsi Dieu a-t-il préservé dans sa Création la possibilité d'une perfection ultime, qui se produira

60. *Ibid.*, p. 44.

61. *Ibid.*, p. 45.

62. Bloy, à l'évidence, aimerait être cet homme-là. Il campe une figure héroïque d'écrivain-prophète, en charge de l'honneur et de l'avenir de son peuple, qui proclame courageusement, dans un monde hostile, une vérité malsonnante.

63. Voir R. P. Pierre Vallin, « La place des *Soirées* dans l'histoire des théologies chrétiennes », étude donnée en introduction à l'édition des *Soirées de Saint-Pétersbourg* procurée, en deux volumes, par Jean-Louis Darcel, Genève, Slatkine, 1993, p. 51-67.

lors de la réconciliation finale de la créature avec son Créateur, dans la Cité céleste. Les miracles, dans cette perspective, ne corrigent pas l'univers créé, ni ne sont en cela contraires à la sagesse divine : s'ils rompent le cours ordinaire des choses, ils anticipent sur « cette consommation ultime » à laquelle ils sont corrélés, car elle est la « vocation radicale » [64] de tout ce qui existe.

Le traditionalisme de Joseph de Maistre se fonde donc sur « un *rationalisme de l'évidence* » [65], au nom duquel il soutient l'antécédence des découvertes métaphysiques de la raison sur la révélation chrétienne. Le « jugement de la raison » [66], loin de s'opposer à la foi, prépare l'esprit à ses lumières et le confirme dans la vérité. Du reste, « la révélation serait nulle » [67] si elle ne pouvait, de surcroît, faire l'objet d'une parfaite compréhension rationnelle. Maistre, en postulant l'évidente clarté des principes rationnels, identifie, du même coup, la religion au plein accomplissement de la rationalité. Mais cette identification est assortie d'une distinction capitale entre raison et raisonnement. Lorsque, dans *Les Soirées de Saint-Pétersbourg*, le comte affirme qu'il n'entend point « insulter la raison », qu'il « la respecte infiniment », mais que « toutes les fois qu'elle se trouve opposée au sens commun », il se fait un devoir de « la repousser comme une empoisonneuse » [68], ces propos ne visent pas la raison en tant que telle, mais l'usage individuel du raisonnement. C'est à cet usage faillible et discutable que s'oppose le « sens commun », lequel n'est rien d'autre qu'un usage de la raison, soutenu par l'intuition et l'expérience, qui s'enracine dans la Tradition. Maistre invoque sans cesse ce « bon sens » pour distinguer la « droite raison » [69] des sophismes du raisonnement, qui n'en sont qu'un odieux travestissement, fruit de cette « intempérance de l'esprit » [70] jadis dénoncée par Bossuet.

64. *Ibid.*, p. 60.

65. Jean-Yves Pranchère, *L'Autorité contre les Lumières...*, *op. cit.*, p. 310.

66. Joseph de Maistre, *Examen de la philosophie de Bacon*, dans *Œuvres complètes*, éd. cit., t. VI, p. 426.

67. *Ibid.*, p. 269.

68. Joseph de Maistre, *Les Soirées de Saint-Pétersbourg*, quatrième entretien (éd. cit., p. 559).

69. *Ibid.*, p. 535 (troisième entretien).

70. Bossuet, *Oraison funèbre d'Anne de Gonzague*, dans *Oraisons funèbres*, éd. Jacques Truchet, Paris, Garnier, 1961, p. 273.

On retrouve ces arguments sous la plume de Blanc de Saint-Bonnet, qui fut un médiateur entre Bloy et Maistre [71]. L'auteur de *La Légitimité* postule en effet la parfaite identité de l'état de raison et des lois divines – car rien, selon lui, ne saurait séparer les « axiomes » et les « dogmes » – et il accuse l'orgueil moderne d'avoir ruiné « l'idée de cause » en affaiblissant « l'idée de l'Être » [72]. Les catholiques, qui ont « du bon sens » et « de la vertu », sont donc, selon lui, les seuls à pouvoir « sauver la raison du naufrage », car la raison, ce n'est que « l'habitude des principes » et « la possession des grandes lois », qui fondent sur la religion « le développement réel de la nature humaine » [73].

Bloy, qui se forma au raisonnement philosophique en lisant Malebranche – ce dont témoigne aujourd'hui encore sa bibliothèque –, se souviendra de ces lectures dans son *Journal*, où il affirmera, à son tour, qu'il est « impossible de perdre la Foi sans perdre, jusqu'à un certain point, la Raison, [...] qui est la faculté par laquelle on connaît Dieu » (*J*, I, 365 [23 mars 1907]). Dans un monde où l'on « crève de la nostalgie de l'Être » [74], l'écrivain supérieur est celui qui, refusant tout scepticisme, revendique l'absolu d'un langage vrai, dont la beauté est enracinée dans la raison autant que dans la foi. Un tel langage vise essentiellement au sens, dans un violent effort de clarification qui joue contre la *doxa* et les atermoiements du dilettantisme. Il retourne les lieux communs sans se faire l'instrument de cette « science délicate de la métamorphose » [75], à laquelle s'arrêtent les esthètes désenchantés. Car il n'a qu'un but : faire éclater l'évidence du Verbe, en l'arrachant aux mensonges d'un monde dégradé.

Il s'agit en somme d'atteindre à un état miraculeux de la parole. Car « le miracle est la restitution de l'ordre » (IX, 294) [76]. Est-ce un hasard

71. Bloy fut un lecteur attentif de l'ouvrage de Blanc de Saint-Bonnet, *De l'affaiblissement de la Raison*, paru en 1853 chez Hervé. Voir *L'Invendable*, 23 mars 1907 (*J*, I, 635) et *Au seuil de l'Apocalypse*, 9 avril 1914 (*J*, II, 390).

72. Antoine Blanc de Saint-Bonnet, *L'Infaillibilité*, Paris, Dentu, Gaume Frères et J. Duprey, 1861, p. 61.

73. *Ibid.*, p. 512-513.

74. *Les Funérailles du Naturalisme*, éd. cit., p. 19.

75. Paul Bourget, *Essais de psychologie contemporaine*, éd. André Guyaux, *op. cit.*, p. 36.

76. Bloy cite encore cette formule dans son journal. Voir *Mon Journal*, 21 mars 1899 (*J*, I, 251).

si ce « lieu commun » – l'expression est de Bloy – est une référence maistrienne qui ne dit pas son nom[77] ? Mais Maistre lui-même ayant emprunté l'idée à Malebranche, on a ici un ultime exemple des subtiles ramifications qui associent, dans un compagnonnage intellectuel plus riche qu'il n'y paraît, les deux polémistes visionnaires, ces « enfants terribles »[78] du monde catholique, entre l'aube et le crépuscule du XIXe siècle.

77. Voir *Les Soirées de Saint-Pétersbourg*, huitième entretien : « Ils parlent de *désordre* dans l'univers ; mais qu'est-ce que le *désordre* ? C'est une dérogation à l'ordre, apparemment ; donc on ne peut objecter le *désordre* sans confesser un *ordre* antérieur, et par conséquent l'intelligence » (éd. cit., p. 698).

78. L'expression est de Bernard Sarrazin (voir *L'Interprétation symbolique de la Bible par Léon Bloy*, *op. cit.*, p. 451).

Chapitre II

Chateaubriand

L'association de ces deux noms, Bloy et Chateaubriand, a toutes les apparences d'une gageure. Qu'y a-t-il de commun, en effet, entre l'aristocrate breton, qui touche encore au XVIIIe siècle par sa naissance et le Périgourdin d'origine paysanne, dont la vie s'achève en 1917 ?

Chateaubriand, lorsqu'il compose en 1833 la « Préface testamentaire » de ses *Mémoires*, indique les « trois carrières » [1] qui ont occupé l'essentiel de sa vie : il a été successivement un voyageur, un homme de lettres, un homme d'État. Or ce sont des occupations que Bloy n'a cessé de rejeter au cours de son existence. Celui-ci, en sédentaire, n'apprécie guère les voyages [2] et, en dépit de ses origines provinciales, il ne se sent chez lui que dans la capitale ou dans ses abords immédiats [3]. Par ailleurs, il ne fait pas mystère de la piètre estime dans laquelle il tient les lettres : l'écrivain est « l'accident de ma substance – affirme-t-il –, j'ai quelque chose de plus » (*J*, I, 61 [26 juin 1893]). Enfin, il se dit étranger aux affaires publiques [4]. Marchant « dans l'Absolu » (*J*, I, 127 [11 déc. 1894]), au mépris de la

1. . François-René de Chateaubriand, *Mémoires d'outre-tombe*, éd. Jean-Claude Berchet, Paris, Bordas, 1989, t. I, p. 845.

2. Voir, par exemple, la tonalité dysphorique du récit de ses *Dix-sept mois en Danemark* ou son exaspération habituelle à l'égard des villégiatures estivales, dont témoigne son *Journal*.

3. « Marchenoir méprisait, haïssait Paris, et cependant il ne concevait habitable aucune autre ville terrestre. C'est que l'indifférence de la multitude est un désert plus sûr que le désert même, pour ces cœurs altiers qu'offense la salissante sympathie des médiocres. Puis, sa double vie affective et intellectuelle avait réellement débuté dans ces amas d'épluchures [...] » (III, 157).

4. « J'ignore éternellement la politique » (*J*, I, 88 [19 juin 1894]).

politique, il affiche pour toute ambition de ne vivre « que pour Dieu » (*J*, I, 207 [16 juillet 1897]).

Les deux hommes, s'ils appartiennent à la famille des écrivains catholiques, ne font pas partie de la même « chapelle ». Chateaubriand considère le christianisme comme la « pensée de l'avenir et de la liberté humaine » [5]. Ses préoccupations sont celles du catholicisme libéral, lequel appelle de ses vœux une religion capable d'exercer, pour le bien commun, une influence spirituelle dans la société, mais rejette tout « empiétement temporel du sacerdoce » [6]. Bloy, quant à lui, a été formé par Barbey d'Aurevilly à l'école des « Prophètes du passé » : il se définit comme « un catholique du *Syllabus* et de Boniface VIII » (*J*, I, 493-494 [29 juillet 1903]). Dans *Le Révélateur du Globe*, son premier ouvrage, il mitige son admiration pour Chateaubriand, ce « grand écrivain », cet « aigle » (I, 67), en lui reprochant de n'avoir guère « l'intelligence du surnaturel chrétien » (I, 116). Même s'il abandonne bientôt le dogmatisme néo-maistrien de ses débuts, il adopte sur tout événement un point de vue eschatologique qui l'éloigne encore de l'auteur du *Génie du christianisme* : persuadé que « tout est rejeté » (*J*, I, 196 [20 mars 1897]), il élabore une théorie de la figure, le « symbolisme universel » (III, 131), dans lequel l'histoire est un « immense Texte liturgique » (III, 137), où se répètent, sous des formes variées, les « préfigurations de la Catastrophe qui doit [...] tout consommer à la fin des fins » (V, 273).

Pourtant, tout comme Barbey d'Aurevilly, son maître, Bloy estime Chateaubriand, en dépit des réserves que lui inspire « sa vanité à décroche-cœurs » (*J*, II, 115 [7 janv. 1910]). Le « mendiant ingrat » présente parfois son *Journal* comme des « mémoires » [7] : il y situe sa propre histoire sur le vaste théâtre du monde, à la manière des *Mémoires d'outre-tombe*, qu'il cite par deux fois en épigraphe de son œuvre [8]. Plus important encore, son roman le plus célèbre, *Le Désespéré*, s'inscrit dans

5. François-René de Chateaubriand, *Mémoires d'outre-tombe*, livre XII, chap. 11 (éd. cit., t. II [1992], p. 56).

6. Paul Bénichou, *Le Temps des prophètes*, Paris, Gallimard, 1977, p. 117.

7. Voir la dédicace du *Vieux de la Montagne* à Henri Barbot : « Je vous offre cette cinquième roue du carrosse de mes lamentables Mémoires » (*J*, II, 3).

8. Voir la Préface d'André Dupont, « Léon Bloy et l'argent », qui ouvre *Le Vieux de la Montagne*, et la page de titre du *Pèlerin de l'Absolu*.

la filiation de *René* : par sa genèse et son sujet, il témoigne de l'influence exercée sur Bloy par cette peinture de l'ennui de vivre, dont il adapte à son temps la visée apologétique.

*
* *

Certes, c'est à Baudelaire que Bloy se réfère, lorsqu'il cherche la première expression de ce désespoir moderne dont Marchenoir est la proie. La mélancolie de René lui paraît encore trop mesurée, trop harmonieuse dans son expression, pour convenir à la génération « fin de siècle ». Pour traduire le désarroi existentiel de cette génération, il manque au premier romantisme le sens du grotesque et la violence extrême, qui transforme l'écriture en quelque chose d'« insensé », de « noir » et de « dévorant » [9] :

> ... qu'est-ce que le *vague passionnel* de l'incestueux René, bâtard de Rousseau, ou la frénésie décorative de Manfred, auprès de la tétanique bave de quelques réprouvés tels que Baudelaire [...] ?
> Ceux-là ne *se souviennent* plus *des cieux*, blague lamartinienne tant admirée ! Ils ne s'en souviennent plus du tout. Mais ils se souviennent de la tangible terre où ils sont forcés de vivre, au sein de l'ordure humaine, dans une irrémédiable *privation de la vue de Dieu*, – quel que soit leur concept de cette Entité substantielle, – avec un désir enragé de s'en repaître et de s'en soûler à toute heure !... (III, 50)

Il n'en reste pas moins que *Le Désespéré* tient à *René* par plusieurs liens, que l'on mettra au jour en considérant d'abord le rôle d'*À Rebours* dans la genèse de cette œuvre. Le roman de Huysmans est en effet un maillon essentiel entre les deux romans. Dans ce récit qui fut la Bible de la génération symboliste et décadente, la référence majeure de Des Esseintes, celle qui exprime le mieux sa difficulté d'être, est aussi Baudelaire. Des Esseintes, qui a fait imprimer les œuvres du poète « dans un large format rappelant celui des missels » [10], lui rend grâce d'avoir révélé des aspects de l'ennui de vivre inconnus de ses devanciers :

9. Voir *Le Désespéré*, à propos des *Chants de Maldoror* : « Ce n'est plus la *Bonne Nouvelle de la Mort* du bonhomme Herzen, c'est quelque chose comme la Bonne Nouvelle de la *Damnation*. Quant à la forme littéraire, il n'y en a pas. C'est de la lave liquide. C'est insensé, noir et dévorant » (III, 51).

10. J.-K. Huysmans, *À Rebours*, éd. cit., p. 259.

> Baudelaire était allé plus loin ; il était descendu jusqu'au fond de l'inépuisable mine [...].
> À une époque où la littérature attribuait presque exclusivement la douleur de vivre aux malchances d'un amour méconnu ou aux jalousies de l'adultère, il avait négligé ces maladies infantiles et sondé ces plaies plus incurables, plus vivaces, plus profondes, qui sont creusées par la satiété, la désillusion, le mépris, dans les âmes en ruine que le présent torture, que le passé répugne, que l'avenir effraye et désespère [11].

Cependant, la ferveur baudelairienne de Des Esseintes n'a pas empêché la critique de souligner, à juste titre, que la rupture d'*À Rebours* avec la vulgate naturaliste situait l'œuvre dans l'héritage de Chateaubriand, en marquant « son ralliement au roman "mythique" dans la tradition de *René* » [12]. Marc Fumaroli a montré comment les deux récits, dont les thèmes sont empruntés au *tædium vitæ* des Anciens et aux vanités de la spiritualité chrétienne, s'inscrivent dans une tradition apologétique, qui s'interroge sur la misère de l'homme, déchiré entre des postulations contraires : infini et finitude, âme et chair... L'élaboration d'un véritable mythe littéraire, à travers un héros incarnant, au delà de toute caractérisation sociale ou psychologique, le mal de l'infini, remplit dans les deux cas une fonction d'éveil : elle garantit une ouverture de sens et incite le lecteur à la méditation spirituelle, en lui donnant à voir, dans leur pureté originelle, les données antagonistes de sa condition.

Or Bloy n'a jamais caché son admiration pour *À Rebours*, dont il a fait l'éloge lors de la parution de l'ouvrage. Dans son compte rendu [13], il souligne lui-même la dimension mythique de cette « œuvre morbide et désolée » (IV, 332), qu'il déchiffre symboliquement à partir de l'histoire d'Œdipe : à ses yeux, le roman démontre l'« irréparable néant de tous les étais » (IV, 334), philosophiques ou esthétiques, grâce auxquels l'homme tente de se protéger du désespoir, à une époque, les temps modernes, où l'éternelle énigme proposée par le Sphinx reste impénétrable, alors qu'elle porte désormais non plus sur l'homme mais sur Dieu.

11. *Ibid.*, p. 251-262.
12. Marc Fumaroli, Préface d'*À Rebours*, éd. cit., p. 16.
13. L'article intitulé « Les Représailles du Sphinx » est d'abord paru dans le *Chat Noir*, le 14 juin 1884. Il a été repris dans *Sur la tombe de Huysmans* (IV, 333-337).

Faisant écho à la recension du roman par Barbey d'Aurevilly [14], Bloy met l'accent sur l'alternative, nihilisme ou conversion, au seuil de laquelle des Esseintes est laissé. Après l'échec de sa retraite dans la thébaïde de Fontenay-aux-Roses, « aucune illusion n'est plus tenable » pour cet ermite moderne, qui doit choisir entre « contempler la face de Dieu » et « goinfrer comme des bestiaux » (IV, 334). Cette lecture d'*À Rebours* est révélatrice d'un état d'esprit. Or, Bloy écrit ces lignes en juillet 1884, quelques mois à peine avant qu'il ne se lance dans la rédaction du *Désespéré*. Celle-ci commence en novembre de la même année, peu après le début de la liaison amicale de l'écrivain avec Huysmans [15]. Ce dernier suit de près la genèse de l'ouvrage : il encourage son nouvel ami, il le documente sur les milieux littéraires, il lui prodigue son aide et ses conseils... Bref, il participe étroitement à la conception de ce roman sombre, à la limite de la révolte et du blasphème, où Bloy reprend et adapte à ses propres préoccupations la double postulation d'*À Rebours*.

Dans *Le Désespéré*, Marchenoir, rejeté par les milieux littéraires qu'il brave par son intransigeance d'écrivain furieusement catholique, meurt la poitrine écrasée par un camion, aux portes du désespoir, après que Véronique, tourmentée par la passion dévorante dont il l'accable, a sombré dans la folie. Dans sa dernière lettre, il évoque les attentes entre lesquelles sa vie n'a cessé d'être partagée :

> J'ai passé ma vie à demander deux choses : la Gloire de Dieu ou la Mort. C'est la mort qui vient. Bénie soit-elle ! Il se peut que la gloire marche derrière et que mon dilemme ait été insensé. (III, 317)

Marchenoir, à l'instar de Des Esseintes, témoigne à son tour des souffrances d'un être écartelé entre l'intuition du divin et les tristes réalités de cette terre. Mais comment ne pas voir que ce dilemme est celui que René a déjà dû trancher ? À près d'un siècle de distance, les termes, même s'ils se sont durcis, n'en ont guère changé : il s'agit toujours d'en appeler

14. Voir sa recension de l'ouvrage dans *Le Constitutionnel*, le 29 juillet 1884 : « Après *Les Fleurs du Mal*, – dis-je à Baudelaire, – il ne vous reste plus, logiquement, que la bouche d'un pistolet ou les pieds de la croix. Baudelaire choisit les pieds de la croix. Mais l'auteur d'*À Rebours* les choisira-t-il ? » (*Œuvre critique*, éd. cit., t. 5, p. 446).

15. Cette amitié naît à la suite de la publication des « Représailles du Sphinx ». Les deux hommes forment alors avec Villiers de l'Isle-Adam, leur ami commun, ce qu'ils appellent par esprit de dérision le « Concile des gueux ». Voir leur *Correspondance*, Vanves, Éd. Thot, 1980.

à Dieu pour remplir le vide de son existence ou de céder aux impulsions du désespoir, faute de pouvoir guérir une blessure ontologique que de nobles aspirations, restées insatisfaites, ont creusée.

Privé de la sagesse et de la foi, le héros de Chateaubriand, qui éprouve le néant de son existence, sait que seule sa conversion pourrait apaiser ses tourments. Mais le charme des passions est le plus fort. Conscient de la stérilité de sa vie errante, René est incapable de s'en détacher pour aller vers Dieu : faute de renoncer aux divertissements de ce monde, ce pécheur n'apaise pas son mal de vivre, épine dans sa chair. Il reste tragiquement enfermé dans le cercle de ses pensées, s'abreuvant des délectables poisons d'une mélancolie rêveuse.

Marchenoir, quant à lui, est une âme ardente, un « catholique ballotté par d'impures vagues au-dessus d'absurdes abîmes » (III, 67) : « écartelé à Dieu et aux femmes », il est « navré du perpétuel fiasco des héroïques puretés » (III, 66) dont il a rêvé. En outre, il est humainement désespéré par un monde où sont chaque jour plus pesants « les interminables ajournements de la Justice et l'apparente inefficacité de la Rédemption » (III, 140). Non content d'être partagé entre l'amour divin et l'amour humain, il oscille enfin, sur le plan spirituel, entre l'obéissance et la révolte, l'attente et l'impatience, l'espérance et le désespoir :

> Moi, le dernier venu, je pense qu'une agonie de six mille ans nous donne peut-être le droit d'être impatients, comme on ne le fut jamais, et, puisqu'il faut que nous *élevions nos cœurs*, de les arracher, une bonne fois, de nos poitrines, ces organes désespérés, pour en lapider le ciel ! (III, 148)

Le Désespéré est le roman d'une crise métaphysique affectant aussi le sujet et la société dans ses dimensions psychologique et historique. Dans le récit, la crise du sujet se manifeste dans les dérèglements du désir, funeste effet du conflit entre passion et interdit. L'amour d'une prostituée est un obstacle insurmontable pour un chrétien tel que Marchenoir : « Que vous devinssiez ma femme ou ma maîtresse – dit-il à Véronique –, l'abomination serait également infinie. Je retrouverais dans votre lit et dans vos bras tout votre passé » (III, 142). Cependant, les maladies de l'âme engendrées par le blocage du désir sont le signe le plus aigu d'un malaise provoqué par une crise sociale.

Le héros du *Désespéré* assiste, impuissant, à l'instauration, après la débâcle de 1870, de « la République des Vaincus » (III, 291) : cet écrivain d'une « très rare grandeur morale » (III, 67) est révolté par le renoncement collectif de ses contemporains, satisfaits de la disette spirituelle des temps modernes. Il est condamné pour la noblesse même de son caractère à une époque où « le mépris de toute transcendance intellectuelle ou morale » est « arrivé à une sorte de contrefaçon du miracle » (III, 50). « Témoin pour l'Amour et pour la Justice », il va à la mort sans que rien ne puisse le sauver, victime d'« une société frappée de folie, qui pense que le génie la souille et que l'aristocratie d'une seule âme est un danger [...] » (III, 145-146).

Solitaire, étranger aux autres, affamé d'un absolu qui se dérobe, Marchenoir appartient bien à la descendance de René [16]. Bloy, en composant son œuvre, s'est approprié, pour en actualiser l'expression, un mythe littéraire qui n'a cessé de se métamorphoser au cours du XIXe siècle.

*
* *

Cependant, on découvre dans *Le Désespéré* d'autres indices du dialogue imaginaire de Bloy avec Chateaubriand. La crise dont le récit se fait l'écho se manifeste dans l'espace romanesque par la référence à quelques lieux emblématiques, qu'il partage avec les *Mémoires d'outre-tombe*.

L'espace joue un rôle capital dans l'économie du *Désespéré*. Le déroulement du récit est ponctué par quelques voyages : il s'ouvre tandis que Marchenoir vient de quitter Paris pour Périgueux, où il a été appelé par

16. René lui aussi est confronté à une triple crise, psychologique, historique et métaphysique. La tentation incestueuse qui bloque ses énergies ne cesse de le tourmenter. Mais ce conflit intime est aussi enraciné dans l'histoire : le roman de Chateaubriand dit l'épuisement vital d'une aristocratie sur le déclin, qui contemple mélancoliquement une civilisation en ruine. Si les tribulations de René se déroulent à l'époque de la Régence, le désarroi du jeune homme, par son intensité, trouve son explication profonde dans la Révolution. Celle-ci a parachevé dans le sang une transformation sociale qui a réduit au néant les espérances de la noblesse : venus trop tard en ce monde, ses derniers représentants, comme exilés parmi les autres hommes, sont désormais condamnés au lent naufrage d'une vie rapetissée. Les souffrances de René résultent, pour une bonne part, de cette impasse tragique à laquelle Chateaubriand, en manière d'exorcisme, donne une signification métaphysique, Dieu seul pouvant, à ses yeux, guérir son héros de son ennui de vivre.

la mort de son père ; après l'enterrement, le héros rassemble ses effets pour partir à la Grande-Chartreuse, où il séjourne quelques semaines : il revient enfin à Paris pour y vivre ses ultimes tribulations et y mourir, renversé par un camion qui lui a écrasé la poitrine ; ce dernier voyage en train, au cours duquel il s'assoupit, lui permet de se souvenir, dans un rêve, d'un autre voyage, à Saint-Denis, qui complète la série de ses déplacements.

Peu importe ici qu'au fil des pages, prenne forme un itinéraire symbolique – souligné par la circularité du parcours et le choix de certains titres de parties : « Le Départ », « Le Retour » –, qui éclaire la signification de l'œuvre tout entière [17]. On remarquera surtout que deux de ces lieux, le monastère de la Grande-Chartreuse et la basilique de Saint-Denis, sont évoqués dans les *Mémoires d'outre-tombe*, ouvrage dont Bloy cite par deux fois des passages dans le roman (III, 96 et 124) ; et qu'un troisième lieu, Périgueux, joue le même rôle que le « château paternel » [18], brièvement évoqué dans *René* et, plus encore, que Combourg. On voudrait montrer que ces références intertextuelles permettent au romancier de se situer par rapport à trois figures de son imaginaire : le père, le roi et Dieu.

Chez Bloy, qui se souvient ici de Chateaubriand, la figure paternelle participe pleinement à la crise du sujet par son effacement, sa déhiscence ou sa défaite. Le Père, on le sait, permet au sujet de se constituer : il est pour lui tout à la fois l'étalon de la valeur et le médiateur lui permettant d'accéder à un statut social et à une autonomie entérinée par la norme. À cet égard, l'instance paternelle, parce qu'elle s'identifie à la loi, est ce *medium* symbolique qui règle les échanges entre tous les sujets. Or dans *Le Désespéré*, comme dans les *Mémoires d'outre-tombe*, cette instance menacée ne remplit pas son office. L'espace paternel est affecté par l'inconsistance ou le discrédit, car c'est à travers l'évocation des lieux que la faillite du père se manifeste dans ces œuvres.

« Partout silence, obscurité et visage de pierre : voilà le château de Combourg [19]. » On ne saurait mieux dire l'atmosphère funèbre et spectrale qui hante cette triste demeure. Or ce que Chateaubriand appelle « le

17. Voir *supra*, dans la deuxième partie, le chap. III.

18. *René*, dans *Œuvres romanesques et voyages*, éd. Maurice Regard, Paris, Gallimard, coll. « Bibliothèque de la Pléiade », 1969, t. I, p. 119.

19. François-René de Chateaubriand, *Mémoires d'outre-tombe*, livre I, chap. 7 (éd. cit., t. I, p. 169).

calme morne du château de Combourg » est intimement lié à « l'humeur taciturne et insociable de [son] père » [20]. Celui-ci, « au lieu de resserrer sa famille et ses gens autour de lui », les a « dispersés à toutes les aires de vent de l'édifice » [21]. Cette dispersion marque symboliquement un déficit ontologique, qui transparaît aussi dans la tristesse du paysage. On connaît les belles analyses que Jean-Pierre Richard à consacrées à Monsieur de Chateaubriand :

> Humoralement retiré en soi, le père ne vit que de sévérité, que d'astringence. [...] D'un tel homme il serait vain d'attendre aucun geste expansif. [...] Automatisme et monotonie du mouvement, non-expressivité [...] : tous ces traits oniriques nous renvoient à un cauchemar de la chair stérile ou évidée. [...] Substantiellement, le père se dresse ainsi dans la rêverie de Chateaubriand comme l'image même de la constriction : il est l'archétype du retrait vital [22].

Un tel retrait, qui fait du père une sorte de fantôme déjà marqué par la mort, confronte son fils aux affres de l'abandon. Celui qui devrait être pour sa descendance le garant de son origine est visiblement absent ; il prive François-René d'un nécessaire « enracinement dans l'être » [23], qui accroît pour lui, dès l'enfance, le sentiment de l'exil : « C'est dans les bois de Combourg – se souvient le mémorialiste – que je suis devenu ce que je suis, que j'ai commencé à sentir la première atteinte de cet ennui que j'ai traîné toute ma vie [24]. »

La Révolution et ses orages accentuent cet exil, en parachevant son déracinement. Non seulement elle finit de dissoudre la figure du père dans le néant [25], mais elle voue encore Combourg à l'abandon. C'est ce que ne peut supporter Chateaubriand, lors de la visite qu'il effectue au château au moment de son départ pour l'Amérique :

> Le château était abandonné, je fus obligé de descendre chez le régisseur. Lorsque, en errant dans le grand Mail, j'aperçus du fond d'une allée

20. *Ibid.*, p. 169 (livre III, chap. 1).

21. *Ibid.*

22. Jean-Pierre Richard, *Paysage de Chateaubriand*, Paris, Seuil, 1967, p. 11.

23. *Ibid.*

24. François-René de Chateaubriand, *Mémoires d'outre-tombe*, livre III, chap. 14 (éd. cit., t. I, p. 236).

25. Si la mort de Chateaubriand père précède l'événement, celui-ci prive le défunt de la paix du linceul : « Il en fut jeté hors, quand on jeta la vieille France à la voirie » (*Mémoires d'outre-tombe*, livre IV, chap. 5, éd. cit., t. I, p. 253).

> obscure le perron désert, la porte et les fenêtres fermées, je me trouvai mal. Je regagnai avec peine le village ; j'envoyai chercher mes chevaux et je partis au milieu de la nuit [26].

Pour Marchenoir, sa ville natale est le lieu marqué pour l'accomplissement de la volonté de son père, qui le destine à une vie bourgeoise ordinaire. En ce sens, elle s'oppose à Paris, cette capitale intellectuelle où le héros choisit de partir pour mener « la vie d'artiste » (III, 30). Périgueux est donc frappée de discrédit : ce n'est qu'une ville provinciale et besogneuse, où « la frénésie californienne, la prostitution et le jobardisme civilisateur batt[ent] leur plein » (III, 53). Lorsque Marchenoir y revient, c'est en « parricide » [27] qui effectue ce retour pour enterrer son père, mort de chagrin de n'avoir pu l'empêcher de devenir écrivain.

Mais ce meurtre symbolique n'est point libérateur : si Marchenoir reste avec la « hideuse certitude » d'avoir eu raison contre son père en refusant « l'auge à cochons » de sa « sagesse bourgeoise » (III, 29-30), il retourne à Périgueux l'âme « dévastée par toutes les tempêtes de la pitié, de l'épouvante et du remords » (III, 31). Ce voyage vers les lieux de son enfance consacre son déracinement définitif. C'est ce que suggère le sentiment d'étrangeté qui l'étreint dès son arrivée [28] ; ce que confirment aussi les ravages du temps dont il prend conscience en découvrant qu'il « a oublié jusqu'aux noms de la plupart de ses concitoyens d'autrefois » (III, 81). Mais le malaise est porté au paroxysme par l'« exécution de toutes les reliques de [son] enfance » (III, 88), à l'occasion de la vente des derniers biens paternels :

> Je viens de parcourir, en gémissant, cette pauvre maison de mon père où je suis né, où j'ai été élevé et qu'il va falloir vendre pour payer d'anciennes dettes, ainsi qu'on me l'a expliqué. La mélancolique sonorité de ces chambres vides, plafonnées, pour mon imagination, de tant de souvenirs anciens, a retenti profondément en moi. Il m'a semblé que j'errais dans mon âme, déserte à jamais. (III, 87)

En même temps, lors de son retour à Périgueux, Marchenoir devient pleinement, aux yeux des autres hommes, une figure de Caïn, le réprouvé :

26. *Ibid.*, p. 236 (Livre III, chap. 14).

27. « Je suis parricide – s'exclame le héros –, telle est l'unique vision de mon esprit ! » (III, 29).

28. « Je suis isolé dans cette ville où je suis né, pourtant [...] », remarque-t-il (III, 32).

son « parricide » achève de le mettre en marge de la société dont son père incarnait les valeurs. Il rend irrémédiable sa « révolte impie » (III, 30) et le condamne à une lutte inégale, dont le seul horizon est la mort. « Nous pourrons [...] faire l'acquisition d'un nouveau cheval de bataille pour la revanche ou pour la mort », s'exclame-t-il, avant d'ajouter : « J'ai le pressentiment que ce sera plutôt la mort, et je crois vraiment qu'il me faudrait la bénir [...] » (III, 87).

Le retrait du père dans un cas, son meurtre dans l'autre sont à l'origine, chez Bloy et Chateaubriand, d'une crise de confiance, qui touche l'être au plus intime mais s'étend par la suite « aux dimensions mêmes de l'Histoire » [29]. Car les deux écrivains retrouvent une figure paternelle dans le roi. La visite de la basilique de Saint-Denis, profanée en 1793 par la Révolution, intensifie pour eux la certitude d'une rupture irréparable, qui les conduit au même désenchantement politique. Elle entretient, chez l'un et l'autre, le scepticisme à l'égard de toute restauration durable du pouvoir des Bourbons.

Chateaubriand, lors de l'exhumation des restes de Marie-Antoinette et de Louis XVI en 1815, est saisi d'un pressentiment prophétique, qui atténue la joie de leur retour à Saint-Denis :

> En voyant le catafalque qui partait du cimetière de Ducluzeau, chargé des restes de la reine et du roi, je me sentis tout saisi ; je le suivais des yeux avec un pressentiment funeste. Enfin Louis XVI reprit sa couche à Saint-Denis ; Louis XVIII, de son côté, dormit au Louvre, les deux frères commençaient ensemble une autre ère de rois et de spectres légitimes : vaine restauration du trône et de la tombe dont le temps a déjà balayé la double poussière [30].

Marchenoir, quant à lui, se souvient d'avoir visité la basilique, en compagnie de Véronique, sans compassion particulière pour des princes qu'il juge à l'aune de leurs fautes immenses et dont il renvoie la majesté au néant :

> On était descendu dans la crypte aux tombeaux vides des princes de France. La majesté leur avait paru sonner fort creux dans cette cave éventée des meilleurs crus de la Mort, et les épitaphes de ces absents *jugés* depuis des siècles, dont les chiens de la Révolution avaient mangé

29. Jean-Pierre Richard, *Paysage de Chateaubriand*, *op. cit.*, p. 13.

30. François-René de Chateaubriand, *Mémoires d'outre-tombe*, livre XXII, chap. 25 (éd. cit., t. II, p. 545).

> la poussière, ils les avaient lues sans émotion comme le texte inanimé de quelque registre du néant. L'émotion était venue, pourtant, comme un aigle, et les avait grillés, tous deux, ces étranges rêveurs, jusqu'au fond des entrailles.
> Au centre de l'hémicycle obituaire, sous le chœur même de la basilique, une espèce de cachot noir et brutalement maçonné se laisse explorer à son intérieur, par d'étroites barbacanes d'où s'exhale un relent de catacombe. Ils aperçurent, dans cet antre éclairé par de sordides luminaires, une rangée de vingt ou trente cercueils, alignés sur des tréteaux, lamés d'argent, guillochés des vers, maquillés de moisissures, éventrés pour la plupart. C'est tout ce qui reste de la sépulture des Rois Très Chrétiens. (III, 155)

Évoquant Saint-Denis, ni Chateaubriand ni Bloy n'ignorent que la profanation du tombeau des rois, au même titre que l'exécution de Louis XVI, a instauré un nouvel ordre politique débarrassé de toute référence au divin : en ces deux occasions, les hommes ont fait pour la première fois l'expérience d'« une indétermination dernière quant au fondement du Pouvoir, de la Loi, du Savoir et au fondement de la relation de l'un avec l'autre, sur tous les registres de la vie sociale » [31]. Cependant, la méditation des deux écrivains prend aussi une dimension métaphysique.

Les exhumations royales de 1815 conduisent Chateaubriand à considérer avec angoisse l'œuvre ravageuse du temps, cette puissance active qui embrasse toutes choses, les soumet à la loi du changement et fait naître en l'homme le sentiment de la relativité des choses. À Saint-Denis, la rêverie mélancolique qui l'entraîne l'expose au vertige de l'absence lorsqu'il mesure l'ironie tragique des destinées humaines : « Dans votre éternel silence, ô tombeaux, si vous êtes des tombeaux, n'entend-on qu'un rire moqueur et éternel ? Ce rire est-il le Dieu, la seule réalité dérisoire, qui survivra à l'imposture de cet univers [32] ? »

Quant à Marchenoir, il est lui aussi précipité peu à peu dans un cauchemar. La crypte de Saint-Denis, en une vision dantesque, se transforme en un cloaque, un grouillement indistinct, une effroyable palpitation du néant :

31. Claude Lefort, *Essais sur le politique. XIXe-XXe siècles*, Paris, Seuil, 1986, p. 29.

32. François-René de Chateaubriand, *Mémoires d'outre-tombe*, livre XXII, chap. 25 (éd. cit., t. II, p. 545).

La rouge clarté des lampes luttait en tremblant contre la buée d'abîme qui s'élevait en noires volutes des cassures béantes des bières. Tout ce qu'on voulut appeler l'honneur de la France et du nom chrétien gisait là, sous cette arche fétide. Les sarcophages, il est vrai, avaient été vidés de leurs trésors, que les fossés et les égouts s'étaient battus pour avoir, et il n'eût certes pas été possible de trouver dans leurs fentes de quoi ravitailler une famille de scolopendres, pour un seul jour, – mais les caisses de chêne ou de cèdre, pénétrées et onctueuses des liquides potentats qui les habitèrent, n'appartenaient plus à aucune essence ligneuse et pouvaient très bien prétendre à leur tour, en qualité de royale pourriture, à la vénération des peuples. On aurait même pu les hisser, avec des grappins respectueux, sur le trône du Roi-Soleil, où ils eussent fait tout autant que lui, pour la gloire de Dieu et la protection des pauvres. À force de regarder dans ce tissu de ténèbres éraillé d'impure lumière, Marchenoir finit par ne plus rien discerner avec certitude. Une lampe infecte, en face de lui, paraissait devenir énorme et s'abaisser, comme pour une onction, vers les cercueils. Il y avait, en bas, un remuement effroyable de formes noires défoncées, pendant qu'une rafale glaçante soufflait en haut [...] (III, 155-156)

Au terme de leur réflexion, les deux écrivains surmontent pourtant la tentation du désespoir par un acte de foi, qui marque un sursaut spirituel. Le désenchantement politique et l'inquiétude métaphysique trouvent leur remède dans la fidélité au christianisme, seul capable d'enrayer la perte du sens. Si, avec Chateaubriand, l'homme moderne semble sur le point de prendre conscience qu'il est « seul à se regarder mourir » [33], la présence de Dieu n'est pas moins énergiquement réaffirmée. L'Être subsiste et, par-delà l'évidence sensible du non-être, un horizon de transcendance est conservé : « Fermons les yeux – écrit le mémorialiste – remplissons l'abîme désespéré de la vie par ces grandes et mystérieuses paroles du martyr : "Je suis chrétien" [34]. » Les angoisses de Marchenoir s'apaisent de même, dès qu'il place humblement sa vie entre les mains du Seigneur [35] : « Je suis un sot, tout ce qui arrive est pour le mieux, finit par conclure

33. Manuel de Diéguez, *Chateaubriand ou le poète face à l'histoire*, Paris, Plon, 1963, p. 84.

34. François-René de Chateaubriand, *Mémoires d'outre-tombe*, livre XXII, chap. 25 (éd. cit., t. II, p. 546).

35. Il aime à répéter cette formule : « Tout ce qui arrive est parfaitement adorable. » Voir *Le Mendiant Ingrat* (*J*, I, 260).

cet étonnant optimiste ; Dieu permet de sa main gauche ou il ordonne de sa main droite et tout s'accomplit dans l'ellipse à deux foyers de sa Providence ! » (III, 156-157).

Cependant, le christianisme des deux écrivains n'est pas du tout le même. L'acte de foi de Chateaubriand légitime une élévation morale, celle de l'homme de lettres qui persiste à croire à l'empire spirituel de la parole, dans une société à laquelle l'âme fait défaut. Cette parole d'outre-tombe, dégagée de toute contingence, est seule capable, pour cette raison même, de manifester l'ordre divin, c'est-à-dire de rétablir l'éternité au sein de l'éphémère, la présence de l'Être au fond du néant. Face à un avenir incertain, Chateaubriand se fait le témoin des errements de son temps, il les juge à la lumière des valeurs éternelles, dont aucune société ne peut s'écarter sans danger, à commencer par « la religion et la liberté, les deux seules grandes choses de l'homme [36]. »

Il en vient ainsi à hésiter entre deux possibles pour l'humanité future. Le souvenir obsédant du tombeau vide, qui hante les *Mémoires d'outre-tombe*, s'inscrit dans une thématique apocalyptique, qui alimente un chant de deuil. À la fin de l'ouvrage, cette thématique s'associe au motif du dépérissement de la société, comme si l'assomption des peuples, coïncidant avec le dernier jugement des rois, ne laissait guère espérer de régénération pour l'humanité :

> Lorsque les monarques furent déterrés à Saint-Denis au moment où la trompette sonna la résurrection populaire ; lorsque, tirés de leurs tombeaux effondrés, ils attendaient la sépulture plébéienne, les chiffonniers arrivèrent à ce jugement dernier des siècles : ils regardèrent avec leurs lanternes dans la nuit éternelle ; ils fouillèrent parmi les restes échappés à la première rapine. Les rois n'y étaient déjà plus, mais la royauté y était encore : ils l'arrachèrent des entrailles du temps, et la jetèrent au panier des débris [37].

En même temps, Chateaubriand trouve parfois des accents messianiques pour dire son espérance. À ses yeux, la « grande et universelle maladie du monde qui se dissout » [38] doit conduire à une résurrection. Le mémorialiste rêve d'un avenir humanitaire, dont la garantie se trouve dans la

36. François-René de Chateaubriand, *Mémoires d'outre-tombe*, Livre XXXV, chap. 11 (éd. cit., t. IV [1998], p. 139).

37. *Ibid.*, p. 577 (livre XLII, chap. 13).

38. François-René de Chateaubriand, *Essai sur la littérature anglaise*, éd. Sébastien Baudouin, Paris, STMF, 2012, p. 593.

LES IDÉES NOIRES DE LA PHYSIQUE

Vincent Bontems & Roland Lehoucq

pérennité des « trois grandes lois de l'univers », dont le christianisme est le garant, « la loi divine, la loi morale, la loi politique » : « La loi divine, unité de Dieu en trois essences ; la loi morale, *charité* ; la loi politique, c'est-à-dire la *liberté*, l'*égalité*, la *fraternité*[39]. »

Dans tous les cas, le christianisme de Chateaubriand est celui d'un théologien d'occasion, qui se soucie surtout d'intégrer la religion à une philosophie de l'histoire et à une pensée politique, dans laquelle la morale évangélique pousse la raison humaine dans la voie du perfectionnement social. Rien de tel, on s'en doute, chez Bloy. Marchenoir se place dans une perspective théologique, qui le conduit à lire l'histoire à la lumière de la Rédemption et à préférer une logique itérative, celle de la Douleur, à celle du Progrès :

> Car telle était sa cédule évocatoire, à ce magicien d'exégèse, qui voulait que tout comparût à la fois devant le tribunal de son esprit : Toute chose terrestre est ordonnée pour la Douleur. Or, cette Douleur était, à ses yeux, le commencement comme elle était la fin. Elle n'était pas seulement le but, le comminatoire propos ultérieur, elle était la *logique* même de ces Écritures mystérieuses, dans lesquelles il supposait que la Volonté de Dieu devait être lue. La sentence terrible de la Genèse, à la départie de l'Éden, il l'appliquait, dans sa rigueur, à l'enfantement toujours *douloureux* des moindres péripéties de l'œcuménique roman de la terre. (III, 137)

Poussant cette logique à son terme, Marchenoir n'envisage pas de solution d'ordre politique aux maux de notre monde en Chute. Les temps modernes, « les plus iniques temps et les plus bêtes qui furent jamais » (III, 139), consacrent au contraire l'anéantissement de l'homme. Si le souvenir du tombeau vide de Saint-Denis lui revient aussi, c'est pour confirmer cette impatience eschatologique en vertu de laquelle il attend l'Apocalypse comme une délivrance :

> Les archi-centenaires notions d'aristocratie et de souveraineté, qui furent les pilastres du monde, sablent, aujourd'hui, de leur poussière, les allées impures d'un *quinze-vingts* de Races royales en déliquescence, qui les contaminent de leurs émonctoires. À vau-l'eau le respect, la résignation, l'obéissance et le vieil honneur ! Tout est avachi, pollué,

39. François-René de Chateaubriand, *Mémoires d'outre-tombe*, livre XLII, chap. 16 (éd. cit., t. IV, p. 590).

> diffamé, mutilé, irréparablement destitué et fricassé, de ce qui faisait tabernacle sur l'intelligence. La surdité des riches et la faim du pauvre, voilà les seuls trésors qui n'aient pas été dilapidés !... Ah ! cette parole d'honneur de Dieu, cette sacrée promesse de « ne pas nous laisser orphelins » et de *revenir* ; cet avènement de l'Esprit rénovateur dont nous n'avons reçu que les prémices, – je l'appelle de toutes les voix violentes qui sont en moi, je le convoite avec des concupiscences de feu, j'en suis affamé, assoiffé, je ne peux plus attendre et mon cœur se brise, à la fin, quelque dur qu'on le suppose, quand l'évidence de la détresse universelle a trop éclaté, par-dessus ma propre détresse !... Ô mon Sauveur, ayez pitié de moi ! (III, 149-150)

À l'évidence, le Dieu qu'invoquent les deux écrivains n'est pas le même. C'est ce que confirment leurs peintures respectives de la Grande-Chartreuse. Pour Chateaubriand, le monastère alpin touche au plus intime de son rapport au sacré. Sa visite des lieux en 1805 – après que l'ensemble conventuel eut été fermé en 1792 par décret de la Convention et avant qu'il ne soit rétabli en 1816 par la Restauration – est évoquée deux fois dans les *Mémoires d'outre-tombe*.

Au début du livre III, lorsque le mémorialiste, se souvenant de son enfance, peint la vie à Combourg, le monastère alpin est présenté comme une sorte de double architectural du château paternel. Rapide, la description des bâtiments est alors dynamisée, comme le remarque Jean-Pierre Richard, par un « merveilleux crescendo de vide » [40]. Elle dévoile une « succession d'absences toujours plus parfaites, enveloppées en pelure d'oignon les unes dans les autres, jusqu'au centre, lui-même désertique, d'où la vraie solitude – la mortelle – peut enfin résonner et refluer » [41] :

> On éprouvait en pénétrant sous ces voûtes [celles de Combourg], la même sensation qu'en entrant à la chartreuse de Grenoble. Lorsque je visitai celle-ci en 1805, je traversai un désert, lequel allait toujours croissant ; je crus qu'elle se terminerait au monastère ; mais on me montra dans les murs même du couvent, les jardins des Chartreux encore plus abandonnés que les bois. Enfin, au centre du monument, je trouvai enveloppé dans les replis de toutes ces solitudes, l'ancien cimetière des

40. Jean-Pierre Richard, *Paysage de Chateaubriand*, *op. cit.*, p. 99.
41. *Ibid.*

> cénobites ; sanctuaire d'où le silence éternel, divinité du lieu, étendait sa puissance sur les montagnes et dans les forêts d'alentour [42].

Cette surenchère du rien ouvrant sur l'infini n'est pas absente de la seconde évocation du monastère, lorsque Chateaubriand raconte sa « Course à la Grande-Chartreuse », au livre XVII [43]. La description s'arrête aux bâtiments déserts, qui menacent ruine et à la tombe du dernier des chartreux ; puis, le jeu des correspondances, qui associe le lieu au champ de bataille d'Austerlitz (cette autre « fosse » [44]) et à Venise (cette ville-tombeau [45]), amplifie le sentiment de vide. Pourtant la toute-puissance de la mort y est enrayée : une présence s'affirme, celle de l'art, qui a raison du tombeau. De la Grande-Chartreuse à Venise, une permanence empêche l'évanouissement des choses dans les ténèbres éternelles : les monuments de la culture donnent à la mort la résonance qui la rend vivante. Grâce à la puissance résurrectionnelle de l'art – qui est d'abord celle de l'écriture des *Mémoires* – l'être jaillit au cœur du néant qui l'environne : au dernier des chartreux fait alors écho le « reclus immortel de Lesueur », dont on trouve le tableau dans la chapelle. L'abîme de la mort se transforme en « abîme de vie » [46] : il rejoint l'Éternité, où Dieu habite.

La vision de Bloy est tout autre. Lorsque Marchenoir visite la Grande-Chartreuse, son voyage n'est pas l'occasion d'une célébration de l'art comme épiphanie du divin. À l'époque où il effectue sa visite, rien ne menace plus l'ordre de saint Bruno. C'est un monastère prospère et vivant – et non pas un lieu vide miné par la mort – qu'il découvre [47]. Aussi peut-il inscrire l'histoire de la Grande-Chartreuse dans une logique cyclique, qui réduit les menaces de destruction au néant, en leur conférant la valeur d'un sacrifice sublime, où il voit la marque de l'élection divine :

42. François-René de Chateaubriand, *Mémoires d'outre-tombe*, livre III, chap. 1 (éd. cit., t. I, p. 209).

43. *Ibid.*, t. II, p. 197-198 (livre XVII, chap. 5).

44. « Nous vîmes la fosse étroite fraîchement recouverte : Napoléon, dans ce moment, en allait creuser une immense à Austerlitz. »

45. « Une galerie offrait les portraits des Supérieurs de la Chartreuse. Le palais ducal de Venise garde la suite des *ritratti* des Doges ; lieux et souvenirs divers ! »

46. François-René de Chateaubriand, *Les Martyrs* (livre III), dans *Œuvres romanesques et voyages* (éd. cit., t. II, p. 145).

47. « Aujourd'hui, la Grande-Chartreuse est aussi prospère que jamais. Les innombrables voyageurs peuvent rendre témoignage de l'étonnante vitalité de cette dernière racine du vieux tronc monastique, que quatre révolutions et quatre républiques n'ont pu arracher du sol de la France. » (III, 97)

> Écrasée une première fois par une avalanche, au lendemain de sa fondation, et reconstruite presque aussitôt sur l'emplacement actuel, moins exposé à la chute des masses neigeuses ; saccagée deux fois de fond en comble par les calvinistes et les révolutionnaires, cette admirable Métropole de la Vie contemplative a été incendiée huit fois en huit siècles. Ces huit épreuves par le feu, symbole de l'Amour, rappellent à leur manière les huit Béatitudes évangéliques, qui commencent par la Pauvreté et finissent par la Persécution. (III, 97)

Dès lors, la dernière épreuve en date imposée aux chartreux – celle de la Révolution – peut être replacée dans une perspective théologique, et apparaître comme une forme de réparation, selon un principe de réversibilité, qui substitue l'innocent au coupable. Bloy invoque en effet le « grand dogme de la Communion des Saints », en vertu duquel la philosophie chrétienne postule, entre les êtres, « une enveloppante et indestructible solidarité » (III, 113) :

> Enfin, le 14 octobre 1792, la Grande-Chartreuse fut fermée par décret de l'Assemblée nationale et rouverte seulement le 8 juillet 1816. Pendant vingt-quatre ans, cette solitude redevint muette, de silencieuse qu'elle avait été si longtemps, muette et désolée comme ces cités impies de l'Orient que dépeuplait la colère du Seigneur.
> C'est qu'il lui fallait payer pour tout un peuple insolvable que pressait l'aiguillon du châtiment, en accomplissement de cette loi transcendante de l'équilibre surnaturel, qui condamne les innocents à acquitter la rançon des coupables. Nos courtes notions d'équité répugnent à cette distribution de la Miséricorde par la Justice. *Chacun pour soi*, dit notre bassesse de cœur, et *Dieu pour tous*. Si, comme il est écrit, les choses cachées nous doivent être révélées un jour, nous saurons, sans doute à la fin, pourquoi tant de faibles furent écrasés, brûlés et persécutés dans tous les siècles ; nous verrons avec quelle exactitude infiniment calculée furent réparties, en leur temps, les prospérités et les douleurs, et quelle miraculeuse équité nécessitait passagèrement les apparences de l'injustice ! (III, 96)

Dans le même chapitre du *Désespéré*, Bloy, tout en se référant au second texte des *Mémoires d'outre-tombe* qu'il cite longuement, éprouve le besoin de distinguer la démarche de son personnage de celle de Chateaubriand. Selon lui, le mémorialiste, en visitant la Grande-Chartreuse, s'est comporté comme un simple « observateur » (III, 97). Cet écrivain

« fastueux et superficiel » (XV, 120) s'y est rendu en touriste, comme un dilettante venu y chercher un plaisir esthétique, voire quelques suggestions morales ou spirituelles susceptibles de lui donner « des pages [...] plus ou moins inspirées sur cette merveilleuse métropole de la Pénitence » (*ibid.*), comme celles que lui a aussi inspirées la Grande-Trappe de Soligny dans la *Vie de Rancé*.

Marchenoir, au contraire, se dirige vers la Grande-Chartreuse « en malade » (III, 97). Il y cherche la guérison de ses maux, non pas dans l'art, qui n'est à ses yeux qu'« un parasite aborigène de la peau du premier Serpent » – car, dans son « immense orgueil », « il se suffit à lui-même comme un Dieu » (II, 169) –, mais dans la prière : « ... il avait résolu de s'enfoncer, comme il pourrait, dans ce silence, dans cette contemplation, dans ce crépuscule d'argent de l'oraison, qui guérit les colères et qui guérit les tristesses » (III, 97). Dans l'espoir d'échapper au désespoir, ce « monstre » dont il a été « assorti » (III, 145) en naissant, il regarde la vie sublime des chartreux, si proche de la sainteté, comme un antidote :

> Ces chartreux, si austères, si suppliciés, si torturés par les *rigueurs* de la pénitence, – sur lesquels s'apitoie, légendairement, l'idiote lâcheté des mondains, – il voyait clairement que ce sont les seuls hommes libres et joyeux dans notre société de forçats intellectuels ou de galériens de la fantaisie, les seuls qui fassent vraiment ce qu'ils ont voulu faire, accomplissant leur vocation privilégiée dans cette allégresse sans illusion que Dieu leur donne et qui n'a besoin d'aucune fanfare pour s'attester à elle-même qu'elle est autre chose qu'une secrète désolation. (III, 99)

*
* *

La sainteté, voilà donc pour Bloy l'horizon idéal, l'unique source de plénitude, en comparaison de laquelle la littérature n'est rien. À cet égard, Chateaubriand lui paraît trop « artiste » pour ne pas lui inspirer une certaine défiance. De *René* aux *Mémoires d'outre-tombe*, son œuvre appelle toujours le même grief : si Dieu, par son éternelle présence, y garantit une réserve de sens, alors que la mort frappe de vanité toutes choses humaines, le néant ne s'y abolit que dans l'Absolu littéraire. Celui-ci institue par-delà les temps une « nouvelle "communion des saints" », où sont réunis les artistes, ces élus capables « de créer des songes » [48] plus solides que la vie elle-même.

Cette sacralisation de la littérature avoue son origine : en tout écrivain croyant, comme Chateaubriand, aux prestiges de la parole, sommeille l'antique Serpent, dont il tient sa « suggestive puissance » et « son immense orgueil » (II, 269). Bloy rêve au contraire d'un Absolu qui excéderait l'espace littéraire. Il assume pleinement un paradoxe : celui d'un artiste renonçant à son art pour se faire le « domestique très obéissant d'une *étrangère* Fureur qui [lui] commande de parler » (III, 147). C'est au nom d'un tel principe que Marchenoir, faute d'être un saint, se résout à écrire. Reconnaissant que la littérature est « dans [son] bagage », il consent à l'« expédient de mettre au service de la Vérité ce qui [lui] a été donné par le MENSONGE » (VII, 161).

Dès lors, l'activité d'écrivain permet à Bloy de s'acquitter d'une mission d'éveil : elle consiste à lire l'histoire universelle à la lumière des Saintes Écritures et à rappeler la Parole de Dieu à ses contemporains, qui s'en sont si profondément éloignés. Pas une syllabe de la Bible qui ne se rapporte, selon lui, « au passé et à l'avenir, au Créateur et aux créatures » (IX, 47). Tout événement, réel ou imaginaire, n'est qu'une variante de ce récit originel : la diversité de ce qui survient sur cette terre se réduit à une forme narrative, toujours la même, qui ne cesse de se répéter.

À la source de toutes choses, il y a donc un Texte, qui est pour Bloy le Réel absolu. Sa ferveur apologétique débouche sur une curieuse dévotion textuelle, qui substitue le Verbe divin, source de poésie, à toute autre réalité. Dans son œuvre, où tout parle de la Trinité sous forme de figures, l'écrivain n'en a cependant jamais fini de décrypter les énigmes de la Parole, ni de céder à ses enchantements. Pris à ce jeu déceptif sur les signes, cet infatigable herméneute exerce à son tour un sacerdoce ambigu, où il finit bon gré mal gré par prendre la place de Dieu, en se faisant son interprète.

Et c'est peut-être par ce côté, en dernière analyse, qu'il appartient encore à la lignée de Chateaubriand.

48. Jean-Claude Berchet, Préface des *Mémoires d'outre-tombe*, éd. cit., t. I, p. LXVI.

Chapitre III

Thomas Carlyle

C'est vraisemblablement au cours de l'une de ses fréquentes conversations avec Barbey d'Aurevilly que Léon Bloy a découvert l'œuvre de Thomas Carlyle. Lorsque les deux hommes se rencontrent par hasard en décembre 1867, le « Connétable des lettres » garde encore en mémoire la recension de l'*Histoire de la Révolution française* qu'il a publiée dans *Le Pays*, en juillet 1865, peu de temps après la parution de la traduction de l'ouvrage par Élias Regnault et Odysse Barot, chez Germer-Baillière. Au cours des mois suivants, alors que Bloy devient peu à peu, auprès de son aîné, une sorte de secrétaire et qu'il complète, au contact de celui-ci, sa formation politique, religieuse et littéraire, nul doute que Carlyle compte au nombre des auteurs dont Barbey lui fait partager la passion. Quelques années plus tard, à l'occasion de ses débuts à *L'Univers*, Bloy, tirant profit du modèle offert par le vieux critique, compensera son manque d'expérience en choisissant les sujets de ses articles parmi ceux que son mentor avait abordés avec lui au cours de leurs échanges [1]. Ce n'est donc pas un hasard si, parmi les quatre recensions qu'il réussit à placer dans le journal de Veuillot, le débutant en consacre une, le 20 mai 1874, au livre de l'écrivain écossais.

Pour cet auteur, comme pour beaucoup d'autres, Barbey d'Aurevilly a joué auprès de son cadet un rôle d'initiateur. Mais, en lui faisant découvrir l'œuvre de Carlyle, il a éveillé sans le savoir chez son interlocuteur un

1. Voir Jacques Petit, *Barbey d'Aurevilly critique*, Paris, Les Belles Lettres, 1963, p. 670.

intérêt particulièrement aigu, qui s'est à peine érodé avec le temps. Les affinités profondes de Bloy avec « le terrible Anglais » (XV, 60) sont évidentes. Elles lui permettent de passer sans trop de difficulté sur la culture protestante de Carlyle, sur son admiration pour la philosophie allemande et sur sa qualité de sujet de la « vieille gueuse Victoria » (*J*, I, 205 [1er juillet 1897]). L'hommage qu'il lui rend dans l'article qu'il lui consacre, l'une de ses rares études littéraires qui ne soient pas un éreintement, prend un relief singulier lorsqu'on considère que, de son propre aveu, *La Chevalière de la Mort*, son premier livre, resté inédit jusqu'en 1891, est un pastiche de l'ouvrage de Carlyle sur la Révolution [2]. Certes, au fil de sa carrière, Bloy prendra ses distances avec le modèle de ses débuts : bientôt, il mitigera son admiration pour « le dur parpaillot Carlyle » (*J*, II, 63 [13 nov. 1908]), dont il vitupérera la « gale de puritain » (*J*, II, 388 [24 mars 1914]). En dépit de ces récriminations, il fait preuve dans son *Journal* d'une curiosité constante pour cet auteur. Le 4 juillet 1908, Bloy note qu'il est en train de lire *Passé et Présent*, et qu'il prend un plaisir infini à cette lecture. Quelques années plus tard, le 24 avril 1914, il indique qu'il vient d'achever le troisième tome de *Cromwell*. À quelques semaines de sa mort, le 17 décembre 1916, il relit encore cette *Histoire de la Révolution française*, qui a tant influencé ses débuts :

> Dimanche morne. Personne ne vient.
> Mon temps est partagé entre la lecture d'Isaïe et celle de Carlyle (*Révol. Franç.*).
> À supposer que mes lectures soient voulues de Dieu, – comme tout le reste, – je me suis demandé ce que pouvait signifier, en ce moment de ma vie, ce rapprochement extraordinaire. (*J*, II, 581)

L'Histoire et la Parole

L'intérêt de Bloy tient d'abord à la conception de l'histoire défendue par Carlyle. Assurément l'auteur du *Sartor Resartus* est un enfant du siècle

2. Voir *Le Vieux de la Montagne* (*J*, II, 46 [4 juillet 1908]) : « ... sa *Révolution française*, livre en débâcle et tout-puissant que j'ai trop imité à mon début » ; voir aussi *Au seuil de l'Apocalypse* (*J*, II, 382 [28 févr. 1914]) : « *La Chevalière de la Mort*. – Ce petit livre trop imité de Carlyle [...]. »

marqué par la philosophie d'outre-Rhin, dont la religiosité a toutes les ambiguïtés du romantisme : ses références – Fichte, Schiller ou Novalis – ne sont pas celles de Bloy, qui regrette de le voir « empêtré de cette abominable terminologie allemande des kantistes dont il s'est nourri et qui gâtèrent son beau génie » (XV, 42). Mais leurs démarches respectives ont un air de parenté suffisant pour marquer une certaine continuité spirituelle. Rejetant tous deux le rationalisme historique, ils s'inscrivent dans ce courant idéaliste qui, tout au long du siècle, postule la dimension transcendante de l'histoire humaine et y décèle la trace d'une révélation divine. Pour Carlyle, l'historien dévoile et affermit le lien merveilleux par lequel l'humanité touche au surnaturel : « Partout où est l'Homme, un Dieu aussi est révélé et tout ce qui est Divin : tout un résumé de l'Infini, et de ses significations, est enfermé dans la Vie de chaque Homme [3]. » De même, Marchenoir est persuadé que chaque destinée humaine, en suivant une courbe que la Providence a tracée, manifeste la présence divine au sein de la réalité : n'entend-il pas « prouver que l'histoire signifie quelque chose, qu'elle a son architecture et qu'elle se développe avec docilité sur les antérieures données d'un plan infaillible » (III, 131) ?

L'historien, cependant, est sans cesse confronté à des apparences trompeuses, où il ne parvient pas toujours à discerner l'empreinte de la divinité. Pour les deux écrivains, l'obscurité de l'histoire est une donnée ontologique, qui résulte de l'infirmité de la conscience individuelle et de son incapacité à saisir l'essence du temps. Face aux événements, comme à la Parole de Dieu, les hommes doivent se contenter d'une connaissance approximative. Incapables d'embrasser la création dans sa totalité, ils ne peuvent parvenir à l'intelligence exacte de ce qui arrive. À l'échelle de l'univers, la complexité des faits excède leur expérience, tandis que le sens du devenir leur demeure fermé. « À mesure que l'histoire se déroule – remarque Bloy –, elle devient aussitôt le secret de Dieu, et l'authenticité, même la plus forte, aux yeux du penseur, n'est qu'une opinion probable » (IX, 207). Tout au long de son *Journal*, Carlyle répète, quant à lui, son désir de ne plus être comme un aveugle dans la nuit :

3. Texte original dans Thomas Carlyle, *Critical and Miscellaneous Essays*, dans *The Works of Thomas Carlyle*, Londres, Chapman, 1897-1904, t. XXVIII, p. 52. La traduction française des textes de Carlyle cités dans cette édition est empruntée à Jacques Cabau, *Thomas Carlyle ou le Prométhée enchaîné*, Paris, PUF, 1968.

> Prie pour que tes yeux soient ouverts, que tu puisses voir ce qui est devant eux ! Le monde tout entier est pour ainsi dire bâti sur la Lumière et la Gloire, que notre œil spirituel doit discerner : pour l'œil corporel, le Moi est une éternelle œillère, et nous ne voyons rien que ténèbres et contradictions [4].

Victime d'une réalité en trompe-l'œil, l'historien risque donc de ne pas voir que l'univers sensible est un miroir où se réfracte mystérieusement l'invisible. S'il ne se montre pas capable d'appréhender, même intuitivement, les correspondances auxquelles seule la fréquentation des Écritures prépare son esprit, il se condamne lui-même à une éternelle cécité. Mais la foi peut l'aider à entrer dans l'intelligence des mystères et à renouer avec cette pensée prélogique, que le culte moderne de la raison a vainement tenté de remplacer. Au cours de la nuit du 15 avril 1822, Carlyle recopie dans son *Journal* la supplique de Milton [5] : « Qu'on tienne l'Évangile devant leur visage comme un miroir de Diamant jusqu'à ce qu'il aveugle et perce leurs pupilles embrumées ! » On trouve chez Bloy cette même image du miroir, lorsqu'il revendique, à son tour, « une vision spéculaire, infiniment actuelle et précise » (VI, 186), de toute l'histoire, inspirée par l'enseignement paulinien :

> Je me souviens [...] qu'il est écrit que « nous ne pouvons rien voir, quant à présent, sinon d'une manière énigmatique, par le moyen d'un miroir ». D'après le Texte sacré, nous sommes littéralement des contemplateurs d'énigmes dans un miroir. (V, 96)

Chez les deux écrivains, tout événement est une figure par laquelle la transcendance se manifeste dans la réalité. L'apparent désordre de l'histoire se métamorphose en une sublime harmonie orchestrée par Dieu en personne. Les faits historiques constituent le lexique d'un Texte divin : selon ses mérites, tout homme, selon Carlyle, occupe un vers ou une strophe du grand Livre de l'univers, trouvant sa place dans la « grande épopée sacrée », dont le contenu symbolique donne ses contours à la « Bible de l'Histoire universelle » [6]. Ainsi, la noble mission de l'historien,

4. Texte original dans Thomas Carlyle, *Two Note-Books*, New-York, C. E. Norton, 1898, p. 136.

5. *Ibid.*, p. 24.

6. Texte original dans Thomas Carlyle, *Critical and Miscellaneous Essays*, éd. cit., t. XXVIII, p. 250.

comparable à la tâche du poète, consiste-t-elle « à déchiffrer quelque chose de ce céleste et mystique Sanskrit, et à le traduire dans le langage des hommes » [7], pour le leur rendre accessible :

> Nous parlons du Livre de la nature : en vérité, c'est un livre, dont l'Auteur et l'Écrivain est Dieu. Le Lire ! [...] L'homme en connaît-il bien même l'Alphabet ? [...] C'est un livre écrit en Hiéroglyphes célestes, dans la véritable écriture Sacrée, dont même les Prophètes sont heureux de pouvoir, çà et là, lire une ligne [8].

La métaphore des « hiérogrammes gravés, dont bien peu ont la clé » [9], par laquelle l'écrivain écossais désigne les événements de l'histoire, apparaît aussi sous la plume de Bloy, pour qui les faits passés, présents et à venir forment un gigantesque logogriphe à décrypter. Marchenoir est présenté, dans *Le Désespéré*, comme « le Champollion des événements historiques envisagés comme les hiéroglyphes divins » (III, 131). Il est persuadé que la combinaison des circonstances, loin d'être hasardeuse, constitue un système de signes énigmatiques, par lequel Dieu exprime sa Volonté. Car la Parole divine ne se révèle pas seulement dans les Écritures, elle se manifeste encore, selon lui, sous forme symbolique, jusque dans le plus infime accident de l'histoire.

En ce point, malgré tout ce qui sépare leurs doctrines – Carlyle est un « Calviniste sans la religion » [10], nourri de transcendantalisme allemand, alors que Bloy puise à la source de la mystique chrétienne de la douleur et place au cœur de sa vision de l'histoire l'incompréhensible ajournement de la Rédemption depuis des siècles –, les deux écrivains se retrouvent dans une conception figurative des événements. Pour Carlyle, l'historiographie, parce qu'elle découvre dans l'aventure humaine « un perpétuel Évangile » [11], repose sur le principe du déchiffrement symbolique, l'historien supérieur étant surtout un exégète inspiré. Persuadé que « le propre de l'Histoire n'est pas de consigner des faits, mais de les interpréter » [12],

7. *Ibid.*, p. 250-251.

8. Texte original dans Thomas Carlyle, *Sartor Resartus*, dans *The Works of Thomas Carlyle*, éd. cit., t. I, p. 205-206.

9. *Ibid.*, p. 162.

10. Jacques Cabau, *Thomas Carlyle ou le Prométhée enchaîné*, *op. cit.*, p. 177.

11. Texte original dans Thomas Carlyle, *Sartor Resartus*, éd. cit., t. I, p. 202.

12. Texte original dans Thomas Carlyle, *Life of Friedrich Schiller*, dans *The Works of Thomas Carlyle*, éd. cit., t. XXV, p. 100.

il pense que les documents et les témoignages humains, comme toute autre preuve matérielle, sont inférieurs aux pouvoirs divinatoires de l'intuition, ce qui le conduit à appeler de ses vœux la nécessaire conciliation de l'histoire et de la poésie. L'historiographie n'est pas une simple « chronique versifiée, confinée dans les limites rigides de la vérité historique » [13] ; la parole inspirée, c'est-à-dire poétique, y rend intelligible la langue de Dieu.

Bloy, lui aussi, refuse la réduction de l'histoire à une causalité mécanique, fondée sur le libre arbitre ou le hasard, ces illusions modernes dont il réclame « l'holocauste préalable » (III, 133). À ses yeux, l'enthousiasme, parce qu'il est d'origine divine, permet seul de s'approcher de la vérité historique. Contre les tentatives rationnelles qui atomisent le temps en une multitude d'époques, Bloy prend le parti de « la synthèse absolue » (*ibid.*) : à rebours des recherches qui fragmentent l'unité divine, il entend « envelopper d'un unique regard, comme font les anges, tous les aspects d'un événement » (*J*, I, 266 [28 mai 1899]). Son but est d'apercevoir ainsi « les concordances ou coïncidences presque toujours inobservées », qui permettent de relier entre eux « une multitude de faits » (*ibid.*). Dans l'espoir d'entrevoir la logique providentielle, il s'efforce de tisser ensemble tous ces fils épars, certain que les événements, dans leur nombre infini, sont rattachés les uns aux autres par des ramifications secrètes, que seul le sens du symbolique permet de mettre en lumière.

Pour les deux écrivains, un lien sublime relie donc le destin des individus et inscrit la solidarité de leur existence dans le plan divin. Si Bloy fonde le principe de cette continuité sur « la Communion des Saints, [...] désignation théologique de l'Église, corps mystique du Christ dont tous les fidèles sont les membres visibles » (IX, 239-240), Carlyle se réfère à l'« ineffable communion » qui, dans sa conception romantique de l'Unité, « lie tous les hommes passés, présents et à venir en un Tout indissoluble, presque en un seul individu vivant » [14]. Mais, pour chacun d'eux, les conséquences de cette vision sont toujours les mêmes : à travers

13. Texte original dans Thomas Carlyle, « Metrical Legends of exalted Characters, by Joanna Baillie », *New Edinburgh Review*, April 1922, p. 399, cité par Jacques Cabau, *op. cit.*, p. 148.

14. Texte original dans Thomas Carlyle, *Critical and Miscellaneous Essays*, éd. cit., t. XXVII, p. 86.

l'histoire, collective ou individuelle, Dieu s'exprime en un langage mystérieux, dont ils sont constamment à l'écoute, ce qui les conduit à en percevoir les échos jusque dans ce qui leur arrive au quotidien.

Carlyle, le jour où ses souliers le serrent, lie sa souffrance au train surnaturel où vont les choses et pense que l'ordre du monde pourrait en être changé. Une crise de constipation, un repas mal apprêté, les frasques d'une bonne, rien n'arrive qui ne soit le signe de la volonté divine et qui n'engage l'histoire de l'humanité. Qu'il se blesse au doigt par accident, il se laisse aussitôt emporter par son imagination et finit par donner à sa mésaventure un retentissement démesuré. Lui qui a horreur du « moi » ne parle jamais que de lui-même. La chute d'un ongle et sa repousse participent ainsi du mouvement de mort et de résurrection qui anime le monde :

> Je me suis écrasé l'ongle [...] et sérieusement ma foi ! L'ongle est tout noir, mais demeure en place jusqu'à ce qu'un nouvel ongle, blanc, se forme en dessous ; le vieil ongle noir, mort et inutile, continue pourtant à tenir un rôle de son mieux : comme tant des institutions sociales d'aujourd'hui ! Mais n'est-ce pas toujours et partout la même chose [15] ?

À des échelles différentes, des forces transcendantes se manifestent dans ce passage par un jeu d'oppositions – le blanc et le noir, l'ancien et le neuf, le vivant et le mort... – qui révèlent symboliquement les secrets enfantements de l'histoire. Chaque individu, à commencer par lui-même, est un miroir dont Carlyle voudrait lever « le voile de gaze » pour discerner plus commodément « l'image de son propre visage naturel et les secrets surnaturels qui s'y cachent prophétiquement » [16]. Cette vision poétique et mystique, qui appréhende l'univers comme un grand Tout uni par un réseau de correspondances, magnifie le moindre événement : « On ne peut pas laisser tomber son canif sans ébranler un peu tout le système solaire » [17], note Carlyle dans *Cruthers and Jonson*.

Les « tendances paranoïaques » [18] qui le poussent à lire sans cesse l'histoire collective à la lumière des petits accidents de sa propre existence, ne gênent nullement Bloy, qui aime à se livrer, dans son propre *Journal*,

15. Texte original dans Thomas Carlyle, *Two Note-Books*, éd. cit., p. 207-208.

16. Texte original dans Thomas Carlyle, *Critical and Miscellaneous Essays*, éd. cit., t. XXVII, p. 45.

17. *Ibid.*, t. XXVI, p. 78.

18. Jacques Cabau, *Thomas Carlyle ou le Prométhée enchaîné*, *op. cit.*, p. 269.

à des comparaisons tout aussi audacieuses. Le 25 juin 1894, ce dernier n'hésite pas, par exemple, à créer un lien entre la vente de son dernier livre et la disparition tragique de Sadi Carnot, déplorant que la mauvaise fortune, qui s'acharne contre lui, ne recule pas « devant l'assassinat d'un Président de la république » pour le « priver d'un succès possible » (*J*, I, 89). Le goût de la provocation et l'humour noir entrent, pour une bonne part, dans de tels propos, qui ne révèlent pas moins une spiritualité hantée par l'intervention occulte de forces obscures et par le sang des sacrifices. L'écrivain donne de même un relief inhabituel à l'idée de réversibilité des mérites, en établissant des « concordances mystérieuses » (*J*, I, 644 [17 mai 1907]) entre la première communion de sa fille aînée et l'éruption meurtrière de la montagne Pelée :

> Premières nouvelles de l'immense catastrophe de la Martinique. [...] Le hasard n'existant pas, cette extermination était indispensable pour que fût contrebalancé, dans l'infaillible Main, l'acte prodigieux de notre enfant. Il ne fallait pas une victime de moins à cette innocente et le volcan, depuis les siècles, attendait son signe. (*J*, II, 411 [10 mai 1902])

Ces rapprochements inattendus, qui donnent au quotidien la profondeur surnaturelle de la merveille, font basculer l'histoire du côté de la fiction. Il est significatif, à cet égard, que Carlyle, comme Bloy, affiche un certain mépris pour le roman réaliste et souligne son infériorité par rapport à l'histoire. Pour chacun d'eux, l'invention humaine se fourvoie lorsqu'elle s'efforce de singer le réel. La création littéraire ne doit pas essayer de rivaliser avec Dieu, au risque de verser dans le narcissisme. La tentation romanesque est toujours blasphématoire quand elle consiste à remplacer par une prose tout humaine la puissance poétique du Verbe. Cette conviction repose sur le sentiment que le romancier ne saurait égaler le Créateur, sinon en s'attachant, comme l'historien, à l'exploration des potentialités symboliques de toute histoire, seule activité littéraire permettant aux facultés humaines de s'élever à la hauteur du surnaturel.

C'est au nom de ces idées que Bloy oppose Carlyle à Michelet : une « étonnante impersonnalité » préserve l'écrivain écossais « d'accommoder l'histoire aux exigences de [sa] propre vanité d'esprit » (XV, 39), ce qui lui permet de retrouver Dieu dans le miroir magique de sa propre existence, alors que Michelet se raconte lui-même à travers les événements qu'il relate : il réduit l'histoire à « une longue série de réalités prophétiques », qui viennent aboutir à lui comme à un élu « marqué pour les accomplir ». Carlyle, au contraire, est animé d'un « amour éperdu de la réalité historique », qui le pousse à « se dépouiller de soi » (*ibid.*) pour célébrer la Gloire divine. Bloy minimise les risques de falsification imaginaire de l'histoire, que le démon de l'analogie pourrait induire chez Carlyle : éludant le « formidable égocentrisme » [19] de l'écrivain écossais, il ne retient que son inspiration visionnaire. L'auteur de *Sartor Resartus* le confirmerait sans peine dans cette idée, lui qui se peint, dans son *Journal*, le 22 octobre 1831, parcourant les rues de Londres, le manuscrit de ce livre à la main, et pressentant, au milieu de la foule, le secret d'une présence divine :

> Dieu est là : ici, même ici, se trouve la Révélation de l'Infini dans le Fini ; un majestueux poème (tragique, comique ou épique), si tu savais seulement le lire et le réciter [20] !

Un romanesque transcendant

Une telle conception de l'histoire a pour conséquence de favoriser, chez Bloy comme chez Carlyle, la contamination de la réalité par un romanesque transcendant. L'histoire devient un pré carré, où les deux écrivains peuvent mesurer leur existence à l'aune du surnaturel et se métamorphoser en figures héroïques, dont la place parmi les autres hommes a été réservée. Cette fascination pour les héros excède toutefois les limites de leur propre existence : elle s'étend à d'autres personnages, tirant l'histoire du côté d'une mythographie, dont les implications politiques ne sont pas négligeables.

Ainsi, chez l'écrivain écossais, la conception de l'héroïsme s'intègre-t-elle à une vision théocratique qui repose sur l'idée de hiérarchie cosmique. À la différence des autres hommes, auxquels échappe la révélation de Dieu dans l'histoire, le héros tient sa légitimité morale et politique de son statut

19. *Ibid.*, p. 135.
20. Texte original dans Thomas Carlyle, *Two Note-Books*, éd. cit., p. 202-203.

de médiateur. À la fois instrument de la Toute-Puissance et miroir de l'Infini, il tire sa force de cette mission sacrée. Son pouvoir prolonge, dans l'espace et le temps, la Volonté divine, dont il est une incarnation passagère. S'il est digne d'être un guide, que le vulgaire est tenu de suivre fidèlement, il doit ce privilège à l'obéissance passive qui lui fait accepter de se donner totalement à l'Esprit par lequel il a été visité. Tel le Christ, il ne connaît ni n'enseigne la vérité de l'extérieur, il est cette Vérité révélée :

> Les Hommes grands par la parole et par l'action sont les textes inspirés de ce Livre Divin de la Révélation, dont un chapitre est complété d'époque en époque, et qui est appelé par certains l'Histoire [21].

Cependant, il n'existe pas, aux yeux de Carlyle, de héros capable de représenter la Volonté divine pour l'éternité. Chacun de ces élus en est la manifestation transitoire : il incarne, à un moment donné, un mode de la vérité appelé à s'user en vertu d'un certain relativisme historique. Tout héros est à la fois une figure de la transcendance et « le fils de son époque » [22]. Cette double nature fait de lui un envoyé, dont la mission consiste à révéler les hiérogrammes divins, à les rendre intelligibles aux hommes de son temps et à obtenir en retour que ceux-ci manifestent à son égard cette révérence, qui est la pierre angulaire des sociétés. Le pouvoir ne découle donc pas d'un rapport de forces, il résulte de ce don de « nomination » [23], qui confère à son détenteur la dignité de poète investi d'un magistère spirituel. Si les « Grands Hommes » sont « les guides du troupeau stupide, qui les suit selon un décret irrévocable » [24], ils puisent leur supériorité dans leur capacité de proférer, à une certaine époque, les paroles qui actualisent pour l'humanité sa relation avec la divinité.

Cette sacralisation du héros, où l'on a parfois vu une préfiguration de la mythologie du « guide suprême », a entretenu l'idée que Carlyle était un précurseur des idéologies totalitaires. S'il existe bien une tentation autoritaire chez cet admirateur de Cromwell, de Napoléon et de Frédéric II de Prusse, cette pente de son esprit tient essentiellement à sa conception messianique du pouvoir, qui lui inspire la fameuse formule : *Might is*

21. Texte original dans Thomas Carlyle, *Sartor Resartus*, éd. cit., t. I, p. 142.
22. Texte original dans Thomas Carlyle, *Life of Friedrich Schiller*, éd. cit., t. XXV, p. 212.
23. Jacques Cabau, *Thomas Carlyle ou le Prométhée enchaîné*, *op. cit.*, p. 269.
24. Texte original dans Thomas Carlyle, *Critical and Miscellaneous Essays*, éd. cit., t. XXVIII, p. 89.

Right[25]. On retrouve chez Bloy à la fois ce culte des grands hommes et la même hostilité à l'égard de la multitude. Aussi n'est-il pas étonnant de le voir songer à l'écrivain écossais au moment de vilipender les faux héros encensés par les foules modernes, comme il le fait dans son *Journal* le 20 août 1910 :

> « Paris fête les aviateurs. » Unique chose à lire dans les journaux. Toute vie intellectuelle est suspendue. La politique même est ajournée. Triomphe énorme des vainqueurs du « Circuit de l'Est ». On les croirait revenus de Marathon ou de Salamine. Réception à l'Hôtel de ville, banquets et discours, inscription au « Livre d'or de la cité », récompenses et décorations. Sur le passage des héros, frémissement religieux de tous les épis de l'orgueil et de la sottise. Malheur à qui élèverait la voix pour protester ! Je pense à Carlyle. Que dirait ce terrible contempteur de la multitude ? (*J*, II, 182-183)

Pourtant les panthéons de Bloy et de Carlyle diffèrent sensiblement. Bloy prend la précaution de distinguer, sur son échelle des valeurs, les saints, qu'il admire sans réserve, et les simples héros. Infiniment désirable, la sainteté se gagne par une communion avec le Christ, qui consiste à partager volontairement son destin : Jeanne d'Arc et Christophe Colomb – même si l'Église a reculé devant la canonisation du célèbre navigateur – ont participé à la rédemption de l'humanité, en pratiquant sans sourciller cette immolation de soi, qui repose sur une acceptation fervente de la souffrance. Ils ont illuminé de leur foi la fin du Moyen Âge, où le sens du sacré était encore intact[26]. Mais l'humilité, qui tenait ces saints à l'écart du pouvoir temporel, a disparu avec l'avènement des sociétés modernes : on la rencontre encore chez des princes dépossédés de leur couronne, tels que Marie-Antoinette et son fils, l'infortuné prisonnier du Temple, dont le sort lamentable offre, malgré eux, une image de la Passion de Jésus.

Leur dénuement contraste avec la puissance destructrice et l'ambition prométhéenne des héros dominateurs que la modernité a engendrés. À une époque trop indigne pour laisser éclore la sainteté, il ne peut y avoir de place, selon Bloy, que pour de fortes personnalités, qui portent encore l'empreinte du sacré. Napoléon fournit le meilleur exemple de cet héroïsme, étrange substitut d'une sainteté dégradée, qui témoigne d'un

25. *Ibid.*, t. XXIV, p. 123.
26. Voir *supra*, le chap. II de la première partie.

obscurcissement du sens providentiel de l'histoire. L'empereur est à la fois « l'instrument admirable » du Saint-Esprit, dont il est en quelque sorte une « Préfiguration » (*J*, I, 421 [10 juillet 1902]), et l'effroyable propagateur du mal dans son siècle. Investi d'un rôle surnaturel qui le dépasse infiniment, il incarne, en même temps, le Désir impatient de retrouver le Paradis, qui fait de lui « le Mendiant de l'Infini » (V, 297), et la Raison moderne, dont le Bourgeois est l'adorateur démoniaque.

Si Bloy n'ignore pas que Napoléon fut un autocrate qui ravagea l'Europe entière pour accomplir son rêve de puissance, il préfère voir en lui « un poète, un incomparable poète en action » (V, 334), car il éprouve une évidente fascination pour l'énergie de son héros, fascination qu'il attribue aussi aux masses. L'évocation de ses souvenirs d'enfance trahit cet éblouissement devant le prodigieux conquérant devenu « le Maître du monde » (V, 340), dont il fait une figure légendaire, ayant l'éclat du numineux : « En vérité, jamais un homme ne fut adoré comme celui-là [...] J'ai connu, dans mon enfance, des vieux mutilés incapables de le distinguer du Fils de Dieu » (V, 280).

Napoléon ne saurait donc s'expliquer, selon Bloy, sans l'hypothèse d'une prédestination divine, qui donne un sens surnaturel à son œuvre politique : l'édification d'un immense empire au prix de tant de dévastations et de massacres. Dans son génie militaire, l'empereur figure par anticipation « Celui qui doit renouveler la face de la terre » (V, 316) en affranchissant l'humanité de sa déchéance ontologique, même si cet enfant d'un siècle impie a eu le tort de croire qu'il pouvait opérer ce renouvellement par ses seules forces et pour sa propre gloire. Car ce héros aussi pitoyable qu'admirable n'a pas été de taille à rivaliser avec le Dieu implacable, dont la Colère, le Jour venu, sera autrement redoutable :

> Pour qui voit dans l'Absolu, la guerre n'a de sens que si elle est exterminatrice, et l'avenir très prochain nous le montrera. [...] Assurément, Napoléon ne fut ni un sot ni un hypocrite, mais ce prétendu bourreau était un sentimental toujours prêt à pardonner, un magnanime, croyant quand même à la magnanimité des autres, et on sait ce que lui coûta cette illusion incompréhensible [...]
>
> Il n'était donc pas le monstre qu'il aurait fallu pour la guerre intégrale, apocalyptique, avec toutes ses conséquences, l'abîme de guerre invoqué par l'abîme de turpitude, et ce n'est évidemment pas de ce démon qu'il aura été le précurseur. (V, 301)

Bloy fait de Napoléon un héros contradictoire, dont le rêve de toute-puissance est assombri par une terrible infécondité. L'empereur, à cet égard, est une figure inversée du Paraclet, lequel sortira, un jour, de son apparente impuissance pour établir enfin son règne sur l'humanité. Carlyle considère lui aussi les héros, quel que soit leur nom, comme des figures qui dominent l'histoire de leur haute stature. Fondant leur pouvoir sur une nécessité transcendante, ils ont pour mission d'arracher le voile trompeur des apparences pour manifester l'ordre divin dans sa vérité. Les inflexions qu'ils impriment alors au cours de l'histoire sont décisives : c'est par de profonds bouleversements qu'ils raffermissent les liens organiques assurant la cohésion de la société.

Chez les deux écrivains, la politique s'enracine dans un imaginaire millénariste. Même si leurs conceptions des grands hommes diffèrent sensiblement, il existe chez eux une dangereuse tentation de la violence, que Bloy identifie du reste chez l'historien écossais, lorsqu'il souligne, pour s'en féliciter, sa détestation des révolutionnaires :

> Il exècre comme des ennemis personnels, pour avoir trompé son attente de millénaire, les mêmes hommes que nous exécrons, nous, comme ennemis de l'Église et de toute espèce d'ordre moral, et il pense qu'avec de tels ennemis il n'y a pas de composition possible ; qu'il s'agit absolument de vie ou de mort et que, par conséquent, toutes les armes sont légitimes, pourvu qu'elles soient exterminatrices. (XV, 41)

Une profondeur visionnaire

La connivence existant entre Bloy et l'historien britannique apparaît par ailleurs dans leur écriture. À l'instar de Barbey d'Aurevilly, qui peint Carlyle comme « un écrivain *magnétique*, [...] un artiste-voyant qui a senti ce qu'il a vu et qui l'a peint comme il l'a senti » [27], Bloy apprécie « sa langue historique, [...] plus étonnante que tout le reste » (XV, 41). De la

27. Jules Barbey d'Aurevilly, « *Histoire de la Révolution française*, par Thomas Carlyle », *Le Pays*, 23 juillet 1865 ; recueilli dans *Articles inédits (1852-1884)*, éd. Andrée Hirschi et Jacques Petit, Annales littéraires de l'université de Besançon, Paris, Les Belles Lettres, 1972, p. 115-116.

lecture de l'*Histoire de la Révolution française*, il retient surtout une manière de mettre en scène les événements, de les orchestrer et de leur donner une profondeur visionnaire, qu'il pastiche, puis amplifie dans ses propres ouvrages historiques. Car « l'écriture en épaisseur » [28] de Carlyle est une révélation pour Bloy. Elle apporte une réponse particulièrement clairvoyante à la principale difficulté de l'historiographie :

> Un Historien – dit Carlyle – doit écrire, pour ainsi dire, en lignes ; mais chaque événement est une surface ; en fait même, si nous cherchons ses causes, un volume : d'où un défaut fondamental et incurable dans l'art de la Narration, auquel le meilleur d'entre nous peut seulement remédier plus ou moins bien [29].

La linéarité de l'écriture constitue, en effet, un redoutable écueil, selon l'écrivain écossais, qui considère que la simple succession des mots dans la phrase condamne l'historien à une relation linéaire des événements, qui reste à la surface. Or c'est l'histoire à plusieurs dimensions qu'il veut écrire, celle qui dépasse la saisie des réalités superficielles pour s'avancer dans la profondeur. Aussi s'efforce-t-il de faire sentir l'épaisseur historique par des visions concomitantes ayant pour but de pousser le récit au delà de la « simple exposition de curiosités » [30]. Écartant l'histoire événementielle, qui consiste à aligner une succession de faits, il tente ce tour de force d'écrire l'histoire en coupe, en montrant comment la simultanéité de ce qui arrive compose un ensemble fortement architecturé. Il n'enchaîne pas les scènes et les tableaux de genre, mais s'enfonce dans la matière historique, pour mettre en évidence les correspondances qui forment la trame du grand Livre de l'univers.

L'historien, pour Carlyle, est un voyant, qui multiplie les raccourcis panoramiques par lesquels il présente simultanément, en une vision anticipée, la situation présente des personnages et leur destin à venir. Cette vue synoptique des choses, dans laquelle le temps et l'espace sont contractés, lui évite de se fourvoyer dans l'anecdotique ; elle lui permet au contraire de dégager instantanément la signification transcendante des événements. Le procédé poétique, grâce auquel l'histoire, tel un miroir

28. Jacques Cabau, *Thomas Carlyle ou le Prométhée enchaîné*, *op. cit.*, p. 152.
29. Texte original dans Thomas Carlyle, *Two Note-Books*, éd. cit., p. 124.
30. Texte original dans Thomas Carlyle, *Critical and Miscellaneous Essays*, éd. cit., t. XXVIII, p. 447.

magique, réfracte l'infini dans le fini, l'emporte donc sur le souci de l'exactitude documentaire. Carlyle, du reste, n'hésite pas à mêler ses propres commentaires à la relation des faits et à intervenir dans son récit, pour combler les lacunes de son information. Sa présentation de la cérémonie d'ouverture des État Généraux, le 4 mai 1789, offre l'exemple de cette épaisseur historique qu'il cherche à atteindre par l'écriture :

> C'est le jour de baptême de la démocratie : une époque malade vient de l'enfanter, le nombre voulu de mois étant écoulé. Pour la féodalité, jour d'extrême-onction ! [...] Et ainsi avec les angoisses de la mort et les angoisses de l'enfantement, un nouveau-né apparaît. Quel travail, ô ciel et terre, quel travail ! Des batailles et du sang, des massacres de Septembre, des ponts de Lodi, des retraites de Moscou, des Waterloo, des Peterloos, des électeurs à dix marcs, des tombereaux et des guillotines, et à dater de ce jour, si l'on pouvait prophétiser, deux siècles de luttes et de combats ! Deux siècles ; il n'en faut guère moins avant que la démocratie ait sa récompense, à travers de funestes époques, des époques de charlatanisme, jusqu'à ce qu'un monde pestilentiel soit consumé, pour reverdir et rajeunir de nouveau [31].

Bloy revendique, lui aussi, une vision intégrale de l'histoire, éternellement contemporaine. Persuadé qu'à « la hauteur de pensée » où il veut atteindre, « les notions de temps ou d'espace n'existent plus » (V, 292), il défend des idées proches de celles de l'écrivain écossais : dans sa propre œuvre, selon ses dires, l'histoire « devient synoptique et simultanée, à ce point qu'il est possible de juxtaposer et d'annexer étroitement, sous le regard, les événements les plus disparates ou les plus distants » (*ibid.*). Les faits historiques sont comme des prophéties, que la pensée s'émerveille de « sentir palpiter au centre des temps, d'où elles rayonnent sur toutes les époques et sur tous les mondes » (X, 154). On sait, du reste, que pour Marchenoir, la tâche de l'historien consiste à réduire les événements « à un tel raccourci de formules », qu'ils puissent « tenir dans un rais de la pensée » (III, 136). Comme Barbey d'Aurevilly, dont l'article soulignait déjà que l'histoire, sous l'œil de Carlyle, devient « une résurrection en bloc, [...] dont la concentration fait la magie » [32], Bloy insiste lui aussi

31. Thomas Carlyle, *Histoire de la Révolution française*, Paris, Germer Baillière, 1865, t. I, p. 173-174.

32. Jules Barbey d'Aurevilly, « *Histoire de la Révolution française*, par Thomas Carlyle », art. cit., p. 115.

sur l'intensité quasi hallucinatoire des fresques historiques brossées par l'historien de la Révolution française :

> Positivement, il a vu ce qu'il raconte et il le fait voir aux autres. Il se mêle à toutes ces cohues sanglantes ou stupides, il épouse successivement toutes les passions de ce temps affreux, il est royaliste avec les amis du roi, et républicain avec les sans-culottes, et il est tout cela avec plus d'intensité que qui que ce soit. Il s'affuble de tous ces masques avec l'impersonnalité d'un comédien de génie, et il arrive ainsi à une peinture qui fait sur nos âmes l'effet d'une vision. (XV, 40)

Parmi les autres procédés que Bloy prend à Carlyle, signalons d'abord celui qui consiste à redonner vie aux principaux acteurs de l'histoire, en les traitant comme des figures emblématiques, positives ou négatives, dont l'affrontement ainsi dramatisé peut être transposé sur un plan surnaturel. Recourant à l'hyperbole pour épaissir le trait, l'historien écossais transforme son récit en un roman historique, dont les personnages prennent un relief saisissant. Comme le remarque Bloy, dans l'étude qu'il lui consacre, « il ne cherche pas des idées dans la Révolution, il cherche des hommes : il lui faut à toute force des âmes vivantes, personnelles » (*ibid.*), et c'est par ce moyen qu'il transforme l'histoire en fable symbolique.

L'incidence du procédé est indéniable sur l'écriture de Bloy. On le voit à la manière dont les deux écrivains traitent le personnage de Marie-Antoinette. Lorsque Bloy identifie la souveraine privée de son trône à une « Véronique découronnée » n'ayant pas même un mouchoir pour éponger « le visage sanglant de son Maître » (V, 51), il superpose à la reine une figure mariale, celle de la Vierge en pleurs, présente sur le Golgotha, dont le cœur est écrasé de douleur. Le portrait de cette femme suppliciée, dont la mort marque « l'ensevelissement d'une Tradition, d'une Aristocratie, d'un Trône et d'un Monde » (V, 66), n'est pas sans ressembler à celui que peint Carlyle, lorsqu'il évoque la « malheureuse reine prédestinée » sur laquelle « l'espérance n'est pas faite pour briller » [33] :

> Ses cheveux sont déjà grisonnés par les inquiétudes et les croix ; son fils aîné se meurt dans ces jours ; la noire calomnie a souillé son nom d'une tache ineffaçable, ineffaçable tant que durera cette génération.

33. Thomas Carlyle, *Histoire de la Révolution française*, éd. cit., t. I, p. 193.

> Au lieu de Vive la reine ! des voix lui jettent l'insulte de Vive d'Orléans ! De sa beauté de reine peu de chose reste, excepté la majesté ; plus maintenant elle n'est gracieuse, mais hautaine, rigide, souffrant en silence. Avec un mélange de sentiments auxquels la joie n'a nulle part, elle se résigne à ce jour qu'elle espérait ne devoir jamais contempler. Pauvre Marie-Antoinette ! avec tes nobles et pénétrants instincts, ta vivacité de coup d'œil, avec tes accès de visions trop étroites pour l'œuvre que tu as à faire ! Oh ! il y a des provisions de larmes pour toi, d'amères douleurs, de doux attendrissements de femme, quoiqu'il y ait en toi le cœur impérial d'une fille de Marie-Thérèse. Victime désignée, ferme tes yeux sur l'avenir [34] !

Le dernier procédé qui retient l'attention de Bloy dans l'écriture de Carlyle est son « ironie féroce et vengeresse » (XV, 38). Expression du radicalisme puritain de « cet Anglais » (*ibid.*), elle lui permet de mettre à nu les impostures en dénonçant, sous les apparences flatteuses, la misérable réalité. Elle consiste à observer le monde avec la clairvoyance corrosive du voyant, ce qui fait dire à Bloy, dans son article de *L'Univers* : « On n'a, certes, jamais rien écrit de plus amer, de plus méprisant, de plus froidement féroce contre la Révolution française que l'histoire même de cette révolution par un homme qui ne la hait point » (XV, 40). Ainsi, Robespierre est-il brièvement décrit comme « un individu verdâtre » [35], Sieyès comme un « constructeur de systèmes » animé par une passion unique, « la vanité personnelle » [36], et Guillotin comme « un respectable praticien, voué par une satirique destinée à la plus singulière immortalité qui ait transporté un mortel hors de son lieu de repos, le sein de l'oubli ! » [37].

L'entrepreneur de démolitions toujours prêt à surgir en Bloy ne peut qu'être sensible aux talents de caricaturiste qu'il aperçoit chez Carlyle, ce « Jupin tonnant de l'épithète empoisonnée » (V, 36), qu'il présente comme « une mixture de Milton et de Henri Heine » (XV, 41). Cette caractérisation de l'art de son confrère pourrait cependant convenir à sa propre écriture, qui doit tant elle-même à l'esthétique de la cruauté [38] :

34. *Ibid.*, p. 193-194.
35. *Ibid.*, p. 184.
36. *Ibid.*, p. 188-189.
37. *Ibid.*, p. 187.
38. Voir *supra*, dans la troisième partie, le chapitre III.

> Peut-être alors aurez-vous quelque idée de cet artiste véhément jusqu'à la démence et en même temps glacé comme le vent du pôle, avide des émotions de toutes ces scènes dont il a la vision distincte et cependant pénétré d'horreur, arrêtant son récit par un mot cruel et fléchissant au moment même où il est devenu pathétique, grossissant et gonflant outre mesure ses effets pour les crever ensuite d'un coup d'épingle, majestueux et biblique dans l'ironie, léger à contretemps et toujours emporté sans cesser un seul instant d'être maître de lui. (XV, 41)

La manière de Bloy est donc assez proche de celle de Carlyle. Dans son œuvre historique, l'auteur de *La Chevalière de la Mort* recourt à ces effets de condensation temporelle qui produisent comme une hallucination visuelle ; il représente des héros d'une puissante charge symbolique cristallisant des significations plus ou moins énigmatiques, il use volontiers d'une ironie décapante, qui creuse la distance entre la réalité humaine et son horizon transcendant, toutes choses qui caractérisent la manière de Carlyle. Or, cette écriture de l'histoire que les deux écrivains ont en partage ressemble singulièrement à celle que définit Erich Auerbach lorsqu'il dégage les principaux traits stylistiques du récit biblique :

> [Celui-ci] met en valeur certains éléments pour en laisser d'autres dans l'ombre ; c'est un style abrupt, qui suggère l'inexprimé, l'arrière-plan, la complexité, qui appelle l'interprétation, qui prétend exprimer l'histoire universelle, qui met l'accent sur le devenir historique et en approfondit l'énigme [39].

La question palingénésique

Bloy se sépare cependant de Carlyle sur deux points essentiels, qui touchent à sa philosophie de l'histoire et à la conception de la figure qu'elle implique. Carlyle, en tant qu'historien, vise l'envers des choses, leur arrière-plan surnaturel. Les réseaux de correspondances que tisse son œuvre s'efforcent de faire apparaître la signification des événements du point de vue de Dieu. Or, cette opération épiphanique est essentiellement dynamique. Elle ne révèle rien d'autre que la transformation incessante

39. Erich Auerbach, *Mimésis*, *op. cit.*, p. 33-34.

du Tout : l'histoire, comme discipline du savoir, permet d'appréhender le perpétuel devenir de l'univers, dont les contradictions sont dépassées au prix de nouvelles contradictions. D'où le caractère transitoire des figures, qui ne sont que des formes éphémères à décrypter.

Il n'y a « pas d'Être » dans la figure, « mais seulement du devenir » [40] ; tel un miroir, elle est « le lieu géométrique de l'illusion vraie » [41]. Cette conception de la figure résulte de la « philosophie du vêtement », aspect le plus original de la pensée de Carlyle, exposé dans son *Sartor Resartus*. Refusant l'opposition métaphysique entre l'être, compris comme essence nue, et les figures de circonstance, qui n'en sont que l'apparence trompeuse, l'écrivain écossais échafaude une théorie de la figure comme vêtement, qu'il définit à la fois comme un écran et comme un médiateur entre l'homme et la transcendance. Dans cette perspective, la figure non seulement révèle l'être tout en l'enveloppant, mais elle le fait de façon contingente et transitoire, dans le langage d'une époque : elle doit être renouvelée, au fil du temps qui passe, tel un vêtement usé qu'on abandonne ou qu'on retaille, pour pouvoir rester l'expression adéquate de la réalité surnaturelle. Cette réinvention des figures est l'affaire des héros et des poètes, qui les adaptent à la période de l'histoire à laquelle ils appartiennent, permettant ainsi au peuple de communier avec la divinité.

L'*Histoire de la Révolution française* est organisée dans cette perspective comme un ample poème symbolique conçu « pour donner le sentiment d'un feu [...] long à prendre » [42], qui devient peu à peu un incendie dévastateur. Robespierre, tel Prométhée, y a le pouvoir d'embraser le monde, qu'il risque de réduire en cendres. Dans chacun des trois volumes qui composent cette *Histoire* un mouvement se dessine, qui va du calme à l'agitation, de la tranquillité à la violence. Le dernier volume, intitulé « La Guillotine », rompt ce mouvement fondé sur une dialectique de tension et de détente, à la faveur d'une accélération décisive culminant avec l'apparition de Bonaparte qui, tel Apollon, éteint enfin la fureur jacobine et sauve le monde des brasiers de l'Apocalypse.

40. Jacques Cabau, *Thomas Carlyle ou le Prométhée enchaîné*, *op. cit.*, p. 27.

41. *Ibid.*, p. 101.

42. John-Richard Watson, « La Révolution française selon Carlyle », dans *Révolution française et romantismes européens*, Simone Bernard-Griffiths et Antonio Gargano (dir.), Naples, Istituto italiano per gli studi filosofici, 1989, p. 322.

L'histoire de la Révolution, relatée de cette manière, est calquée sur le mythe du phénix. Robespierre prend en charge la phase négative du mythe : la destruction violente et transitoire d'un régime devenu une imposture ou, si l'on préfère, l'incendie des vieux vêtements – symboles mais aussi institutions – qui est la condition du renouveau historique. Le défi prométhéen du chef jacobin déchaîne certes un incendie ravageur, mais cet embrasement du vieux monde est nécessaire, en dépit de l'entropie qu'il libère. Lorsque Napoléon, ce héros vainqueur, paraît pour mettre fin à la Révolution, celle-ci s'est déjà largement annihilée elle-même : Prométhée a laissé la place *in fine* à Empédocle, le suicide étant le destin de l'*hybris*. C'est donc une logique palingénésique qui prévaut chez Carlyle, dont l'*Histoire de la Révolution* témoigne de l'éternelle métamorphose de l'univers. Après avoir soumis les forces de destruction et imposé un nouvel ordre au chaos, Napoléon ouvre une période de cohésion, qui succède à la crise révolutionnaire :

> Comme en une longue systole et une longue diastole, la période de Foi doit alterner avec celle de Doute ; la croissance printanière, la surabondance estivale de toutes les Opinions, des Symboles Spirituels et de la Création doivent être suivies par le déclin automnal, la dissolution hivernale, et revenir après eux[43].

Au fond, Carlyle ne prend aucun parti à l'égard de la Révolution : il la réprouve et, en même temps, la croit nécessaire ; elle illustre, à ses yeux, la dialectique historique, qui est obligée de passer par le désordre pour parvenir à l'harmonie. Dans sa philosophie de l'histoire, coexistent un penseur radical qui privilégie la dynamique conduisant à la nécessaire destruction des institutions obsolètes et un conservateur, qui postule l'existence d'un ordre transcendant immuable. Il balance en outre entre un panthéisme rassurant, qui célèbre l'incessante métamorphose de la Création, et une divinité énigmatique, dont la volonté se manifeste sous forme de figures contradictoires, prises dans un jeu perpétuel de tensions et de dépassements. Son optimisme romantique, qui affirme l'unité de Dieu et de l'humanité, est nuancé par sa formation calviniste et son moralisme victorien, qui lui substituent la vision tourbillonnante d'une indéchiffrable transcendance.

43. Texte original dans Thomas Carlyle, *Sartor Resartus*, éd. cit., t. I, p. 91.

Bloy, comme Carlyle, tente d'atteindre « l'Invisible par le visible » (*J*, II, 115 [6 janv. 1910]). Sa conception de l'histoire tire parti de la pensée analogique et se fonde sur un métarécit, sorte de « biographie de Dieu », qu'il utilise pour déchiffrer tout ce qui arrive. Ce patron narratif, matrice de tous les récits, configure en profondeur chaque événement et permet de le comprendre en lui servant de modèle herméneutique. L'histoire doit être comprise à partir de ce symbolisme universel maintes fois exposé par l'écrivain dans son œuvre.

Le premier principe sur lequel il repose est énoncé dans *Le Salut par les Juifs* : Dieu ne parle jamais que de lui-même, sa Parole ayant pour référent sa Création, qui est à son image. Son Verbe est donc autoréférentiel. Dès lors, l'histoire et la Parole divine ne font qu'un. Avant d'être une réalité tangible, l'histoire est un récit énoncé par Dieu en personne : la diversité de ce qui se produit à travers le monde peut être ramenée à un schème narratif, toujours le même, qui ne cesse de se répéter, et qui se rapporte à la fois « au Créateur et aux créatures » (*ibid.*) : à leur histoire commune, marquée par la Chute, la Rédemption, la promesse d'un retour dans la Jérusalem céleste. Par conséquent la Bible, parce qu'elle recueille le Verbe, est la référence ultime : on n'y trouve pas une syllabe qui ne concerne quelque événement historique, ancien ou récent, majeur ou infime, lequel s'éclaire en retour à la lumière du Texte sacré.

Le deuxième principe dont Bloy tire parti est que Dieu ne s'exprime qu'en figures. Si la Parole divine dit toujours la même chose, les hommes qui en font l'exégèse n'en ont jamais fini de chercher leur chemin « dans l'immense forêt pénombrale des Assimilations scripturaires » (IX, 57). Multiforme, le Verbe est susceptible de prendre les déguisements les plus inattendus et de se prêter à maintes variations, tout en conservant sa signification, qui est unique. Les figures s'y combinent à l'infini, faisant subir d'innombrables modulations au schème narratif qui structure le « grand récit », objet de l'histoire, laquelle n'est elle-même qu'une des formes de la Parole divine.

Cette plasticité des figures fait toute la difficulté du déchiffrement de la langue de Dieu. La promesse de la dissipation de son mystère, lors des « inversions de la fin » (I, 41), ne peut faire oublier que l'économie figurale donne un privilège exorbitant aux combinaisons de la Syntaxe divine, au détriment du référent transcendant, qui a tendance à reculer sans cesse à l'horizon de ce roman sacré. Toujours renvoyée à un temps qui n'est pas encore venu, l'opération épiphanique, par laquelle les figures pourraient s'accomplir et rétablir de ce fait une parfaite adéquation entre le symbole et la réalité, en est indéniablement fragilisée.

La lecture de l'histoire que propose Bloy à partir de tels présupposés gravite autour de quelques figures obsédantes – Marie, Lucifer, le Saint-Esprit – dont les combinaisons, parce qu'elles sont susceptibles de varier sans limite, donnent forme à un récit inachevé, dont le sens se dérobe. À la différence de Carlyle, Bloy ne parvient pas à lire l'histoire à travers le prisme d'une palingénésie conduisant du sombre au lumineux, du terrestre au céleste, de l'ignominie à la gloire. Le divorce de l'humanité avec Dieu, qui marque son siècle, le conduit à creuser la distance séparant la Chute et la Rédemption : mettant l'accent sur les délais qui empêchent le passage du péché à la béatitude, il suspend son récit sur ce retard incompréhensible, qui subordonne l'histoire à une fin dont le sens est indécidable.

Le jeu des figures eschatologiques aboutit dans l'œuvre de Bloy à un blanc sémantique, qui marque l'aporie de ses tentatives d'exégèse historique. C'est dans cette perspective qu'il faut lire les deux derniers chapitres de *La Chevalière de la Mort* ajoutés en 1891, lors de la publication de l'ouvrage. Ces ajouts tardifs gauchissent le projet initial, où l'influence de Carlyle était plus sensible. L'un porte sur Naundorff, prétendant d'une lignée royale, qu'il a traînée « dans les insondables égouts de l'escroquerie et du putanat » (V, 72) ; l'autre sur le prince impérial, fils de Napoléon III, « égorgé » en 1879, au Zoulouland, par des « sauvages » (V, 73). La mort pitoyable de ces deux personnages, qui met fin aux espoirs de restauration dynastique de deux familles, indique, selon Bloy, que le temps des héros est passé. Un insondable abîme sépare désormais l'homme de la transcendance, tandis que l'histoire va son train et s'achemine vers un terme indécis :

> Après ceux-là silence et ténèbres. C'est fini de la Tradition. La table est rase et la place est nette pour Celui qui doit venir à la façon d'un nocturne spoliateur, quand l'ineffable Trinité l'appellera par son nom. Jusqu'à ce jour plus ou moins prochain, la France est décapitée et probablement damnée. (V, 79)

On est bien loin de la palingénésie romantique imaginée par Carlyle. Bloy donne à son millénarisme un tour beaucoup plus sombre, en accentuant l'angoisse que font naître les développements de l'histoire aux temps modernes. Il renvoie la régénération du genre humain aux incertitudes d'une combinaison de figures prises dans des tensions contradictoires. Car ces figures expriment à la fois une déchéance apparemment irréversible et une fragile espérance de salut.

Tout en annonçant sa foi dans la prochaine délivrance du genre humain, Bloy ne cesse de déplorer les inexplicables atermoiements de la Providence, et il est confronté de surcroît à l'ambivalence de la Fin qu'il attend impatiemment : verra-t-elle l'accomplissement de la Rédemption, que la miséricorde divine nous a accordée depuis des siècles ou bien la dénaturation de l'homme aura-t-elle atteint un tel degré que la Justice même de Dieu se heurtera à l'irrémédiable ?

À cette question qui éprouve sa foi, Bloy le reconnaît, nul ne peut répondre : « ce dénouement est inconnu » (V, 97), il reste le secret de Dieu et désarme les historiens. Sur le cours des événements, il laisse planer une ombre, où se love une torturante indétermination.

Chapitre IV

Henry de Groux et *Les Vendanges !*

En 1894, les éditions de l'Estampe Originale publient *Les Vendanges !* Ce fascicule artistique, réalisé conjointement par Henry de Groux et Léon Bloy [1], se présente comme un grand in-folio de 0,595 par 0,43. Il est composé d'une prose poétique de l'écrivain, *La Vigne abandonnée*, formant trois pages, et d'une lithographie du peintre tirée hors-texte sur vieux japon. La couverture, de couleur gris jaune, sur laquelle est représentée une chimère, est l'illustration de la citation de Rabelais figurant en exergue, et probablement choisie par l'auteur du *Désespéré* : « *Chimera bombicinans in deserto.* »

Il n'est pas très facile de reconstituer exactement la genèse de l'œuvre. Vers la fin de 1893, Bloy travaille à une évocation symbolique de l'agonie du Christ, qui semble être le premier état du texte. Il l'annonce à Henry de Groux dans une lettre du 30 décembre 1893 : « Peut-être aussi pourrais-je vous lire tout ou partie de mon travail sur *Eloi, Eloi, lamma sabacthani* (orthographe exacte), dont je m'occupe aujourd'hui [2]. »

C'est donc sans doute à cette époque que les deux hommes ont envisagé cette collaboration, l'occasion ayant été fournie par un dénommé Marty, commanditaire du projet et rédacteur à *La Patrie*, l'un des journaux de la presse conservatrice. À l'origine, ce travail en commun devait avoir une certaine envergure. *La Vigne abandonnée* devait être le premier numéro

1. *Les Vendanges !* Lithographies de Henry de Groux, texte de Léon Bloy, Paris, L'Estampe originale, 1894. – *La Vigne abandonnée* sera insérée dans *Le Mendiant ingrat* (*J*, I, 79-81 [8 mars 1894]). Nous renvoyons ici à l'édition originale.

2. Lettre du 30 décembre 1893, *Correspondance. Léon Bloy et Henri de Groux*, éd. cit., p. 97.

d'une série qui, sous le titre générique des *Vendanges !* proposé par Henry de Groux [3], aurait constitué peu à peu une sorte de polyptique, le texte et le dessin se répondant étroitement.

Le 8 mars 1894, le volume paraît, tiré à cent exemplaires. Ce sera l'unique réalisation de l'ensemble initialement prévu, bien que Bloy ait écrit un second poème, *Le Cortège de la Fiancée* [4], qui devait y prendre place. L'insuccès commercial et le découragement qu'il engendre expliquent sans aucun doute l'ajournement du projet. L'exemple de *La Vigne abandonnée* n'est que plus précieux. Seul témoignage de la rencontre artistique de Bloy avec l'un de ses pairs, cette création iconotextuelle constitue pour l'écrivain une confrontation, unique en son genre, de son univers imaginaire, réputé inconciliable, avec celui d'un autre créateur.

De fait, les amitiés qu'il entretiendra ultérieurement avec des peintres ou des musiciens – Georges Rouault, Charles Bisson, Georges Auric – ne donneront jamais lieu à des expériences d'élaboration conjointe d'une œuvre. Quelles circonstances ont motivé cette association exceptionnelle ? De quelle manière les deux artistes ont-ils concilié leurs inspirations respectives ? Telles sont quelques-unes des questions que fait naître cette collaboration.

Anarchisme ou eschatologie ?

À considérer le sujet retenu, on se rend vite compte que celui-ci, plus que tout autre, se prêtait à une collaboration des deux amis. Chez

3. À en croire Joseph Bollery, l'écrivain aurait suggéré le titre d'*Images cruelles*, mais c'est Henry de Groux qui aurait choisi le titre définitif (Bo, 3, p. 104).

4. À partir de juin 1894, il est question plusieurs fois de la deuxième livraison des *Vendanges !* (*Correspondance. Léon Bloy et Henri de Groux*, éd. cit., p. 109 *sq*). Un moment, l'écrivain songe à reprendre le travail interrompu avec la collaboration du dessinateur Louis Legrand, élève de Rops, mais le projet avorte. *Le Cortège de la Fiancée* prendra place finalement dans *Le Mendiant ingrat* (voir *J*, I, 90-91 [30 juin 1894]). Bloy ajoutera en note : « Inédit. Le premier volume, *La Vigne abandonnée*, publié en mars, avait obtenu l'insuccès convenable à un genre de publication qui ne peut prétendre au suffrage d'aucun bordel. On comprend qu'un tel résultat était de nature à m'encourager. De Groux, dont un magnifique dessin devait, une fois encore, illustrer mon texte, comptait, il est vrai, pour cette nouvelle tentative commerciale, sur la "parole d'honneur" d'un individu qui se déroba. »

Henry de Groux, il relève assurément d'une inspiration anarchiste. En cette fin de siècle, la métaphore des vendanges prend en effet une signification politique, teintée de messianisme, chez maints artistes, notamment en Belgique, dans les milieux libertaires où évolue le jeune peintre, avant son départ pour Paris. On en voudra pour preuve cette strophe des *Saisons*, poème de Verhaeren, parue dans l'*Almanach du père Peinard* de 1896 :

> La vendange est scellée et la moisson.
> Le village, dans les brumes perdu,
> Couve son bien qu'il croit être son dû.
> Quand, surgissant du soir visionnaire,
> Soudain se dresse au loin l'incendiaire,
> Traçant vers les hameaux muets et blancs,
> Avec sa torche en or, un grand signe de sang.

Ces quelques vers sont d'autant plus intéressants qu'ils servent de légende à une lithographie de Maximilien Luce [5], ancien ouvrier graveur, aux opinions socialisantes, que Félix Fénéon, à l'occasion de la troisième exposition de la Société des artistes indépendants, définit comme « un brutal [...] au talent fruste et musculeux », aimant peindre « les plus lépreux abords des fortifications » et faisant preuve d'une « inquiète et autonome personnalité » [6]. Henry de Groux, qui professait lui aussi, à cette époque, des opinions libertaires, ne pouvait manquer d'être attiré par un sujet dont c'était la vogue. C'est ce que suggère Rodolphe Rapetti, le spécialiste de son œuvre :

> Si De Groux ne fut jamais à proprement parler un militant anarchiste actif, il était indubitablement lié au mouvement libertaire dès sa jeunesse. Il appartient en effet à cette bourgeoisie libérale belge dont la frange intellectuelle se tourne vers l'anarchie et s'exprime dans des revues comme *Van Nu en Straks*, *L'Art Moderne* ou *La Société Nouvelle* d'Edmond Picard. Jules Destrée, Picard sont ses amis et il entretient avec l'anarchiste français Paterne Berrichon une correspondance où s'affichent des idées violemment subversives. (H, 380)

5. Celle-ci nous a été aimablement communiquée, ainsi que l'édition originale des *Vendanges !* par Joseph Royer, qui les a tirées de sa collection personnelle.

6. Félix Fénéon, *Chroniques d'art*, dans *Œuvres plus que complètes*, éd. Joan U. Halperin, Genève, Droz, 1970, t. I, p. 68.

Planche 1 : Maximilien Luce, *L'Incendiaire* (1896), lithographie légendée par des vers de Verhaeren : « La vendange est scellée et la moisson... »

Dès la fin de 1889, l'artiste prépare une peinture sur le thème des vendanges, qui satisfait pleinement à la mythologie révolutionnaire, sans céder au travers de la propagande par l'image. Il le révèle à son ami William Degouve de Nuncques, dans une lettre d'avril 1891 : « Je prépare activement *Les Vendanges !* J'aurais besoin pour quelque temps de l'*Histoire d'un crime* de Victor Hugo. Il me faut au premier plan de mon tableau une barricade et il y en a deux ou trois échantillons dans ce bouquin dont je m'inspirerais volontiers [7]. » Cette première version peinte des *Vendanges !* représente le « grand soir », annonciateur d'un monde de justice et de bonheur, qu'auront régénéré la révolte et le sang. Or, le peintre fait expédier sa toile à Paris et y travaille encore au début de l'année 1892, période où s'intensifient ses relations avec Bloy.

Ce dernier a lui-même la réputation d'un solitaire infréquentable, dont les vociférations sont dans la manière des pamphlétaires anarchistes. Ses propres déclarations, où il se dit « en communion d'impatience » (III, 307) avec tous les déshérités, sa prise de position en faveur de Laurent Tailhade, lors de la célèbre affaire [8] qui occupe la presse en 1894, sa sympathie affichée pour des hommes tels que Marius Tournadre et, plus tard, pour la « bande à Bonnot », entretiennent l'idée reçue. Ainsi, dans les dernières années du siècle, certains, comme Rachilde, n'hésitent pas à le considérer comme « beaucoup plus près de Ravachol que de Jésus » [9].

Mais ces critiques imprudents s'attirent aussitôt les foudres de l'écrivain catholique, pour qui l'anarchisme est l'affaire de nihilistes en révolte contre la société, qui conjuguent virulence et désespérance, ce qui n'est pas son cas. Sans doute la violence à laquelle cèdent ces désespérés par haine de l'ordre bourgeois lui paraît respectable ; mais si Bloy est persuadé qu'un homme qui n'a pas abdiqué sa dignité est tôt ou tard conduit à choisir entre « LE CATHOLICISME OU LE PÉTARD » (*J*, I, 49 [5 déc. 1892]), son choix est fait depuis longtemps. Cela n'empêche pas qu'il se plaise à noter, dans les pages de son *Journal*, de mystérieuses correspondances entre les bombes anarchistes et les desseins de la Providence, en

7. Cité par Rodolphe Rapetti, dans « Léon Bloy et Henry de Groux » (H, 383).

8. Voir *Léon Bloy devant les Cochons* et *Le Mendiant ingrat*, à partir du 5 avril 1894 (*J*, I, 80 *sq.*).

9. Voir *Quatre ans de captivité à Cochons-sur-Marne* : « Autant dire, sauf respect, que je dîne plus volontiers d'un étron que d'une poularde truffée. C'est affligeant » (*J*, I, 429 [1er sept. 1904]).

un temps qu'il croit au seuil de l'Apocalypse. Dans son compte rendu d'*En rade*, le roman de Huysmans, il n'hésite pas à écrire à propos de ces intrépides « en-dehors », qui se réclament de l'idéal libertaire :

> Si comme on l'a tant annoncé, d'épouvantables manifestations des cieux, de trémébondes épiphanies et de surpassants massacres doivent prochainement signaler le retour d'un Dieu de justice, honneur à de tels prophètes qui n'ont pas même besoin d'être conscients d'une inspiration pour vociférer la déchéance du genre humain ! Tout est désirable et saint de ce qui peut précipiter le vieux monde ! On doit en avoir tout à fait assez d'être si dégoûtants et si charogneux sous les constellations impassibles.
>
> Mais si par un inconcevable décret, le Seigneur Dieu ne devait rien faire et qu'il ne fallût espérer aucun lessivage céleste, la nécessité de tout démolir apparaîtrait plus pressante encore et l'universel besoin pourrait naître enfin de se bousculer pêle-mêle avec les âmes salopes et les esprits lâches vers le fraternel pourrissoir où fermente déjà l'espérance théologale du Nihilisme. (IV, 346-347)

Les Vendanges ! constituent donc une source commune, où l'imagination violente des deux artistes peut puiser, dans une relative solidarité. Du reste, le thème libertaire trouve son origine dans les Écritures et rejoint d'autant plus facilement les préoccupations eschatologiques de Bloy. Le *topos* anarchiste n'apparaît-il pas comme le détournement d'une métaphore biblique désignant la Colère divine ? Dans l'Ancien Testament, chez un prophète comme Isaïe, la parabole de la « mauvaise vigne », choisie puis délaissée, illustre la condamnation d'Israël :

> La maison d'Israël est la vigne du Seigneur des armées, et les hommes de Juda étaient le plant auquel il prenait ses délices ! J'ai attendu qu'ils fissent des actions justes, et je ne vois qu'iniquité ; et qu'ils portassent des fruits de justice, et je n'entends que les cris de ceux qui sont dans l'oppression [10].

Mais c'est aussi le cas dans l'Apocalypse, où saint Jean associe le motif des « moissons » à celui des « vendanges », lorsqu'il peint par anticipation le jugement des nations :

10. Is., V, 7. On retrouve la même image chez Jérémie (Jer., II, 21) : « Moi pourtant je t'avais plantée, comme un cep de choix / une bouture d'authentique provenance. Comment t'es-tu changée en plant dégénéré, vigne bâtarde ? »

> Puis un autre Ange sortit de l'autel, – l'Ange préposé au feu, – et cria d'une voix puissante à celui qui tenait la faucille aiguisée : « Jette ta faucille aiguisée, vendange les grappes dans la vigne de la terre, car ses raisins sont mûrs. »
> L'Ange alors jeta sa faucille sur la terre, il en vendangea la vigne et versa le tout dans la cuve de la colère de Dieu, cuve immense !
> Puis on la foula hors de la ville, et il en coula du sang qui monta jusqu'au mors des chevaux sur une distance de mille six cents stades [11].

Bloy, du reste, a parfaitement conscience de cette convergence des symboliques anarchiste et apocalyptique. En janvier 1894, il opère lui-même l'amalgame dans le numéro de *La Plume*, où il présente la première version des *Vendanges !* réalisée par le seul Henry de Groux :

> *Les Vendanges !* Quel titre pour la nouvelle œuvre d'Henry de Groux, le peintre effrayant du *Christ aux outrages*, – rafale immense de déchaînés contre un pauvre Dieu qui tremble !
> [...] Ah ! les bourgeois, les phénix d'entre les bourgeois, ceux qui peuvent encore tressaillir en voyant onduler une poitrine de désespéré, sentiront, cette fois, l'inexprimable danger d'avoir été des pourceaux dans une société qui sanglote en voyant approcher sa fin.
> L'Artiste visionnaire, simplifiant tout à la façon du génie, creuse un lit unique au torrent des catastrophes. Il choisit, pour les crétins volontaires et les satisfaits, pour les semeurs d'amertume et les jardiniers d'ignominie, la très plausible extermination par les supplices.
> Dès lors, plus de pitié pour le spectateur giflé d'effroi. Ce tableau panique et molestateur ne s'interrompt pas d'étaler l'angoisse affreuse d'une multitude qui, pour la première fois, confabule humblement avec les montagnes dans l'ignoble espoir d'en être écrasé.
> C'est le grand carillon pascal des mugissements de la douleur, la Pentecôte effroyable des langues arrachées et des calcinantes effusions de la Justice, la Toussaint lugubre des cabestans et des scorpions. Cela, dans un incendie de couleurs écrasées sur la palette la plus lumineuse et la plus taillée dans du cœur de chêne, qu'on ait vue depuis Delacroix [12].

Le glissement s'opère ainsi, des préoccupations politiques du peintre à l'obsession apocalyptique de l'écrivain. Bloy, il est vrai, a des raisons particulières de trouver l'écho de ses sujets favoris dans le tableau de son ami.

11. Apoc., XIV, 18-20.
12. *La Plume*, 1er janvier 1892, repris en note dans *Le Mendiant ingrat*, 26 février 1892 (*J*, I, 6-9).

Chez un homme aussi avide de signes que lui, les circonstances de sa rencontre avec Henry de Groux ont été bouleversantes. Bloy voit d'emblée chez le nouveau venu un envoyé du destin, car il est frappé par la ressemblance physique du peintre et de son ami défunt Ernest Hello, qui a été le témoin de l'expérience spirituelle la plus importante de sa vie.

Dans les années 1880, l'auteur du *Désespéré* a été le dépositaire d'une « révélation », que lui a confiée sa maîtresse, Anne-Marie Roulé, après s'être convertie sous son influence et avoir manifesté de surprenants dons de visionnaire. La jeune femme lui a alors prédit, entre autres choses extraordinaires, qu'il serait appelé à jouer un rôle dans l'achèvement de l'œuvre divine sur la terre et, plus précisément, qu'il serait un nouveau Joseph chargé d'accompagner l'avènement du règne du Saint-Esprit. Profondément troublé par ces propos étonnants, Bloy les a confiés à son tour à Ernest Hello, porté lui aussi aux spéculations eschatologiques, un prêtre maronite lui ayant révélé, en 1858, une prédestination analogue.

La correspondance des deux hommes, à cette époque, est pleine de cette attente fébrile d'un signe de Dieu. Ensemble, ils guettent le jour qui doit changer leur existence et infléchir le cours de l'histoire humaine. Une lettre du 24 mars 1880, qui retrace les visions d'Anne-Marie, en donne un aperçu :

> Elle croit que nous touchons aux plus prodigieux événements, que Jésus crucifié depuis tant de siècles ne peut plus attendre et qu'Élie son libérateur va venir pour le détacher de la Croix et pour être le Précurseur du Saint-Esprit. Elle dit que cette fois c'est Élie qui viendra dans l'esprit et dans la vertu de Jean [...]. Suivant elle, nous serions à la dernière extrémité de tout ce que nous voulons voir finir et la revanche serait dans quelques jours. Vous seriez, vous, sur le point de revenir et nous ferions ensemble de grandes choses [13]. (Bo, 1, 426)

La caution scripturaire de ces prédictions chimériques se trouve dans le onzième chapitre de l'Apocalypse, intitulé « Les deux témoins », dont voici le passage essentiel :

13. Une autre lettre, du 18 août 1880, précise les spéculations des deux amis : « ... s'il y eût jamais deux hommes faits pour s'entendre, il me paraît que nous sommes ces deux hommes-là. Nous avons le même désir unique, une impatience à peu près égale et nous sommes indignés des mêmes injustices. Nous attendons tous deux la grande Épiphanie de l'Esprit Saint [...] » (Bo, 1, 434).

> Mais j'enverrai mes deux témoins prophétiser pendant mille deux cent soixante jours, revêtus de sacs. Ce sont les deux oliviers et les deux flambeaux qui se tiennent devant le Maître de la terre. Si l'on s'avisait de les malmener, un feu jaillirait de leur bouche pour dévorer leurs ennemis [...] Ils ont pouvoir de clore le ciel afin que nulle pluie ne tombe durant le temps de leur mission ; ils ont aussi pouvoir sur les eaux, de les changer en sang, et pouvoir de frapper la terre de mille fléaux, aussi souvent qu'il leur plaira [14].

Ces deux témoins sont Élie et Enoch, et Bloy, persuadé, suivant les indications d'Anne-Marie, qu'il est destiné à être une sorte d'Élie des temps modernes, croit voir, à cette époque, en Ernest Hello, le deuxième témoin désigné par les Écritures, sans lequel il ne saurait rien accomplir de décisif. La folie dans laquelle sombre Anne-Marie en 1882, puis la disparition d'Ernest Hello, trois ans après, le plongent dans un profond abattement et éprouvent sa foi, comme le montre *Le Désespéré*, sans qu'il cesse toutefois de croire à la mission qui lui a été révélée.

Si Bloy est bouleversé en voyant pour la première fois Henry de Groux, c'est que ce dernier est selon lui d'une ressemblance frappante avec Ernest Hello. Il n'en faut pas davantage à Bloy pour considérer ce sosie providentiel comme un envoyé du ciel, venant prendre la place de l'ami défunt et ranimer ses plus vives espérances. Dans l'une des premières lettres qu'il envoie au peintre, Bloy, qui s'adresse à « [son] cher (Ernest Hello) de Groux », termine sa missive par un vers de Juvénal, où s'exprime la conviction d'être désormais lié par la Volonté de Dieu à ce nouvel ami, dont la participation à l'œuvre de salut sera la condition de sa propre délivrance : « *Servis regna dabunt, captivis fata triumphos* », « Les destins donneront l'empire aux esclaves et le triomphe aux captifs [15]. » Une nouvelle lettre, envoyée à Henry de Groux le 11 octobre, est plus explicite,

14. Apoc., XI, 3 *sq.*

15. Cité par André Fauquet, *La Douloureuse Vie profonde de Léon Bloy*, inédit, fonds Bollery, Bibliothèque Municipale de La Rochelle, p. 208. Cependant, l'étonnement de Bloy augmente encore, quand il lit, dans la réponse d'Henry de Groux, datée du 9 octobre 1891 : « Je vous aime parce que vous êtes *Grand* ; terriblement *Fort* et terriblement *Abandonné* » (*Correspondance. Léon Bloy et Henri de Groux*, éd. cit., p. 13). Bloy reconnaît en effet dans ce compliment l'une des formules de Hello qu'il préfère et qu'il a coutume de citer : « Celui qui aime la grandeur et qui aime l'abandonné, quand il passera à côté de l'abandonné, reconnaîtra la grandeur, si la grandeur est là » (« Le Sphinx », *Les Plateaux de la balance*, Paris, Palmé, 1880, p. 255 ; repris dans *L'Homme*, livre I).

l'écrivain levant le voile sur les « pensées extraordinaires » que leur rencontre a fait naître :

> Ah ! certes, notre amitié si récente n'a rien de banal ! Si vous saviez les pensées extraordinaires qui me sont venues déjà à votre sujet ! Songez que vous êtes, à mes yeux, Ernest Hello revenu, Ernest Hello mort depuis cinq ans, dont la place fut énorme dans ma vie et que vous êtes ce défunt avec une précision effrayante. Vous en avez le visage, les gestes, les attitudes, la voix, le mouvement d'esprit, l'âme entière manifestement, et enfin l'écriture. C'est plus qu'une ressemblance, c'est une identité et il me semble que je suis dans le rêve [16].

La correspondance des deux hommes est pleine de cette « intuition » fondatrice, qui pousse Bloy à placer sa rencontre avec Henry de Groux sous le signe du surnaturel. Jusqu'à leur brouille de 1900, l'écrivain ne cessera de rappeler au peintre le décret divin, qui établit entre eux une communauté de destin :

> Souvenez-vous de quelques-uns de nos entretiens. Nous ne nous sommes pas rencontrés comme des bœufs au pâturage. Nous avons été lancés l'un sur l'autre, du fond des éternités, par la main d'un discobole infaillible, en un point déterminé de la durée pour qu'une chose mystérieuse infiniment agréable et nécessaire fût accomplie sur notre planète et dans ce qu'on est convenu d'appeler l'infini des cieux. C'est ce que les mangeurs d'excrément appellent le « hasard ».
> Je vous ai dit, combien de fois, ce que je sais de ma propre destinée et, par conséquent, de la vôtre, puisque les deux sont liées d'une manière inséparable.
> Vous ne savez pas qui je suis. Et vous ne savez pas qui vous êtes. Relisez mon portrait d'Hello [17].

16. Lettre du 11 octobre 1891, *Correspondance. Léon Bloy et Henri de Groux*, éd. cit., p. 18. Bloy, dans la suite de la lettre, ne peut d'ailleurs s'empêcher d'interroger son ami à propos de la coïncidence qui a été relevée dans la note précédente : « Je voudrais savoir si vous avez lu le "Brelan d'Excommuniés". Il y a dans votre lettre un mot sur la *grandeur* et sur l'*abandonné* qui est exactement une parole magnifique d'Hello citée par moi dans le "Brelan". Si vous avez écrit cela de vous-même, sans le secours de votre mémoire, c'est inouï et c'est terrible » (*ibid.*).

17. Lettre du 17 juillet 1894, *ibid.*, p. 119. La suite de la lettre témoigne de la confiance et de l'espoir que la rencontre avec son nouvel ami ont fait lever en Bloy : « Mais je vous dis pour la centième fois peut-être, et avec quelle autorité ! Fussions-nous agonisants l'un et l'autre, fussions-nous au dernier râle, jetés nus sur le plus horrible des fumiers, dans les ténèbres de la plus épouvantable nuit, abandonnés par le monde entier et dévorés par les chiens ou par les pourceaux, aussi longtemps qu'il nous restera le plus petit souffle, nous serons vainqueurs. Nous serons vainqueurs de Dieu – comprenez bien cela, mon cher Hello, qui ne pouvez pas mourir –, victorieux de Dieu qui nous forma tout exprès pour qu'à la fin des fins nous triomphassions de

Le projet des *Vendanges !* doit être placé sous cet éclairage : Bloy voit dans cette collaboration un effet de la mystérieuse solidarité qui le lie à son ami dans l'Absolu et dépasse leurs simples existences. Une autre lettre, écrite lors de la composition de *La Vigne abandonnée*, révèle l'esprit des échanges qui s'instaurent alors entre eux :

> Nos deux âmes, sans doute, correspondent singulièrement, car le texte et la composition ne pourraient pas mieux s'adapter. Cela est tout à fait admirable et me pénètre en mon fond le plus intime. Très sûrement, nous sommes appelés à faire ensemble une grande chose [18].

Si cette lettre suggère qu'une osmose esthétique et spirituelle existe entre le peintre et l'écrivain, l'enthousiasme de Bloy doit être modéré, ce qu'il écrit mettant précisément en évidence, de façon involontaire, la part de malentendu qui subsiste entre les deux hommes. Car il n'est pas certain, tant s'en faut, qu'Henry de Groux se retrouve sans réserve dans la mission eschatologique où veut l'entraîner ce nouvel ami si pressant. Aussi convient-il de s'interroger sur les limites de leur collaboration.

Opacité du symbolique

En réactivant le millénarisme de Bloy, Henry de Groux aiguise l'intérêt de l'écrivain pour cette figure énigmatique, qui a pris peu à peu une place centrale dans ses spéculations théologiques. Au début des années 1890, cet Inconnu, ce Vagabond, cet Étranger, qui doit bouleverser le cours de l'histoire humaine, devient omniprésent dans son œuvre. Or, cette figure du Saint-Esprit, dans laquelle la troisième Personne divine, avant de se

lui et qui ne nous demande que de la constance » (*ibid.*). Cette révélation, qui ne se démentira jamais, joue donc un rôle fondateur dans l'amitié des deux hommes. Bloy reviendra maintes fois sur cette quasi-identité qui le bouleverse. C'est le cas dans cet extrait d'un article consacré à Hello, envoyé à P.-N. Roinard pour son *Portrait du prochain siècle*. Voir *Le Mendiant Ingrat*, 7 février 1894 : « Il n'y aura peut-être jamais une réalité plus troublante que la ressemblance physique d'Ernest Hello et d'Henry de Groux. Il fut nécessaire à l'équilibre d'on ne sait quels globes rampant sur le sein des gouffres que le peintre des *Tourments* configurât extérieurement ce Provocateur de la Foudre. Pour les très rares qui connurent Hello, c'est effrayant de le contempler ainsi, après sa mort, dans la plus brûlante cave de l'Enfer. Car la peinture d'Henry de Groux est ce *Lieu* terrible » (*J*, I, 76).

18. Lettre du 11 janvier 1894, *Correspondance. Léon Bloy et Henri de Groux*, éd. cit., p. 98.

faire connaître, subsiste sous une apparence innommable, trouve son origine dans un apologue d'Ernest Hello, que Bloy raconte à Henry de Groux, en 1891, pour répondre aux interrogations du peintre sur « l'Infortune et les plaintes de la Force » [19] dans le monde contemporain. Dans l'apologue, qui relate le Jugement dernier, quelqu'un paraît tout à coup, qui semble le plus infâme et le plus misérable des êtres. Il est le dernier à se soumettre à l'autorité divine, alors que de son consentement dépend l'élargissement de l'humanité :

> Enfin un homme se présente, un être horrible, noir de blasphème et de cruauté. C'est le seul qui n'ait pas tremblé. C'est Caïn, c'est Judas, c'est Tibère, c'est je ne sais quoi. Il marche dans une colonne d'infamies. Rien ne le sauverait celui-là, ni les supplications de la Mère Marie, ni les bras en croix de tous les Martyrs, ni les ailes étendues de tous les Anges. Il est donc damné et de quelle damnation !
> – *J'en appelle*, dit-il.
> Il en appelle. À ce mot inouï, les étoiles s'éteignent, les montagnes descendent sous les océans, la Face même du Juge s'obscurcit. Les univers sont éclairés par la seule Croix de feu.
> – À qui donc en appelles-tu de Mon jugement ? demande à ce misérable Notre Seigneur Jésus Christ.
> C'est alors que dans le silence prodigieux de la création le Maudit fait cette réponse :
> – J'en appelle de Votre Justice *à Votre Gloire* [20] !

Dès 1892, on découvre de même, dans *Le Mendiant ingrat*, la présence obsédante de cette figure d'un Dieu absent, apparemment infidèle à ses promesses, dont on attend impatiemment le retour, sans savoir quel aspect il va revêtir. C'est le cas le 31 décembre 1893, où Bloy commente l'Évangile de la Saint-Sylvestre :

> Évangile de la Saint-Sylvestre : « *Et vos similes hominibus expectantibus Dominum suum, quando revertatur a nuptiis.* »
> Je le veux bien, ô saint Luc, et j'attendrai, sur votre parole, que mon Seigneur revienne des Noces, puisque vous me dites qu'alors Il me fera asseoir à Sa table et me servira. (*J*, I, 74-75)

19. Lettre du 9 octobre 1891, *ibid.*, p. 13.
20. Lettre du 11 octobre 1891, *ibid.*, p. 18-19.

C'est le cas encore le 25 janvier 1894, à propos de la lamentable histoire de Naundorff, que personne n'écoute quand il se dit pauvre et abandonné, alors qu'il prétend être le fils de Louis XVI :

> La figure de Louis XVII, errant et renié par toute la terre, n'est-elle pas le plus étonnant *symbole* ?
> Je songe qu'il y a certainement QUELQU'UN de très pauvre, de très inconnu et de très grand, qui souffre de la même manière, en ce moment, et qu'il faut avoir peur de Le méconnaître, quand on Le rencontrera [21]. (*J*, I, 75)

Faut-il s'étonner que ces spéculations soient aussi au cœur des *Vendanges !* et que la composition de l'œuvre s'accompagne pour Bloy des plus vives espérances, comme s'il devait en attendre de prodigieux effets ? De cette exaltation, le *Journal inédit* garde la trace. La joie s'empare par exemple de l'écrivain, lorsqu'il relève que la publication du premier fascicule a eu lieu en mars, mois climatérique, où a lieu la fête de saint Joseph [22], dont il attend tout et que Dieu ne peut manquer de choisir pour accomplir sa Volonté :

> À 6 heures, arrivée de De Groux m'apportant – enfin ! – un exemplaire du premier fascicule des *Vendanges*. Très beau dessin quoiqu'un peu noir. Très beau, mon texte. Je sens une vraie douceur à me voir imprimé de la sorte.
> Douceur plus grande. De Groux m'apprend le succès ou plutôt le commencement du succès [...] Il est remarquable que cette publication ait dû commencer en *mars*. (*JI*, 633 [8 mars 1894])

Nul doute que, pour Bloy, le texte et l'image des *Vendanges !* illustrent des vues eschatologiques, qu'il croit partager avec son complice, dont la lithographie lui offre le contrepoint idéal de sa prose poétique. Cette lithographie représente la Tour Eiffel, symbole d'une modernité impie, jetant un faisceau de lumière sur le Christ en croix. Celui-ci est entouré de foules hagardes et d'animaux monstrueux, tandis qu'autour de sa tête s'agite un vol de hiboux ridicules. Derrière lui enfin, une créature, la seule qui ait ici un visage d'homme, échappant à la déformation, se détache de la multitude et se dresse, sous les regards effrayés.

21. On pourrait citer encore la réflexion consignée par Bloy le 30 janvier 1894, à la suite d'une conversation avec sa femme, au sujet du désordre régnant dans la Création : « – Et la Chute ? ai-je répliqué... Rien n'est accompli. Nous avons tout à attendre, puisque nous sommes dans le *Chaos*, – dans le grand chaos qui sépare le Riche du glorieux Pauvre » (*J*, I, 76).

22. Saint Joseph est fêté le 19 mars.

Planche 2 : Henry de Groux, « La Vigne abandonnée », illustration pour *Les Vendanges !*

Le « prodige » de l'électricité, associé à la Tour Eiffel, cette « Babel de fer » (II, 197) résumant le défi de la société industrielle contre la puissance céleste, contraste avec l'agonie de Jésus, le vrai Soleil, qui n'en finit plus de se lamenter sur sa croix. La scène marque le triomphe de l'inversion satanique, caractéristique des temps modernes :

> Le pinceau pâle des projections électriques précise, désormais, l'Ignominie du Sauveur des Âmes.
> Ce rayon livide éclaire ce Soleil éteint qui ne donnait plus de lumière, et dont la place même était si profondément oubliée que ceux qui pleurent avaient renoncé à le chercher.
> Le voilà bien ! le pauvre Dieu qui n'en peut plus d'être abandonné, qui n'en peut plus de toujours mourir, et qui meurt, décidément, de l'Opprobre scientifique, sans avoir été secouru [23] !

Ces vitupérations contre le progrès scientifique et technique sont à mettre en relation avec un aphorisme du *Mendiant ingrat* : « Science moderne. Au lieu du *Fiat lux !* lire ceci : *Que l'Électricité fonctionne !* » (*J*, I, 95 [19 juillet 1894]). Pour Bloy, la science contemporaine est une entreprise prométhéenne qui veut faire de l'homme un nouveau dieu. C'est une illusion de savoir – vraisemblablement symbolisée par le ballet de chouettes stupides au-dessus de la croix – participant au supplice du Christ, auquel répond la souffrance des pauvres, agonisant depuis la nuit des temps à ses pieds, en communion avec son sacrifice :

> Après tout, il a sa Croix, le Seigneur qui meurt. Il a son Église, – maintenant accoutrée d'injures, il est vrai.
> Il a eu des adorateurs qui se firent écorcher vivants pour l'amour de lui. Un grand nombre d'autres, à force de le regarder, ont obtenu pour eux-mêmes la stigmatisation de ses Plaies [24]...

Encouragées par « cette blafarde phosphorescence de pourrissoir », les « bêtes immondes » [25], qui rampent et grouillent autour de Jésus en l'outrageant, figurent certainement les bourgeois, cruels oppresseurs des pauvres, que Bloy désigne volontiers en puisant dans l'inépuisable bestiaire des pamphlétaires.

23. *Les Vendanges !*, éd. cit., p. 1.
24. *Ibid.*, p. 3.
25. *Ibid.*, p. 2.

Bloy ne développe cependant la thématique de la kénose que pour mettre en évidence le rôle déterminant du Libérateur, qui doit venir encore après le Christ pour accomplir définitivement son œuvre. Si le règne du Saint-Esprit doit en effet succéder à celui du Fils, ce n'est pas un roi qu'il faut s'attendre à voir paraître parmi les hommes, mais un être qui porte paradoxalement le dénuement à son comble et qui semble prendre sur lui, comme à plaisir, toutes les ignominies :

> ... qu'il paraît misérable, ce Libérateur supposé, cet Élie des éclaboussures et de la racaille qui se manifeste en pleurs à l'instant lugubre de la Fin des fins !
> Si c'est là le Consolateur, on le voit tellement au-dessous du malheur même que la Misère épouvantable du Christ ressemble, aussitôt, par comparaison, à de la magnificence [26].

> [L'un] est le Salomon des ignominies, et l'univers a beau ne plus en vouloir, l'univers triste, galeux, est plein de sa Face.
> L'autre n'a rien, absolument rien. Pas même le regard d'un désespéré, pas même l'attention des bêtes vermineuses qui grouillent, désormais, sur le Golgotha [27].

C'est sur ce point que la lithographie d'Henry de Groux semble le moins en accord avec l'interprétation de Bloy. En donnant une figure humaine à celui qu'il désigne en mai 1892, dans son *Journal*, comme le « nouveau pape », le peintre réduit les spéculations eschatologiques de l'écrivain aux thèmes anarchistes du chef charismatique et du Grand Soir :

> Le monde attend depuis toujours une Aurore qui ne ressemblera à aucune autre et qui ne luira peut-être jamais !...
> *Ignis ardens*, dit cependant la prophétie, signe auquel sera marqué l'avènement d'un nouveau pape. En attendant, « *Ekklesia depopulata* », textes que j'avais essayé d'interpréter dans mes *Vendanges*, dont le véritable sujet général est tiré de l'Apocalypse [28].

Le personnage, dont les mains s'ouvrent et s'éloignent du corps comme s'il s'apprêtait à agir, tandis que des échelles sont posées de part et d'autre de la croix, ressemble trop à l'un de ces messies révolutionnaires, qui doivent apporter le bonheur terrestre à l'humanité. De Groux semble

26. *Ibid.*, p. 3.
27. *Ibid.*
28. Henry de Groux, *Journal*, 7 mai 1892.

négliger l'essentiel aux yeux de Bloy, et qui tient en ceci : cette figure divine est indéfinie, elle est inimaginable, personne n'est en mesure de la représenter. Le portrait que l'écrivain donne de cet Inconnu présente ainsi des différences radicales avec celui que le peintre a brossé :

> Quelqu'un paraît cependant. Quelqu'un qui est tout en pleurs.
> Ce n'est pas la Mère. Ce n'est pas l'Évangéliste. Ce n'est pas non plus l'Amoureuse d'or, la Fiancée magnifique, cette Madeleine des incendies, dont les larmes sont aussi « dures » que les cristaux de l'Enfer.
> Ce n'est ni un Martyr, ni une Vierge, ni un Confesseur. Et c'est encore moins, à coup sûr, un de ces Innocents trucidés qui jouent, depuis deux mille ans, avec leurs palmes et leurs couronnes, sous l'Autel des Cieux.
> Celui-là, c'est un Étranger, parmi tous les étrangers. C'est un Inconnu solitaire qui n'attend personne et que personne n'attend.
> Serait-ce Lui que Jésus a tant appelé dans sa Langueur ? Le Libérateur mystérieux qui doit le décrucifier ?
> Mais alors, bon Dieu ! qu'il a mis de temps à venir [29] !

Cette description frappe par l'utilisation systématique des tournures négatives (« ni... ni... ») et interrogatives (« est-ce... ? »), ainsi que de l'indéfini (« Quelqu'un »). Celui qui doit paraître n'a pas de visage, il est impossible de se le figurer selon des vues humaines, nul n'est capable de dire qui il est. Longtemps différée, comme s'il n'était pas temps encore, sa venue, alors que triomphe le mal moderne, est un mystère impénétrable. Car la promesse qu'il est chargé de réaliser semble être tenue avec un irréparable retard :

> SURGE, ILLUMINARE, JERUSALEM ! Pour délivrer le Roi des Pauvres, il fallait peut-être Quelqu'un qui fût plus pauvre que lui, et qui arrivât... trop tard [30].

Tandis qu'Henry de Groux s'en tient à une vision tout humaine, Bloy en est réduit à user d'un paradoxe eschatologique. Scrutant l'histoire, où tout semble confirmer l'inachèvement tragique de la Rédemption, il concentre son attention sur ce scandale apparent, dont il tente de comprendre la signification transcendante. À la fin du poème en prose, le passage qui en motive le titre est un ultime effort pour rendre compte de ce que l'esprit ne peut totalement embrasser :

29. *Les Vendanges !*, éd. cit., p. 2.
30. *Ibid.*, p. 3.

> C'est l'Ouvrier de la dernière seconde de la dernière heure.
> C'est celui qui crut que le Jour ne pouvait jamais finir et qui vient, même après cette abominable vermine qui craignait d'arriver trop tôt.
> Si le Maître de la Vigne rémunère autant les ouvriers de la « onzième heure » que les travailleurs qui ont porté le poids du jour, que sera-ce de cet impossible compagnon, qui se présente, lorsqu'on a cessé de payer les mercenaires, lorsque tout le monde est parti et que les puits de la nuit se sont ouverts ?...
> Il faudra bien lui donner la Vigne elle-même, la Vigne pâle et abandonnée, la pauvre VIGNE du Seigneur qui meurt[31].

L'ouvrier de la onzième heure, dans l'Évangile selon saint Matthieu où est rapportée la parabole de « la vigne du Seigneur », est celui qui est arrivé le dernier et qui reçoit pourtant du Maître une rétribution égale à celle des autres, en dépit de leurs protestations. Cette parabole, qui illustre la miséricorde divine, souligne sa nature très spéciale, bien différente de la simple justice comptable[32]. Le symbolisme de « La Vigne abandonnée » s'éclaire à la lumière de ce texte, en laissant entrevoir une étrange similitude entre Lucifer et le Saint-Esprit[33]. Le sort de l'humanité dépendrait alors du dépassement de la tension qui les oppose, lors de l'avènement du Paraclet, qui serait la figure de l'unité retrouvée.

C'est ce moment où tout doit « être éclairci » (*J*, I, 528 [3 avril 1904]) que Bloy tente de figurer symboliquement dans son poème en prose ; lequel est également, à ses yeux, une mise en abyme de ce qui se joue dans son amitié avec Henry de Groux. Par un surprenant glissement de l'œuvre à la vie, il est en effet persuadé que son ami et lui sont aussi deux figures de ces doubles – Caïn et Abel, Isaac et Ésaü, Élie et Enoch... – qui préfigurent dans la Bible la rivalité et, en même temps, la similitude incompréhensibles de Lucifer et du Saint-Esprit, contradiction dont le dépassement est le secret des derniers temps.

Henry de Groux a-t-il accepté de suivre Bloy dans ce débordement du symbolique dans le réel ? Dans leur relation, Bloy, en tant qu'aîné, exerce un certain ascendant sur son ami qu'il fascine. De Groux éprouve pour

31. *Ibid.*
32. Matth., XX, 1-16. Voir la conclusion de l'apologue : « Voilà comment les derniers seront premiers, et les premiers seront derniers ».
33. Bloy développera ce thème dans *Le Salut par les Juifs*.

lui une admiration sincère, dont témoigne leur correspondance. Cependant, Bloy a beau lui sembler un esprit supérieur, à l'influence duquel il est difficile de se soustraire, il n'a pas à son égard la révérence d'un disciple pour son maître : sa propre personnalité est trop puissante pour se laisser diriger et pour accepter de se comporter, dans la réalisation de leur projet artistique commun, en simple exécutant. Rien n'indique qu'il ait partagé les supputations eschatologiques de Bloy lors de la composition des *Vendanges !* et qu'il ait joué le rôle que son ami lui fixait auprès de lui, d'après ses spéculations scripturaires. De Groux, du reste, n'envisageait pas sans répugnance son identification à Ernest Hello, comme en témoignent les réticences de cette lettre écrite au conditionnel :

> Je serais le Ménechme d'Ernest Hello. Bloy et plusieurs l'affirment. Il n'y a pas selon eux de réalité plus effrayante que notre ressemblance. Vu dans l'espace, disait Bloy, Hello faisait penser au Paralytique de la piscine de Bethsaïda guéri par une parole de Notre Sauveur et il avait toujours l'air de porter son lit. Hello était en effet très voûté et paraissait légèrement bossu. J'aurais démonté le lit pour en faire un chevalet de dimension, « installé aux plus brûlantes caves de l'Enfer ». La vraie tombe de Hello, assure-t-il, est certainement vide [...] Il faudrait être inconscient comme une brute ou un demi-dieu pour se complaire à tout ce qui vient de là [34].

En outre, le projet de collaboration des *Vendanges !* s'est greffé sur un travail antérieur, effectué par le peintre seul. Ce n'est pas Henry de Groux qui s'est trouvé en situation d'illustrer des textes de l'écrivain, mais sans doute le contraire. Il n'est pas exclu que Bloy ait composé des poèmes en prose pour accompagner des lithographies de son ami, qui préexistaient à leur projet de collaboration. C'est l'interprétation que défend Rodolphe Rapetti :

> Peut-être Bloy projetait-il plus simplement de composer des textes à partir de lithographies existantes. Ainsi, *En route !*, *La lisière du bois*, *Le Chambardement* où figure au premier plan un Christ en croix jeté au sol, sont des œuvres d'inspiration strictement anarchiste, probablement conçues par de Groux avant qu'il n'établisse avec l'écrivain d'étroits rapports d'idées. [...] Ces estampes sont autant de parties d'un ensemble demeuré sans conclusion, paru hors la glose textuelle que Bloy aurait pu lui adjoindre. (H, 381)

34. Henry de Groux, *Journal*, 12 juin 1892, cité par Rodolphe Rapetti (H, 376).

Bloy, si l'on suit ces hypothèses, se serait donc approprié les choix de son ami et aurait fait sienne son esthétique du carnage. Loin d'être gêné par l'orientation libertaire de ces pièces définies par le peintre lui-même comme des « œuvres de combat »[35], il aurait été attiré par leur atmosphère brutale et le goût du surnaturel qu'elles dénotent, et se serait aussi laissé séduire par les significations que potentialisait leur symbolisme. L'anarchisme d'Henry de Groux relève moins, il est vrai, d'une idéologie cohérente que d'une vigoureuse contestation du réel. Témoignant d'un penchant d'époque pour une spiritualité inquiète, il semble avoir surtout pour objet une révolte contre l'érosion du sens dans une société matérialiste, à laquelle le peintre oppose la violence cruelle de ses visions. Bloy, à n'en pas douter, pouvait partager l'esprit des œuvres conçues selon de tels principes esthétiques.

Une même intelligence du symbolique, partagée dans l'esprit plus qu'à la lettre par les deux artistes, semble bien être la clé de leur collaboration lors de la composition des *Vendanges !* Issu du réalisme social belge, Henry de Groux s'en est progressivement éloigné, pour trouver dans le symbolisme, à l'aube des années 1890, une voie féconde, mieux accordée à sa sensibilité. Tout en empruntant certains procédés romanesques au réalisme[36], Bloy, à la même époque, les détourne à des fins symboliques et spirituelles. Une correspondance esthétique existe entre l'un et l'autre dans « le remploi des données réalistes, qui se trouvent en quelque sorte immergées dans un contexte surnaturel » (*ibid.*). En transposant tous deux la *mimèsis* réaliste sur un autre plan, ils témoignent du même désir de mettre l'accent sur la vie spirituelle et de dépasser la représentation du monde matériel, sans s'arrêter à l'immédiateté des apparences. Ils se rejoignent enfin par leur réputation d'artistes atypiques, dont la manière passe pour parfaitement originale aux yeux de leurs contemporains. Ainsi, Bloy pourrait-il être classé, de la même façon que son ami, parmi les

35. « Mes toiles sont d'un idéaliste, mais ce sont bien des œuvres de combat ». Cité par Rodophe Rapetti, « "Un chef-d'œuvre pour ces temps d'incertitude" : *Le Christ aux outrages* d'Henry de Groux », *Revue de l'Art*, n° 96, 1992, p. 50, note 49.

36. Voir *supra*, dans la deuxième partie, le chapitre III consacré au symbolisme spatial dans *Le Désespéré*. Par ailleurs, dans *La Femme pauvre*, qui reprend le motif réaliste de la « simple vie », la première partie, où apparaissent Poulot et sa compagne, se présente comme une parodie de roman naturaliste.

« isolés », comme c'est le cas dans les *Œuvres posthumes* de G.-Albert Aurier, citées par Rodolphe Rapetti :

> Retenant de Rubens la fougue et le chromatisme, il donne alors une variation sombre du baroque flamand, dans une couleur à la somptuosité barbare. Dans le mouvement, les anatomies subissent d'effrayantes torsions, des raccourcis insolites. La rhétorique picturale se décompose au profit d'une démesure qui se veut transfert d'une sensibilité elle-même hors des normes. (H, 381)

Cette esthétique, où la forme est ramenée à sa seule valeur expressive, met en évidence les principes qui guident Henry de Groux dans sa peinture : le rejet de l'art réaliste, compris comme la référence picturale du bourgeois, la négation délibérée de la forme correcte, de la juste mesure référentielle et de la fidélité descriptive au réel, la mise en œuvre impulsive de l'imaginaire et l'appel aux ressources les plus archaïques de l'imagination créatrice. Fort de ces principes, le peintre, dans une lettre à son ami Degouve de Nuncques peut se vanter d'avoir « complètement réussi » à « faire avaler » au public « une sacrée peinture d'aliéné » [37].

Bloy se retrouve dans la plupart de ces principes esthétiques, lui qui retient du style de Marchenoir sa « violente couleur », « sa barbarie cauteleuse et alambiquée », ou encore « l'insistance giratoire, l'enroulement têtu de certaines images cruelles revenant avec obstination sur elles-mêmes comme les convolvulacées » (VII, 129). Cette proximité de vues entre les deux hommes est suggérée dans *La Femme pauvre* où Bloy, non content de louer les mérites de Lazare Druide [38], le double fictif du peintre, place sous le signe de la Chimère, qu'ils révèrent tous deux, les enluminures de Léopold, son propre double romanesque :

> Dédaigneux des chloroses de l'aquarelle, son unique procédé consistait à peindre à la gouache, en pleine pâte, en exaspérant la violence de ses reliefs de couleur par l'application d'un certain vernis dont il était l'inventeur et qu'il ne livrait à l'analyse de personne.
> Ses enluminures, par conséquent, avaient l'éclat et la consistance des émaux. C'était une fête pour les yeux, en même temps qu'un ferment puissant de rêveries pour les imaginations capables de faire reculer *la croupe de la Chimère* et de réintégrer les siècles défunts. (VII, 129 – *je souligne.*)

37. Henry de Groux, lettre du 19 juin 1893, cité par Rodolphe Rapetti (H, 378).
38. Transposition romanesque d'Henry de Groux.

Cette citation nous invite à considérer plus attentivement l'épigraphe des *Vendanges !* Il s'agit d'une citation, d'ailleurs inexacte, du *Pantagruel*. « *Chimera bombicinans in deserto* » est en effet la transposition du titre fantaisiste d'un ouvrage scolastique : « *Quaestio subtilissima, utrum Chimera in vacuo bombinans possit comedere secundas intentiones, et fuit debatuta per decem hebdomadas in concilio Constantiensi* [39]. » Le sens de cet emprunt s'éclaire si on le rapproche de l'envoi du *Désespéré*, ajouté dans l'édition Crès en 1913 : « *Ad fratres in eremo*. » Pour Bloy, l'utilisation de la citation de Rabelais souligne la complicité qui l'unit à Henry de Groux, à l'image de celle qui le liera plus tard à ses filleuls, Jacques Maritain et Pierre Van der Meer de Walcheren, dédicataires de la troisième édition de son premier roman.

Cependant, le passage du *Pantagruel* d'où a été tirée la référence comporte aussi une dimension burlesque, qui en enrichit la signification. Le Géant, en visite à l'université de Paris après avoir étudié à Orléans, s'y intéresse à la bibliothèque de l'abbaye Saint-Victor, à cause des livres qui y sont conservés. C'est l'occasion pour le narrateur, sous prétexte de dresser le répertoire de ces ouvrages, de s'adonner à une parodie des titres des manuels d'édification, des récits de miracles, des saynètes pieuses et autres recueils et décrets. Mêlant à ces titres des allusions scatologiques, Maître Alcofrybas, selon les procédés carnavalesques qui lui sont coutumiers, utilise le bas corporel pour se livrer à un renversement ludique du sacré, qui en neutralise la gravité. Or, Rabelais est l'un des écrivains que Bloy apprécie suffisamment pour chercher des similitudes entre le style des chroniques gargantuines et celui de Marchenoir :

> Par l'effet d'une loi spirituelle bien déconcertante, il se trouva que la forme littéraire de cet enthousiaste était surtout consanguine de Rabelais. Ce style en débâcle et innavigable qui avait toujours l'air de tomber d'une alpe, roulait n'importe quoi dans sa fureur. C'étaient des bondissements d'épithètes, des cris à l'escalade, des imprécations sauvages, des ordures, des sanglots ou des prières. (III, 130)

Assurément, cette parenté de style marque une certaine complicité de Bloy avec le parodiste joyeux, qu'il considère aussi comme un écrivain

39. Rabelais, *Pantagruel*, chap. VII, dans *Œuvres complètes*, éd. Guy Demerson, Paris, Seuil, coll. « L'Intégrale », 1973, p. 241. (« Problème hyperdélicat : Une Chimère bourdonnant dans le vide peut-elle se nourrir d'intentions secondes ? Dix semaines de débat au concile de Constance. »)

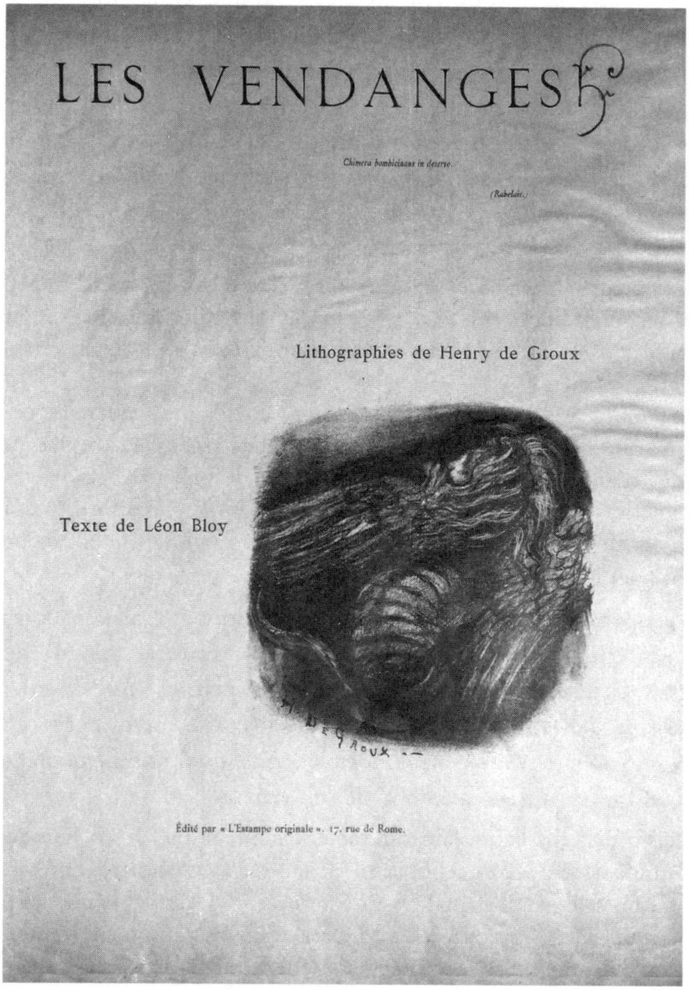
LES VENDANGES !

Chimera bombicinans in deserto.

(Rabelais.)

Lithographies de Henry de Groux

Texte de Léon Bloy

Édité par « L'Estampe originale ». 17, rue de Rome.

Planche 3 : Page de titre des *Vendanges !* – « *Chimera bombicinans in deserto.* » (Rabelais.)

puissamment imaginatif. Ainsi, la référence liminaire à *Pantagruel* dans *Les Vendanges !* pourrait-elle éclairer autrement les points sur lesquels le peintre et l'écrivain s'accordent au cours de leur collaboration. Ceux-ci concernent moins la signification symbolique de l'œuvre que l'extraordinaire expansion de l'imagination, que l'expression symbolique rend possible, au delà de tout contenu sémantique précis. En effet, Bloy, adversaire résolu de l'habileté de métier, loue la liberté d'inspiration de son ami, qu'il félicite de ne pas se plier aux contraintes usuelles de l'exécution, pour privilégier un abord abrupt de la toile venu des profondeurs de « son âme » :

> ... la peinture, ou, si on préfère, la syntaxe de la peinture, ses préceptes et ses méthodes, ses lois, ses canons, ses rubriques, ses dogmes, sa liturgie, sa tradition, rien de tout cela n'a jamais pu dépasser son seuil [...]
> Eh ! oui, justement, il n'a que cela, son âme, la plus généreuse et la plus princesse des âmes ! Il s'en empare, il la baigne, il la trempe dans un sujet digne d'elle et la jette ruisselante sur une toile. C'est tout son « métier », cela, tout son procédé, tout son truc, mais c'est si puissant qu'on en crie, qu'on en pleure, qu'on en sanglote, qu'on en prend la fuite, en levant les bras ! (VII, 138)

Loin de se laisser contraindre par les restrictions morales ou spirituelles d'un art chrétien auquel il ne croit pas [40], Bloy trouve dans la peinture d'Henry de Groux la puissance visionnaire qui permet seule de surmonter le narcissisme démoniaque de l'art, cette entreprise mensongère. En cela, sa complicité avec le peintre est semblable à celle qu'il ressent pour Lautréamont quand il définit l'« accent » de son œuvre :

> Mais cet accent-là qui fait ressembler chaque phrase à une louve enragée courant de ses pattes agiles et silencieuses à la rencontre d'un voyageur, est à lui seul une originalité si démesurée, si formidable qu'à la lecture, on sent battre ses artères et vibrer son âme jusqu'au tremblement, jusqu'à la dislocation. Le signe incontestable du grand poète, c'est l'inconscience prophétique. (II, 191)

Or, la rencontre de Bloy avec Henry de Groux dans les bureaux de *La Plume* – cette anecdote fût-elle inexacte, comme c'est probablement

40. Voir « Ici on assassine les grands hommes », dans *Belluaires et Porchers* (II, 286 *sq.*).

le cas – doit être placée non pas sous le signe d'Ernest Hello, comme le voudrait l'écrivain, mais sous celui d'Isidore Ducasse [41]. De Groux, lié dès sa jeunesse à Max Waller, l'un des découvreurs de Lautréamont, fut certainement parmi les premiers de la génération symboliste à connaître son livre. Il fait partie de ceux qui, autour de Jules Destrée, dans la rédaction de *La Jeune Belgique*, le firent connaître. Les critiques de la fin du siècle ne s'y tromperont pas, qui rapprocheront parfois sa peinture de l'univers de Maldoror. C'est le cas de Charles-Henri Hirsch, qui écrit en 1894 : « Le comte de Lautréamont est mort en 1870 : son âme couleur de soufre hante les toiles d'Henry de Groux et palpite sous les marbres de A. Rodin [42]. » Bloy, quant à lui, fut l'un des premiers à souligner l'importance du livre de Lautréamont dans *Le Désespéré*, où il l'évoque au chapitre IX :

> Il est difficile de décider si le mot monstre est ici suffisant. Cela ressemble à quelque effroyable polymorphe sous-marin qu'une tempête surprenante aurait lancé sur le rivage, après avoir saboulé le fond de l'Océan.
>
> La gueule même de l'Imprécation demeure béante et silencieuse au conspect de ce visiteur [...] Quant à la forme littéraire, il n'y en a pas. C'est de la lave liquide. C'est insensé, noir et dévorant. (III, 51)

La célébration clairvoyante de l'œuvre d'Isidore Ducasse réunit donc Bloy et Henry de Groux. Elle permet de mieux comprendre leur collaboration pour réaliser *Les Vendanges !* Les deux artistes ne se sont accordés ni sur une thématique, ni sur une signification bien définies : ils ont trouvé, dans la suggestive opacité du figural, la matière nécessaire à leur imagination créatrice. C'est l'élan de cet Hippogriffe qui les a réunis, sans les contraindre. Il n'est pas certain que l'œuvre y ait trouvé une cohérence exemplaire. Mais elle y a puisé sa réelle puissance d'évocation. On pourrait dire d'elle ce que Bloy écrivait en défendant « l'enthousiasme en art »,

41. Voir la biographie de Joseph Bollery : « Dans les premiers jours qui suivirent son retour à Paris, Léon Bloy se trouvait dans les bureaux de *La Plume*, 31 rue Bonaparte, lorsque se présenta un jeune peintre belge qui recherchait le numéro de la revue contenant *Le Cabanon de Prométhée*, article consacré à Lautréamont et à son livre, *Les Chants de Maldoror*. L'auteur lui-même remit le fascicule désiré au jeune peintre qui se nommait Henry de Groux. La conversation qui s'engagea fut à l'origine d'une amitié célèbre [...] » (Bo, 2, 457-458).

42. Charles-Henri Hirsch, *Portrait du prochain siècle. Poètes et prosateurs*, Paris, Gérard, 1894, p. VII.

dans l'un de ses articles rédigés pour le *Chat Noir* : « C'est un cri, c'est un sanglot, c'est un râle, c'est toute une poussée de clameurs farouches dont le désordre même atteste la puissance et qui révèlent, par la profondeur de l'abîme d'où elles jaillissent, la formidable présence de l'Esprit surnaturel qui les inspire » (II, 23).

Léon Bloy, entre deux solitudes

Bloy, lorsqu'il cède à la tentation de l'autoportrait, se peint volontiers en solitaire. Le 6 septembre 1890, il se plaint à Léon Deschamps, le directeur de *La Plume*, de voir paraître la préface de son nouveau livre, *Christophe Colomb devant les taureaux*, dans un numéro de la revue consacré aux Décadents :

> L'idée seule que je pourrais être confondu avec ces messieurs me comble de terreur, je suis forcé de l'avouer. [...] Vous le savez, ce que je méprise le plus en Art, c'est d'appartenir à une école, de vaquer à des consignes et de faire l'amour sous une étiquette. Je vais tout seul, Dieu merci, et je n'ai pas plus besoin de caporaux que de cantharides. Je suis un solitaire de première marque, voilà tout ! (H, 319)

En 1916, lorsqu'il publie ses *Méditations*, l'épigraphe adressée à Élisabeth de Groux, sa filleule, semble indiquer que ses dispositions de solitaire n'ont pas varié. Il s'y présente en effet comme « un corbeau de nuit, au sens de l'affreux mot grec *nycticorax* » :

> Cela signifie – explique-t-il – que je parle ou que je croasse dans les ténèbres au fond d'un désert où ne viendront m'entendre que ceux qui se sont éloignés de tous les chemins de la solitude. C'est un bien petit troupeau, je t'assure, et si tu es assez audacieuse pour entreprendre ce pèlerinage, tu n'auras pas à craindre l'encombrement. Peut-être aussi trouveras-tu mon voisinage meilleur que celui de quelques rossignols frivoles aimés de la foule qui ne sont eux-mêmes, après tout, que des oiseaux de nuit sans originalité ni profondeur. C'est dans cet espoir que je t'adresse mon invitation à la sainte mélancolie des élus de la solitude. (IX, 227)

En dépit des apparences, ces deux formes de solitude, revendiquées par Bloy à environ un quart de siècle de distance, ne sont pas de la même espèce. La première convient à un écrivain qui joue de sa réputation de pamphlétaire intraitable pour réclamer au sein des lettres un statut d'exception. La seconde enracine davantage sa parole dans un espace spirituel, celui des prophètes et des anachorètes, engagés, à l'écart des hommes, dans une quête de Dieu où tend à s'abolir toute référence à la littérature.

Pamphlétaire, solitaire

Bloy, dans *Le Désespéré,* roman qui transpose sa propre histoire sur un plan symbolique, présente sa solitude comme une obscure prédestination : elle est le résultat d'une « anormale disposition extatique » et d'une « perpétuelle constriction de cœur, ordinairement dévolue aux enfants mélancoliques » (III, 53). Le « despotisme du Rêve », qui pousse Marchenoir, le double de l'écrivain, à vivre en marge dans un profond sentiment d'étrangeté à l'égard des autres hommes, est tout à la fois l'indice de son mal de l'infini et de son incapacité à se résoudre à la « condition terrestre », comme le *vulgum pecus* : « Il me semblait être tombé, j'ignorais de quel empyrée, dans un amas infini d'ordures où les êtres humains m'apparaissaient comme de la vermine. Telle était, à quatorze ans, et telle est encore, aujourd'hui, ma conception de la société humaine ! » (*ibid.*).

La solitude est ici la conséquence d'un divorce avec le monde, fondé sur le sentiment d'une irréductible singularité, que Marchenoir perçoit tout à la fois comme un signe distinctif et une torturante malédiction, par l'effet d'un désir enragé de se repaître d'un Idéal absent. L'esprit du romantisme, qui survit en lui, fait de ce personnage le rejeton tardif de René. Si Bloy, dans le roman, récuse ce modèle, c'est que la mélancolie du héros plaintif de Chateaubriand lui paraît trop « bonne fille » (III, 50) : à René, il préfère « quelques réprouvés » (*ibid.*), semblables à Baudelaire et Maldoror, dont les sarcasmes rageurs et les affreux blasphèmes lui semblent plus fidèles à la sombre révolte de son propre désespéré.

Mais Marchenoir n'est pas seulement un solitaire incompréhensible pour la plupart de ses contemporains, dans une société où sont de plus en plus rares, même chez les chrétiens, ceux qui éprouvent jusqu'à l'exaspération l'« irrémédiable privation de la vue de Dieu » (*ibid.*). C'est aussi un écrivain dissident, animé d'une prodigieuse énergie dans l'imprécation : lui dont les confrères redoutent la « catapultuosité » (VII, 160) verbale est en lutte contre toutes les impostures, à commencer par celles qui déshonorent à ses yeux le monde moderne. Combat inégal, en vérité, qui exige tous les sacrifices. En Marchenoir se prolonge donc la figure de l'artiste maudit, dont il propose une variante intensément christomimétique.

En prêtant sa propre histoire à son héros, Bloy entend assurément lui donner *a posteriori* un sens et une portée symboliques. Il peut ainsi présenter comme un choix volontaire, voire comme une élection mystérieuse, la place qui lui a été impartie dans le monde des lettres, après des débuts gauches et laborieux. Très tôt, en effet, pour ce « Communard d'avant la Commune » (Bo, 1, 447 [lettre à Gobineau, 23 sept. 1880]), miraculeusement converti en 1867 par Barbey d'Aurevilly, il n'y a eu d'autre voie d'accès à la littérature que le scandale. L'auteur des *Diaboliques*, tout en étant pour lui un précieux intercesseur qui l'a lancé dans les milieux littéraires, lui a offert un modèle, celui du « Connétable des lettres », redouté pour ses talents de polémiste catholique, que l'apprenti littérateur, à défaut d'avoir la distinction aristocratique de son maître, a poussé d'emblée à son extrême limite avec le zèle d'un néophyte.

S'il est souvent bienvenu, pour un débutant désireux d'attirer l'attention, de malmener les auteurs que l'opinion révère, s'il est de surcroît légitime, dans la littérature moderne, de prétendre inventer du nouveau en rompant avec les modèles établis, la pratique systématique de la surenchère religieuse à laquelle se livre Bloy, dès ses débuts, a surtout pour effet de l'isoler parmi ses confrères, au point qu'il s'attire les foudres de son maître lui-même : « ... vous devenez un insupportable pédant en matière de catholicisme. [...] Turcaret, le parvenu, l'enrichi d'hier est ridicule par le faste de son luxe. Il y a, en religion, des parvenus, des enrichis d'hier qui ont le faste de leur catholicisme. Il faut prendre garde de se donner les airs de ces Turcarets-là [1]. »

1. Jules Barbey d'Aurevilly, *Correspondance générale*, éd. cit., t. VII, p. 226-227.

Sourd à de tels avertissements, Bloy s'obstine à camper un personnage de moine-soldat et de prédicateur de Carême égaré dans la République des lettres. Aussi accumule-t-il échecs, avanies et catastrophes. S'il parvient à se fabriquer une identité littéraire, il l'acquiert au prix d'une série de ruptures, qui le laissent toujours plus seul. Rompant très tôt avec le « monde catholique », sans se trouver durablement à son aise au sein de la bohème littéraire, il se rend, par ses outrances, également importun à *L'Univers*, au *Chat Noir* et dans la grande presse, comme en témoigne, en 1884, son passage éphémère au *Figaro*.

La même année, l'insuccès du *Révélateur du Globe*, en dépit de la préface de Barbey d'Aurevilly, le détermine à hausser encore le ton, en lançant dans *Le Pal*, puis dans *Le Désespéré*, des imprécations d'une rare violence contre « la Grande Vermine » (IV, 39) du journalisme et de la littérature « fin de siècle ». Personne n'est épargné : les auteurs consacrés et leurs disciples moins célèbres, les critiques influents et les chroniqueurs de second plan, les magnats de la presse et leurs homologues de l'édition sont saboulés d'une main ferme, comme tous ceux qui, au plan intellectuel, incarnent une pleine réussite dans « la République des Vaincus » (IV, 68).

En présentant sa solitude comme la conséquence d'une sécession que les plus hauts intérêts spirituels ont inspirée, Bloy réussit le tour de force de faire passer pour un véritable choix ce que les circonstances, et les lois non écrites de l'institution littéraire, lui ont imposé. De la sorte, il peut non seulement prendre pied, même à la marge [2], dans un milieu par lequel il s'est senti rejeté, mais aussi retourner contre ses figures emblématiques la violence dont il estime avoir été au préalable la victime. De fait, le « conseil désintéressé » que Marchenoir, dans *Le Désespéré*, reçoit d'Alexis Dulaurier – un nom qui dit assez la confortable position institutionnelle – trahit l'hostilité sourde de l'écrivain à succès à l'égard de cet éternel débutant peu enclin à jouer le jeu : « La littérature vous est interdite », lui écrit le « maître », faussement compatissant :

> Vous avez du talent sans doute, un incontestable talent, mais c'est pour vous une non-valeur, un champ stérile. Vous ne vous pliez à aucune consigne de journal, et vous êtes sans ressource pour subsister en faisant

2. Voir Pascal Durand, « L'effraction critique » (H, 301-313).

> des livres. Pour vivre de sa plume, il faut une certaine largeur d'humanité, une acceptation des formes à la mode et des préjugés reçus, dont vous êtes malheureusement incapable. [...] Croyez-moi, renoncez à la littérature et faites le premier métier venu. (III, 47)

La création littéraire, telle que Dulaurier la conçoit – c'est du moins ce que Bloy suggère –, est une prostitution intellectuelle, qui a pour toute ambition de satisfaire de la manière la plus lucrative les grossières attentes du public bourgeois. Refusant cette logique mercantile, Marchenoir préfère passer pour un « spécimen curieux de tératologie religieuse et littéraire » (II, 16). À son image, Bloy revendique comme une « vocation » d'être un « enragé volontaire » (VI, 353), un « paria » [3]. La rupture est d'abord temporelle : l'écrivain se fait gloire de « n'être pas de [son] siècle » (III, 268). Il se targue volontiers d'une appartenance imaginaire à un autre temps. Regardant vers les périodes les plus éloignées de son époque – l'Antiquité chrétienne et le Moyen Âge –, il s'identifie à un chrétien des Catacombes, un contemporain des Croisades, un « Pèlerin du Saint-Tombeau » (VII, p. 161). Mais son tropisme eschatologique, qui le place dans la postérité de Joachim de Flore, lui permet aussi de se présenter comme « le plus dépassant des progressistes, le pionnier de l'extrême avenir » (III, 263).

Cet anachronisme de l'écrivain modifie aussi sa relation à l'espace commun. Dans *Le Désespéré* – dont la dédicace ajoutée dans l'édition de 1913 est adressée *Ad fratres in eremo* –, Marchenoir habite « au fond de Vaugirard, dans un petit appartement d'ouvrier » (III, 81). Isolé au milieu de la foule parisienne, il s'accommode de « l'indifférence de la multitude », ce « désert plus sûr que le désert même pour ces cœurs altiers qu'offense la salissante sympathie des médiocres » (III, 157). Le sentiment d'exil qu'il éprouve parmi ses semblables lui fait même regarder comme un idéal, malheureusement inaccessible pour lui, l'austère cellule du chartreux.

Bloy lui-même, qui éprouve « une immense jouissance [...] à écrire contre la masse de [ses] semblables et aussi contre leur voisinage », a été longtemps contraint, au gré de ses innombrables déménagements – Antony, Bourg-la-Reine, Grand-Montrouge, Lagny... –, de vivre en « ermite de banlieue »

3. Lettre à Frédéric Brou du 4 septembre 1908, dans *Lettres à Frédéric Brou et à Jean de La Laurencie (1906-1917)*, Paris, Bloud et Gay, 1927, p. 155.

(*LB*3, 199), désertant pourtant sa demeure et abandonnant l'écriture de son *Journal* pour de longues courses imposées par la tyrannie des échéances financières. L'écrivain suburbain devient ainsi avec Bloy, comme avec Léautaud, l'une des figures modernes et laïques de l'anachorète.

Lorsqu'il s'installe un temps à Paris même, le « Mendiant ingrat » choisit Montmartre dont le nom seul évoque le martyre, et il s'amuse à l'idée de se retrancher sur les hauteurs de la Butte comme le féroce chef « d'une brillante école d'assassins » (*J*, II, 225 [31 mai 1911]). C'est pourquoi il intitule un volume de son journal *Le Vieux de la Montagne*, en songeant au célèbre Hasan ibn al-Sâbbâh, fondateur au XIIe siècle de la secte ismaélienne des Haschischins, organisée en société secrète et responsable de nombreuses exactions au Moyen-Orient. Sous cette référence orientale, les initiés déchiffrent cependant l'allusion transparente à ces « apôtres des derniers temps » qui, partageant avec l'écrivain la même ferveur pour la Vierge de La Salette, perpétuent le souvenir de son apparition alpestre et méditent son message apocalyptique.

Mais la véritable solitude de Bloy résulte d'une position discursive : elle résulte de sa manière de se situer par rapport aux lieux communs de la pensée et aux codes qui régissent d'ordinaire la communication en société. Lui qui se peint souvent comme « un doux et un naïf » (II, 15) s'ajuste paradoxalement aux autres selon la seule modalité de la désobligeance, et semble éprouver un malin plaisir à « [se] rendre insupportable à tous [ses] contemporains » (IV, 37). Son œuvre est pleine de réflexions cocasses et de jugements à l'emporte-pièce sur la vie moderne, qui constituent une contre-sagesse destinée à fait pièce aux idées reçues du bourgeois. Le sport, loin d'être une saine hygiène, comme on le pense déjà à cette époque, est plutôt « le moyen le plus sûr de produire une génération d'infirmes et de crétins malfaisants » (*J*, I, 650 [9 août 1907]). Quant au réseau téléphonique, dont Paris a été doté dans les années 1880, ce n'est pas un merveilleux moyen de relier les hommes, mais l'« irresponsable véhicule des turpitudes ou des sottises contemporaines » (VI, 279).

Bloy s'ingénie à retourner l'opinion attendue, en rompant avec les conventions sociales les plus solidement établies. La déploration des morts illustres, qui lui inspire la plus vive méfiance, lui donne l'occasion de violer les usages du genre épidictique. Ainsi, en septembre 1902, l'annonce soudaine de la mort de Zola, loin de l'affliger, lui inspire des railleries sur le compte de cette nouvelle « charogne » : « Le sacrilège goujat n'a pas pu torcher son quatrième évangile. QUELQU'UN en avait assez » (*J*, I, 432 [29 sept. 1902]). *Le Désespéré* avait déjà évoqué les funérailles nationales de Victor Hugo en des termes peu amènes pour le « Cosmopolite décédé », l'« impénitent proxénète de l'Idéal », traîné en grande cérémonie « dans le cloaque d'une apothéose démocratique » (III, 124-125). Indifférent aux mouvements d'hypersensibilité qui suivent les grandes catastrophes – l'incendie du Bazar de la Charité, le tremblement de terre de Messine, le naufrage du Titanic… –, Bloy, lorsque ce pathos se donne carrière, montre *a contrario* une joie qui vise d'abord à « exaspérer les imbéciles » (*J*, I, 199 [9 mai 1897]). Mais cette gaîté « indécente », que d'aucuns pourraient croire ignoble, se retourne, pour qui adopte comme lui un point de vue transcendant, en sublime prescience eschatologique, « Dieu ne [jugeant] pas comme les hommes » (*J*, II, 277 [29 avril 1912]). Dans le même esprit intempestif, Bloy, au printemps 1892, salue le souffle roboratif des attentats anarchistes, que l'opinion accueille unanimement avec effroi – « les gens vertueux, ironise-t-il, sont mal à l'aise dans leurs culottes » (*J*, I, 15 [25 avril 1892]) – et, en avril 1912, il montre une certaine compassion pour Bonnot, contrairement aux « bourgeois infâmes » (*J*, II, 277 [29 avril 1912]) qui célèbrent sa mort, à grand bruit.

Fidèle à son horreur des lieux communs, Bloy se garde de prendre position dans les débats idéologiques qui divisent les intellectuels de son époque, sinon en cherchant à être seul contre tous. Au moment de « l'Affaire », il déclare n'être « ni dreyfusard, ni antidreyfusard, ni antisémite » : « Je suis anticochon, simplement, et, à ce titre, l'ennemi, et le vomisseur de tout le monde » (*J*, I, 288 [29 août 1899]). Il prend alors pour modèle Ismaël, *ferus homo*, l'« homme impossible de la Genèse » : « *manus cujus contra omnes et manus omnium contra eum* », « dont la main est levée contre tous et contre qui la main de tous est levée » (*ibid.*).

Cependant, cette distance par rapport à ses contemporains, Bloy l'assume avant tout dans sa langue. La désobligeance qu'il pratique n'est pas seulement une subversion idéologique, elle tient aussi à un certain usage des mots. Dérogeant systématiquement au « principe de régulation du dispositif figural » (H, 305), sa rhétorique de l'excès accumule les traits qui la singularisent : luxuriance des métaphores, saturation des hyperboles, emballement de l'énumération, vertigineuse inflation des paradoxes, renversement incessant du grotesque dans le sublime, raréfaction du style moyen, etc.

Ce parti de la démesure – « il faudrait pouvoir écrire des cris » (*J*, I, 284 [8 août 1899]) – est à ses yeux le seul moyen de se démarquer des « improbes en littérature » (II, 184). Bloy appelle ainsi quiconque adultère la Vérité par impuissance ou par crainte de tout dire, même et surtout l'inconcevable. Il vise en particulier tous ceux qui se dérobent aux réquisitions de la Beauté, affirmant avec force que ce « vautour [...] emportera sans fin, pour les dévorer toujours, ceux qui l'auront vraiment aimée » (X, 129). Faire sécession pour s'engager dans un absolu de l'écriture où l'on est seul : tel est donc le pari bloyen.

Prêtant surtout attention à sa violence, la critique a souvent ramené la position de Bloy à l'exotopie du pamphlétaire, dont le discours, systématisant l'esprit de la satire, adopte un éthos agressif : se posant en gardien des valeurs authentiques, le pamphlétaire passe son temps à vociférer son credo et se lamente de devoir se heurter à l'incompréhension générale. Il tient un « discours de rupture » [4], qui recherche la communion de quelques âmes d'élite dans la même exaspération et le même désespoir. Affirmant vouloir accomplir « une besogne de police transcendante » (II, 184), Bloy renoue, *de facto*, avec l'inspiration satirique de l'Antiquité : il admire les grands imprécateurs de cette époque reculée, lorsqu'ils étrillent « ceux qui volent et ceux qui rampent », ces « deux espèces » qui « menacent de tout dévorer » (*ibid.*). Le justicier qui fustige les hommes coexiste en lui avec l'apologiste qui chante la Gloire de Dieu : « Ma trompette, à moi, est jumelle et pourvue de deux embouchures, l'une pour le Haro, l'autre pour l'Hosanna » (II, 185).

Bloy, lorsqu'il légitime ses vociférations, s'inscrit aussi dans la tradition romantique à laquelle Barbey d'Aurevilly l'a familiarisé. Il se réclame à la fois de l'enthousiasme de Mme de Staël – ce « divin mécontentement des conditions inflexibles de la vie normale » (II, 22) – et de l'art de déplaire que Byron, dans son *Childe Harold*, déplore de ne pouvoir exacerber davantage :

4. Marc Angenot, *La Parole pamphlétaire*, Paris, Payot, 1982, p. 44.

> Il voudrait – remarque Bloy – que tout son mépris, toutes ses colères, toutes ses douleurs, pussent tenir dans un seul mot qui serait la foudre, afin de prononcer ce mot. Voilà l'idéal. Le réel, c'est de savourer des épithètes homicides, des métaphores assommantes, des incidentes à couper et triangulaires. Il faut inventer des catachrèses qui empalent, des métonymies qui grillent les pieds, des synecdoques qui arrachent les ongles, des ironies qui déchirent les sinuosités du râble, des litotes qui écorchent vif, des périphrases qui émasculent et des hyperboles de plomb fondu. Surtout, il ne faut pas que la mort soit douce. (II, 76)

Dans cette veine cruelle qui creuse un abîme entre l'écrivain et son public, Bloy a enfin quelques parentés avec Edgar Poe, dont il admire la couleur noire et avec Villiers de l'Isle-Adam, qui lui fournit un peu de son ironie assassine. Mais c'est Lautréamont qui élève selon lui la littérature jusqu'à ces escarpements terrifiants où elle se métamorphose en « tétanique bave » (III, 50), dans une radicale contestation du pacte de lecture : les *Chants de Maldoror* sont une livre-monstre, qui brûle et qui ravage comme « de la lave liquide » (III, 51).

Si la postérité a gardé de Bloy l'image du pamphlétaire, celui-ci a toutefois voulu établir l'inanité d'un tel « cliché », en prenant le parti de la surenchère joyeuse, se peignant comme « un bravo de l'écritoire, un chenapan de plume, un crapaud de lettres, un pou malpropre, une tripaille, un champignon vénéneux, un lâche, un pleutre, un parfait drôle » (IV, 142). Il a ainsi renvoyé au néant l'« espèce de cantate périodiquement exécutée par les castrats du compte-lignes » (*ibid.*), se montrant soucieux de ne pas se laisser enfermer dans cet emploi. Car le rôle de pamphlétaire est entaché selon lui de préoccupations trop humaines, il concerne des combats sociaux, politiques ou même religieux qui ne dépassent jamais la sphère de l'inessentiel. Drumont, dont Bloy se démarque nettement dans *Le Salut par les Juifs*, révèle bien à ses yeux les limites de cette posture littéraire et des formes de discours qui s'y rattachent : les « élucubrations antijuives » (IX, 21) de ce plumitif trop habile montrent suffisamment qu'il a trouvé « le caillou philosophal de l'entregent », en donnant « aux ventres humains la glandée dont ils raffolent » (IX, 23). Loin d'être un artiste solitaire, l'un de ces belluaires bloyens « affamés de Beau et d'Infini » (IV, 177), l'auteur de *La France juive* est un « cupide saltimbanque » englué dans le relatif : cet « organisateur et prédicateur de croisade », qui ne cesse de « prêchailler "à la petite semaine" » (IX, 24), parle trop le vain langage des hommes, il n'est pas assez installé dans la véritable littérature, ce lieu solitaire que Bloy ne conçoit, contre l'espace littéraire commun, qu'en référence à la Parole de Dieu.

Écrire, dans cette atmosphère raréfiée, c'est toujours inventer des figures inouïes pour faire entrer l'« intranscriptible » (III, 307) dans l'ordre du langage. Contre les profanateurs du Verbe, Bloy se dresse, solitaire, cherchant moins à marteler des arguments ou à faire vibrer la corde des affects, à la manière du pamphlétaire, pour forcer l'adhésion idéologique du public, qu'à produire un effet de sidération par la Beauté. Car elle seule, par son exagération constitutive, est capable d'arracher quelques âmes fraternelles à leur aveuglement natif, et de les propulser sur le chemin de l'Absolu.

Absolue solitude

Le propre des écrivains authentiques est en effet d'« exagérer », d'atteindre ce point de saturation où la littérature devient, malgré eux, visionnaire : pour Bloy, le « signe incontestable du grand poète, c'est l'inconscience prophétique, la troublante faculté de proférer, par-dessus les hommes et le temps, des paroles inouïes dont il ignore la portée » (II, 191).

Bloy se montre pourtant réticent à endosser la défroque du prophète. Il répugne à jouer ce rôle, préférant afficher humblement son ignorance des desseins de Dieu. Il redoute qu'on le prenne pour un illuminé se vantant de prédire l'avenir, un mage extra-lucide, ce charlatan qu'il dénonce en Péladan : « La conciergerie des Mystères n'est pas mon emploi et je n'ai pas reçu la consignation des choses futures » (IX, 57). Le rare privilège dont il se sente investi, c'est le don d'intuition, qui lui donne l'« "intelligence" des réalités profondes » [5] ; le seul talent qu'il se reconnaisse consiste à inventer un langage humain qui ne défigure pas trop la Parole

5. Lettre du 24 septembre 1889, dans Léon Bloy - Johanne Molbech, *Correspondance (1889-1890)*, éd. cit., p. 79.

de Dieu, mais qui en fasse apparaître, ne fût-ce que par bribes ou par fragments, la signification surnaturelle.

Le prophète, dans cette perspective, n'est ni un « sage », ni un « virtuose du salut », ni « un réformateur religieux » [6], mais un solitaire en rupture avec toute expression de la conformité. Forcément incompris dans sa « dissidence intérieure » [7], il se place en dehors de la communauté de ses semblables, pour se lancer héroïquement dans une entreprise inachevable, consistant à déchiffrer le jeu des figures théophaniques dans la contingence de ce qui advient. Car Dieu raconte sans relâche la même fable hiéroglyphique, mystérieusement ordonnée autour du destin toujours actuel de la Trinité : « Les événements ne sont pas successifs, mais contemporains, d'une manière absolue ; contemporains et simultanés, et c'est pour cette raison qu'il peut y avoir des prophètes. Les événements se déroulent sous nos yeux, comme une toile immense. Notre vision seule est successive » (*J*, I, 98 [8 août 1894]).

Pour s'ouvrir à l'intelligence du symbolique et accueillir le don prophétique, le solitaire doit accepter une vie étrange, où il abandonne sa volonté et accepte le dénuement comme un bienfait du ciel. Le deuxième modèle qui informe la solitude de Bloy est donc celui du « fol en Christ », cette forme radicale d'imitation du Messie apparue au IVe siècle, qui a connu un immense retentissement parmi les chrétiens d'Orient. S'appuyant sur une interprétation littérale de l'enseignement paulinien selon laquelle il faut devenir fou aux yeux des hommes pour atteindre la Sagesse divine [8], cette sublime folie s'enracine dans une foi active, qui ne se contente pas de faux-semblants. Elle vise à détruire en soi toute influence mondaine, au risque que l'on soit compté parmi les « balayures du monde » [9]. Ce mot revient sous la plume de Bloy, lorsqu'il rêve, à rebours des pharisiens « immobiles et contents d'eux-mêmes », d'être de ces chrétiens, « en très petit nombre », qui sont « des torrents jamais satisfaits » [10] : « Il s'agit d'obéir à Dieu, de tout quitter, de tout vendre, de détruire en soi l'esprit du monde [11]. »

6. Marcel Gauchet, *Le Désenchantement du monde*, Paris, Gallimard, 1985, p. 150, note 1.
7. *Ibid.*, p. 154.
8. I Cor., III, 18 ; IV, 10 ; etc.
9. I Cor., IV, 13.
10. Lettre du 28 janvier 1907, dans *Lettres à Pierre Termier*, Paris, Stock, 1927, p. 55.
11. *Ibid.*, p. 54.

Souffrir « la soif et la faim, la nudité et les mauvais traitements », n'avoir « pas de demeure stable » [12], tel est le destin que ressasse Bloy dans son *Journal*. Endurées avec peine, les épreuves qu'il décrit jour après jour ont au moins, à ses yeux, le mérite de le rapprocher de son idéal spirituel :

> Mourir au monde, mourir à soi, mourir, pour ainsi parler, au Dieu terrible, en s'anéantissant devant lui dans l'effrayante irradiation solaire de sa justice –, voilà ce que peuvent faire des chrétiens quand la vieille machine de terre craque dans les cieux épouvantés [...]. (III, 113)

Une telle exigence, par les dépouillements successifs qu'elle suppose, isole dans un monde qui érige la jouissance en valeur suprême. Le perfectionnement spirituel qu'elle rend possible est un « voyage sans retour », une aventure insensée que l'on entreprend sans pouvoir compter sur aucun compagnon :

> Songez donc ! vouloir toujours la même chose, aller toujours dans la même direction, marcher nuit et jour, sans se détourner à droite ni à gauche, une seule fois, et ne fût-ce que pour un instant, ne concevoir toute la vie, toutes les pensées, tous les sentiments, tous les actes et jusqu'aux moindres palpitations que comme une suite perpétuelle d'un décret initial de la Volonté toute-puissante. [...] Le commencement du voyage est un triomphe. [...] Pourtant l'allégresse diminue bientôt. On entre dans des pays nouveaux [...]. Insensiblement les victuailles et les vins fins sont remplacés par les épluchures, et le contenu des pots de chambre succède aux fleurs. [...] Aussi longtemps qu'il y aura des habitations humaines et des hommes bons et mauvais, avec un peu d'énergie, le voyage pourra être supporté. Mais voici que les unes et les autres se clairsèment. On entre dans le désert, dans la solitude. Voici le Froid, les Ténèbres, la Faim, la Soif, la Fatigue immense, la Tristesse épouvantable, l'Agonie, la Sueur de sang... Le téméraire cherche ses compagnons. Il comprend alors que c'est le bon plaisir de Dieu qu'il soit seul parmi les tourments et il va dans l'immensité noire, portant devant lui son cœur comme un flambeau ! (*J*, I, 544 [15 juin 1904])

En partant ainsi à la conquête de l'Absolu, il faut s'attendre à passer pour un pauvre fou. Cette *insanitas* n'en demeure pas moins, selon Michel de Certeau qui lui donne le nom d'indécence, « la signature de

12. I Cor., IV, 11.

l'inspiré » [13]. Bloy en trouve très tôt le modèle chez Christophe Colomb, révélant Dieu au Nouveau Monde : « C'est le plus extraordinaire de tous les insensés de la Croix et le plus unique de tous les extravagants divins » (I, 90). L'écrivain en fait aussi la marque distinctive de Napoléon, ce « poète en action » dont elle éclaire le destin unique, dans toute son ambivalence, entre défi prométhéen et anticipation du Paraclet :

> Ah ! si Napoléon avait pu être la multitude [...], combien ce serait plus facile de l'expliquer ! [...] Mais [...] il était seul, absolument, terriblement seul, et sa solitude avait un aspect d'éternité. Les anachorètes fameux de l'antiquité chrétienne avaient, dans leurs déserts, la conversation des Anges. Ces saints hommes étaient isolés, mais non pas uniques [...]. Napoléon, semblable à un monstre qui aurait survécu à l'abolition de son espèce, fut vraiment seul, sans compagnons pour le comprendre ou l'assister, sans anges visibles et, peut-être aussi, sans Dieu ; mais cela, qui peut le savoir ? N'ayant pas d'égaux ni de semblables, il fut seul au milieu des rois ou des autres empereurs qui ressemblaient à des domestiques aussitôt qu'ils s'approchaient de sa personne [...] Il fut seul enfin et surtout au milieu de lui-même, où il errait tel un lépreux inabordable dans un palais immense et désert. Seul à Jamais, comme la Montagne ou l'Océan !... (V, 285)

Parce qu'il passe toute mesure de l'espace et du temps humain, l'Absolu visé par Bloy est donc, comme l'indique l'étymologie, ce qui dissout, qui distend les liens syntaxiques et humains, qui permet de se dépouiller du relatif, pour entretenir *in terra* une familiarité avec le divin. L'écrivain amplifie ici un lieu commun de la mystique [14] : en marge de l'Église et des lettres, il cherche à expérimenter un mode de relation direct à Dieu, sans médiation institutionnelle. Exilé sur cette terre, il trouve dans la solitude un moyen d'« être soi » au sens le plus profond, qui désigne, selon lui, la difficile remontée « à l'état qui a précédé la Chute » (*J*, II, 183 [21 août 1910]).

C'est tout le sens de la sainteté, qui est à la fois l'ultime aboutissement de l'originalité [15], sans rapport avec les manifestations de l'amour-propre, et la forme superlative du renoncement à soi, par laquelle l'homme peut

13. Michel de Certeau, *La Fable mystique*, Paris, Gallimard, coll. « Tel », 1982, p. 202.

14. Voir Lydie Parisse, *Mystique et littérature – L'autre de Léon Bloy*, Caen, LMM, 2006.

15. Voir *Le Vieux de la Montagne* : « Plus on est saint, plus on est singulier [...] » (*J*, II, 47 [6 juillet 1908]).

recouvrer son identité surnaturelle. Dans *Le Désespéré*, Marchenoir, quand il est touché par la « Révélation divine », s'apparaît à lui-même, « inimaginablement transmué pour se ressembler davantage » (III, 57). À la fin de *La Femme pauvre*, Clotilde « a tellement conquis son identité » au feu des épreuves que les nouveau-nés, dans cette intuition spirituelle qu'ils tirent de leur innocence, semblent « la reconnaître » et « lui tendent les bras » (VII, 174). Ces deux personnages, brisant les frontières entre l'humain et le divin, ont atteint la plénitude paradoxale qui fait dire à saint Paul : « Et je vis, ou plutôt ce n'est plus moi qui vis, c'est Jésus-Christ qui vit en moi [16]. »

De là, cette sorte d'impersonnalité qui caractérise Clotilde à la fin de *La Femme pauvre*. Profondément changée par les épreuves, elle ne ressemble à rien d'humain, au sens commun du terme, mais plutôt à « la dernière colonne d'un temple ruiné par les cataclysmes » (VII, 266). Tout suggère cependant qu'en devenant, après la mort de ses proches, une vagabonde sans attache, cette « épave de la lumière » s'est délivrée des entraves qui la retenaient loin de Dieu. Nulle aliénation mentale dans cette expérience inexprimable, mais une solitude dont le dénuement primordial, aux confins de la vie et de la mort, est une anticipation du Paradis.

C'est dans cette même solitude, « parfaitement douce et parfaitement implacable » (VII, 268), à l'image de son héroïne, que l'écrivain, à la fin de sa vie, semble s'être définitivement installé, pour s'y livrer à la méditation :

> Je suis *seul*. J'ai pourtant une femme et deux filles qui me chérissent et que je chéris. J'ai des filleuls et des filleules que l'Esprit Saint paraît avoir choisis. J'ai des amis sûrs, éprouvés, beaucoup plus nombreux qu'on n'en peut avoir ordinairement. Mais tout de même, je suis seul de mon espèce. Je suis seul dans l'antichambre de Dieu. Quand mon tour sera venu de comparaître, où seront-ils ceux que j'ai aimés et qui m'ont aimé ? [...] Plus on approche de Dieu, plus on est seul. C'est l'infini de la solitude. (IX, 229)

Si la perspective d'une communion avec l'Ineffable est l'horizon vers lequel Bloy s'achemine, sa quête spirituelle est en même temps habitée par la conscience de l'inaccessibilité de son but ultime, que seules la mort ou la fin des temps permettraient d'atteindre tout à fait. Car dans la théologie

16. Gal., II, 20.

apophatique de l'écrivain, Dieu est le Solitaire des solitaires, qui échappe sans cesse à la prise. Le rejoindre, c'est se délester de toute pesanteur terrestre ; c'est se fondre en lui pour entrer dans l'harmonie du silence ; c'est renoncer, du moins en apparence, aux prestiges de l'Art, ce sacré de substitution dont le dépassement est la condition sans laquelle ne saurait s'accomplir pleinement le destin de l'écriture.

Bibliographie

Pour des informations bibliographiques plus complètes, on peut consulter :

SAINT-LOUIS DE GONZAGUE (Sœur Marie), *Léon Bloy face à la critique. Bibliographie critique*, Nashua (NH), Rivier College, 1959, 581 p.

DOTOLI (Giovanni), *Situation des études bloyennes, suivie d'une bibliographie de 1950 à 1969*, Paris, A.-G. Nizet, 1970, 397 p.

ARVEILLER (Michel), « Bibliographie », dans *Cahier de l'Herne*, n° 55 : *Léon Bloy*, Paris, Éditions de l'Herne, 1988, p. 470-493.

I. Œuvres de Léon Bloy

Œuvres, édition établie par Joseph Bollery et Jacques Petit, 15 vol., Paris, Mercure de France, 1956-1975.

Journal, édition établie, présentée et annotée par Pierre Glaudes, 2 vol., Paris, Robert Laffont, coll. « Bouquins », 1999 : t. I (1892-1907), 990 p. ; t. II (1907-1917), 900 p.

Journal inédit, texte établi par Marianne Malicet, Marie Tichy et Joseph Royer, sous la direction de Michel Malicet et Pierre Glaudes, 4 vol. parus, Lausanne, L'Âge d'Homme : t. I (1892-1895), 1996, 1498 p. ; t. II (1896-1902), 1999, 1568 p. ; t. III (1903-1907), 2007, 1384 p. ; t. IV (1908-1911), 2013, 1560 p.

Le Désespéré, édition enrichie de documents inédits et d'une étude biographique par Joseph Bollery, Paris, Club des libraires de France, 1955, 478 p.

Le Désespéré, présentation de Marie-Claire Bancquart, Paris, La Table Ronde, coll. « La Petite Vermillon », 1997, 268 p.

Histoires désobligeantes, éd. Pierre Glaudes, Paris-Genève, Slatkine, coll. « Fleuron », 1997, 398 p.

Sueur de Sang, éd. Pierre Glaudes, Nantes, Le Passeur, 2000, 346 p.

Les *Dernières Colonnes de l'Église*, éd. Michèle Fontana, Jaignes, La Chasse au Snark, 2001, 166 p.

Je m'accuse..., éd. Michèle Fontana, Jaignes, La Chasse au Snark, 2003, 190 p.

Le Désespéré, éd. Pierre Glaudes, Paris, Flammarion, coll. « GF », 2010, 548 p.

Sueur de Sang, préface de Joseph Royer, Talence, L'Arbre vengeur, 2010, 352 p.

Le Salut par les Juifs, introduction de Michaël de Saint-Cheron, Paris, Salvator, 2016, 170 p.

Lettres de Jeunesse (1870-1893), Paris, Édouard Joseph, 1920, 142 p.

Lettres à l'abbé Cornuau et au Frère Dacien, préface de Jeanne Léon-Bloy, Paris, Le Divan, 1926, 146 p.

Lettres à Georges Khnopff, Liège, Éditions du Balancier, 1929, 55 p.

Lettres à René Martineau, 1901-1917, avec une préface d'Hector Talvart, Paris, Éditions de la Madeleine, 1933, 334 p.

Lettres à Véronique, introduction de Jacques Maritain, Paris, Desclée de Brouwer, coll. « Les îles », 1936, 112 p.

Lettres à Philippe Raoux, introduction et notes de Pierre Humbert, Paris, Desclée de Brouwer, coll. « Les îles », 1936, 278 p.

Correspondance. Léon Bloy et Henri [sic] *de Groux*, préface de Maurice Vaussard, Paris, Grasset, 1947, 352 p.

Léon Bloy à son ami André Dupont. Lettres de 1904 à 1916, précédées de quelques pages de Jeanne Boussac-Termier, Paris, Marcel Astruc, 1952.

Lettres. Correspondance à trois : Bloy, Huysmans, Villiers de l'Isle-Adam, réunies et présentées par Daniel Habrekorn, Vanves, Éditions Thot, 1980, 318 p.

Léon Bloy – Joseph Florian. Correspondance. 1900-1914, préface de Jeanne Boussac-Termier, Lausanne, L'Âge d'Homme, 1990, 190 p.
Lettres à Paul Jury, texte établi et présenté par Michel Brix, Tusson, Du Lérot éditeur, 2010, 336 p.
Léon Bloy – Johanne Molbech. Correspondance (1889-1890), édition établie par Natacha Galpérine, en collaboration avec Pierre Glaudes, Joseph Royer et Marie Tichy, Paris, Garnier, 2010, 356 p.
Léon Bloy, Louis Montchal et Henriette L'Huillier. Correspondance. 1884-1906, éd. Gaëlle Guyot-Rouge, Paris, Garnier, 2012, 712 p.
Lettres à ses filles, présentation et iconographie d'Alexis Galpérine, Paris, Delatour, 2013, 240 p.
Correspondance de J.-K. Huysmans avec Henriette Maillat, suivie de lettres adressées par Henriette Maillat à Jules Barbey d'Aurevilly, Léon Bloy, Edmond de Goncourt et Jehan Rictus, éd. Jean-Marie Seillan, Tusson, Du Lérot éditeur, 2016, 238 p.

II. Études consacrées à Léon Bloy

1. Ouvrages

ANGELIER (François), *Léon Bloy ou la fureur du juste*, Paris, Seuil, 2015, 194 p.
BARBEAU (Raymond), *Un prophète luciférien, Léon Bloy*, Paris, Aubier, 1957, 286 p.
BARDÈCHE (Maurice), *Léon Bloy*, Paris, La Table Ronde, 1989, 411 p.
BÉGUIN (Albert), *Léon Bloy, mystique de la douleur*, Paris, Labergerie, 1948, 191 p.
–, *Léon Bloy l'impatient*, Fribourg, LUF, 1944, 279 p.
BOLLERY (Joseph), *Léon Bloy*, 3 vol., Paris, Albin Michel, 1947-1954 ; t. 1 : *Origines, jeunesse et formation (1846-1882)*, 486 p. ; t. 2 : *Ses débuts littéraires du* Chat Noir *au* Mendiant Ingrat *(1882-1892)*, 465 p. ; t. 3 : *Sa maturité, sa mort du* Mendiant Ingrat *à* La Porte des Humbles *(1892-1917)*, 437 p.
–, *« Le Désespéré » de Léon Bloy. Histoire anecdotique, littéraire et bibliographique*, Paris, Société d'éditions littéraires et techniques, 1937, 241 p.

CATTAUÏ (Georges), *Léon Bloy*, Paris-Bruxelles, Éditions Universitaires, coll. « Classiques du XXe siècle », 1954, 125 p.

COLLEYE (Hubert), *L'Âme de Léon Bloy*, Paris, Desclée de Brouwer, 1930, 286 p.

DOTOLI (Giovanni), *Autobiographie de la douleur. Léon Bloy écrivain et critique*, Paris, Klincksieck, 1998, 375 p.

FONTANA (Michèle), *Léon Bloy, journalisme et subversion (1874-1917)*, Paris, Honoré Champion, coll. « Romantisme et modernités », 1998, 433 p.

FUMET (Stanislas), *Léon Bloy, captif de l'absolu*, Paris, Plon, 1967, 284 p.

–, *Mission de Léon Bloy*, Paris, Desclée de Brouwer, coll. « Les îles », 1935, 383 p.

GERMAIN (André), *Les Croisés modernes. De Léon Bloy à Bernanos*, Paris, Nouvelle Éditions Latines, 1958, 252 p.

GLAUDES (Pierre), *L'Œuvre romanesque de Léon Bloy*, Toulouse, PUM, 2006, 752 p.

GLAUDES (Pierre) [dir.], *Léon Bloy au tournant du siècle*, Toulouse, PUM, coll. « Cribles », 1992, 350 p.

GRIFFITHS, Richard, *Révolution à rebours. Le Renouveau catholique dans la littérature en France de 1870 à 1914*, Paris, Desclée de Brouwer, 1971, 349 p.

GUYOT, Gaëlle, *Latin et latinité dans l'œuvre de Léon Bloy*, Paris, Honoré Champion, coll. « Romantisme et modernités », 2003, 546 p.

JUIN (Hubert), *Léon Bloy*, Paris, Éd. du Vieux Colombier, 1957, 113 p. ; rééd. Paris, Obsidiane, 1990, 111 p.

LEVAUX (Léopold), *Léon Bloy*, Louvain-Paris, Éditions Rex, 1931, 288 p.

LORY (Marie-Joseph), *La Pensée religieuse de Léon Bloy*, Paris-Tournai, Desclée de Brouwer, 1953, XXV-351 p.

–, *Léon Bloy et son époque (1870-1914)*, Paris, Desclée de Brouwer, 1944, 222 p.

MELMOUX-MONTAUBIN (Marie-Françoise), *L'Écrivain-journaliste au XIXe siècle : un mutant des Lettres (Barbey d'Aurevilly, Bloy, Vallès, Mirbeau)*, Saint-Étienne, Éditions des Cahiers intempestifs, coll. « Lieux littéraires », 2003, 257 p.

NEGRELLO (Gilles), *Léon Bloy critique*, Paris, Honoré Champion, coll. « Romantisme et modernités », 2005, 472 p.

PARISSE (Lydie), *Mystique et littérature. L'autre de Léon Bloy*, Caen, LMM, coll. « Archives », 2006, 148 p.
PETIT (Jacques), *Léon Bloy*, Paris, Desclée de Brouwer, coll. « Les Écrivains devant Dieu », 1966, 144 p.
PIJLS (Peter Joseph Hubert), *La Satire littéraire dans l'œuvre de Léon Bloy*, Leiden, Université Pers Leiden, 1959, 231 p.
SARRAZIN (Bernard), *La Bible en éclats : l'imaginaire scripturaire de Léon Bloy*, Paris, Desclée, coll. « Théorème », 1977, 265 p.
STOCK (Paul-Victor), *Memorandum d'un éditeur*, 2 vol., Paris, Stock, 1935-1936 [voir dans le t. I : p. 1-55 ; dans le tome II : p. 119-164].
VIER (Jacques), *Léon Bloy ou le pont sur l'abîme*, Paris, Téqui, coll. « L'auteur et son message », 1986, 307 p.

2. Cahiers, bulletins et séries consacrés à Bloy

Cahiers Léon Bloy [dir. : Joseph Bollery], La Rochelle, septembre 1924-avril 1952 ; rééd. Genève, Slatkine Reprints, 1973, 3 vol. : I (1924-1929) ; II (1929-1935) ; III (1935-1952).
Bulletin de la Société des études bloyennes [dir. : Michel Arveiller] : n° 1, janv. 1988 ; n° 2, mars 1988 ; n°s 3-4, nov. 1988-janv. 1989 ; n° 5, mai 1989 ; n° 6, oct. 1989 ; n°s 7-8, janv.-avr. 1990 ; n° 9, juillet 1990 ; n°s 10-11, oct. 1990-janv. 1991 ; n°s 12-13, avril-juillet 1991.
Cahiers Léon Bloy. Nouvelle série, n° 1, Paris, Nizet, 1991 [un seul numéro paru, dirigé par Dominique Millet et Michel Arveiller].
Léon Bloy, série de la Revue des lettres modernes [dir. : Pierre Glaudes], publiée par les éditions Minard, 8 volumes parus : 1. « La guerre de 1870. *Sueur de Sang* » (1990) ; 2. « Le rire de Léon Bloy » (1994) ; 3. « Journal intime, Journal littéraire. L'année 1892 » (1995) ; 4. « Un siècle de réception. Hommage à Yves Reulier » (1999) ; 5. « Bloy et la communication. "L'enfer de médias" » (2001) ; 6. « Bloy critique » (2005) ; 7. « Sur *Le Désespéré. Dossier 1* » (2008) ; 8. « Sur *Le Désespéré. Dossier 2* » (2008).

3. Numéros spéciaux de revues et dossiers

Résurrection, nouvelle série, n°s 7-8 : *Léon Bloy. Études, souvenirs et témoignages*, Toulouse, Didier, 1944, 180 p.

Les Cahiers du Rhône, n° 11 : *Léon Bloy. Édition du centenaire augmentée de textes inédits*, Neuchâtel, La Baconnière, janv. 1944-sept. 1946, 222 p.
À Rebours, n°s 41-42 : *J.-K. Huysmans et Léon Bloy, histoire d'une amitié orageuse*, automne 1987, 111 p.
Cahier de l'Herne, n° 55 : *Léon Bloy*, dirigé par Michel Arveiller et Pierre Glaudes, Paris, Éditions de l'Herne, 1988, 492 p.
Les Dossier H : *Léon Bloy*, Dossier conçu et dirigé par Michel Aubry, Lausanne, L'Âge d'Homme, 1990, 294 p.

4. Choix d'articles

AMADIEU (Jean-Baptiste), « Léon Bloy devant le Saint-Office », dans *Les Écrivains catholiques marginaux* (actes du colloque organisé par le Centre de Recherches Hannah Arendt les 29 et 30 avril 2009), Paris, Cujas, 2010, p. 7-41.
ARVEILLER (Michel), « Ernest Hello et Léon Bloy. Les débuts d'une amitié », *Studi di letteratura francese*, n° 22, 1997, p. 241-251.
–, « Les débuts littéraires de Léon Bloy », dans Michel Malicet (éd.), *Hommages à Jacques Petit*, t. I, Paris, Les Belles Lettres, 1985, p. 301-326.
BARTHES (Roland), « Léon Bloy », dans *Tableau de la littérature française*, t. III : *De Mme de Staël à Rimbaud*, Paris, Gallimard, 1974 ; rééd. dans *Le Bruissement de la langue*, Paris, Seuil, 1984, p. 221-224.
BIRON (Michel), « Écrire à trois. Huysmans, Bloy et Villiers de l'Isle-Adam », dans *Penser par lettres. Actes du colloque d'Azay-le-Ferron*, Benoît Melançon (dir.), Saint-Laurent (Québec), Fides, 1998, p. 89-105.
BRIX (Michel), « Du règne du Verbe au culte de l'adverbe. Bloy et le "naturalisme mystique" de Huysmans », *Cahiers naturalistes*, n° 80, 2014, p. 155-167.
COOMBES (John), « Léon Bloy : Language, Reason and Violence», *French Studies*, n° 42, 1998, p. 443-457.
DEREU (Mireille), « Sur une page de Bloy. Style et énonciation », dans *Le Génie de la forme. Mélanges offerts à Jean Mourot*, Nancy, Presses Universitaires de Nancy, 1982, p. 567-576.
DURAND (Pascal), « Trois notules sur une rhétorique de l'excès », *Bulletin de la Société des études bloyennes*, n° 5, mai 1989, p. 18-25.

FABRE (Daniel), « Christophe Colomb, l'impossible héros », *Terrain*, n° 30, mars 1998, p. 125-138.

FONTANA (Michèle), « Caïn Marchenoir et le pauvre Lélian », *Revue Verlaine*, n° 1, 1993, p. 91-102.

GLAUDES (Pierre), « Le tourment de l'irrévocable. Lecture du *Désespéré* », *Bulletin de la Société des études bloyennes*, n° 3-4, nov. 1988-janv. 1989, p. 34-51.

–, « Bloy et la crise du Symbolique », *Revue d'histoire littéraire de la France*, n° 1, 1987, p. 68-82.

–, « Du sang, de la douleur et des larmes... Lecture du *Désespéré* de Léon Bloy à la lumière de Sacher Masoch », *Romantisme*, n° 48, 1985, p. 47-61.

GUYAUX (André), « Avant-garde à rebours ; l'invention de Maldoror », *Littérature moderne*, n° 1 : *Avant-garde et modernité*, 1988, p. 33-40.

GUYOT-ROUGE (Gaëlle), « Byzance, la Gloire et la boue », *Revue d'histoire littéraire de la France*, n° 6, nov.-déc. 2002, p. 957-976.

HUSSHERR (Cécile), « Conversion et subversion chez Léon Bloy : le rôle du caïnisme dans l'apologétique », dans *La Conversion. Expérience spirituelle, expression littéraire* (actes du colloque de Metz du 5-7 juin 2003), Nicolas Brucker (dir.), Berne, Peter Lang, 2005, p. 233-250.

MILLET-GÉRARD (Dominique), « Journal en reflet : Léon Bloy ou “l'impossibilité d'en parler fût-ce moi-même à moi-même” », *Dix-neuf/vingt*, n° 7, mars 1999, p. 333-354.

–, « L'envers et l'effigie. Écriture de l'analogie spéculaire chez Bloy », *Travaux de littérature*, n° 10, 1997, p. 129-145.

–, « “L'Évangéliaire plein d'enluminures” : la tentation latinisante chez Léon Bloy », *Studi di letteratura francese*, vol. 22, 1997, p. 143-159.

–, « Les écrivains et La Salette », *Catholica*, n° 54, hiver 1996-1997, p. 76-92.

PARISSE (Lydie), « Paradoxes et figures du renoncement dans les romans de Léon Bloy. Du modèle pénitentiel au modèle mystique », *Rivista di Storia e Letteratura Religiosa*, vol. 41, n° 1, 2005, p. 63-106.

–, « De Maldoror à Marchenoir : Léon Bloy héritier de Lautréamont dans *Le Désespéré* », *Cahiers Lautréamont*, livraisons XLVII et XLVIII : *Les Lecteurs de Lautréamont (Actes du 4e colloque international Lautréamont)*, Tusson, Du Lérot, 1999, p. 395-404.

PETIT (Jacques), « L'expression de la violence chez Léon Bloy », dans *Hommages à Jacques Petit*, t. I, Paris, Les Belles Lettres, 1985, p. 339-389.

PIJLS (Peter Joseph Hubert), « Léon Bloy et le journalisme », *Neophilologus*, n° 44, 1960, p. 265-285.

POLET (Jean-Claude), « Vérité et mensonge ? Le statut de l'art dans *Combray* de Marcel Proust et *La Femme pauvre* de Léon Bloy », *Les Lettres romanes*, t. LII, n° 1-2, 1998, p. 75-92.

–, « *Le Désespéré* de Léon Bloy, ou une éthique impossible de l'écriture », dans *Éthique et écriture. Actes du colloque international de Metz (14-15 mai 1993)*, Jeanne-Marie Baude (dir.), Paris, Klincksieck, 1994, p. 115-124.

–, « Huysmans et Bloy. Écriture et religion », *Bulletin de la Société J.-K. Huysmans*, n° 71, 1980, p. 58-63.

ROYER (Joseph), « Léon Bloy et Richard Wagner, figure bloyenne et motif wagnérien », dans *Léon Bloy au tournant du siècle*, Pierre Glaudes (dir.), Toulouse, PUM, coll. « Cribles », 1992, p. 43-55.

–, « L'édition critique du *Désespéré* », *Bulletin de la Société des études bloyennes*, n° 10-11, oct. 1990-janv. 1991, p. 95-131.

SARRAZIN, (Bernard), « Satan sublime, Satan trivial. Trois satanismes littéraires : Baudelaire, Huysmans, Bloy », *Graphè*, n° 9 : *Figures de Satan*, 2000, p. 155-168.

–, « Un rire bizarre, bizarre... De Saturne à Janus : Villiers et Bloy », *Revue des Sciences humaines*, n° 242 : *Villiers de l'Isle-Adam, poète de la contradiction*, avril-juin 1996, p. 137-159.

–, « Sang, feu ou quoi ? La crise de l'idée sacrificielle dans l'œuvre de Léon Bloy », *Romantisme*, n° 31, 1981, p. 37-46.

–, « La notion de sacrifice de Joseph de Maistre à Léon Bloy », *Revue des études maistriennes*, n° 3, Paris, Les Belles Lettres, 1977, p. 151-159.

–, « Lyrisme et métaphore ou Les avatars du cri prophétique de Léon Bloy », *Romantisme*, n° 6, 1973, p. 87-98.

Sources

Les études réunies dans ce volume ont été publiées, entre 1990 et 2015, sous forme d'articles, dans des revues ou des ouvrages collectifs, dont certains sont d'un accès difficile. Elles ont été pour la plupart profondément remaniées en vue de la présente édition. On en trouvera ci-dessous la liste présentée suivant l'ordre adopté dans la table des matières.

« Lire Bloy : le trouble herméneutique », dans *Léon Bloy*, n° 4 *: « Un siècle de réception ». Hommages à Yves Reulier*, Pierre Glaudes (dir.), *Revue des lettres modernes*, Paris-Caen, Minard, 1999, p. 15-27.

« Bloy et la Bible », dans *Formes bibliques du roman au* XIX*e siècle*, Fabienne Bercegol et Béatrice Laville (dir.), Paris, Classiques Garnier, coll. « Rencontres », 2011, p. 325-339.

« Léon Bloy », dans *La Fabrique du Moyen Âge au* XIX*e siècle*, Simone Bernard-Griffiths, Pierre Glaudes et Bertrand Vibert (dir.), Paris, Champion, 2006, p. 456-467.

« La Sainte famille et la Révolution. Histoire de la Révolution française et roman familial dans l'œuvre de Léon Bloy », *Romanica Wratislaviensa*, XXXV, 1992, p. 141-156.

« Le *Journal* et les journaux », dans *Léon Bloy*, n° 5 ; *« Bloy et la communication. Dans "l'enfer des médias" »*, Pascal Durand (dir.), *Revue des lettres modernes*, Paris-Caen, Minard, 2001, p. 129-171.

« Léon Bloy et la guerre apocalyptique », dans *L'Expérience des limites dans les récits de guerre (1914-1945)*, Pierre Glaudes et Helmut Meter (dir.), Genève, Slatkine, 2001, p. 15-31.

« Léon Bloy et la littérature du désespoir », dans *Achèvement et dépassement. Romantisme et Révolution(s) III*, Robert Kopp (dir.), Paris, Gallimard, 2010, p. 201-228.

« Le sublime et le grotesque dans *Le Désespéré* », dans *Léon Bloy*, n° 7 : *Sur « Le Désespéré ». Dossier 1*, Pierre Glaudes (dir.), *Revue des lettres modernes*, 2008, p. 127-144.

« Marche-noir. Le symbolisme spatial dans *Le Désespéré* », *Francofonia*, n° 23, automne 1992, p. 34-55.

« "L'ami des bêtes" : l'animal dans l'œuvre de Léon Bloy », dans *Sédiments*, n° 3, *Les grands cahiers Périgord Patrimoines*, 2015, p. 22-24.

« *Sueur de Sang* : hémorragie de sens », dans *Léon Bloy*, n° 1 : *« Léon Bloy et la guerre de 1870.* Sueur de Sang », Pierre Glaudes et Michel Malicet (dir.), *Revue des lettres modernes*, Caen-Paris, Minard, 1990, p. 53-81.

« "Ceci n'est pas même une anecdote." Approche pragmatique et typologique de l'anecdote. À propos de *L'Abyssinien* de Léon Bloy », dans *L'Anecdote*, Alain Montandon (dir.), Association des publications de la faculté des Lettres, Université Blaise Pascal de Clermont-Ferrand, 1990, p. 21-41.

« *Histoires désobligeantes,* histoires drôles ? », dans *Léon Bloy*, n° 2 : *« Le rire de Léon Bloy »*, Joseph Royer et Bernard Sarrazin (dir.), *Revue des lettres modernes*, Paris-Caen, Minard, 1994, p. 77-109.

« Argent et parabole fin de siècle : *La Religion de M. Pleur* de Léon Bloy », dans *La Littérature au prisme de l'économie*, Francesco Spandri (dir.), Paris, Classiques Garnier, 2014, p. 247-261.

« Léon Bloy », dans *Dictionnaire de Don Juan*, Pierre Brunel (dir.), Paris, Robert Laffont, coll. « Bouquins », 1999, p. 105-110.

« Parabole fin de siècle et apologétique : *On n'est pas parfait* de Léon Boy », dans *Actualité de l'apologétique*, Nicolas Perot (dir.), Paris, Parole et Silence, 2014, p. 145-158.

« Bloy et l'héritage maistrien », dans *Joseph de Maistre*, Philippe Barthelet (dir.), Lausanne, L'Âge d'Homme, coll. « Dossier H », 2005, p. 776-788.

« De *René* au *Désespéré* : Bloy et Chateaubriand », *Bulletin de la Société Chateaubriand*, n° 42, 1999, p. 21-32.

« Bloy, Carlyle et l'histoire », dans *Léon Bloy au tournant du siècle*, Pierre Glaudes (dir.), Toulouse, PUM, coll. « Cribles », 1992, p. 171-201.

« *Les Vendanges !* d'Henry de Groux et Léon Bloy. Enjeux d'une collaboration iconotextuelle », dans *Signe/Texte/Image*, Alain Montandon (dir.), Lyon, Césura, 1990, p. 71-95.

« Léon Bloy entre deux solitudes », *Modernités*, n° 19 : *L'Invention du solitaire*, Dominique Rabaté (dir.), Bordeaux, PUB, 2003, p. 225-238.

Index

Table des matières

Deuxième partie
Bloy et la fiction : le roman

Troisième partie
Bloy et la fiction : contes et nouvelles

Quatrième partie
Rencontres d'un solitaire

Mise en page par Pixellence
59100 Roubaix

Cet ouvrage,
le vingtième
de la collection
« Les Belles Lettres/Essais »
a été achevé d'imprimer
en mai 2017
sur les presses
de l'imprimerie La Source D'Or
63039 Clermont-Ferrand

N° d'éditeur : 8583
N° d'imprimeur : 19615
dépôt légal : juin 2017
imprimé en France